云南新农村建设研究报告

主　编　李永勤

副主编　许玉贵　田东林

　　　　蒋永宁　张德亮

云南大学出版社

图书在版编目（CIP）数据

云南新农村建设研究报告/李永勤主编. —昆明：云南
大学出版社，2008
ISBN 978 - 7 - 81112 - 547 - 4

Ⅰ. 云… Ⅱ. 李… Ⅲ. 农村 - 社会主义建设 - 研究报告 -
云南省 Ⅳ. F327. 74

中国版本图书馆 CIP 数据核字（2008）第 056486 号

云南新农村建设研究报告

主编　李永勤

策划编辑：张丽华
责任编辑：张丽华
封面设计：丁群亚
出版发行：云南大学出版社
电　　话：(0871) 5031071/5033244
地　　址：云南省昆明市翠湖北路 2 号云南大学英华园内
邮　　编：650091
网　　址：http://www.ynup.com
E-mail：　market@ ynup.com
制版印装：昆明市五华区教育委员会印刷厂
开　　本：787mm×1092mm　1/16
印　　张：19.75
字　　数：400 千
版　　次：2008 年 5 月第 1 版
印　　次：2008 年 5 月第 1 次印刷
书　　号：ISBN 978 - 7 - 81112 - 547 - 4
定　　价：56.00 元

序

　　社会主义新农村建设是新时期我国经济社会协调发展的一项重大战略，是解决"三农"问题的基本途径。党的十六届五中全会在对我国经济社会发展阶段作出科学判断的基础上，提出了新农村建设这一重大历史任务后，中央连续三年发出一号文件，对新农村建设进行明确的部署安排。目前，新农村建设已经成为全党全国工作的重中之重，新农村建设的要求家喻户晓，深入人心，各级各部门广泛动员，社会各界积极行动，建设工作正扎实稳步向前推进。

　　云南作为一个经济社会发展相对滞后的多民族边疆省份，推进新农村建设的任务极为繁重，除了坚定不移地贯彻中央的方针政策外，更需要在具体实践中探索适合本省实际的建设道路和建设措施，如何将基础设施建设、农村产业发展、农村生活条件改善、农村扶贫开发、农村公共服务体系建设等工作有机结合起来，如何在工业基础还不够强大、城市体系还不够健全的条件下，实施"以工促农、以城带乡"的方针，还需要进行深入的研究。云南山区面积大，农村人口多，农村经济发展水平低，二元经济社会结构较之全国更为突出。一是城乡居民收入和消费水平存在巨大反差。城乡居民收入比从 1978 年的 2.50∶1 扩大到 2007 年的 4.42∶1，城乡居民的消费水平总体上至少相差 10 年以上。目前全省农村还有绝对贫困人口 228.4 万人、低收入人口 442.4 万人，分别居全国第二、第一位。二是城乡基础设施和公共服务存在巨大反差。农民上学难、看病难、社会保障水平低等问题相当突出。三是城乡面貌存在巨大反差。全省"水源、水荒、水患"的瓶颈制约凸显，三分之二的耕地因缺水处于中低产状态，农村有 1514 万人饮水不安全，乡镇公路通达率仅为 82.12%，行政村公路通达率也仅为 50.51%。四是城乡财政支出存在巨大反差。全省地方财政支农支出占财政总支出的比重从"七五"的 14.7% 逐步下降到了"十五"的 11.84%，并呈下降趋势。五是城乡信贷存在巨大反差。农业贷款余额占金融机构贷款余额不到 10%。六是城乡投资存在巨大反差。农村与城市固定资产投资比连年递减，2006年农业固定资产投资占全社会固定资产投资的比重仅为3%。虽然全省农业在三次产业中的比重已经下降到18.9%，但第一产业从业人员占三次产业就业人员的比重和农村人口占总人口的比重双双高达70%，农民收入70%以上来自种养业，"农业弱、农村穷、农民苦"的问题仍然比较突出，"三农"在全省经济社会发展中仍然是最需要关注和解决的最大民生问题。因此，在推进工业化和城镇化的过程中，必须更加重视工农关系、城乡关系的协调，积极探索建立"以工促农、以城带乡"的长效机制。同时，全省各地区之间发展不平衡的问题也较为突出。一些边远地州工业基础薄弱，城市建设发展缓慢，财政收支逆差巨大，新农村建设筹资极为困难。而这些地区往往地处生态建设保护的核心区，天然林保护、退耕还林的要求与发展农业生产保证粮食供给、增加农民收入的要求同样迫切。如何选择和培育优势特色产业，如何实现生态环境建设和农村经济发展的有机结合，如何将这些地区的农村劳动力转移与小城镇建设、非农产业建设统筹考虑，如何实现扶贫开发、生态移民、农村基础设施建设的有机统一等，都是新的课题。而在这些过程中，政府各职能部门、高等院校和科研院所、大中型非农企业的责任有哪些、优势在何处、作用如何发挥、怎样形成合力，也是值得深入探讨的问题。而新农村建设中现代农业建设处于核心地位，农业科技应该怎样发挥支撑作用，农业科技部门应该做些什么、能够做些什么、如何去做，则是我们一直关注的问题。

云南农业大学作为一个高等农业院校，历来以服务"三农"为己任，通过培养农业科技人才、推进农业科技创新等方式，对全省乃至全国农业和农村经济社会发展提供有力的支持，多项农业科技成果在世界处于领先水平，为保证国家粮食安全、促进我省优势特色农业发展、促进农民增收作出了重大贡献。为支持地方的新农村建设，最近几年来，我校与曲靖市、玉溪市、文山州、红河州、怒江州等州市和姚安县、禄丰县、贡山县、剑川县等签订了校州（市）、校县合作协议，通过科技、人才等手段，对合作对象在优势特色农业发展、扶贫工作等方面进行支持。通过派出专家、教授到县、乡开展农业技术和生产经营管理培训，派出科技副县（乡、镇）长、新农村建设指导员直接参与地方的农村经济建设，将云南农业大学的科技资源投入到

"三农"的主战场。

　　为及时反映云南省社会主义新农村建设的进展，总结新农村建设取得的成效和有益的经验，并对存在的问题进行研究，我校经济贸易学院组织院内教师编写《云南新农村建设研究报告》，用软科学研究的方法，以研究报告的形式，通过专题研究将云南省新农村建设中各领域、各地区的情况进行汇集，并适当进行分析研究，提出相应的对策建议，以供各级各部门相关人员参阅。我认为这是一种有益的探索，希望他们在出版第一本的基础上，认真地总结经验，在进行社会主义新农村建设的深入研究时，更进一步科学合理地设计研究体系，作更多更广泛的调查研究，掌握准确全面的资料，进行实事求是的分析，得出客观公正的结论，提出更有参考价值的对策建议。

　　本书采用专题的形式，对云南新农村建设所涉及的重大问题和主要领域进行研究，内容包括理论与政策、条件与途径、范围与重点、成效与问题、措施与对策等，大致反映了十六届五中全会以来，我省开展社会主义新农村建设的基本情况，其中有描述、有分析、有评价、有观点、有建议，对政府相关部门、研究机构和关注新农村建设的各类人员，有一定的参考价值。作为初次尝试，加之时间仓促，研究的深度和广度尚显不足，观点和建议也不一定完全适当，这些都需要本书的使用者见谅并给予指正，以待在后续的研究报告中逐步完善。

　　　　　　云南农业大学党委书记：杜玉眼

　　　　　　2008 年 3 月

目　　录

序 ……………………………………………………………… 杜玉银

专题一　社会主义新农村建设理论研究综述 ……………………（ 1 ）

专题二　云南省新农村建设重大政策措施 ………………………（ 23 ）

专题三　云南省实行"以工促农、以城带乡"方针的条件研究 …………（ 45 ）

专题四　云南省现代农业建设 ……………………………………（ 74 ）

专题五　云南省直接惠农产业发展 ………………………………（ 98 ）

专题六　云南省农村基础设施建设…………………………………（134）

专题七　云南省农村公共服务体系建设……………………………（153）

专题八　云南省农村能源与生态环境建设…………………………（196）

专题九　云南省农村剩余劳动力转移………………………………（224）

专题十　云南省农村基层组织建设与村民自治……………………（243）

专题十一　云南省农民收入增长分析………………………………（260）

专题十二　云南省新农村建设相关数据汇编………………………（283）

参考文献………………………………………………………………（302）

后记……………………………………………………………………（307）

专题一 社会主义新农村建设理论研究综述

农业、农村、农民问题，始终是全党工作的重中之重。党的十一届三中全会以来，我们党深刻总结历史经验，从加强农业、搞活农村、致富农民入手，率先推行农村改革，开创了改革开放的新局面。当前，我国人均 GDP 已超过 2000 美元，工业化、城市化呈现良好的发展趋势。这既是一个有利于"三农"问题得到根本解决的战略机遇期，也是一个容易忽略"三农"问题、导致社会各类矛盾凸显的社会敏感期。党的十六届五中全会提出建设社会主义新农村，是党中央审时度势，在新形势下解决"三农"问题的根本指针。党的十七大又明确提出了高举中国特色社会主义伟大旗帜，为夺取全面建设小康社会新胜利而奋斗的宏伟目标。社会主义新农村建设成为当前各级政府和学界的一个热门话题，也是理论研究和实践中迫切需要解决的一个重点问题。十六届五中全会以来，我国学术界关于新农村建设的研究和讨论达到了一个高峰，可谓各抒己见、百家争鸣，社会各界包括各种媒体、各行各业、各个部门等都把目光聚焦于此。据不完全统计，从 2005 年年底至今，各种网站、报纸、期刊上刊出的相关文章已经超过两万余篇，也出现了一些专门的关于社会主义新农村建设的著述，其中不仅包括了理论方面的论述，也包括了实践方面的讨论。本专题主要把这一时期出现的新农村建设方面的文献作为综述的重点，从总体上小结有关新农村建设的理论研究成果和实践经验成果。

一、关于社会主义新农村建设的背景

从 21 世纪开始，中国迈进了全面建设小康社会的崭新时期。十六届五中全会提出的"生产发展，生活宽裕，乡风文明，村容整洁，管理民主"社会主义新农村的建设目标和《中共中央关于制定国民经济和社会发展第十一个五年规划的建议》中明确的"建设社会主义新农村是我国现代化进程中的重大历史任务"，是我党在新的历史条件下审时度势的战略部署。中国新农村建设的悄然兴起，标志着中国现代化进入整体推进、城乡协调发展的新阶段。

自 20 世纪以来，中国曾出现过两次乡村建设的热潮。第一次是 20 世纪 20 年代到 30 年代的乡村建设运动，第二次是 20 世纪 80 年代实行家庭联产承包责任制后的乡村建设热潮。第一次乡村建设，由晏阳初、梁漱溟等知识精英推动，以教育农民为核心；第二次乡村建设，由政府推动，以发展农村经济为核心。今天，我们在总结前两次乡村建设的经验和教训的基础上，以统筹城乡发展、全面建设小康社会、构建社会主义和谐社会为目标，以农村综合改革为动力，提出社会主义新农村建设，掀起了第三次乡村建设的热潮。国家为什么在现阶段做出建设社会主义新农村的战略部署呢？这是广大理论工作者和各级政府部门都十分关注的问题，并在理论研究和实际工作中，从不同的角度进行了解读。关于我国社会主义新农村建设的提出背景，在学术界的认识基本上是统一的。大多数学者认为，目前我国城乡差别较大，城乡二元结构制约着全面建设小康社会目标的实现，"三农"问题非常突出。我国经济和社会发展过程中，农业支持工业、为工业提供积累的历史任务已基本完成，中国已经进入到"工业反哺农业、城市支持农村"的发展新阶段，完全有能力建设好社会主义新农村。同时建设社会主义新农村是我国现代化进程中的必然要求。建设社会主义新农村是解决"三农"问题的总抓手。这方面的理论文章也比较多，现就有代表性的观点作一介绍。

中国人民大学农业与农村发展学院院长温铁军认为现阶段推进新农村建设，是一个有利于"三农"问题得到根本解决的战略机遇期。他认为：

第一个时机是：首先应该看到，这是一个国家的战略的具体体现。不光我们提出新农村建设，欧洲国家，只要有小农场的，比如法国、西班牙、意大利、德国等，这些西欧国家农场相对来说规模较小，而且传统的村庄还存在，从而他们也有新农村建设的需要。而他们也都是在工业化、城市化发展到一定阶段的时候，以国家的财政投资为主，来进行农村的基础设施改造，来进行农村的社会制度建设，来保持农村秀美风光的原貌。对于东亚这些小农经济国家来说，新农村建设更是一个普遍现象。日本、韩国也同样是针对工业化、城市化过程中农村出现的问题，以国家投资为主导、以国家财政用于公共设施投入增加为主要手段，带动农村的建设，实行山水田林路的综合投入、综合治理，以改变农村面貌，保持农村山川秀美的特色。中国现在工业发展到了中期阶段的时候，城市化加快到了一定的程度，胡锦涛同志提出两个反哺，强调工业反哺农业，城市反哺农村，相应地提出了新农村建设，与时俱进地把新农村建设作为解决目前中国非常紧迫的"三农"问题的一个重要方法提出来，既符合我们国家的客观需要，也符合国际上通行的规律。

第二个时机是：一般的市场经济国家，当其税收占 GDP 的比重，或者国家财政占 GDP 的比重达到一定的程度的时候，反哺才有可能实现。20 世纪 90 年代，尽管当时农村问题也比较复杂，但直到 1997 年之前，国家财政占 GDP 的比重不到 11%，在财政比例较低的情况下，由财政来承担农村的公共物品投入显然是不现实的。2004 年国家财税收入占到了 GDP 的 20%，如果把预算外财政算进去的话，整个财政规模占 GDP 的 30% 左右了。一般市场经济国家，在财政占 GDP 的 30% 的时候，就有条件由国家财政主导来提供农村的公共物品的开支。所以，第二个提出新农村建设的时机，应该说政府把握得很好——是在财政相对增收、达到一定的比例、有一定的财政能力的情况下，开始推行新农村建设，来化解农村公共物品开支不足的问题。

第三个时机是：在新世纪之初，中国加入世贸组织后，在世贸框架允许的范围内，我们如何加强农业，如何使中国的农业能够应对国际竞争，是我们必须考虑的一个方面。建设社会主义新农村是根据我国社会发展的实际，适应时代进步的要求而提出来的，是在新的历史背景下，在全新理念指导下的一次农村综合变革。从总体来看，目前我国农业现代化举步维艰、农民收入增长困难重重、农村社会事业发展任务艰巨，制约农业和农村发展的深层次矛盾尚未消除，促进农民持续稳定增收的长效机制尚未形成，农村经济社会发展滞后的局面还没有根本改变。如果这些问题和矛盾不根治、不解决，经济社会的全面发展就很难赢得主动、就容易出现波折。如此突出地强调建设社会主义新农村，是我国经济社会发展的必然要求，是有其深刻的经济社会背景的。

国务院研究室副主任李炳坤结合我国历史、现状和国外经验，认为新农村建设的背景可以概括为"四个并存、两个条件"。"四个并存"是指：

第一，城市建设日新月异与农村面貌变化较慢并存。改革开放以来，我国经济社会得到了迅速发展，城乡面貌发生了许多变化。但是，相比之下，城市面貌发生的变化更大，一大批现代化城市在各地相继建成，可以说是高楼林立、车水马龙、人流如织，一片繁荣兴旺的景象。农村发生的变化却没有城市那么大，虽然在沿海发达地区和一些大中城市的郊区出现了许多新房，但是广大中西部地区仍然存在大量旧房，在一些不发达地区还存在大量破房、土房。即使在发达地区，由于缺乏统一规划，往往形成"有新房、无新村"的格局，基础设施建设严重滞后，农民依然不能享受现代城镇的公共服务，整体环境还处于"脏、乱、差"的状况。

第二，城镇居民收入增长较快与农民收入增长较慢并存。由于历史原因和城乡二元体制的作用，我国农村居民收入一直明显低于城镇居民。改革开放初期，我国城乡居民收入差距曾经一度缩小，但自从20世纪80年代中期城市改革全面开展以来，城乡居民收入差距重新呈现扩大趋势。1998年至2004年，城镇居民人均可支配收入平均每年增长8.6%，农村居民人均纯收入平均每年增长4.3%，农村居民收入增长速度只及城镇居民收入增长速度的一半。在这种情况下，城乡居民收入差距继续扩大，由1998年的2.51∶1扩大到2003年的3.23∶1，2004年的3.21∶1。如果统一按照人均可支配收入计算，城乡居民收入差距将更大。

第三，工业生产能力过剩与农村需求不足并存。近些年来，我国工业生产能力迅速增长，有些方面已经出现超过市场需求的增长，部分产品开始出现供大于求的情况。目前，全国钢铁、水泥和铝的生产能力已经出现过剩，电力、煤炭的生产能力也将出现过剩，彩电、冰箱等家用电器和多种日用品严重积压。与此同时，由于农村建设和发展缓慢，特别是公共基础设施建设严重滞后，导致农村市场规模较小、购买能力较弱，对工业品的需求普遍不旺，极大地影响了工业生产能力的充分发挥，制约了城乡经济之间的协调发展。

第四，财政金融资金收入增长较快与农村资金严重不足并存。改革开放以来，我国综合经济实力不断增强，财政金融资金收入持续增长。2004 年，全国财政收入达到 2.63 万亿元，银行存款 24 万亿元（其中城乡储蓄 11.9 万亿元），并且仍然在持续增加。但是，农村建设和发展的资金却依然严重不足。多数地区县乡财政只是吃饭财政，没有能力支持乡村建设。农村金融资金严重缺乏，大量资金流向城市，许多地方农民和乡镇企业贷款难问题依然是相当突出的矛盾。

"两个条件"是指：第一，从中央到地方的各级党委和政府对"三农"工作更加重视。党的十六大明确提出了统筹城乡经济社会发展的要求。十六届三中全会明确提出了以人为本、全面协调可持续的科学发展观，再次强调了统筹城乡发展等要求。在十六届四中全会上，胡锦涛同志深刻指出："纵观一些工业化国家发展的历程，在工业化初始阶段，农业支持工业、为工业提供积累是带有普遍性的趋向；但在工业化达到相当程度以后，工业反哺农业、城市支持农村，实现工业与农业、城市与农村协调发展，也是带有普遍性的趋向。"在 2004 年 12 月召开的中央经济工作会议上，胡锦涛总书记进一步指出："我国总体上已经到了以工促农、以城带乡的发展阶段。我们应当顺应这一趋势，更加自觉地调整国民收入分配格局，更加积极地支持'三农'发展。"在这样的情况下，各地区、各部门对解决"三农"问题的理解不断加深，认识趋于一致。一个关心农业、关注农村、关爱农民的社会氛围正在全国逐步形成。

第二，我国已经开始实行工业反哺农业、城市支持农村的方针。在 2005 年 3 月的十届全国人大三次会议上，温家宝总理在所作的《政府工作报告》中明确提出，要"适应我国经济社会发展新阶段的要求，实行工业反哺农业、城市支持农村的方针，合理调整国民收入分配格局，更多地支持农业和农村的发展"。近两年来，从中央到地方出台了一系列重要的政策措施，对解决"三农"问题的支持力度越来越大。特别是持续加大减、免征农业税的力度，全国免征农业税的省份已经达到 28 个，大大减轻了农民负担；对种粮农民实行直接补贴，对部分地区推广良种和购买农机具实行补贴，极大地调动了农民的生产积极性；对贫困地区贫困家庭实行"两免一补"（即学生免交杂费和课本费、补助寄宿学生寄宿费），使更多的农村贫困家庭子女能够上得起学；扩大新型农村合作医疗试点范围，有效地缓解了农村因病致贫返贫的状况；实行计划生育奖励制度和"少生快富"工程，使计划生育更能得到农民的欢迎和参与；加大对财政困难县和产粮大县的财政转移支付力度，增强了地方政府发展粮食生产和解决实际困难的能力。这一系列重要政策措施，符合我国国情和农村实际，已经对解决"三农"问题产生并将继续产生积极的影响。在这种情况下，中央提出建设社会主义新农村是有坚实基础的，必将对我国经济社会发展产生重大而深远的促进作用。

此外，有的学者还从我国开展社会主义新农村建设的可能性与紧迫性的角度展开分析，也有的学者从我国历史与现实的角度展开分析，还有的学者从体制和制度角度进行分析等等。由于这一问题所要回答的是中国农村将向何处去这样一个战略性问题，因而，理论研究和讨论不仅热烈，而且各种观点相互争鸣，这种热烈而活跃的讨论也有益于新农村建设实践的探索。

二、新农村建设的重大意义

党的十六届五中全会提出了推进社会主义新农村建设的历史任务，这是党中央统揽全局、着眼长远、与时俱进作出的重大决策，是一项不但惠及亿万农民、而且关系国家长治久安的战略举措，是我们在当前社会主义现代化建设的关键时期必须担负和完成的一项重要使命。推进社会主义新农村建设是新时期农村工作整体布局中的重要步骤，是坚持科学发展观的必然要求，也是保持农村政策连续性、稳定性的必然选择。因此，理论界和实际工作中，大家基本认为加强社会主义新农村建设，对于推进我国现代化建设的伟大进程和构建社会主义和谐社会具有十分重要的意义。特别是我国农村人口众多、经济社会发展滞后是我国当前的一个基本国情。我国的经济社会发展总体上已经进入以工促农、以城带乡的新阶段。在这个阶段，只有实行统筹城乡经济社会发展的方略，加快建设生产发展、生活宽裕、乡风文明、村容整洁、管理民主的社会主义新农村，我们才能如期实现全面建设小康社会和现代化强国的宏伟目标，实现中华民族的伟大复兴。

对于新农村建设的重大意义，国务院研究室韩长赋认为有如下几个方面：第一，推进新农村建设是全面建设小康社会的必然要求。党的十六大在肯定我国人民生活总体上达到小康水平的同时，进一步指出当时达到的小康是低水平的、不平衡的、不全面的。所谓不平衡、不全面，主要是科教文卫发展和环境建设等没有达到小康社会的要求，多数农村地区没有达到小康水平。因此，解决"三农"问题是全面建设小康社会的难点和关键，加快农村经济社会事业发展是全面建设小康社会的重大任务。按照十六届五中全会的部署，加快社会主义新农村建设，包括推进现代农业建设，全面深化农村改革，发展农村公共事业，增加农民就业和收入，必将有力地推动农村小康建设进程。第二，推进新农村建设是促进城镇化健康发展的重要途径。我国由于长期实行城乡分割的二元体制，城镇化明显滞后于工业化，城市人口比例偏低，大量农业人口和剩余劳动力滞留在农村。因此，我们必须伴随改革开放和工业化进程，积极推进城镇化。但是，由于人口多、特别是农民多的基本国情，又决定了我国必须走符合国情的城镇化路子，要坚持大中小城市和小城镇协调发展。农民不进城不行，都进城也不行。这就需要一方面引导一部分农业人口和农村劳动力向城镇有序转移，另一方面要加强传统农村的改造，加快新农村建设，改善农民的生产生活条件和居住环境，从而使一部分农民愿意留在农村。第三，推进新农村建设是扩大内需、保持国民经济平稳较快发展的现实需要。扩大内需是我国经济发展的一个长期的战略方针。我们有一个13亿人口的大市场，特别是农村市场潜力巨大。但由于农民收入不高，农村购买力偏低，农村市场还没有真正打开。前两年，我国宏观经济出现的不稳定、不健康因素，一个重要表现就是投资规模尤其是钢铁、水泥、电解铝等投资规模过大，投资结构不合理，部分行业出现产能过剩。因此，需要通过宏观调控抑制某些行业过度盲目投资。一方面，投资仍然是扩大国内需求、拉动经济增长的重要方面；另一方面，又要防止投资过热，出现反弹。这是一个两难的问题。解决这个问题，出路在于调整投资结构。推进新农村建设，就是一个一举两得的办法。通过扩大农村的投资，加快农村的建设，可以增加农民的收入，从而提高农村购买力；可以改变农村的基础设施条件，从而改善农村的消费环境。可以说，推进新农村建设，是处理好投资与消费的关系，通过投资促进消费、进而拉动经济良性循环的一个很好的结合点。第四，推进新农村建设是构建社会主义和谐社会的重要方面。当前我国社会存在的某些不和谐的问题，一个重要原因是自然历史原因和体制政策带来的发展不平衡。收入差距拉大已经成为影响社会和谐的一个重要因素，在地区差距、城乡差距和群体差距当中，最大的是城乡差距。城镇居民和农民收入差距之比已经超过了 3:1。近两年由于中央实行向农村倾斜的政策，这种状况有所缓解，但要根本解决这个问题还需不懈努力。推进新农村建设，加快农业农村发展，增加农民收入，改善农民生活，缩小城乡差距，对于构建社会主义和谐社会有着十分现实的意义。

另外，中共中央政策研究室副主任郑新立认为：首先，建设社会主义新农村是遏制城乡差距拉大趋势，实现全面建设小康社会战略的一个重要举措。在20世纪80年代中期，我国城乡发展比较快，城乡发展的差距在缩小。但是到了20世纪80年代后期，一直到整个20世纪90年代十多年的时间，农村的发展速度逐渐减慢，特别是最近的十多年，城乡发展的差距越来越大，城乡居民收入的差距越来越大。如果不采取措施遏制城乡收入差距拉大的趋势的话，有人预计到2020年城乡收入差距有可能达到4.0:1。这样对我们欠发达地区要全面实现小康的目标就很困难，所以中央提出建设社会主义新农村是遏制城乡发展距离拉大的趋势的一个重要举措。其次，建设社会主义新农村也是统筹城乡发展，构建新型的城乡关系的一个实际步骤。统筹城乡发展是科学发展观的要求，实际上区域发展也就是缩小城乡发展的差距，因此，科学发展观提出的五个统筹把统筹城乡发展作为第一位的问题提出来。我们加快新农村建设，加快城市工业对农业的支持，加快农村的发展，就是建立新型的城乡关系。最后，建设社会主义新农村也是我们党执政为民和代表最大多数人利益的集中体现。中国共产党执政为民，要代表最大多数人的利益，首先就要代表 8 亿农村人口的利益，执政为民首先要为 8 亿农民服务。我们经济发展要使全国人民都能够共享改革发展的成果，但这样的发展成果差距越来越大，我们现在的农村人口的购买力平均 5.6 人才相当于一个城市人口购买的商品。如果这种情况长期下去，就会与我们党的宗旨是全心全意为人民服务相背离。所以提出建设社会主义新农村建设是在新世纪、新阶段提出的重大的战略决策，具有重大而深远的意义。

还有许多学者认为：第一，建设社会主义新农村，是贯彻落实科学发展观的重大举措。科学发展观的基本要求，就是经济社会的全面协调可持续发展，城乡协调发展是其重要的组成部分。全面落实科学发展观，必须保证占人口大多数的农民参与发展过程、共享发展成果。如果我们忽视农民群众的愿望和切身利益，农村经济社会发展长期滞后，我们的发展就不可能是全面协调可持续的，科学发展观就无法落实。我们应当深刻认识建设社会主义新农村与落实科学发展观的内在联系，更加自觉、主动地投身于社会主义新农村建设，促进经济社会尽快转入科学发展的轨道。建设社会主义新农村，是确保我国现代化建设顺利推进的必然要求。国际经验表明，工农城乡之间的协调发展，是现代化建设成功的重要前提。一些国家较好地处理了工农城乡关系，经济社会得到了迅速发展，较快地迈进了现代化国家行列。也有一些国家没有处理好工农城乡关系，导致农村长期落后，致使整个国家经济停滞甚至倒退，现代化进程严重受阻。我们要深刻汲取国外正反两方面的经验教训，把农村发展纳入整个现代化进程，使社会主义新农村建设与工业化、城镇化同步推进，让亿万农民共享现代化成果，走具有中国特色的工业与农业协调发展、城市与农村共同繁荣的现代化道路。第二，建设社会主义新农村，是提高农业综合生产能力、建设现代农业的重要保障。目前，我国农业生产基础设施和物质技术装备条件较差，经营管理也较粗放。加快建设新农村，发展农业生产力，加强农田基本建设，改良土壤，兴修水利，推广良种良法，发展农业机械化，培养有文化、懂技术、会经营的新型农民，全面提高农业综合生产能力，既是现代农业建设题中应有之意，也是建设现代农业的重要基础和保障。第三，建设社会主义新农村，是增加农民收入、繁荣农村经济的根本途径。当前和今后一个时期，增加农民收入，首先必须挖掘农业内部的潜力，提高农业综合效益，实现增产增效、提质增效和节本增效；必须发展以乡镇企业为主体的农村二、三产业，引导农村劳动力向城镇有序转移，拓宽农民的就业空间和增收渠道。

此外，也有学者认为，仅从经济建设和社会发展的角度讨论新农村建设的重大意义，固然有利于正确认识我国社会主义新农村建设的价值，但他们认为这还是不够的，还需要从社会政治的角度研究考察社会主义新农村建设的意义。他们认为：第一，新农村建设，是提升农民社会地位、调整社会关系的重要举措。它将进一步消除社会的城乡二元体制，让农民不再成为社会边缘人；让中国农民也能够分享现代化建设的成果，让农民享有和城市居民平等的经济和社会政治权利，从而构建一个以人为本的经济社会协调、全面、可持续发展的社会主义和谐社会，一个全面的小康社会。第二，建设社会主义新农村，有利于重建执政党和农民的关系。在历史上，中国共产党作为一个以马列主义为指导思想的革命党，主要是靠革命知识分子到农村去组织农民，帮助农民解决土地问题，然后在农民的帮助下夺取了革命胜利。执掌全国政权之后，中国共产党领导人民建设新中国，在城市现代化建设阶段，在相当长时间里，仍然是依靠农民的支持以取得现代化建设的启动资金的。然而，党的各级组织的领导者把工作重心放在城市，"以经济建设为中心"实际上就是"以城市经济建设为中心"，农民和农村越来越被忽视，特别是现代化建设的成果在相当程度上与农民无关。现在，中国城市的现代化建设已经基本完成，现代化建设事业的发展，需要城乡协调发展，需要建设社会主义新农村。在这个历史阶段，党的工作重心将从城市转向全社会，农村和农民将会前所未有地受到重视，因此，党和农民的关系必将在农村现代化建设的基础上重新确立。第三，建设社会主义新农村，有利于重建国家和农民的关系。在中国的城乡二元体制之下，农民的政治权利、分享各种社会资源方面的权利是不完整的；在物质生产方式中，由于人口众多、资源不足等原因，我们还必须坚持以小块土地作为生存保障的土地承包制度，农民在市场经济中的主体地位也是不完整的；在文化上，由于国家人事制度和市场制度的双重作用，使农民中的各种人才流入城市，农民本身成为受教育程度最低的社会群体，他们中相当多数的人不仅作为劳动力在市场上缺乏竞争力，作为公民还缺乏权利意识。针对这些问题，中国共产党领导的社会主义新农村建设，正在以建立和完善社会主义市场经济体制，对传统的物质生产方式进行革命性的变革，创造一种有利于构建农民主体地位的新型物质生产方式和社会经济制度；正在以加强农村民主政治建设、培养推进社会主义新农村建设的新型农民为根本出发点，积极推进一系列改革举措，以打破歧视农民的不公正的体制机制，形成新的保障农民权利的体制和制度。我们有理由期待，社会主义新农村建设的历史任务完成之日，就是农民成为国家主人之时。

三、关于社会主义新农村建设的内容和重点

"生产发展、生活宽裕、乡风文明、村容整洁、管理民主"是十六届五中全会对建设社会主义新农村的总体要求。短短二十字的定位，既涵盖了多方面意义，也确定了我国新农村建设的内容和重点只能是围绕这个总体要求来展开。《中共中央、国务院关于推进社会主义新农村建设的若干意见》中明确指出，社会主义新农村建设的主要内容包括：农村现代流通体系建设；农田水利、耕地质量和生态建设，在搞好重大水利工程建设的同时，不断加强农田水利建设；乡村

基础设施建设；村庄规划和人居环境治理；发展农村义务教育；大规模开展农村劳动力技能培训；积极发展农村卫生事业；繁荣农村文化事业；逐步建立农村社会保障制度；倡导健康文明新风尚等十个方面的建设。因此，在实际工作中如何进一步明确社会主义新农村建设的内容，是理论工作者、政府工作人员及广大群众建设社会主义新农村的一项重要内容。在这方面理论工作者讨论最为激烈，各级政府的关注程度也最高。

　　柯炳生认为，社会主义新农村建设的主要内容应当包括六个方面的内容，即：新设施、新环境、新房舍、新公共服务、新社会保障和新精神风貌。具体有以下几项内容：第一，"新设施"建设，就是要改善农村的生产生活基础设施，涉及村内与村外两个方面，包括清洁安全饮水、道路交通、电力、电信、电视、信息网络以及农业基础设施建设等。第二，"新环境"建设，指要建设生态环境良好，生活环境整洁的新农村。尤其是要加强农村村内和农民院内的环境整治，包括村内道路硬化、沟渠与水塘整治、垃圾收集与处理、农民院落整治（院面硬化、改厕、改圈、改厨等）。第三，"新房舍"建设，在建设方式上与新设施和新环境的建设有所不同，新设施与新环境建设是要求集体行动的，而新房舍建设主要是依靠农民个人的努力，但这也是新农村建设的内容。第四，"新公共服务"建设，是新农村建设的核心内容之一，其中最突出的是基础教育和职业培训，这是造就一代新农民的必然要求和必由之路。就是要造就"有文化、懂技术、会经营、守法纪、讲文明"新型农民，基本的前提条件是实现技术培训。第五，"新社会保障"制度的建立，是更具深远影响意义的建设，指建立全国统一体系的农村养老保障制度和最低收入保障制度。这是缩小城乡差别和地区差别的最重要条件之一，也是取消城乡户籍制度的必备条件之一。第六，"新精神风貌"建设，指新农村建设中，要加强农村民主和法制建设，加强精神文明建设，倡导新风尚。

　　林毅夫指出，社会主义新农村建设，按照中央提出的二十字要求，包含的方面非常广，包括生产发展、生活宽裕、乡风文明、村容整洁、管理民主，牵扯到政治、经济、文化、党政建设等。但他强调，真正的着眼点在公共基础设施的建设，也就是牵扯到"村容整洁"这个要求的，应该作为新农村建设的切入点。"十一五"时期是为建设社会主义新农村打下坚实基础的关键时期。新农村建设要开好局、起好步，必须集中解决农民生产生活中最迫切需要解决的实际问题，真正带给农民实惠。韩俊认为，应该从以下几方面建设新农村：以农民增收为核心，加快现代农业建设步伐和农村经济结构调整进程；将国家基础设施建设重点转向农村；推进城乡义务教育均衡发展；逐步提高农民的医疗保障水平；逐步建立适合农村实际的社会救助和保障体系。这涵盖了新农村建设的方方面面，既是内容也是措施。张凤全认为，发展县域经济是统筹城乡发展，促进农民增收，建设社会主义新农村的重要载体，是实现国民经济又好又快发展的重要支撑。推进社会主义新农村建设，实现农业现代化、农村工业化、农村城市化的进展如何，在很大程度上取决于县域经济发展，因此发展壮大县域经济是新农村建设的重要内容之一。李彦玲、李延华从小城镇、乡镇企业、农业产业化三者的关系分析出发，认为建设小城镇、发展乡镇企业、推进农业产业化是社会主义新农村建设的三大重要内容。刘和良认为应围绕三个目的为内容来建设新农村，即以实现农民持续增收为目的，发展新产业；以改善农村物质条件为目的，建设新村镇；以提高农村文明程度为目的，造就新农民。朱新峰等学者认为，建设社会主义新农村，信息化建设是一项十分重要的内容。电子政务建设是一项事关新农村建设全局的重要工作，各级农业信息中心要通过建立完善的农业电子政务公共服务体系，推动电子政务公共服务延伸到乡村，逐步增加服务内容，扩大服务范围，提高服务质量，扎实推进新农村建设。蒋远胜、常鸣、雷俊忠根据四川省新农村建设的具体情况，提出了以实现"六新"为目标的社会主义新农村建设内容，所谓"六新"即：农村经济有新发展（以发展农村、增加农民收入为首要任务）；农民生活有新改善（农民收入提高和农民生活质量改善）；农村社会事业有新进步（农村文教卫体和社会保障的建设和发展）；农村文明程度有新提高（保持农村社会安全、保持农村安详和和谐的邻里关系、杜绝村民参加黄赌毒等非法活动）；村容村貌有新变化（村庄基础设施和农村生态环境建设）；基层民主政治有新进展（建设好村组织村支部、村民自治机制进一步完善、加强基层党组织建设）。

有的学者如陈群光认为社会主义新农村建设主要是搞好以下五个方面的内容：一是全面提高农村教育整体水平；二是繁荣农村文化事业；三是推广新型农村合作医疗；四是不断完善农村社会养老保险体系；五是搞好农村社会救助。根据新农村建设的要求，江文胜提出新农村建设的主要内容是：生产发展就是要打牢社会主义新农村建设的物质基础；生活宽裕就是要千方百计增加农民收入；乡风文明就是要在农村形成健康文明的精神风貌；村容整洁就是要改善农村的人居环境和村容村貌；管理民主就是要加强和完善农村民主法制建设。从宏观角度出发，陈锡文将社会主义新农村建设内容概括为五个方面的建设：第一是经济建设，第二是政治建设，第三是文化建设，第四是社会建设，第五是基层党组织建设。吴贵君、陈晓波、陈睿、付佩等认为新农村建设应包含以下内容：加强农业服务体系建设；增加农民收入；改善农村面貌；培养新型农民；增加农业和农村投入；深化农村改革。潘逸阳将新农村建设的主要内容表述为"五新一好"，即建设新村镇、发展新产业、培育新农民、组建新经济组织、塑造新风貌、创建好班子。逐步把农村建设成为经济繁荣、设施配套、功能齐全、环境优美、生态协调、文明进步的社会主义新农村，为实现城乡协调发展、构建社会主义和谐社会奠定坚实的基础。

贵州省"三个代表"重要思想研究中心针对贵州社会主义新农村建设的实际，提出新农村建设应集中财力，重点扶持农村公共事业的发展：一是包括农田水利、道路交通、信息网络在内的基础设施建设；二是治理和保护农村自然环境，着力解决农村饮水安全和新型、清洁能源的问题；三是发展医疗、养老等农民社会保障体系，增加农村公共卫生的投入，基本建立农村新型合作制度，实施计划生育家庭奖励扶助制度和"少生快富"工程；四是支持建立以广泛应用现代科学技术、普遍使用现代工具、全过程实现现代管理为特征的现代农业体系，全面提升农业质量，不断提高农业劳动生产率；五是加快推进农村教育事业，巩固和普及九年制义务教育，健全农民教育培训体系。

新农村建设是一项系统而复杂的社会工程，涉及整个农村社会发展的各个方面。总的来说，社会主义新农村建设可以看做是新产业、新村镇、新农民、新组织、新福利、新风尚等方面的建设。有学者将这"六新"解释为：大力发展现代农业；改善村容村貌，营造良好的生产生活环境；着力提高农民的科技文化素质；探索和发展适应市场经济体制要求的新型生产关系；逐步改善和提高农民的社会福利水平；倡导文明健康的生活方式，提高农民的思想道德水平。这六方面的内容突出了新农村建设的重点，也是新农村的"新"意所在。

四、关于社会主义新农村建设的措施

任何方针、政策，都要辅以相应的措施才能实现其预期的目标。明确了新农村的建设内容后，采取怎样的措施进行建设就成为新农村建设的关键，也是理论工作者和各级领导干部研究的重点。

不同的论者从不同的方面进行了研究，但主要集中于宏观和微观两方面。石运玲认为，建设社会主义新农村，是一项综合配套的系统工程，既需要各级政府的推动和支持，也需要有关行业、部门的帮助和配合，更需要乡村基层干部和农民的自我努力，并采取以下建设措施：一是要合理调整国民收入分配格局，建立统筹城乡发展的长效机制；二是要合理规划，改善村容村貌；三是要坚持和完善农村的基本经营制度，坚持以公有制为中心，努力发展农村生产力，促进农民收入持续增长；四是要加强农村基层党组织建设和领导班子建设，提高凝聚力和战斗力；五是要注重培养和造就新型农民，形成良好的学习氛围。

《人民日报》评论员文章指出，进行新农村建设必须做到五个必须：一是必须有统筹城乡发展的思想；二是必须加快建立以工促农、以城带乡的长效机制；三是必须坚持正确的方向和原则；四是必须注意工作方法；五是必须发挥基层党组织的领导核心作用。陈群光认为，建设社会主义新农村，必须准确把握新农村的深刻内涵，发挥好各地物产、资源之优势，推动农业农村经济又好又快地发展，加快新农村建设步伐。应采取如下措施：一是要推进农业"三化"，培育高

效农业；二是要实施"三带动"战略，提高产业化水平；三是要加快村镇建设，塑造农村新风貌；四是要统筹协调，全面发展农村社会事业；五是要激发活力，建设社会主义新农村。

邓道坤认为，建设新农村要抓"三量"，即增加农产品产量、提高农产品质量、扩大农产品转化增值量；促"三建"，即加强农业基础设施建设、加强农村人居环境建设、加强农民能力建设；解"三难"，即"谁来组织"、"谁来建设"、"谁来办公益事业"。潘云结合山西省新农村建设的经验，总结提出新农村建设的主要措施：一是要紧紧围绕千方百计增加农民收入，逐步缩小城乡差距这一主题来建设新农村。二是要创新两大机制来建设新农村，全面推进城乡配套的体制改革，突破城乡二元结构，形成以工促农，以城带乡的发展机制；树立以人为本，全面、协调、可持续的发展观和科学的政绩观，形成统筹协调、科学合理的工作机制。三是明确三大目标，分三个阶段建设社会主义新农村。第一阶段，到2010年，在基础设施和社会保障建设等一些重点领域取得实质性进展，农民收入稳定增长，农村面貌有较大改观，基本形成城乡一体的总体框架思路、政策举措和工作格局，为全面建设小康社会奠定基础；第二阶段，到2015年，城乡收入差距扩大的趋势得到有效遏制，初步消除城乡二元结构，城乡体制基本接轨、城乡空间布局一体、城乡产业协调发展、城乡社会事业统筹发展、城乡社保基本对接、城乡基础设施联网，基本形成城乡一体化的发展格局，农民生活质量明显提高，农村面貌明显改善，全面建设小康社会稳步推进；第三阶段，到2020年，城乡收入差距明显缩小，基本消除城乡二元结构，全面建设小康社会基本实现，生产发展、生活宽裕、乡风文明、村容整洁、管理民主的新农村初步成型。四是突出四大战略即统筹城乡基础设施建设、统筹城乡经济发展、统筹城乡劳动就业与社会保障、统筹城乡社会发展来建设新农村。

王伟光从七个方面提出了新农村建设的措施。一要千方百计发展农村生产力，推进现代农业建设，稳定农业生产；二是千方百计地增加农民的收入，让农民增产增收；三要解决好农村劳动力的出路问题；四要解决好农村基础建设和社会建设问题；五是加大对农业的投入；六是解决好农民工问题；七是抓好农村党的建设。还有的学者面对农村的现实需求，提出村镇文明创建只有不断创新工作方法，提高工作实效，才能为建设社会主义新农村作出新的贡献。张育林认为，搞好新农村建设：一是要高度重视并充分发挥党委政府的主导作用；二是要遵循"以工促农、以城带乡"的思路聚合社会力量；三是要注重用先进性引领和带动广泛性；四是要不断完善创建工作的考核激励机制。曹立群、高峰认为，建设社会主义新农村要从以下几个方面加以推进：一是按照统筹城乡的原则，调整收入结构，加大投入；二是按照以人为本的原则，尊重农民的主体地位，切实转变政府职能；三是按照统筹协调的原则，从农民最容易得到实惠的地方入手，突出生产发展的内容；四是按照可持续发展的原则，建立一套新农村建设的新机制。

为落实党中央的政策，切实推进建设社会主义新农村，各级领导干部也结合本地实际拿出了他们的对策。徐光春认为，要把党中央关于新农村建设的方针政策落到实处，结合河南的实际，关键是抓好"五个一"工程，即一个好的带头人，一个好的领导班子，一个好的发展思路，一个好的创业氛围，一套好的扶持政策，为社会主义新农村建设提供坚强保证。骆惠宁结合青海实际认为，要重点抓好五项工作，一是发展经济，增加收入；二是推进统筹，深化改革；三是扩大公益，促进和谐；四是培育农民，提高素质；五是建设村镇，改善环境。金人庆认为，公共财政在新农村建设中肩负着重大的历史责任，财政部门将采取以下措施支持新农村建设：一要深化农村税费改革，减轻农民负担；二要加大投入力度，促进农民增收；三要调整支出结构，着力解决农村社会发展中的瓶颈制约问题；四要积极支持农业综合能力建设和县乡执政能力建设。中央部委也根据本部门实际，制定了支持新农村建设的具体措施。汪光焘认为，改善农村人居环境是一项长期的任务，在新农村建设中要正确处理好发展农村经济与改善人居环境的关系。他提出了以下具体措施：一要完善县域城镇规划；二要合理确定村庄整治内容；三要制定村庄整治规划；四要推广应用适用技术；五要加强对农房建设的指导和管理；六要加强部门间的综合协调；七要建立和完善保障机制。

当然，也有学者认为，建设新农村，首先应该放弃农业现代化的提法，因为国际经验教训表明，单纯靠农业是根本不可能给农民带来收入增加机会的。温铁军认为，在建设新农村之中，要重视用文化活动整合社会资源，帮助农民提高组织化程度。发动农民最好的方式就是文化活动，这种方式成本最小。建设新农村，还要加强基层党组织建设。针对农村实际，他认为，一要加强其经济基础"合作社"，主要是农户家庭经营为基础的合作社，实现农户在购销、防疫等方面，尤其是金融上的合作。二要加强其社会基础，办好各种协会，诸如"老年协会"、"妇女协会"等等。张红成从加强农村公共服务能力角度出发，认为建设新农村应采取如下措施：一是改进政府支农政策；二是全力以赴抓产业建设；三是竭尽全力兴科教；四是坚定不移打基础（主要是农村道路交通、农田水利等）；五是毫不放松抓组织。王秀梅、王恒进从缩小城乡收入差距分析入手，提出建设社会主义和谐新农村几条措施：一是调整收入分配体制，建立农民增收的长效机制；二是提高农民素质，增强农民驾驭市场经济的能力；三是强化政府服务功能，增强农民抵御市场风险的能力；四是进一步做好农村剩余劳动力的转移工作。

金融业作为现代经济的核心，在推进新农村建设中具有不可替代的作用，也担负着重要的责任。梁济昌对县域金融对新农村建设的作用作了分析，并提出以下解决措施：一是坚持科学发展观，重新定位县域金融的职能；二是加快农村金融体制改革，构建新型农村金融体系；三是加强制度约束和政策引导，拓宽"三农"资金供给渠道；四是加强农村信用体系建设，构建良好的金融生态环境；五是重新审视金融支农观，正确认识和理顺四个关系（金融与三农、县域金融机构之间、信贷支农与风险防范、银政银企）。吴中苏、吴波从咸宁市实际出发，提出推进新农村建设的五项措施：一是"五化"切入，建生态之"韵"；二是文化提升，塑文明之"魂"；三是促进增收，强发展之"本"；四是把握主线，重和谐之"音"；五是分类指导，走特色之路。

五、社会主义新农村建设的原则和应该注意的问题

新农村建设是一个庞大的系统工程，涵盖了经济建设、政治建设、文化建设和社会建设。在推进新农村建设过程中，党中央明确提出了五大原则，即以经济建设为中心，农村基本经营制度不动摇，以人为本，科学规划，发挥各方面积极性，共同推进新农村建设。具体要求是：第一，必须坚持以发展农村经济为中心，进一步解放和发展农村生产力，促进粮食稳定发展、农民持续增收。第二，必须坚持农村基本经营制度，尊重农民的主体地位，不断创新农村体制机制。要尊重农民群众的首创精神，善于总结基层创造的经验，通过改革创新破除不适应农村生产力发展的各种体制性障碍，不断激发农村发展活力。第三，必须坚持以人为本，着力解决农民生产生活中最迫切的实际问题，切实让农民得到实惠。要把农民愿意不愿意、高兴不高兴作为衡量新农村建设成效的重要标准，确保让农民真正受益。第四，必须坚持科学规划，实行因地制宜、分类指导，有步骤有计划有重点地逐步推进。要注重立足乡村特点，突出地方特色，尊重各地的传统、习惯和风格，不能把鲜明的民族特色改没了，不能把突出的地域特征搞没了，不能把优秀的文化传统弄没了。新农村建设没有固定模式，没有统一标准，各地要发挥主动性和创造性，根据当地经济社会发展水平和农民群众的现实需要，合理确定目标和任务。第五，必须坚持发挥各方面积极性，依靠农民辛勤劳动、国家扶持和社会力量的广泛参与，使新农村建设成为全党全国的共同行动。要加强对新农村建设的领导和支持，充分调动广大农民的积极性，广泛动员社会各界力量，形成推进新农村建设的合力，确保社会主义新农村建设取得实效，真正造福亿万农民。

因此，根据中央提出的上述要求，在研究和实际工作中，许多学者从不同的角度提出了以下应注意的原则和问题。柯炳生认为，建设新农村应坚持因地制宜、讲求实效、干群结合、节约资源的原则。杨继瑞指出，建设社会主义新农村必须遵循一定的原则：首先，要遵循规划为先的原则，按照科学发展观的要求，坚持"五个统筹"的思路，做好社会主义新农村的规划。其次，要遵循以经济发展为重点的原则，增强农村综合经济实力，提高广大农民的物质生活和文化生活水平。再次，必须遵循统筹协调的原则，注意经济发展与政治、文化建设协调发展问题，注意城乡统筹和一、二、三产业之间的互动，注意人与自然的和谐，大力发展循环经济。最后，必须遵循可行性原则，社会主义新农村建设既要与我国经济社会发展规划相结合，从有利于我国经济发展和社会发展、有利于促进新农村建设的高度来确立指标体系。同时，也要立足各地实际确立，既体现社会主义新农村的一般要求，又体现新农村本地特色的指标体系。

在应注意的问题方面，2006年11月初，叶敬忠等五位教授联名向中央上书，提出当前新农村建设令人关注的九个方面的问题：第一，新农村建设在部分地区缺少切实举措，导致农民失望、干部彷徨；第二，农民面临缺少生产性贷款等生产发展方面的困难，再生产投入不足；第三，乡风文明建设的村级公共设施匮乏，公共活动无从开展；第四，村庄亮化等工程并非农民最急需开展的村容整洁方面的活动，改造农村卫生条件等亟待解决的问题被束之高阁；第五，村民自治中，民主选举和民主监督流于形式，民主管理与民主决策方面缺乏公众参与；第六，新农村建设各地千篇一律，忽视了各地区和各类型农民的多元性需求差异；第七，目前的试点村做法不利于新农村建设的推进；第八，一些媒体的片面报道和地方政府的夸大宣传，使得农民对新农村建设完成时间缺乏客观评价；第九，留守人口权益缺乏保障。针对相应的问题，他们提出了九点建议：第一，重视部分地区出现的农民失望、干部彷徨的情绪，国家应建立和完善新农村建设专项资金制度；第二，深化农村金融体制改革，解决农民贷款难的问题；第三，发挥女性和老年人的自身优势，促进农村乡风文明建设；第四，村容整洁方面应该重点关注农村的垃圾治理、道路硬化、房屋和街道布局与规划等农民急需改造的方面；第五，加强民主管理与民主决策等村民自治制度内容，实现真正的民主治理；第六，关注不同地区和不同类型农民的需求差异，进行参与式新农村建设规划；第七，试点村建设应因地制宜地进行，探索不同类型村庄的发展模式；第八，重视50%农民认为新农村建设十年内完成的预期，改善宣传方式；第九，关注留守人口，从村庄层面保障其权益。

温铁军指出，从目前情况看，中央在农业政策和农村发展上已提出了明确的指导思想，但要落实，还有以下几个方面的问题需要考虑：第一，2004年中央"一号文件"就已明确把缓解"三农"矛盾的工作责任交给地县两级党委和政府，但到目前为止，很多地县党委和政府仍以追求GDP增长为目标，并以此来考核各部门的干部，导致招商引资仍是基层政府的第一"要务"。第二，农村中各种各样的组织，包括农民的老年协会、妇女协会、合作社组织等等，能够有效防止社会矛盾大面积发生，但到目前为止，这种组织建设尚未引起足够重视。随着农村全面免税政策的推进，农村基层行政功能弱化，在那些社会经济组织发育困难的地方，出现了大量违规的社会组织，并迅速填补行政功能弱化留下的组织空间。第三，农村现在仍是我国最有条件构建和谐社会的领域，这是因为党坚持了在农村的基本经济制度，农民仍是按人平均分配土地，按户承包，客观上在农业领域中尚未像城市一样形成资本与劳动的对立，但目前的舆论导向有些偏差，造成的问题是，出现了一种地方政府"垒大户、傍大款"的现象，有意无意地制造了资本与劳动的对立关系，破坏构建和谐社会的基础。这三个方面的情况是"建设社会主义新农村"的主要障碍。

孙文盛认为，在新农村建设中，有些问题应引起注意，如土地的合理、有效利用问题。要严格保护耕地特别是基本农田，防止以新农村建设等名义大拆大建，占用耕地。要加强村镇建设用地管理，大力推进节约用地。要严格征地管理，维护被征地农民的合法权益。要杜绝新农村建设中先用后批、边用边批、批少用多等违法违规用地行为，严肃查处土地违法案件，坚决制止"以租代征"、以预审代替审批等违法违规用地行为。要严格落实耕地"占一补一"制度，鼓励被占用耕地表土剥离利用，新开垦的耕地要充分利用剥离的耕作层土壤，所需费用可列入项目预算。在新农村建设中，有条件的地方可引导农民住房向中心村镇集中，乡村工业向工业用地地区集中，农业向适度规模经营集中，提高村镇建设用地利用率。但这是一个长期过程，一定要尊重农民的意愿。

建设社会主义新农村是一项长期而艰巨的历史任务，在推进新农村建设过程中，徐小青指出还应注意以下几个问题：第一是思想上切实把解决"三农"问题放在各项工作首位。建设社会主义新农村事关我国现代化的全局，没有农业的现代化、农村与城市经济社会的平衡发展和农民的富裕，就很难说我们达到了现代化的建设目标，这已经成为党和政府及全社会的共识。这一次提出新农村建设任务，不仅仅是长期发展的方向，更是作为一项重大而紧迫的工作任务而提出来的，需要各级政府放在自己工作的首位、常抓不懈。第二是在认识上要注意社会主义新农村建设的长期性、艰巨性和复杂性。建设社会主义新农村是个长期过程，"十一五"期间关键是要开好头、起好步，打好基础。因此，在建设社会主义新农村的过程中，一定要充分认识新农村建设的长期性、艰巨性和复杂性。第三是工作上要充分发挥政府引导、支持农民主体和社会参与的作用。新农村建设涉及经济、政治、文化和社会各个方面，是一项十分复杂的系统工程，各级政府要按照统筹城乡经济社会发展的要求，把新农村建设纳入当地经济和社会发展的总体规划，要明确推进新农村建设的思路、目标和工作措施，统筹安排各项建设任务。新农村建设需要政府的投入起到先导、主导作用，但不能抑制和抵消农民自发、自助、协同的创造性，要激发农民的自发、自助、协同的主体意识和创造性、积极性和主观能动性，而不能本末倒置。第四是在新农村建设过程中，政府的财政资金重点应放在支持农村基础设施、农村教育、卫生事业和社会保障体系等公益事业的发展上。

六、新农村建设中亚洲国家和地区的经验借鉴

从发达国家和地区关于农村建设的具体经验来思考和分析中国的新农村建设，这本身就说明新农村建设属于中国现代化进程的重要组成部分，同时也反映了我们对建设什么样的新农村，如何建设新农村等战略问题，还缺乏系统的、明晰的本土经验。当然，经验总是具有借鉴和启示意义的。而我国学界从 20 世纪 90 年代起就已对此开始关注并研究持续至今。特别是对日本、韩国等国家和地区在农村发展方面的经验尤为关注。目前，理论研究认为，日、韩两国的农业与农村特点与我国有许多相似之处，尤其是 20 世纪 60 年代两国的整体情况与我国的现状大体相同或相似。因而，这类研究基本以经验介绍、模式总结和政策建议为主。

在研究日本农村发展问题经验基础上，有的学者提出日本在推进两次新农村建设过程中，无论从政策设计，还是规划制订，不是采取自上而下的方式，而是坚持推行自下而上的原则，充分倾听农民的意见，把握他们的需求，并不断引导他们参与到新农村建设中来，进而日本农业与农村现代化之所以能在亚洲独树一帜，之所以能在农业经营规模狭小的不利条件下开创实现农业与农村现代化的先河，关键是国家建立并不断健全了各类保障机制，从而确保了农业和农村的各项制度能在良好而顺畅的环境下运行。因此主张新农村建设不仅要调动农民的自觉参与，更要在制度设计上提供保障。

在研究我国新农村建设问题的同时，许多学者还注意参考了韩国新村运动对我国新农村建设的启示问题。我国正处于解决"三农"问题的关键时期，在同样深受儒家文化传统影响的中国农村小规模生产的环境下，韩国农村现代化的思路、内容、方法、途径以及现代化发展遇到的各种问题，都值得我们思考和借鉴。浙江大学"卡特"研究中心潘伟光认为韩国新村运动对我国新农村建设的启示主要有四个方面：

第一，农村现代化并非一定要工业化完成后才来进行，可以齐头并进，相辅相成。新村运动是韩国工业化进程中发起的，可以说是早期阶段开始实施的，与韩国工业化、城市化相辅相成。新村运动不仅改善了农村面貌，较好解决城乡差距，同时为韩国工业化的发展提供了重要的高素质的人力资源。我国在 2002 年时人均 GDP 已到 1000 美元，农业结构占 GDP 的 15.4%，从这两个基本指标看，我国现在经济和社会发展与韩国 20 世纪 70 年代后期较为接近，社会正经历着快速变迁。我国现在工业化发展需要大量资金投入，但这并不能说明要等到工业化完成后才来实行农村的现代化，而是可以同时进行的。而且我国现在处于有利的时机，国家综合实力大大提高，经济发展态势良好，财政资金相对充裕，有必要全面展开农村现代化的建设。只要措施得当，方法科学，可以早日实现农村现代化的发展目标，而且可以处理好现代化过程中的诸多矛盾。

第二，村级治理是农村现代化成功的关键。韩国新村运动以村庄建设为着力点，方法和措施值得借鉴。（1）了解农民的愿望与迫切需求是农村现代化实施的基本条件。农村各地情况差异显著，实施农村现代化要从农村的具体实际出发，尤其是要从村庄的实际出发。根据村庄的实际情况来进行有重点的建设。为此，需要进行调查，了解农民在农村发展中的需求次序；同时需要适当地分类，明晰政府的职能和作用发挥的边界，确定哪些由农民自己解决，哪些可以合作解决，哪些需要政府解决。（2）村庄的改善要从实实在在的项目做起，而非纯粹的精神运动。韩国的经验表明只有通过项目的纽带，才能进一步团结村民，提升道德水平，也才能创造和谐的农村。（3）村庄领导人的综合素质是决定农村现代化的重要影响因素。对于农村建设来说，村庄领导人的奉献、廉洁、为民的思想道德和务实的工作作风非常重要，将直接影响村级项目的成功开展。

第三，农村现代化是一项综合性的建设工程。农村现代化是一个统筹城乡发展的物质建设过程，也是突破城乡体制分割的过程。这不仅是社会发展过程中农村发展本身的要求，也是农村居民与城市居民平等权利的基本体现。因此，一项综合性建设工程不仅涉及农村物质建设的现代化，也涉及精神伦理的现代化，也包括相应制度层面的现代化。我们更希望我国的新农村建设最后能落实到制度建设上，并且在制度层面解决农村现代化发展的问题，而不是简单的物质层面。从这一点来看，我国的新农村建设任重而道远。

第四，政府的倡导、推动是农村现代化的重要保证。韩国农村现代化的经验告诉我们，政府的倡导、推动是农村现代化的重要保证。因此，我国当今的农村现代化和新农村建设也同样需要政府的积极推动。特别是要注意以下问题：一是需要领导集体的高度重视。农村现代化是我们建设和谐社会的重要基础，没有农村的现代化就没有国家的现代化，没有农村的现代化，全面建设小康社会就只是一句空话。只有把农村建设和农村现代化放在一个战略高度，有战略认识，才能一贯地坚持推进农村现代化。二是实现农村现代化过程中需要政府部门间相互沟通与合作，而国家各级部门对"三农"问题了解和形成的共识是重要的基础。三是加强党的执政能力和为基层服务的能力。关注农村、关注农民，更多地为民着想是党和政府重要的责任。在韩国由于农民是一支重要的选举力量，党派的选举活动在基层农村非常活跃。韩国的农民利益通常为各党派所利用，也使得韩国农业问题一直受政府的重视。这也告诉我们，只有做到执政为民，加强党的执政能力，才能得到百姓的衷心拥护。

吴敬学的研究则指出，韩国政府实施新村运动，主要采取三大模式：一是在新村运动发展初期主要采用政府主导型的发展模式；二是在新村运动发展中期采取政府培育、社会跟进的发展模式；三是在新村运动发展的后期逐步转入国民主导型发展模式。其借鉴意义在于我国新农村建设应该分阶段、有层次的展开。清华大学社会学教授李强等人认为，韩国新村运动的内涵就是脱贫致富，基本精神是"勤勉、自助与协作"，其引申意义就是通过教育，培养、激发国民进取、向上的精神，提高国民整体素质。这对我国的启示有：农村现代化与工业化、城市化可以做到同步推进；要形成改变农村落后面貌的体制机制；统一规划、突出重点、以城带乡、提高实效；政府可以借助于行政机制来弥补市场机制的先天不足，承担起要素的配置任务；要针对农村的实际，考虑到农民的思想认识水平，积极搞好政策引导和思想发动，使行政手段更好地发挥作用。

可以说，大部分的研究都重点关注韩国新村运动对我国的启示。当然，也有研究指出，在如何借鉴韩国及其他国家新农村建设的经验问题上，应该冷静、深入地思考。如国家行政学院研究员马宝成认为，在借鉴国外的相关做法与经验上，我国需要特别注意国情的差异、发展水平的差异、管理体制的差异以及农民整体情况的差异。他认为我国在新农村建设问题上不可搞"一刀切"，一定要因地制宜，突出多样性，同时要注意培养新型农民，在此基础上结合创新激励机制，发挥农民的主体作用。

在地区方面，于建嵘通过对台湾农会组织的实地考察和文献研究，主张新农村建设首先要建立真正属于农民的"农会组织"，培养新农村的行动主体，使国家政策真正落到实处。同时，他还分析了农会与政府和其他组织之间的关系及其现实的社会基础，并提出政策性建议：一是对目前农村乡镇管理体制进行精简，建立具有经济、社会和文化功能的农会组织；二是农会组织的性质是农有、农治和农享的公益性社团法人；三是建立各级基层组织的农会系统；四是按照议会分立原则，建立由理事会、监事会和总干事及具体职能部门组成的治理结构。这是一套借用现代股份公司运作规律并彰显民主色彩的制度设计，如果能运作起来，必将给农村带来新面貌。而贺雪峰和仝志辉等人则指出，在国家公共权力基本退出乡村社会之后导致的社会秩序和公共资源失控的现实环境中，提倡建立这种非强制性的公益组织有可能事与愿违，遭遇乡村社会的灰化困境。

总之，这些研究无论对于我们了解日本、韩国农村现代化的发展过程，还是对于我们借鉴日、韩及台湾地区农村现代化道路，探索我国新农村建设及全面建设小康、和谐社会，都是有很好的启发作用的。

七、新农村建设其他方面的研究

伴随着新农村建设的实践探索与理论研究的不断深入，有学者指出，新农村建设还应该从以下几个角度进行深入的思考：

1. 新农村建设和人力资本问题

社会主义新农村的主体是农民，提高农民的素质是内源发展的必然要求。赵国珍结合人力资本的相关理论，指出人力资本的缺乏是新农村建设目标实现的根本障碍，具体表现如下：第一，人力资本缺乏制约了农村经济的发展；第二，人力资本缺乏制约了农民收入的稳定增长；第三，人力资本缺乏阻碍了农民的流动和农村文明程度的提高。为此，他提出了相应的措施和建议：第一，增加人力资本投资对新农村建设的作用重于物质资本投资。而人力资本是教育、卫生、体育等方面的投资形成的。因此，新农村建设的重点是给农民进行投资，而不是给农村空间进行投资。第二，教育投资应配置好学历教育投资、技能教育投资（为城市培养技工）、农业技术培训（科学种田等）投资的比例。异质型人力资本对经济增长的贡献大于普通型人力资本，因此，对农民的培训要注意差异化。第三，人力资本投资的主体主要有个人与家庭、企业（组织）和政府，其中个人和企业作为"经济人"，其投资行为基于成本收益分析的原则，以达到投资的经济效益最大化。然而，由于人力资本具有外部性，个人和企业进行分散的人力资本投资，会导致社会意义上的人力资本投资的不足，即市场在面对外部性时产生失灵，从而要求政府介入人力资本投资，提供人力资本的公共投资与积累。由于"市场失灵"的类型不同，政府介入的方式也应该有所不同。第四，为保障劳动力有序、有度、有效流动，就要着力降低流动成本。首先，要完善信息平台，加快建设城乡统一的劳动力市场，为劳动力按需求转移提供信息平台；其次，健全社会保障制度，使劳动者的保障不受流动的限制。第五，个人投资成本会受到流动性制约。当前突出表现为农民个人投资的流动性不足，当流动性制约成为人力资本投资过少的主要原因时，需要政府通过多种渠道对劳动力个体实施特别融资。但应明白，政府提供额度是融资而非补贴。无须偿还的补贴具有福利性质，不需要受益者承担偿还义务，容易导致个人在进行人力资本投资时忽视投资风险，最终导致投资失败。

围绕提高农村人力资源的素质，也有学者认为，在建设社会主义新农村中农业高等职业教育具有不可替代的作用，客观上也对农业高等职业教育改革研究提出了更高的要求和新的任务。左家哺等学者认为应该从四个方面确立农业高等职业教育研究的内容：第一，通过对发达国家及地区与我国农业高等职业教育比较研究，结合建设社会主义新农村的实际情况，一方面开发适合建设社会主义新农村的专业体系，进而制定各个专业的课程体系优化方案；另一方面，为探索建设社会主义新农村的有关招生策略、就业途径及保障措施、学费津贴标准及来源渠道等问题提供依据。第二，开展农业高等职业教育人才培养方案的研究。围绕建设社会主义新农村的需要，开发适合我国农业高等职业教育发展的专业体系，制定各个专业的培养目标与人才培养规格，确定各个专业的学制，调整各个专业的教学内容，优化各个专业的课程结构。开展农业高等职业教育人才培养方案的研究是建设社会主义新农村中农业高等职业教育改革研究的基础工作和重点问题。第三，开展农业高等职业教育招生与就业策略研究，寻求农业高等职业教育的最佳就业途径。第四，开展农业高等职业教育成本与学费津贴标准的研究。

2. 新农村建设与农村社会保障制度问题

建设社会主义和谐社会是我国社会建设的既定目标，健全的社会保障体系是其基本要件。其中，建立健全农村社会保障体系尤为重要。我国是一个农业大国，13亿人口8亿在农村，切实保障农民利益。建设社会主义新农村，也是我国全面实现小康社会，走向共同富裕的必然要求。农村社会保障是我国社会保障体系极其重要的组成部分，但受传统城乡二元结构模式的影响，造成现在我国城乡发展极不平衡，在城市社会保障体系基本建立的同时，农村社会保障却存在着保障水平低、社会化程度低、政府扶持力度小、覆盖范围窄、法律制度缺失等诸多问题。适时建立健全农村社会保障体系，有利于实现社会公平，维护社会稳定，促进城乡融合和共同发展。为此，结合中国国情，仇文利提出建立农村社会保障体系的五点建议：第一，采取各种措施增加农民收入，增强农民的社会保障能力；第二，有重点地、有序地向农民提供社会保障；第三，把农业保险纳入农村社会保障体系；第四，打破城乡二元社会保障结构，建立城乡一体化的社会保障制度；第五，加强农村社会保障制度的立法工作。

3. 新农村建设与城镇化问题

关于新农村建设与城镇化的关系也是学者们探讨的一个话题。刘蕚等人围绕城镇化与建设新农村的关系，进行了探究，指出城镇化与建设新农村表现为五个方面的关系：第一，城镇化和建设新农村不存在严重的资金竞争。城镇化的资金来源主要来自基层政府财政和向社区内企业征收的土地使用费等各种资金。而建设新农村的资金则基本上全部来自于农村社区村民的自筹，或通过以工代赈形成农村社区村落的建设资本。因此两者在资金上不发生严重竞争。如果说两者在资金上发生冲突的话，可能是农村社区中部分富裕农户是选择城镇还是留在具有良好基础设施的乡村，从农户分化的角度来看，这个问题不会造成很大的资金冲突，因为农户选择是进入城镇还是留在乡村，所需要付出的资金存在很大的差别，并且符合农户就业（获利）机会的比较优势。第二，组织形式存在差异区别。从组织形式上，尽管城镇化建设是乡镇社区经济发展的结果，但城镇化的建设，无论从基础设施的规划和施工到城区的开发，都是由基层政府主导组织的。建设新农村的组织是由农村社区通过村民自治的形式实施的。这种形式因为体现了农村社区村民的民主意志，所以从某种意义上讲，对农村社区村民来讲是公平的。第三，服务对象互补。小城镇的服务对象是企业化、商品化经营的经济主体，面向的是整个城镇社区的居民，并且随着乡镇的调整其范围可能不断变化和整合。例如，可能将几个乡镇集中在某一个较大的乡镇，那么这个乡镇的城镇化规模就会得到很快的扩大，而原来的几个乡镇城镇化规模则可能出现萎缩，在城镇化发展时应当同时考虑这两个方面的问题，应对乡镇整合的收益（如规模扩大等）和损失（其他乡镇的萎缩）相权衡，以确定最佳的乡镇规模，并做出长远规划。标准化村落的服务对象则基本是局限在村落社区的村民，并且村落的规模是基本稳定的。第四，功能互补。就目前中国农村经济的发展现实来看，在当前和未来的很长时期，小城镇与标准化村落的功能是互补的。相对广大的农村社区村落来说，城镇是农民所需商品（包括生产和生活资料）的日常交易中心，也是农民出售其产品的重要途径。城镇除了是农民的物流中心以外，也是各种信息流的传播中心，是农民获取各种生产、市场信息的重要途径。第五，产业结构互补。小城镇的产业结构，尽管有很大的涉农性，但基本上是以第二、第三产业为主，并且为农村服务的第三产业占据非常重要的地位。第三产业的发展是小城镇发展非常重要的因素。建设新农村则由于是服务于农村社区，尽管也会带动第二、第三产业的部分发展，但仍以第一产业为主。从产业结构的角度看，城镇化建设和建设新农村也具有互补而不是竞争关系。日本农业剩余劳动力转移的成功，是农、轻、重和大、中、小合理配合，发展第三产业，现代化产业与传统经济互补协作的结果。在此基础上，说明要正确认识新农村建设和城镇化的关系，不能将建设新农村和城镇化割裂开来。城镇化应当是推动农村发展的城镇化，新农村应当是城市化进程中的新农村。正确认识建设新农村和城镇化的关系，将有利于中国城市化的健康发展和"三农"问题的解决。

诚然，建设社会主义新农村，是党中央从贯彻落实科学发展观、构建社会主义和谐社会的全局出发作出的重大战略部署，是我国现代化进程中的重大历史任务，是解决"三农"问题的重大战略举措。同时，社会主义新农村建设也是一项长期艰苦的任务，在实施和推进过程中还会产生更多复杂的困难和问题，在目前各地的新农村建设活动中，有很多做法和认识上的误区遭到了学术界的批判，例如：搞形式主义的"样板工程"、"形象工程"和"政绩工程"，这不仅体现在试点村的选择上，也体现在所进行的一些具体活动上；利用新农村建设的名义大拆大建、乱占耕地；把新农村建设等同于村容整治、旧村改造；忽略农民的实际需求；违背农民意愿，强迫、命令、强制摊派；盲目冒进，从思想意识上把新农村建设当成一种运动，等等。学者们认为，这些不正确做法的出现，是我国目前的干部考核体制、从理论上对新农村的"误读"等因素综合作用的结果。对此，中央一再强调，新农村建设是一个长期、渐进的过程，应该因地制宜，不能搞一刀切，也不能急于求成。因此，为了扎实推进社会主义新农村建设，有些理论问题还需要深化认识，有些政策问题需要认真把握，而目前的理论研究探索也将随着我国社会主义新农村建设的伟大实践而进一步展开和深化，这其中既需要我们解放思想，与时俱进，更需要积极探索、勇于创新，只有这样，我们才能正确把握新农村建设的方向，积极稳妥地推进社会主义新农村建设。

（执笔：李永勤、郭颖梅、陈攀、秦志勇）

专题二 云南省新农村建设重大政策措施

一、云南省新农村建设的政策背景

党的十六届五中全会通过的《中共中央关于制定国民经济和社会发展第十一个五年规划的建议》，明确了今后五年我国经济社会发展的奋斗目标和行动纲领，提出了建设社会主义新农村的重大历史任务，为做好当前和今后一个时期的"三农"工作指明了方向。

2006年2月21日，《中共中央国务院关于推进社会主义新农村建设的若干意见》下发，即改革开放以来中央第八个一号文件。文件要求，要完善强化支农政策，建设现代农业，稳定发展粮食生产，积极调整农业结构，加强基础设施建设，加强农村民主政治建设和精神文明建设，加快社会事业发展，推进农村综合改革，促进农民持续增收，确保社会主义新农村建设有良好开局。

2007年1月29日，《中共中央国务院关于积极发展现代农业扎实推进社会主义新农村建设的若干意见》公布，提出用现代物质条件装备农业，用现代科学技术改造农业，用现代产业体系提升农业，用现代经营形式推进农业，用现代发展理念引领农业，用培养新型农民发展农业。

为贯彻《中共中央国务院关于推进社会主义新农村建设的若干意见》，扎实推进云南省社会主义新农村建设，加快农村全面小康和现代化建设步伐，结合云南实际，中共云南省委、云南省人民政府制定了《关于贯彻〈中共中央国务院关于推进社会主义新农村建设的若干意见〉的实施意见》和《云南省社会主义新农村建设规划纲要（2006~2010年）》，云南省农业厅制定了关于《贯彻落实省委省政府推进社会主义新农村建设实施意见的意见》以及云南省各级部门出台了有关新农村建设的指导性文件。

在中央和云南省有关社会主义新农村建设的文件中，提出了有关社会主义新农村建设的指导性政策和措施。

二、云南省新农村建设的总体部署

新的历史时期，中央提出建设社会主义新农村，虽不是一个新命题，却有着全新的意义，具有背景条件新、目标要求高、内容更丰富和推进力度大等鲜明的时代特征，总的要求是："生产发展、生活宽裕、乡风文明、村容整洁、管理民主。"这二十字内容极其丰富，含义十分深刻，涵盖了农村经济建设、政治建设、文化建设、社会建设和党的建设。云南省新农村建设，要从实际出发，认真抓好各项政策措施的落实。"十一五"时期，是为云南社会主义新农村建设打下坚实基础的关键时期，必须以邓小平理论和"三个代表"重要思想为指导，深入贯彻落实科学发展观，遵循工业反哺农业、城市支持农村和"多予、少取、放活"的方针，坚持"六个必须"，以"四村"建设为目标，围绕"六新任务"，实施"十大建设工程"，完善"六大支撑体系"，强化"六大统筹措施"，扎实有效地推进社会主义新农村建设。坚持"六个必须"，就是必须坚持以发展农村经济为中心、必须坚持农村基本经营制度、必须坚持以人为本、必须坚持科学规划、必须坚持发挥各方面积极性和必须坚持实事求是稳步推进，这是云南建设社会主义新农村必须遵循的指导原则，是云南制定政策和措施的依据。以"四村"建设为目标，就是建设小康村、文明村、生态村和和谐村，这是推进社会主义新农村建设总要求在云南的具体化。有一个简洁明了的目标，才能增强凝聚力、号召力和影响力，也才便于因地制宜，分类指导，分层次地推进。围绕"六新任务"，就是形成产业发展新格局、实现农民生活新提高、完善公共服务新体系、建设村镇新面貌、塑造文明新风尚、健全民主管理新机制，这六个方面基本涵盖了中央"五句话"的要求，是云南推进社会主义新农村建设要形成的新格局。实施"十大建设工程"，就是实施产业支撑打造工程、促进农民增收工程、扶贫开发攻坚工程、基础设施夯实工程、生态环境保护工程、社会事业发展工程、乡风文明建设工程、村容村貌整治工程、管理民主推进工程和和谐平安创建工程，这是社会主义新农村建设要解决的主要问题的项目化和具体化。完善"六大支撑体系"，就是完善农业科技创新和推广体系、农村新型社会化服务体系、农村现代流通体系、农业现代经营体系、农村新型社会保障体系和农村基层组织保障体系，这既是建设社会主义新农村的重要内容，也是重要保障。强化"六大统筹措施"，就是统筹城乡发展规划，把社会主义新农村建设纳入当地经济和社会发展的总体规划，逐步形成比较完善的城乡规划编制体系和城乡一体的空间建设规划管制体系；统筹国民收入再分配，调整财政支出结构，大幅度提高财政支农支出比重，确保每年新增财力重点用于农村；统筹城乡发展措施，促进城乡资源要素的合理流动和优化配置，加快建立以工促农、以城带乡的长效机制；统筹农村各项改革，继续推进农村综合改革、农村金融改革和农村其他各项改革，不断增强农业农村发展活力；统筹城乡区域布局，充分发挥各地优势，发展特色经济和区域经济，不断优化产业和小城镇布局，实现区域优势互补；统筹城乡工作机制，建立"省统筹、州市协调、县市区负责、乡镇主抓、村实施"的工作格局，积极探索农村工作的新路子、新方法、新途径。这些具体措施，突出了在我国经济社会总体上已进入"两个趋向"的发展新阶段，国民经济社会发展已经具备了工业反哺农业、城市支持农村能力的新条件下，建设社会主义新农村需要用统筹城乡互动的思路，来加快农业农村经济社会发展。

三、云南省新农村建设的战略安排

（一）云南省新农村建设的指导思想

"十一五"期间，云南省推进社会主义新农村建设的指导思想是：以邓小平理论和"三个代表"重要思想为指导，全面贯彻落实科学发展观，坚持工业反哺农业、城市支持农村和多予、少取、放活的方针，按照"生产发展、生活宽裕、乡风文明、村容整洁、管理民主"的要求，以建设小康、文明、生态、和谐的社会主义新农村为目标，围绕形成产业发展新格局、实现农民生活新提高、构建公共服务新体系、建设乡村新面貌、塑造文明新风尚、健全管理民主新体制的主要任务，实施十大建设工程，完善六大支撑体系，强化六大统筹措施，协调推进农村经济建设、政治建设、文化建设、社会建设和党的建设。

（二）云南省新农村建设的基本原则

1. 必须坚持以发展农村经济为中心、以农民增收为核心，进一步解放和发展农村生产力，既快又好地发展农业农村经济，促进粮食稳定发展、农民持续增收、农村生产生活条件不断改善。

2. 必须坚持农村基本经营制度，长期坚持并不断完善以家庭承包经营为基础、统分结合的双层经营体制，尊重农民的主体地位，不断创新农村体制机制，激发农村发展活力。

3. 必须坚持以人为本，把农民愿意不愿意、高兴不高兴作为衡量社会主义新农村建设成效的标准，着力解决农民生产生活中最迫切需要的实际问题，切实让农民得到实惠。

4. 必须坚持科学规划，实行统筹兼顾，因地制宜，分类指导，扬长避短，合理布局，搞好总体规划和具体部署，有计划有步骤有重点地组织实施。

5. 必须坚持发挥各方面积极性，依靠农民辛勤劳动、国家扶持和社会力量的广泛参与，使社会主义新农村建设成为全社会的共同行动，形成发展合力。

6. 必须坚持实事求是稳步推进，注重实效、不搞形式主义，量力而行、不盲目攀比，民主商议、不强迫命令，突出特色、不强求一律，引导扶持、不包办代替。

（三）云南省新农村建设的发展目标

建设小康、文明、生态、和谐的社会主义新农村，是全面建设小康社会在云南省要达到的重要目标。总的要求是坚持统筹规划、整村推进、因地制宜、分类指导，通过 15 年左右的努力，把云南省绝大多数村庄建成：产业稳步发展，集体经济实力增强，农业生产总值翻两番，农民人均纯收入达到 6000 元左右的小康村；农村人口平均受教育年限 9 年，乡乡有文化站，60% 以上的行政村有文体活动室，广播、电视人口综合覆盖率达到 95% 以上，村合作医疗覆盖率达到

100%，养老等社会保障体系基本建立和生活方式科学健康的文明村；人与自然和谐统一，基础设施完善，人居环境优良，村容村貌整洁的生态村；村党组织坚强有力，村务管理民主规范，社会治安良好，人与人之间和睦相处的和谐村。

2006年，云南省全面启动新农村建设。按照各地经济、政治、文化、社会发展水平和基层组织状况，从全省30户以上的13万多个自然村中，重点选择5万个不同类型的村整村推进。到2010年，条件较好的5000个村达到新农村建设目标，条件一般的1.8万个村新农村建设取得显著成效，条件较差的2.7万个村实现脱贫目标，其他8万多个村也要通过新农村建设使面貌明显改变。

（四）云南省新农村建设的主要任务

"十一五"期间，云南省推进社会主义新农村建设的主要任务是：形成产业发展新格局，优化农业农村经济结构，发展特色优势产业，转变经济发展方式，提高农业综合生产能力；实现农民生活新提高，拓宽增收渠道，增加农民收入，改善消费结构，提高农民生活水平和生活质量；构建公共服务新体系，强化政府对农村的公共服务，大力发展农村公共事业，建立和完善农村服务体系，为农民提供更好的社会化服务；建设乡村新面貌，搞好村庄建设规划，加强村庄基础设施建设，开展村容村貌整治，改善农村人居环境；塑造文明新风尚，以先进文化占领农村阵地，倡导健康、文明、科学的生活方式，提高农民的思想道德素质和科学文化水平，培养造就有文化、懂技术、会经营的新型农民；健全管理民主新体制，加强基层民主政治建设，实现基层管理民主的法制化、制度化、规范化，维护好农村社会秩序。

四、云南省新农村建设的重大政策措施

（一）实施十大建设工程

1. 产业支撑打造工程。调整优化农业农村经济结构，是建设社会主义新农村的首要任务。围绕建设绿色经济强省的战略目标，按照发展高产、优质、高效、生态、安全农业的要求，调强优势产业、调优特色产业。继续实施粮食安全综合示范区建设，扶持产粮大县、商品粮基地县提高粮食生产能力和种粮效益，确保粮食生产稳定发展。巩固提升烟、糖、茶、蔬菜、马铃薯、桑等传统优势产业，大力发展保健食品、药材、花卉、咖啡和生物能源等新兴特色产业，加大冬季农业开发力度。加快以猪禽、肉牛、肉羊、奶业为主导的畜牧业发展，扩大畜禽良种和种草补贴规模，推广健康养殖方式，安排专项投入支持标准化畜禽养殖小区建设试点，不断提高规模化、集约化水平。加强动物疫病特别是禽流感等重大疫病防控的基础设施建设，完善突发疫情应急机制。支持发展用地少、效益好的水产品养殖。以林权改革为突破口，抓好以核桃、板栗、橡胶、水果等为重点的特色经济林和林（竹）浆纸一体化等八大林业产业发展。大力发展农村二、三产，重点发展农产品加工、储藏、保鲜、运销等行业，鼓励发展商业、运输、饮食、观光农业、生态旅游等产业。着力发展外向型农业，扩大农业的对外合作与交流，提高农产品国际竞争力。根据优势农产品区域布局规划，科学合理调整产业布局，重点建设一批特色产业的规模化、集约化基地，形成一批优质特色农产品产业集群和产业带。全省农业总产值突破1600亿元，粮经种植比例进一步优化，农产品加工产值达到1000亿元。

2. 农民增收促进工程。千方百计增加农民收入，是建设社会主义新农村的基本出发点和根本目的。稳定、完善和强化对农业和农民的直接补贴，扩大粮食直补及良种、农机购置补贴规模，建立完善对化肥、农药、燃油等农业生产资料的政策性补贴制度。充分挖掘农业内部增收潜力，积极发展品质优良、特色明显、附加值高的优势农产品，推进"一村一品"，实现增值增效。鼓励和支持符合产业政策的乡镇企业发展，特别是劳动密集型企业和服务业。从财政、金融、税收和公共品投入等方面为小城镇发展创造条件，吸纳更多的农民到城镇就业创业。加大对农村劳动力的培训和转移力度，扩大"百万民工培训工程"、"阳光工程"、"绿色证书"和"新型农民科技培训工程"实施规模，培养新型务工农民和产业农民，增强农民转产转岗就业能力。清理和取消各种针对务工农民流动和进城就业的不合理规定，切实解决务工农民工资偏低、拖欠和子女上学问题，保护务工农民的合法权益。逐步建立为务工农民服务的社会保障制度、就业服务网络，力争累计转移600万农民，实现农村劳务收入在2005年的基础上翻一番，农民工资性收入占人均纯收入的35%以上，农民人均纯收入达到2600元以上。

3. 扶贫开发攻坚工程。解决好绝对贫困人口温饱和低收入人口稳定增收问题，是推进社会主义新农村建设的重点和难点。坚持开发式扶贫和政府主导、全社会共同参与的方针，因地制宜、分类指导、突出重点，区别高寒山区、山区、半山区、坝区、边境民族地区五大不同贫困区域类型，明确工作标准，落实扶贫责任，创新开发机制。积极实施"一体两翼"战略，以整村推进、劳动力培训转移和产业扶贫为重点，加快推进重点扶持村、安居工程两项民心工程建设。认真抓好以工代赈工程。完成安居温饱工程的阶段性任务，对缺乏生存条件的贫困人口实行易地扶贫。积极扶持龙头企业带动贫困地区调整结构，拓宽贫困农户增收渠道。继续组织开展对口帮扶和社会力量帮扶，建立帮扶绩效考核制度，切实做好贫困缺粮地区的粮食供应工作。通过集中力量，加大资金投入和整合力度，提高扶贫开发效率，全面完成2.7万个自然村的整村推进任务，基本解决绝对贫困人口的温饱问题，帮助低收入人口增加收入，建立起稳定可持续脱贫的长效机制。

4. 基础设施夯实工程。良好的农村生产生活设施，是社会主义新农村的物质基础。积极推进以"润滇工程"为重点的水源工程建设，确保已开工大中型水库建成，新开工建设一批大中小型水利工程，抓好病险水库的除险加固，积极推进"滇中调水"前期准备工作，新建 100 万件山区"五小水利"工程，解决 500 万人口的饮水困难，加快饮水安全工程建设。加强以治水改土为重点的农田水利基本建设，按照每年建设 100 万亩高稳产农田、100 万亩基本农田的目标，突出抓好以水浇地、坡改梯和中低产田改造为重点的高稳产农田建设，实施新一轮沃土工程，加强大中型灌区续建配套和节水改造，力争全省累计达到 3000 万亩能排能灌的高稳产农田、2000 万亩保水保土农田的建设任务，使农民人均拥有 1 亩以上的基本农田。加快农村公路和能源建设，提高县、乡、村公路等级，基本实现具备条件的建制村通公路。开发中小水电，完善农村电网，逐步实现城乡同网同价，解决 48 万户无电人口通电问题。继续实施广播电视电话"村村通"工程，重点抓好"金农工程"和农业综合信息服务平台建设。

5. 生态环境保护工程。加强生态环境保护，是建设社会主义新农村的重点工作。大力发展循环农业，推广节约资源和保护环境的农业技术，积极发展节地、节水、节肥、节药、节种的节约型农业。加快农村生态能源建设，大力推广"一池三改"户用沼气等生态农业技术，新增 100 万口沼气池，扩大"小水电代燃料"工程建设的规模和实施范围。加强以环境治理为重点的农村生态建设，重点实施江河湖库治理，加快荒山、荒坡的综合治理，突出抓好荒山、荒地、荒滩、沿路、沿河和村镇绿化，继续推进封山育林、退耕还林、天然林保护和农田防护林体系建设，巩固生态建设成果。加大小流域和石漠化地区的综合治理力度，搞好水土保持。建立和完善水电、采矿等企业的环境恢复治理责任机制，从水电、矿产等资源的开发收益中，安排一定的资金用于企业所在地环境的恢复治理，防止水土流失。加强自然保护区的管护能力建设，维护生物多样性，逐步形成完善的自然生态系统保护网络，提高抗灾能力，实现农业可持续发展。

6. 社会事业发展工程。加快发展农村各项社会事业，是广大农民群众的迫切要求。继续实施基础教育振兴行动计划，推进"两基"攻坚。全部免除农村学生义务教育阶段学杂费，对贫困家庭学生提供免费课本和寄宿生活费补助。实施好农村中小学现代远程教育和农村寄宿制学校建设等重大工程，优化中小学布局，加大对学校危房改造力度，逐步改善农村义务教育办学条件，使农村初中毛入学率达到 95% 以上；大力发展农村职业教育，整合职业教育资源，扩大、提升农村职业教育的规模、档次，多形式开展农民的继续教育，提高农民的文化科技素质和职业技能，青壮年文盲率降至 3% 以下。健全农村三级卫生服务和医疗救助体系，加强以乡镇卫生院和村卫生室为重点的农村卫生基础设施建设，加快推进新型农村合作医疗试点，进一步完善农村疾病预防控制体系，强化对主要传染病和地方病的防控。继续实施农业人口独生子女"奖优免补"政策，鼓励少生优生，抓好出生缺陷干预，降低农村人口出生率和出生缺陷发生率，提高人口素质。发展和繁荣农村文化体育事业，推进农村电影放映工程，加快文化馆、图书馆、乡镇文化站、村文化室和体育设施建设步伐，弘扬民族文化、民间艺术和开展民族传统体育运动，扶持农村业余文化队伍，鼓励农民兴办文化产业，满足农民群众多方面、多层次精神文化需求，促进农民身心健康。

7. 乡风文明建设工程。促进乡风文明，是建设社会主义新农村的精神动力和思想保证。弘扬以爱国主义为核心的民族精神和以改革创新为核心的时代精神，激发农民群众发扬艰苦奋斗、自力更生的传统美德。加强思想政治工作，深入开展农村形势和政策教育，认真贯彻《公民道德建设实施纲要》，引导农民树立适应社会主义新农村建设的思想观念和文明意识，继承发扬尊老爱幼、邻里和睦、遵纪守法、遵守社会公德等良好的乡风民俗，破除封建迷信和陈规陋习，倡导移风易俗、崇尚科学、健康向上的生活方式。积极创新内容、创新方式，深入开展"十星级文明户"、文明村、文明乡镇等创建活动，组织开展"树文明乡风、建社会主义新农村"主题教育活动。通过分批开办文明公民学校，对全省农民群众进行一次教育培训。建立乡风文明建设的激励机制和长效工作机制，组织各级文明单位、文明行业、文明社区与农村开展结对共建，动员社会各方面力量参与农村精神文明建设，促进农村形成文明向上的社会风貌。

8. 村容村貌整治工程。创造整洁、舒适、文明的生活环境，是建设社会主义新农村的关键环节。按照规划先行、布局合理、设施配套、功能齐全、环境整洁的要求推进村庄整治和建设。从解决农民要求最急迫、受益最直接的问题入手，本着缺什么补什么的原则，进行村容村貌整治和建设。积极开展以改水、改路、改厕、改房、改灶和治脏、治乱、治差等为主要内容的"五改三治"工作，加强农村消防工作，整治村庄环境、建设清洁家园。有条件的地方，可推进农民集中居住，提高农民聚居化水平，促进土地集约、产业集群、人口集中。村庄治理要充分立足现有基础进行房屋和设施改造，防止大拆大建，防止加重农民负担。要突出乡村特色、地方特色和民族特色，保护有历史文化价值的古村落和古民宅。力争在完成扶贫开发整村推进任务的基础上，再对2万个村庄实施改造，使5万个以上的村庄得到集中整治；其他多数村庄的面貌有显著变化。

9. 管理民主推进工程。扩大农村基层管理民主，是建设社会主义新农村的有力保障。全面推进民主选举，遵循《村民委员会组织法》和相关的法律法规，建立健全村民委员会选举制度。全面推进民主决策，凡涉及村级集体经济收益与使用、发展公益事业、土地承包、宅基地处置、集体经济项目承包等农民群众普遍关心的问题，都要提交村民大会或村民代表会议讨论决定。全面推进村民自治，完善村民自治章程和村规民约、财务管理、"一事一议"制度，发动和依靠村民共同管理村内事务，继续推进村务公开、政务公开和财务公开，增强农民自我管理、自我教育、自我服务的能力。全面推进民主监督，强化政务、村务管理的监督约束机制，坚持用制度规范农村基层干部行为，增强纪律意识和依法行政能力；推广民主评议村干部制度，建立和完善村组干部的激励约束制度，逐步形成管理民主的长效机制。

10. 平安和谐创建工程。实现农村社会平安和谐，是建设社会主义新农村的重要内容。加强农村法制建设，深入开展农村普法教育，增强农民的法制观念，提高农民依法行使权力和履行义务的自觉性。大力加强农村法律服务工作，积极开展法律援助，解决农民打官司难的问题。加大信访工作力度，努力做好人民调解工作，高度重视和解决好农村因农民负担、土地承包、土地征用、移民搬迁、拖欠农民工工资、假劣农资等引发的利益矛盾纠纷，维护好和实现好人民群众的根本利益。深入贯彻落实党的民族宗教工作的基本方针，精心维护和促进民族宗教工作领域的团结和稳定。建立和完善覆盖全省的社会治安防控体系和城乡社会治安防控网络，增强社会治安整体防范能力和处置突发事件能力，重点打击严重刑事犯罪，严厉整治"黄赌偷盗"等各类违法犯罪活动，开展"打黑除恶"专项行动，坚决查禁、取缔农村邪教和非法宗教组织，做好刑满释放、解除劳教人员的帮教和转化工作。加大农村"禁毒防艾"工作力度，深入开展禁毒专项斗争，全面实施艾滋病防治"六项工程"。加强基层基础工作，广泛开展创建平安和谐村镇活动，力争实现乡村无重大恶性案件、无群体性上访事件的目标，创造农村安全祥和、农民安居乐业的社会环境。

（二）完善六大支撑体系

1. 农业科技创新和推广体系。加快农业科技进步，加大科技研发、推广和普及力度，增强农业发展的科技支撑能力。把农业科研投入放在公共财政支持的优先位置，提高农业科技在省科技投入中的比重。鼓励农业龙头企业建立农业科技研发中心，改善农业技术创新的投资环境，发展农业科技创新风险投资。深化农业科研体制改革，抓好农业的关键技术和高新技术研究，重点加快农作物和畜禽良种繁育、动植物疫病防控、资源高效利用和防治环境污染技术的研发，力争在品种良种化、种养规范化、管理科学化、产品优质高产化、农产品加工标准现代化方面取得新突破。建立和完善县乡农技推广体系，深入实施科技入户工程，加大农业科技成果的转化、应用和普及力度，强化科技指导直接到户、良种良法直接到田、技术要领直接到人的科技推广新机制，使全省农村每户有 1～2 个科技明白人，70% 的劳动力掌握 2～3 门实用技术，主要粮食作物良种覆盖率提高 10 个百分点，农业良种综合覆盖率达到 85%，科技进步对农业增长的贡献率提高到 50% 以上；加大科技示范户培育力度，增强辐射带动作用。加快农业技术推广体系改革和建设，建立和完善农业科技网络，充分发挥广大科技人员的积极性，大胆探索对公益性职能与经营性服务实行分类管理的办法，加速实现全省农业科技资源的创新性重组，提高农业科技自主创新能力，完善农技推广社会化服务机制。

2. 农村新型社会化服务体系。进一步完善农业社会化服务，积极发展多种形式的农民专业合作经济组织，构筑新农村建设的社会化服务体系。按照"边发展、边规范、边提高"和"民办、民管、民营、民受益"的原则，吸引民间资本投资建设农村社会化服务组织，发展、壮大农村新型合作经济组织，建立和完善多层次、多元化的服务体系，为农民提供产前、产中、产后服务。增强村级集体经济组织经济实力和服务功能，提高对个体私营等非公有制经济的服务水平，加大招商引资力度。鼓励发展农村财务、法律等中介组织，为农民发展生产经营和维护合法权益提供有效服务。加快农村信用社产权制度改革，进一步完善治理结构和运行机制，充分发挥支持"三农"的重要作用。继续加快推进农业银行金融服务"三农"云南行动计划，各商业银行、农业发展银行、农业开发银行也要加大对农业农村的扶持力度。大力培育由自然人、企业法人或社团法人发起的小额贷款组织，引导农户发展资金互助组织，规范民间借贷。着力建设农业的信贷担保体系，完善担保办法，扩大信贷资金对农业的投入。鼓励各金融机构根据农村特点，积极开展金融创新服务，建立有利于新农村建设和发展的融资体系。加快发展多形式、多渠道的农业保险。

3. 农村现代流通体系。建立和完善农产品流通市场，加强农村现代流通体系建设。加大农产品批发市场升级改造力度，加快建设一批对接大西南乃至全国以及东盟市场的农产品物流基地和专业物流中心。围绕主导产业和优势产品的发展，加快发展农产品、农业生产资料和消费品连锁经营，建立以集中采购、统一配送为核心的新型营销体系。进一步完善"绿色通道"网络，实现鲜活农产品省际、周边国外市场互通。鼓励各类投资主体以新建、兼并、联合、加盟等方式，在农村发展现代流通业。加快云南省农村商品经营设施建设，加强供销合作社传统经营网络的改造、整合和提升，走联合发展路子，积极发展专业合作社、综合服务社、农产品协会，加快现代经营网络建设，充分发挥供销合作社在农村商品流通中的主渠道作用。实施"万村千乡市场工程"，建设连锁化"农家店"。积极培育和发展农村经纪人队伍。加快农业标准化建设，健全检验检测体系，提升农产品质量安全水平，使50%的农产品通过无公害农产品认证，10%的农产品通过绿色食品认证，5%的农产品通过有机食品认证，优势农产品质量安全指标合格率超过90%，促进农产品安全高效流通。应用现代信息技术，发展大宗农产品电子商务，建立健全农产品流通领域公共信息服务平台。

4. 农业现代经营体系。以农业产业化经营为主要形式，把农业生产、加工、流通等环节有机联结起来，形成完整高效的产业体系，促进现代农业发展。进一步培育壮大龙头企业，推广龙头带基地、协会连农户、产加销一条龙等多种模式，指导有条件的龙头企业进行现代企业制度改造。完善龙头企业与农户的利益联结机制，引导农民以土地承包经营权等生产要素入股，探索龙头企业与农户间更加紧密、合理的利益联结方式，创新产业化经营机制。积极发展大宗农产品专业市场和订单农业。以市场需求为导向，以科技进步为支撑，以精深加工为重点，不断延长产业链，形成"小生产、大群体"的经营格局，实现规模化生产。实施农产品名牌创新战略，整合全省特色农产品品牌，集中力量，择优扶持，做大做强一批农产品名牌产品，带动产业发展，提升农业产业化经营水平。

5. 农村新型社会保障体系。逐步加大对农村社会保障的投入力度，建立"生（存）有所靠、病有所医、老有所养"的农村新型社会保障体系。积极稳妥地推进与农村经济发展水平相适应、与其他保障措施相配套的农村社会养老保险制度，提高参保率，扩大社会保险覆盖面。建立健全农村医疗救助制度和社会救济保障制度，逐步完善农村五保户供养、特困户生活救助、丧失劳动能力的贫困人口救助和灾民救济补助等社会救助活动，有条件的地方要探索建立农村最低生活保障制度，改善贫困人口的生活条件。完善对被征地农民的合理补偿机制，建立被征地农民基本生活保障制度。认真落实军烈属优抚政策，积极发展残疾人事业，大力支持和引导社会慈善、社会捐赠、群众互助等社会公益活动。积极探索建立与完善以县为龙头作指导、乡为主体搞服务、村为基础抓落实的农村社会保障服务网络。

6. 农村基层组织保障体系。充分发挥农村基层党组织的领导核心作用，为建设社会主义新农村提供坚强的政治和组织保障。进一步巩固和扩大开展保持共产党员先进性教育活动的成果，扎实推进"三级联创"活动和深入实施"云岭先锋"工程，引导广大农村党员学习贯彻党章，坚定理想信念，坚持党的宗旨，提高党员和基层干部的素质，着力解决党组织和党员队伍中存在的突出问题，解决影响农村改革发展稳定的主要问题，解决群众最关心的重点问题，不断提高带领群众增收致富的能力和水平。加强基层领导班子建设、党员队伍建设和党员教育管理，加强基层组织阵地建设，建立党员长期受教育、永葆先进性的长效机制，发挥好"五好五带头"的战斗堡垒作用和先锋模范作用。进一步增强基层党组织的凝聚力、战斗力和向心力。抓好村委会干部的教育培训工作，提高村干部素质，充分发挥农村共青团和妇联组织的作用。加强基层党风廉政建设，切实抓好基层站所的办事公开，加强财务管理，严肃查处各种侵害群众利益的违纪违法行为。

（三）强化六大统筹措施

1. 统筹城乡发展规划。按照统筹城乡经济社会发展的要求，把新农村建设纳入当地经济和社会发展的总体规划，逐步形成比较完善的城乡规划编制体系和城乡一体的空间规划管制体系。尽快制定和颁发《云南省社会主义新农村建设规划纲要》，州（市）、县（市、区）、乡（镇）都要制定明确推进新农村建设的思路、目标和工作措施。根据我省城市与农村、滇中与边疆、坝区与山区、汉族地区与少数民族地区的发展差异，在抓紧搞好建制镇规划、集镇规划编制或修编的同时，启动以行政村所在地为主的村庄建设规划工作。各级政府要切实加强村庄规划工作，安排资金支持编制村庄规划和开展村庄治理试点。科学预测和确定需要撤并的村庄，逐步实现扩大村庄规模，减少村庄数量。制定村庄建设和人居环境治理的指导性目录，对符合目录的项目，应区别情况给予资金、实物或技术等方面的引导和扶持。加大对民居通用图设计的资金支持，搞好各地民居通用图的编制和推广应用工作。在实施过程中必须坚持因地制宜、分类指导、试点引路、量力而行的原则，做到扎实稳步地推进，切不可脱离实际，违背农民的意愿。

2. 统筹国民收入再分配。各级政府要坚决按照存量适度调整，增量重点倾斜的原则，调整财政支出结构，逐步建立健全财政支农资金稳定增长机制，确保财政每年对农业投入增长幅度高于财政经常性收入增长幅度，确保每年新增财力重点用于农村。省财政每年都要从新增地方财政收入省集中部分安排一定资金，用于建立省新农村建设专项资金，扶持重点推进村。从 2006 年起省级财政支农资金增量要高于上年，国债和预算内资金用于农村建设的比重要高于上年，其中直接用于改善农村生产生活条件的资金要高于上年，并逐步形成新农村建设稳定的资金来源。提高农村基础设施和农业生产发展固定资产投资比重，争取"十一五"期间省级财政预算内固定资产投资的比重要达到 30% 以上。设立小型农田水利基础设施建设补助专项资金，并逐步扩大专项资金规模，对农户投工投劳开展小型农田水利基础设施建设予以支持。认真落实新增教育、卫生、文化等经费主要用于农村的政策。完善政府涉农资金管理体制和运行机制，整合财政现有各项涉农资金，优化投入结构，统筹使用，优先集中用于解决农村最薄弱、农民最急需的问题。严格涉农资金立项程序，建立农业投入绩效评价制度，加强资金监管，提高使用效率。州（市）、县（市、区）财政也要加大新农村建设的投入力度，确保支农支出达到《农业法》的要求。各级农村工作领导小组办事机构，每年要按照存量适度调整、增量重点倾斜的要求，加大对相关部门新增资金的督促、检查力度，确保资金安排重点突出，投向合理。

3. 统筹城乡发展措施。进一步消除制约城乡协调发展的体制性障碍，促进城乡资源要素的合理流动和优化配置，加快建立以工促农、以城带乡的长效机制。坚持多予、少取、放活的方针，重点在多予上下功夫。积极拓展农田水利建设筹资渠道，从水资源费、土地出让金、基本烟田建设资金等有关资金中筹集农田水利建设专项资金。落实提高耕地占用税税率、新增税收主要用于"三农"的政策。落实国有土地出让金纯收益的30%用于农业土地开发的政策，土地出让金用于农业土地开发的部分和新增建设用地有偿使用费安排的土地开发整理项目，都要将小型农田水利设施建设作为重要内容，建设标准农田。总结烟草工业反哺农业的经验，拓宽和完善以工哺农的支持政策和融资渠道，探索建立烟草、矿冶、能源、化工等产业以工哺农机制，每年筹措一定数额的以工哺农资金，重点用于改善农村基础设施和支持农业生产发展。推进城乡产业优势互补，加快城乡产业融合，实现工业与农业相互促进、相互发展，保证以工哺农的良性循环。以建立城乡基础设施共同发展机制为切入点，大力促进城市基础设施向农村延伸、城市公共服务向农村覆盖、城市现代文明向农村辐射，让广大农民共享工业化、城镇化、现代化带来的实惠，真正建立起地位平等、开放互通、互补互促、共同进步、平等和谐的城乡经济社会发展新格局。

4. 统筹农村各项改革。深化以农村税费改革为主要内容的农村综合改革。积极稳妥地推进乡镇机构改革，切实转变乡镇政府职能，创新乡镇事业站所运行机制；加强推进兽医管理体制改革，稳定基层兽医队伍。加快农村义务教育体制改革，建立和完善各级政府责任明确、财政分级投入、经费稳定增长、管理以县为主的农村义务教育管理体制；调整和完善县乡财政管理体制，逐步创造条件加快推进"省直管县"财政管理体制改革，全面推行"乡财县管乡用"改革。进一步规范财政转移支付资金管理，建立完善农村基层政权运转的财力保障机制，重视解决乡村债务问题，建立防止农民负担反弹的长效机制。深化国有农场税费改革，将农业职工土地承包费中类似农村"乡镇五项统筹"的费用全部减除，切实减轻农场职工负担。坚持最严格的耕地保护制度，加快征地制度改革，建立和实行土地征用与经济补偿、社会保障、就业服务同步进行的制度。健全在依法、自愿、有偿基础上的土地承包经营权流转机制，有条件的地方可发展多种形式的适度规模经营。继续完善粮食流通体制改革，推进粮食流通市场主体多元化。加快集体林权制度改革，进一步理顺林业生产关系，因地制宜将林地使用权、林木所有权和经营权逐步落实到户、联户、林场或其他经营实体，并配套开展林权流转、林木采伐、资源保护、投融资体制等综合改革。积极推行水价改革和深化水利工程管理体制改革，推进小型水利设施产权制度改革和水利投融资体制改革。认真落实发展壮大村级集体经济的各项政策措施，积极稳妥地推进农村社区股份合作制改革。

5. 统筹城乡区域布局。按照分类指导、梯度推进、协调发展、共同富裕的要求，建立各地区优势互补、协调发展机制。坚持大中小城市和小城镇协调发展的方针，以城乡统筹规划为依托，以县城所在地为重点，不断提高城镇综合承载能力，吸纳更多农村富余劳动力务工，吸纳更多有条件的农民进城镇居住，不断提高城镇对农村经济社会发展的带动力。在滇中地区率先基本实现农村小康和农业现代化，带动全省加快发展。在全面推进的基础上，以铁路、国道、省道以及公路沿线、中心村、旅游景区、城镇周边的村庄为重点，率先展开新农村建设工作，重点建设一批具有较高标准和较强示范作用的新农村示范点，抓点带面，整体推进。加大对边疆、民族、贫困、山区和革命老区的扶持力度，加快实施"兴边富民"工程。高度重视县域经济发展，以产业建设为重点，把乡镇企业作为发展县域经济的主要载体，大力发展非公有制经济、外向型经济、劳务经济和特色经济，带动农业产业化、农村城镇化和农民非农化，把小城镇经济作为县域经济发展的重要内容，逐步形成产业发展、人口聚集、市场扩大的互动机制，推动农村城镇化发展。各县市培育出 2~3 个具有竞争优势的支柱产业，大部分县市都有 3~5 个带动作用强、辐射范围广、能拉动当地经济发展的龙头企业，力争建成一批特色经济大县、强县，县域生产总值和地方财政收入在现有基础上翻一番，县域经济发展的活力明显增强。

6. 统筹城乡工作机制。按照体制统一、规划统筹、资源共享、发展互动、利益共得的要求，通过建立完善城乡统筹发展的工作机制，积极探索农村工作的新路子、新方法、新途径，力求在推进农业农村发展的举措上有新突破，在加快新农村建设的成效上有新突破。坚持用现代发展理念来谋划农业农村经济，创新农村工作机制，从创新农村政策导向机制、农村经营机制、农村服务机制、农业投入机制、农村社会保障机制、农村管理机制等方面扎实推进，做到以工作机制创新统揽"三农"工作全局，以"三农"工作的不断深化推进机制创新工作。完善政府管理体制、管理职能、管理手段，强化服务职能，强化农业法制监督，努力提高农业管理水平、效率与效益。建立"省统筹、州（市）协调、县（市、区）负责、乡（镇）主抓、村实施"的工作制度。加快建立新农村建设监测体系和评价体系，定期定量地反映全省新农村建设状况，及时总结经验，发现问题，纠正偏差，有针对性地采取措施，加快建设进程。

五、云南省推进新农村建设的主要对策和措施

推进新农村建设的工作，要继续按照"生产发展、生活宽裕、乡风文明、村容整洁、管理民主"的总要求，坚持以科学发展观为指导，深入贯彻落实省委、省政府关于新农村建设的实施意见和规划纲要，紧紧围绕发展现代农业和农村经济这个中心，将发展生产和增加农民收入作为最基本的出发点，从农民群众最迫切需要解决的问题入手，加强领导、增加投入，精心组织、周密部署，突出重点、分类指导，更加扎实地把新农村建设稳步推向前进。

1. 统筹协调各方力量，大力开展不同形式的新农村建设。坚持把扶贫整村推进、村容村貌整治、抗震民居改造、工程移民搬迁、扶贫易地搬迁等工程建设结合起来，整合各方面的相关资金，加大新农村建设投入，在全省 30 户以上的 13 万多个自然村中大力开展不同形式的新农村建设，力争到 2010 年使 5 万个左右的村庄得到集中整治，其他多数村庄的面貌有显著变化。2008 年全省不同形式、不同标准的新农村建设规模达到 1 万个自然村左右。其中，扶贫开发整村推进要进一步明确职责，完善项目、资金管理和监督的各项制度，确保按计划完成 8250 个贫困村整村推进任务；农村民居地震安全工程建设将抓紧编制规划及实施办法，加强技术指导，确保年内完成 16.6 万户农村居民地震安全工程建设任务；村容村貌整治要加强项目实施的检查指导和督促，保证 500 个村容村貌整治项目建设取得实实在在的成效；易地扶贫搬迁要层层签订责任状，做到领导、人员、资金、任务四到位，并尽快组织实施，加快建设进度，保证工程质量，确保 3 万贫困人口易地扶贫搬迁实现"搬得出、稳得住、能脱贫"的目标。

2. 加快发展优势特色产业，强化新农村建设产业支撑。在稳定粮食生产、确保粮食安全的基础上，充分发挥我省生物资源丰富的优势，继续推进农业结构调整，优化农业区域布局，转变农业增长方式，加快农业产业化经营和农产品加工业发展。在利用资源优势、加快发展地方工业的同时，要重点发展辐射范围宽、带动作用强的连接千家万户的种植业、畜牧业、林业和劳务经济等四大主导产业，促进烟、糖、茶、胶、畜牧等传统优势产业的升级和蔬菜、马铃薯、花卉、林果、咖啡、蚕桑、中药材等新兴特色产业的开发。要利用我省气候多样性的优势，努力推进冬季农业开发，形成一批优势农产品产业区和产业带，促进优势特色产业和农产品的集群发展，实现区域化布局、专业化生产、产业化经营，提高农业生产的综合效益和竞争能力。在继续抓好烤烟、甘蔗等传统产业的基础上，进一步发挥云南山区优势，加快推进生态建设产业化、产业发展生态化的进程，进一步加大对拉动和促进 3600 万农民脱贫致富奔小康的特色优势产业的投入支持力度，初步考虑用 3～5 年时间，在全省范围内开展绿满云南、富庶乡亲的"绿色产业工程"，即新增 1000 万亩核桃、1000 万亩竹子、1000 万亩经济作物、1000 万头草食畜和生猪出栏、100 万亩茶叶、100 万亩橡胶、100 万口沼气池，使云南的特色产业更强、优势产业更优，山更绿、水更清、民更富。

3. 加强农村基础设施和生态环境建设，构建新农村建设硬件支撑。实施好基础设施夯实工程、生态环境保护工程和村容村貌整治工程。水利建设在原有投入渠道不变并逐年增加的基础上，从 2007 年开始至 2010 年，每年省财政将再筹集 10 亿元资金，重点用于以"润滇工程"为重点的水源工程、病险水库除险加固、山区"五小"水利、干支渠防渗等水利工程建设，力争"十一五"期间完成已开工建设的 21 件大中型水库建设任务，开工建设楚雄青山嘴大型水库，做好香格里拉小中甸等 4 件大型水库的前期工作；"润滇工程"中未开工的 28 件中型水库全部开工建设，在山区建设 40 件重点骨干小（一）型水库；完成已列入全国第一、二批规划内的 31 件中型、111 件重点小（一）型病险水库除险加固，积极争取将 30 件左右中型和 150 件左右小（一）型水库列入全国第三批病险水库除险加固规划并完成除险任务；建成以小坝塘、小水池、小水窖、小水沟、小泵站等为主的 100 万件山区"五小水利"和干支渠防渗工程 4000 公里。同时，积极开展中低产田改造，切实解决农村饮水和农业灌溉问题；改造农村电网，大力发展农村小水电；以治水改土为重点搞好土地开发整理复垦，加快荒山、荒坡的综合治理；加快乡村公路建设进程，从根本上解决群众出行难问题；突出抓好荒山荒地荒滩，沿路沿河和村镇绿化，积极推进封山育林、退耕还林和农田防护林体系建设，大力推广"一池三改"户用沼气等生态农业技术，开展以改路、改水、改厨、改厕、改厩为重点的村庄环境整治。2008 年要确保完成和超额完成水利水电投资 100 亿元，解决 100 万人饮水安全问题，建成 100 万亩高稳农田和 100 万亩基本农田，完成营造林 600 万亩和天然林管护 17970 万亩，新建沼气池 20 万口、农村改灶 10 万户，完成 2 万公里农村公路和"数字乡村"工程建设任务。

4. 加大扶贫开发攻坚力度，推动贫困地区加快新农村建设进程。紧紧围绕减少农村贫困人口和逐步缩小发展差距两大目标，牢固树立大扶贫的观念，坚持开发式扶贫和政府主导、全社会共同参与的方针，以贫困村为主战场，加快整村推进、产业开发、劳动力培训转移进程，加快贫困村基础设施、生态环境、公共事业建设步伐，切实加大扶贫开发工作力度和扶贫资金投入力度，切实落实党政一把手责任制和定点挂钩扶贫责任制，着力发展贫困地区现代农业，着力建立农村特困人口最低生活保障制度，着力扶持人口较少民族、"直过区"群众和沿边跨境少数民族等特殊困难群体和特殊贫困区域，力争"十一五"期间完成 4 万个30 户以上贫困自然村的整村推进任务，扶持 100 个省级劳动力转移培训示范基地，培训转移 200 万贫困地区劳动力，完成 20 万缺乏生存条件贫困人口的易地搬迁，基本解决绝对贫困人口的温饱问题，基本改善人口较少民族、"直过区"群众和沿边跨境少数民族等特殊困难群体和特殊贫困区域的生产生活条件。2008年要在完成贫困自然村整村推进任务的同时，培训转移就业贫困劳动力 40 万人，完成 4 万贫困人口易地搬迁，重点解决 25 个边境县、3 个藏区县和民族"直过区"农民群众读书难、看病难、看电视听广播难、看戏难、学科技难等问题，确保解决和巩固 50 万农村贫困人口温饱问题。

5. 加快农业科技进步，增强新农村建设科技支撑。进一步加大农业科技投入，深化农业科技体制改革，围绕增产增收、提质增效、节本增效、减灾增效的要求和确保粮食安全、做大做强优势特色产业、促进农业可持续发展的需要，大力加强农业科技创新和新型农民培养，加快先进实用技术的推广应用，进一步提高科技贡献率、资源利用率、土地产出率和劳动生产率，实现农业可持续发展。构建多渠道、多层次、多形式的农民技术教育培训体系，培养有文化、懂技术、会经营的新型农民和实用人才，大力提升农村劳动力素质。力争到 2010 年，全省农牧渔业主要品种更新一次，主要农作物良种率稳定在 95% 以上，农业科技贡献率达到 50% 以上，先进实用技术入户率和到位率达到 90% 以上，农业综合成本降低 15% 以上；每年培训农民 120 万人，培育 10 万个科技示范户，辐射带动 200 万户农户，使 1000 万农民得到系统培训。2008 年，要加大科技入户工程的实施力度，力争使项目区科技入户率达 90% 以上，培训农民 120 万人，使科技贡献率提高 10% 以上。

6. 加大农村劳动力培训转移力度，造就建设新农村的新型农民。目前我省农村富余劳动力较多，有 800 万左右，无论整体素质还是专业技能和发展能力，都很不适应产业技术进步和劳务市场需求。必须加大培育新型农民的投入力度，开展大规模的职业技能培训、实用技术培训和农村劳动力转移就业培训，全面提高农民的专业技能和整体素质，并提高农村劳动力转移输出的组织化程度，推动传统农民向现代农民和现代工人转变。同时，坚持农村富余劳动力农业内部转移与向二、三产业转移相结合，就近转移与跨区域、跨境转移相结合，常年转移与季节性转移相结合，走政府引导、市场调节、农民自主择业的路子。还要清理取消各种针对农民工的歧视性规定和不合理限制，为农民外出务工创造良好的就业环境。力争到 2010 年，全省转移和输出农村劳动力 600 万人，农村劳务收入占农民人均纯收入的 35% 以上。2008 年，培训农村劳动力 100 万人，新增转移就业 50 万人，农民人均工资性收入增加 100 元以上。

7. 加快农村公共事业建设，促进新农村建设全面发展。实施好社会事业发展工程，加快推进农村公共教育体系建设，增加基础教育投入，优化中小学校布局，加大农村中小学危房改造力度；大力发展职业教育，努力培养千千万万"有文化、懂技术、会经营"的高素质新型农民。加强农村公共卫生服务体系建设，以加快建立新型农村合作医疗制度为重点，努力扩大新型农村合作医疗制度改革试点规模和范围，不断提高农民群众的医疗卫生保障水平；加强人口和计划生育工作，全面实施农业人口独生子女家庭"奖优免补"政策，扎实推进"少生快富"工程。加强农村文化基础设施建设，送书、送戏、送电影下乡，丰富农村群众精神文化生活；继续推进广播电视电话"村村通"工程，提高农村地区固定电话普及率和广播、电视人口综合覆盖率。同时，实施好乡风文明建设工程、管理民主推进工程与和谐平安创建工程，继承发扬良好的乡风民俗，倡导健康、文明、科学的生活方式，大力推进村民自治，完善村民自治章程和村规民约、财务管理、"一事一议"制度，推进村务公开，建立和完善村组干部的激励约束机制。加强农村法制建设，加大信访工作力度，建立和完善覆盖全省的社会治安防控体系和城乡社会治安防控网络，加大农村"禁毒防艾"工作力度。2008年，要力争排除中小学危房80万平方米；改建120个乡镇卫生院，建设近6000个无业务用房的村卫生室，使参加新型农村合作医疗的农民达到3000万人以上，努力创造农村稳定祥和、农民安居乐业的社会环境。

8. 加快农村救助体系建设，巩固新农村建设成果。在已全面启动建立农村最低生活保障制度的基础上，尽快制定下发《云南省农村最低生活保障制度实施细则》和《云南省农村最低生活保障资金管理办法》，加强对各地的工作指导，规范操作程序，并对工作进展情况进行跟踪，及时总结经验，发现问题，研究措施，确保农村低保工作顺利推进，健康发展。同时，打算用5年时间由省、州市、县（市、区）筹集资金8.1亿元，改建、扩建、新建一批敬老院，新增床位10万张，增加集中供养五保对象10万人，将集中供养率由目前的4.7%提高到45%，逐步提高农村五保对象供养水平。还要继续抓好洪涝、干旱、泥石流、滑坡和森林火灾等灾害防灾减灾工作。

9. 加大投入力度，建立推进新农村建设长效投入机制。按照城乡统筹协调发展的要求，本着存量适度调整、增量重点倾斜的原则，下决心调整财政支出和预算内固定资产投资结构，逐步增加对农业和农村经济社会发展的投入，并创新财政资金投入方式，通过财政扶持、税收减免、信贷优惠等政策措施，广泛吸引社会资金参与新农村建设，拓宽投融资渠道，形成农民积极筹资投劳、政府持续加大投入、社会力量广泛参与的新农村建设投入机制。同时，要加快建立以工促农、以城带乡的长效机制。

10. 深化农村各项改革，提供新农村建设动力支撑。继续稳妥推进乡镇机构改革，创新乡镇事业站（所）运行机制，强化乡镇政府社会管理和公共服务职能；改革县乡财政管理体制，进一步规范财政转移支付制度，完善"乡财县管乡用"财政管理方式，调整财政支出结构，努力化解乡村债务，提高县乡财政自我保障能力，确保乡镇机构正常运转；加快农村义务教育管理体制改革，建立和完善各级政府责任明确、财政分级投入、经费稳定增长、管理以县为主的农村义务教育管理体制。力争到"十一五"末，建立精干高效的农村行政管理体制和运行机制、覆盖城乡的公共财政制度、政府保障的农村义务教育体制。同时，继续推进和深化集体林权制度、基层农业技术推广机构、农垦、农村金融、农村土地征用制度、供销社、国有农场税费和农村小型水利设施产权制度等各项改革，并在发展壮大农村集体经济和扶持农民专业合作组织等方面取得突破。

六、云南省新农村建设的主要工作重点

建设社会主义新农村是我国现代化建设的重大历史任务，是云南"十一五"乃至更长一个时期"三农"工作的主题。当前，要坚持"工业反哺农业、城市支持农村"的方针，全面统筹城乡发展，建立以工补农、城乡互动、协调发展的新型城乡关系，突出工作重点，积极稳妥地扎实推进，确保社会主义新农村建设开好头、起好步。特别是要抓好事关社会主义新农村建设全局性、关键性的六项重点工作：

（一）加快农业农村经济发展，不断拓宽农民增收渠道

加快农业和农村经济发展，是建设社会主义新农村的基本前提。当前，制约云南农业农村经济发展的主要因素是：农业和农村经济结构不合理，生产方式落后，农民增收渠道不宽，农业农村经济质量和效益低。要改变这种状况，就必须紧紧抓住农民增收这一中心任务，坚持在农业内部挖潜、在外部拓展增收新渠道，形成生产发展新格局。近些年来，云南一些地区创新思路，更新举措，在深入调整农业结构的基础上，大力发展非农产业，转变农业生产方式，取得了较好的效果。要在提高粮食综合生产能力上有新突破，进一步加大政策扶持力度，大力推进农业科技创新，继续改善粮食生产条件，努力建设优势粮食产业带，不断优化粮食品种提高粮食质量，积极支持主产区搞好粮食生产和加工转化，深化粮食流通体制改革，加快培育和规范粮食市场，健全和完善储备调节制度，确保粮食稳定发展。在发展特色优势产业上有新突破，继续坚持围绕增收调结构的方针，努力挖掘农业内部潜力，改造提升烟、糖、茶、胶等传统优势产业，继续推进生物资源开发创新，大力发展畜禽、林果、蔬菜、花卉、药材等新兴特色产业。在推进农业产业化经营上有新突破，着力培育农业大户和农业产业化经营组织，培育壮大龙头企业，继续推广和完善公司加基地加农户的模式，加大对原料基地建设的扶持力度，集中力量培育一批区域化布局、产业化经营、品牌化营销的特色产业。在促进农村二、三产业发展上有新突破，大力拓展农业外部增收渠道，突出农产品加工业、劳动密集型产业、规模企业配套产业和农村服务业四个重点，全面提高企业整体素质和质量效益水平。在发展小城镇经济上有新突破，以现有的县城和有条件的建制镇为基础，以产业为依托，对体制机制、政策措施和工作布局进行重大调整，通过实施政策带动、产业带动、信息带动和市场带动，把小城镇建设成农产品加工和销售的中心、农业产业化的信息和技术服务中心。在扩大农村富余劳动力转移就业上有新突破，把农村富余劳动力转移作为一

个大产业来抓，坚持农业内部转移与向二、三产业转移相结合，就近转移与跨区域、跨境转移相结合，常年转移与季节性转移相结合，走政府引导、市场调节、农民自主择业的路子；清理取消各种针对农民工的歧视性规定和不合理限制，加强就业技能培训，建立和完善农民工教育、管理和服务体系，为农民外出务工创造良好的就业环境。在加大扶贫开发力度上有新突破，继续坚持开发式扶贫的方针，实行分类指导，明确脱贫工作标准，创新扶贫工作方式。积极实施"一体两翼"战略，以整村推进、产业扶贫和转移就业培训为重点，加快推进重点扶持村、安居工程两项民心工程建设，动员党政机关和社会各界参与扶贫开发事业，加快扶贫开发进程。

（二）加强农村基础设施建设，不断改善农民生产生活条件

农村基础设施建设，是发展农村经济和改善农民生活的必备条件，是推进社会主义新农村建设的物质基础。改革开放以来，云南农村基础设施建设明显改善，但农业基础设施脆弱、农村公共设施严重短缺、乡村环境脏乱差的落后状况还没有根本改变，城乡差距更加明显。必须把改善农村生产生活条件作为今后一个时期基础设施建设的重点，在制订发展规划、安排建设项目、增加资金投入等各方面向农村倾斜，推动交通、供水、电力、通讯等城市基础设施网络向农村延伸，加快农村基础设施建设。各地要继续加大投资力度，扩大实施规模，充实建设内容，努力取得明显进展，给群众看得见、摸得着的实惠。加强农村基础设施建设，要在加强农田水利基本建设上取得新进展，加快推进以"润滇工程"为重点的水源工程建设，抓好病险水库除险加固和中小河流治理，加大对山区"五小"水利工程建设的支持力度，以治水改土为重点搞好土地开发整理复垦，加快荒山、荒坡的综合治理，积极开展中低产田改造，切实解决农村人畜饮水和农业灌溉问题。在农村公路和能源建设上取得新进展，采取积极有效措施，实施县乡公路等级改造，加快乡村公路建设进程，尽早实现所有乡镇通油路，具备条件的建制村基本实现通公路，从根本上解决群众出行难问题，为加快农村经济发展创造良好条件；坚持统一规划、统一建设、统一管理，改造农村电网，逐步实现城乡用电同网同价，同时，大力发展农村小水电，基本解决农村生产生活用电问题。在以环境治理为重点的农村生态建设上取得新进展，突出抓好荒山、荒地、荒滩，沿路沿河和村镇绿化，积极推进封山育林、退耕还林和农田防护林体系建设，大力推广"一池三改"户用沼气等生态农业技术，扩大"小水电代燃料"工程建设的规模和实施范围。在改变落后村容村貌建设上取得新进展，坚持"科学规划，分类指导，先易后难，稳步推进"，采取政府引导、集体补助、社会赞助、群众参与、整村推进的方式，开展以改路、改水、改厨、改厕、改厩为重点的村庄环境整治，尽快实现村内道路硬化、饮用水安全达标、环境卫生整洁、农

宅经济美观富有地方特色，逐步形成各具特色的工商集镇、田园村寨和民族文化旅游村寨。

（三）发展农村公共事业，不断完善社会服务体系

发展农村公共事业，不断提高农民综合素质，是建设社会主义新农村的重要途径。云南经济社会发展不平衡，社会事业发展滞后，最突出的又表现在农村。在发展社会事业的过程中，我们一定要扭转"重城轻乡、重工轻农"的倾向，推动公共资源配置向农村倾斜，通过加强城乡衔接的公共服务网络体系建设，促进城市公共服务向农村覆盖，城市现代文明向农村辐射。各地要按照公共服务均等化原则，扩大公共财政覆盖农村的范围，不断增加投入，改善农村生产生活条件，缩小城乡差距，提高农村文明程度和农民生活质量，力争通过几年的努力，明显改善农村生产生活条件和整体面貌。要着力加快推进农村公共教育体系建设，大力推进基础教育振兴行动计划，改革教育行政管理体制，增加基础教育投入，优化中小学校布局，大力发展远程教育，加大农村中小学危房改造力度，全部免除义务教育阶段学杂费，继续实施对农村贫困家庭学生提供免费课本和寄宿生活补助；大力发展职业教育，进一步整合职业教育资源，办好一批起骨干示范作用的职业学校，以就业为导向，重点加强农村富余劳动力的转移就业培训和高技能人才的培养，努力培养千千万万"有文化、懂技术、会经营"的高素质新型农民。加强农村公共卫生服务体系建设，以加快建立新型农村合作医疗制度为重点，努力扩大新型农村合作医疗制度改革试点规模和范围，建立完善以大病统筹为主的农民医疗互助共济制度；继续深化医疗卫生服务体制改革，不断完善城乡之间、区域之间的对口支援机制，建立健全疾病预控体系，重点加强农村卫生室的建设，缓解农民"看病难，看病贵"的问题；加强人口和计划生育工作，全面实施农业人口独生子女家庭"奖优免补"政策，认真落实人口与计划生育所规定的免费服务项目，扎实推进"少生快富"工程。建立健全农村劳动生活保障制度，逐步加大对农村社会保障的投入力度，建立"生（存）有所靠、病有所医、老有所养"的农村新型社会保障体系；积极稳妥地推进与农村经济发展水平相适应、与其他保障措施相配套的农村社会养老保险制度，提高参保率，扩大社会保险覆盖面；建立健全农村医疗救助制度和社会救济保障制度，逐步完善农村五保户供养、特困户生活救助、丧失劳动能力的贫困人口救助和灾民救济补助等社会救助活动，有条件的地方要探索建设农村最低生活保障制度。大力推进农村精神文明建设，继续深化"十星级文明户"、文明村、文明乡镇等创建活动和组织开展"树文明乡风、建社会主义新农村"主题教育活动，大力弘扬培育民族精神，倡导健康、文明、科学的生活方式，反对封建迷信、革除陈规陋习，继承发扬尊老爱幼、邻里和睦、遵纪守法、遵守社会公德等良好乡风民俗；加强

农村文化基础设施建设，继续推进广播电视"村村通"工程、电话"村通工程"和"金农工程"，提高农村地区固定电话普及率和广播、电视人口综合覆盖率。

（四）加大改革力度，不断创新工作机制

通过改革解放和发展生产力，健全和完善工作机制，是深入推进社会主义新农村建设的内在动力。要根据完善社会主义市场经济体制和推进社会主义新农村建设的要求，加快农村改革步伐，重点解决城乡分割、生产要素在城乡之间分配不均、农村管理方式滞后等突出问题，尽快在一些重要领域和关键环节取得新突破，以改革促发展，为农村经济开辟新空间，增添新动力。继续推进农村综合改革。要适应全部取消农业税后的新情况，以稳步推进部分乡镇撤并为契机，紧紧抓住转变政府职能这个重点，稳妥推进乡镇机构改革，精简机构，妥善安置分流人员，创新乡镇事业站（所）运行机制，强化乡镇政府社会管理和公共服务职能；改革县乡财政管理体制，进一步规范财政转移支付制度，完善"乡财县管乡用"财政管理方式，调整财政支出结构，努力化解乡村债务，提高县乡财政自我保障能力，确保乡镇行政正常运转；加快农村公共教育管理体制改革，建立和完善各级政府责任明确、财政分级投入、经费稳定增长、管理以县为主的农村义务教育管理体制。积极推进农村金融改革。进一步完善信用合作社治理结构和运行机制，加快产权制度改革和制度建设，不断提高经营质量和效益；支持农业发展银行转变职能，争取更多的政策性投入；探索和创新农村多种所有制金融机构和小额信贷、农户资金互助组织，发展农村信贷担保机构，活跃金融市场，逐步建立起社会主义新农村建设的投入保障机制；其他金融部门也要按照建设社会主义新农村的总要求和国家有关金融政策，加大对农业的投入，支持农村的发展。继续深化农村其他各项改革。进一步推进农村土地征用制度改革，规范土地征用的市场行为，完善征地程序，创新有利于节约土地、提高土地利用效率和农民共享土地增值的长效机制；积极推进农村集体林业产权制度改革，进一步明晰集体林木所有权，放活经营权，落实处置权，确保收益权，尽快建立现代林业产权制度，最大限度地调动林农以及社会各界造林育林护林的积极性；加快供销合作社改革，各级供销合作社要立足"三农"，发挥优势，强化服务，在深化改革创新机制中激发活力，在服务"三农"、助农增收中提高能力，在开放办社参与竞争中增强实力；推进农垦管理体制和农村小型水利设施产权制度改革，大力发展壮大村级集体经济，发展各类农民专业合作经济组织，激发农村经济社会发展的活力。

（五）推进平安创建，不断营造农村平安和谐环境

推进农村平安创建工作，实现农村社会的平安和谐，是建设社会主义新农村的重要内容。各级党委、政府和有关部门要继续把"创安"工作的重点放到农

村，以维护农村社会的平安和谐来服务好建设社会主义新农村的伟大事业。要坚持正确化解人民内部矛盾，在排查矛盾纠纷和妥善处理群体性事件上取得新成效。进一步完善处理人民内部矛盾的方式方法，解决好人民群众最关心、最直接、最现实的利益问题。特别要认真调处农村因农民负担、土地承包、土地征用、移民搬迁、拖欠工程款和农民工工资等引发的利益矛盾纠纷，努力把社会不稳定因素解决在萌芽状态。坚持深入开展"禁毒防艾"人民战争，在有效遏制毒品和艾滋病的蔓延上取得新成效。坚持"四禁并举、预防为主、严格执法、综合治理"的方针，认真落实"四免一关怀"政策，紧紧抓住遏制毒品来源、毒品危害、新增吸毒人员滋生三个关键环节，深入地开展"禁毒防艾"宣传教育，发动和依靠群众，下最大的决心、花最大的力气、采取最有效的措施，坚决遏制毒品和艾滋病发展蔓延的势头。加强基层基础工作，在建立和完善农村治安防范机制上取得新成效。积极推进社会治安防控体系建设，健全群众自治组织，建立完善村规民约，广泛开展创建平安乡村、和谐乡村活动，构建灵活多样的群防群治网络，及早发现和铲除滋生、诱发犯罪的因素，挤压违法犯罪活动的机会和空间，推动社会治安走上良性循环的轨道。

（六）加强以党支部为核心的农村基层组织建设，不断健全民主管理体制

　　农村基层党组织是党在农村全部工作和战斗力的基础，是推进社会主义新农村建设的政治保障。通过开展社会主义新农村建设，要把农村基层党建工作与农村经济社会发展紧密地结合起来，做到既使农村经济社会发展有组织保障，又使广大农村基层党组织有明确的奋斗目标和工作方向。推进社会主义新农村建设，必须在加强以党支部为核心的农村基层组织建设上取得新的进展，真正把农村基层党组织建设成为带领农民群众建设社会主义新农村的坚强领导核心。要继续提高基层党组织的凝聚力、战斗力和创造力。大力推进农村民主政治建设。加强村民自治组织，建立健全"三公开"、"四民主"机制，实行村务公开、财务公开、政务公开，认真落实村民的民主选举、民主决策、民主管理和民主监督的各项制度，让农民群众真正享有知情权、参与权、管理权、监督权；深入开展农村普法教育，引导农民牢固树立法制观念，增强农民依法维护权益的能力和自觉履行义务的责任感；乡镇法庭、派出所、司法所等部门，要积极拓宽法律服务领域，大力开展法律援助工作，切实维护农村困难群体的合法权益；抓好村委会干部的教育培训工作，提高村干部素质，充分发挥农村共青团和妇联组织的作用，努力创造农村安定祥和、农民安居乐业的社会环境。

（执笔：吴进明、李永前）

专题三 云南省实行"以工促农、以城带乡"方针的条件研究

世界经济发展的实践表明,一个国家在工业化初始阶段,农业在国民经济中占较大比重,客观上承担着为工业化提供积累的任务;当工业化达到相当程度后,工业自身积累和发展能力不断增强,具备了反哺农业的能力,进而适时推进由农业为工业提供积累向工业反哺农业的转换,是工业化国家的普遍做法,也是加快推进现代化建设的成功之道。

从我国当前的现实来看,工业反哺农业、城市支持农村已经成为必然。改革开放近三十年来,我国工业经济发展迅猛,全国规模以上工业实现年利润已经突破1万亿元,工业从自身的发展中拿出一部分资金来支持农业的发展是完全可能的。云南省经过多年的发展,工业水平和城市实力显著提升,也具备了工业反哺农业、城市支持农村的条件和能力。工业反哺农业,城市支持农村,已成为经济社会发展的一个新趋向,做好工业反哺农业、城市支持农村的工作,是经济社会发展的一项重要任务。

一、"以工促农、以城带乡"方针的内涵、必然性及意义

(一)"以工促农、以城带乡"的内涵

"以工促农、以城带乡"是对"工业反哺农业、城市支持农村"的一种简略表述,作为社会主义新农村建设的基本方针,表述的不同并不导致含义上的差别,在许多文献中,以及在本专题中,两者经常混用。

1."以工促农"内涵

"以工促农",或"工业反哺农业",是对工业化发展到一定阶段后工农关系变化特征的一种概括。这里的工业泛指包括制造业在内的各种非农产业部门,而农业则涵盖"三农"。工业反哺农业是经济发展到一定阶段的现象,从国际上看,许多国家在工业化过程中都经历过由农业哺育工业转向工业反哺农业的过程。一般来讲,在工业化发展初期,农业在国民经济中居主导地位,为了创造更多的物质财富,提高整个国民经济发展水平和人民生活水平,需要用农业积累支持工业发展;当工业化发展到一定阶段、工业成为国民经济的主导产业时,要实现工农业协调发展,除了发挥市场机制的作用,国家还必须加强对农业的扶持和保护,实现由农业哺育工业到工业反哺农业的政策转变。许多国家的经验表明,

当工业化、城市化进程加速，国民经济发展到工业对农业反哺期时，如果及时加强农业、反哺农业，整个国民经济就会协调健康发展，顺利实现工业化、现代化；反之，如果继续挖农业、忽视农业，就会出现农业萎缩、贫富差距悬殊、城乡和地区差距扩大，加剧社会矛盾，甚至出现社会动荡和倒退。

以工促农，实质就是要通过国家宏观调控手段，调整农业与非农产业的关系，利用国家工业化所取得的成果，提升农业的发展水平和整体素质，提高农民的收入水平和生活质量，改变农业和农村经济在资源配置和国民收入分配中所处的不利地位，加大公共财政支农力度，让公共服务更多地深入农村、惠及农民。实行以工促农，内容是综合性的，手段是综合性的，途径也是多方面的。

其一是财政支农。财政是国家宏观调控实现资源优化配置、促进国民经济协调发展最基本的工具。财政支农就是要利用非农产业已经形成的相对于农业较强的积累能力，通过财政的再分配手段将其盈利的一部分转变为农业的投资，同时减少对农业部门的税收，这样一增一减，使农业扩大再生产的力量得到加强，农业自身积累的能力得到加强，逐步走上自我积累、自我发展的道路，最终实现与国民经济其他部门协调发展的目标。这个一增一减，正是体现了中央所提出的"多予、少取"的要求。

财政支农的第一个方面是实行"以税惠农"，即取消农业税，降低农村产业的负税水平，让农业、农民长期休养生息。就我们国家的财力来讲，已经具备了取消农业税的条件。中央曾提出要逐步统一城乡税制，应该认识到这是一个长期的政策目标，现在时机还不成熟，在取消农业税以后，不要急于对农民开征新的税种。我国农民收入水平低，长期以来农民负担重，应该给农民一个长期休养生息的机会。"以税惠农"应该成为今后国家财政对农民支持的一项重要政策。

财政支农的第二个方面是要形成支农资金的稳定投入渠道。财政用于农业支出的增长幅度要继续高于财政经常性收入的增长幅度。政府新增财力的使用要大幅度向"三农"倾斜。按照建立公共财政体制的要求，要调整财政支农资金的使用方向，转变补贴方式。逐步减少对流通环节的补贴，建立对农民收入的直接补贴制度。充分利用WTO的"绿箱"政策，增加农业科研和推广、质量安全和检验检测、农产品流通设施、农民培训等方面的投入。过去我国农业财政建设性资金中，用于大中型工程的比重较大，而与农民生产和生活直接相关的农村小型基础设施的投入严重不足。这方面的建设往往主要依赖农民的集资和投工投劳。在取消农业税以后，要将农村小型基础设施建设纳入各级政府基本建设投资的范畴。最近几年实施的农村沼气、乡村道路、节水灌溉、人畜饮水、农村水电、草场围栏等"六小工程"深受农民拥护，对改善农民基本生产条件和生活条件发挥了重要作用。在国债发行规模继续减少的情况下，要确保国债资金用于农村"六小工程"的规模基本保持稳定，并不断充实农村小型基础设施建设的内容。

　　其二是大中型非农企业直接支农。大中型非农企业通常有较强的积累能力，能够拿出一部分利润直接支持农业和农村经济的发展。而且，大中型企业多为国有企业，它们在发展初期所获得的投资，大多来源于国家通过农业税和"剪刀差"从农业中挖走的积累，另外还获得了农业在原料和廉价劳动力方面的支持，现在它们有义务对农业和农村进行直接的支持和帮助。已经实行了几年的国有大中型企业挂钩扶贫，以资金、物资和人员帮助贫困农村进行基础设施建设，发展特色农业，取得了较好的效果，应该加以坚持并不断扩大。

　　其三是发展直接惠农产业。直接惠农产业是能够对农业和农村经济发展产生直接和显著的支持作用的非农产业，其部门种类繁多，主要的包括农产品加工业、农用生产资料制造业、农村服务业和依托农村资源建设的非农产业。它们对农业和农村经济发展的作用主要体现在为农业发展开拓市场、吸收农村富余劳动力、使农民获得更多的工资性收入、让农业发展和农民生活降低成本提高质量提供多种服务等方面。

　　2."以城带乡"内涵

　　以城带乡，是要充分利用城镇的社会、经济资源，支持乡村建设，带动乡村发展，最终实现城乡一体化。其实质就是要促进公共资源在城乡之间的合理配置，让城乡居民共享发展成果，逐步缩小城乡之间在发展能力、发展水平方面的差距。

　　以城带乡包含着这样一些内在要求：

　　一是实行城乡统筹，在统筹城乡发展规划的基础上，统筹安排城乡公共资源，促进经济要素在城乡之间的合理配置，不仅要注重资源配置的短期效益，更要注重资源配置的长期效益。通过缩小城乡差距来创造公平公正的社会环境，通过公平公正的社会环境来创造有利于经济社会可持续发展的经济环境，以达到经济发展、社会和谐，城乡人民共享发展成果的目标。

　　二是要利用城镇相对完善的基础设施和公共服务体系促进农村经济社会的发展。农村经济社会发展缓慢，最主要的限制因素是基础设施薄弱，公共服务体系不健全。促进城镇基础设施向农村延伸、城镇公共服务体系向农村覆盖，缩小城乡在发展环境、发展条件、发展能力方面的差距，是实行以城带乡的根本要求。

　　三是要促进城乡产业对接，包括：促进城镇农产品加工业、物流业与农村种养殖业对接，走农工商一体化的道路；促进城镇农用工业与农业对接，以质优价廉的农业生产资料促进农产品生产质量提高、成本下降；促进城镇服务业与农村服务业对接，既不断拓宽城镇服务业市场，又促使农村劳动力向城镇有序流动；促进城镇产业向农村转移，以改善和提高农村产业结构。

　　四是打破城乡分割的二元社会结构，促使要素在城乡之间自由流动，城市要吸纳和善待农民工，尽力为他们创造有利的生存条件和就业环境，通过加快城镇化步伐，减少农民，促进农业的规模经营，以提高农业生产的经济效益，缩小城乡收入差距。

（二）"以工促农、以城带乡"的必然性

1. 农业和农村为工业和城市的发展作出了巨大贡献

新中国成立后，为了迅速摆脱贫穷落后的局面，必须大力推进国家工业化。但旧中国的工业基础极其薄弱，国家工业化所需的大量资金难以通过工业自身的发展来积累，或者说依靠工业自身积累所需要的过程极为漫长，难以满足迅速走上强国之路的要求，只能采取以农业支持工业的方式。农业和农村对工业化的支持和贡献，主要是通过五种途径实现：一是压低农产品价格，实行工农业产品"剪刀差"；二是提供廉价土地；三是农民工进城务工；四是农村人才输出；五是农村资金大量向城市转移。据估计，在 1950～1978 年的 29 年中，政府通过工农产品剪刀差大约取得了 5100 亿元收入，同期农业税收入为 978 亿元，财政支农支出 1577 亿元，政府提取农业剩余净额为 4500 亿元，平均每年从农业部门流出的资金净额达 155 亿元。可以说，在中国工业化的初始阶段，农业为工业化作出了很大的贡献：积累了资金，提供了廉价的劳动力和有效的市场需求。

2. 我国二元社会结构明显，城乡差距不断扩大

城乡发展不平衡是各国工业化进程中共有的现象。按照经济理论，经济发展过程中，城乡差距总是先逐步扩大，然后缩小的。美国花了 70 年使工农收入趋向平衡。日本花了 100 年使农民收入超过非农家庭收入。中国是一个经济社会发展不平衡的大国，由不平衡发展走向均衡发展的过程中，本应逐步缩小的城乡差距，这些年有进一步扩大的趋势。

按国际劳工组织发表的 1995 年 36 个国家的资料，绝大多数国家的城乡人均收入比都小于 1.6，只有三个国家超过了 2，中国是其中之一。改革开放以来，我国城乡居民收入差距经历了一个先缩小后扩大、再缩小再扩大的过程。近年来，在国家采取多种惠农措施的情况下，城乡收入比例也还维持在 3.21 比 1。2002 年，原国家统计局副局长邱晓华指出，中国城乡居民收入差距大大高于账面上的 3 比 1。这个差距应该为 5 比 1，甚至达到 6 比 1。

从总体上看，目前农村居民的消费水平只相当于 20 世纪 90 年代初城市居民的消费水平，整整落后 10 年。农业生产资料价格高，生活资料的质量低，假冒伪劣横行。为什么有些农民即使有购买力也不购买耐用消费品呢？原因在于农村消费环境的恶劣。缺少配套设施，使得很多耐用品难以打开农村市场。

城镇高中、中专、大专、本科、研究生学历人口的比例分别是乡村的 3.4 倍、6.1 倍、13.3 倍、43.8 倍、68.1 倍。更重要的是在九年义务教育阶段，农村学生辍学、流失现象也比较严重。

2004 年城市居民没有任何医疗保障者比例为 32.3%；小城镇居民没有任何

医疗保障者比例为59.9%；农村居民没有任何医疗保障者比例为79.4%。

2005年，医保覆盖的城镇职工数为1.3亿，还有5000万享受公费医疗的公务员和事业单位职工。而80%以上的农民没有任何医疗保障。在农村因为看不起病而放弃治疗的比例高达25%。

城市劳动人口的登记失业率为5%，农村劳动人口的失业率没有人计算得出，抛开进城务工的1.3亿劳动力不算，留在农村4亿劳动力的利用率也只有50%左右。据统计，我国农村现实的剩余劳动力为1.5亿人左右。

改革开放以来，大量农村剩余劳动力滞留在农村，使农民的收入增长缓慢，已经成为我国城乡收入差距扩大的一个不可忽略的因素。

国家财政资源在城乡之间分配严重不公平。国家财政用于农业的支出占财政支出的比重不断下降：1978年约13%，1980年约12%；1989~1994年在9%~10%之间；1995~1999年基本在8%之间；2000~2003年约7%。

2005年城乡之间网民数量及普及率：城市上网人数占城市人口的16.9%，乡村网民普及率则为2.6%。

由于我国城乡之间以及城乡内部在制度、市场和公共服务方面存在分割问题，在城市内被认定为公共产品的，可能在农村就不再具有公共产品的性质。

3. 云南省城乡发展不平衡尤为突出

近年来，我省切实把解决好"三农"问题作为全部工作的重中之重，努力加大支农惠农政策力度，不断强化各项措施，扎实推进社会主义新农村建设，克服了频繁发生自然灾害的严重影响，保持了农业农村经济持续快速发展的良好势头，为全省经济社会又好又快发展作出了重要贡献。但长期以来由于农业以其大量积累支持了国家工业化和城镇化建设，自身却"营养不良"和"积劳成疾"，农业农村投入不足导致的城乡差距迅速扩大，农村土地、资金、人才等资源和要素也在加速流失，城乡二元经济结构也在进一步强化，粮食稳定增产、农业不断增效、农民持续增收的难度在加大，农村发展滞后日益严重。主要表现是"六大反差"：一是城乡居民收入和消费水平存在巨大反差。我省城乡居民收入比从1978年的2.5:1扩大到2006年的4.5:1，城乡居民的消费水平总体上至少相差10年以上。目前全省农村还有绝对贫困人口228.4万、低收入人口442.4万，居全国第二、第一位。二是城乡社会事业发展存在巨大反差。农民上学难、看病难、社会保障水平低等问题相当突出。三是城乡面貌存在巨大反差。全省"水源、水荒、水患"的瓶颈制约凸显，三分之二的耕地因缺水处于中低产状态；农村有1514万人饮水不安全；乡镇公路通达率仅为82.12%，行政村公路通达率也仅为50.51%。四是城乡财政支出存在巨大反差。全省地方财政支农支出占财政总支出的比重从"七五"的14.7%逐步下降到了"十五"的11.84%，并呈下降趋势。五是城乡信贷存在巨大反差。农业贷款余额占金融机构贷款余额不到

10%。六是城乡投资存在巨大反差。农村与城市固定资产投资比连年递减，2006年农业固定资产投资占全社会固定资产投资的比重仅为3%。虽然我省农业在三次产业中的比重已经下降到18.9%，但第一产业从业人员占三次产业就业人员的比重和农村人口占总人口的比重双双高达70%，农民收入70%以上来自种养业，"农业弱、农村穷、农民苦"的问题仍然比较突出，"三农"在全省经济社会发展中仍然是最需要关注和解决的最大民生问题。因此，在推进工业化和城镇化的过程中，绝对不能搞脱离农业的工业化和脱离农村的城市化，必须更加重视工农城乡的协调发展，积极探索建立以工促农、以城带乡的长效机制就显得十分重要和紧迫。

（三）实行"以工促农、以城带乡"方针的重要意义

中央关于"两个趋向"的重要论断是我们党在新形势下对工农关系、城乡关系在思想认识和政策取向上的进一步升华，对于科学认识和把握我国经济社会发展规律，正确处理新阶段的工农关系和城乡关系，落实统筹城乡发展方略，切实做好新阶段"三农"工作，具有重大的指导意义。

1. "以工促农、以城带乡"是城乡区域协调发展的必然要求。城乡协调发展是我们的一个重大发展战略。只有城市的发展，而忽视农村的发展，其结果必然是畸形的发展，最终也会使城市的发展受到影响。城乡要想协调发展，只有实施工业反哺农业、城市支持农村的政策，使农业、农村逐步增强自我发展的能力，依靠这种能力不断与工业化的进展和城市的发展相协调。

2. "以工促农、以城带乡"是走新型工业化道路的必然要求。中国的新型工业化道路有两个特点：它是处在发展中期的工业化；它是可以促进农业发展的工业化。处在中期的工业化说明我们的工业已经完全具备反哺农业的实力和能力。我们的新型工业化不仅新在要以信息化带动工业化，也新在以工业化带动农业现代化。

3. "以工促农、以城带乡"是改变城乡二元结构的必然要求。改革开放以来，我们党深刻总结以往的经验教训，从加强农业基础地位入手，逐步调整工农关系和城乡关系，促进了城乡经济的全面发展，但是城乡分割的二元结构并没有打破。只有按照"两个趋向"的要求，逐步实行城乡统一的户籍政策、就业政策、公共财政政策、社会保障政策等等，逐步消除导致城乡分割的体制性、制度性障碍，才能从根本上改变城乡二元结构，真正实现城乡和谐发展。

4. "以工促农、以城带乡"是解决"三农"问题的必由之路。从结构矛盾上看，我国工业化程度已经达到世界中等发达国家水平，但城市化程度只达到41.8%，比世界平均城市化水平低10个百分点。从根本上解决"三农"问题，不能就农业论农业，就农村论农村，要以"两个趋向"为指导，统筹城乡经济社会发展，把城市和农村作为一个整体，统一规划，通盘考虑，加大对农业的支

持和保护力度,发挥城市对农村的带动作用,使城市和农村相互促进、工业和农业协调发展。

5. "以工促农、以城带乡"是解决"三农"问题的内在要求。解决"三农"问题,不能只是把注意力集中在农业内部,而要按照"两个趋向"的要求,跳出农业抓农业,把推进工业化与解决"三农"问题紧密结合,为农民提供更多的就业岗位;把推进城镇化与解决"三农"问题紧密结合,使更多的农业人口转移到城镇非农产业中去,形成一个城乡统筹的新格局;把推进产业化与解决"三农"问题紧密结合,通过完善农业产业体系,全面提高农民进入市场的组织化程度。

6. "以工促农、以城带乡"是建设社会主义新农村的有效途径。要在理顺城乡关系的基础上,建立平等的经济社会发展新体制,进一步加快传统农业向现代农业转变的进程,加快农村第二、三产业和小城镇的发展步伐,全面繁荣农村经济。农村的发展离不开城市的辐射和带动,要大力促进城市基础设施向农村延伸、城市公共服务向农村覆盖、城市现代文明向农村辐射,让所有农民共享工业化、城镇化、现代化带来的好处,真正建立起地位平等、开放互通、互补互促、共同进步、平等和谐的城乡经济社会发展新格局,实现建设社会主义新农村的宏伟目标。

二、"以工促农、以城带乡"的国际经验

(一)日韩农村发展经验探索

1. 以工哺农,加大对农村的投入和扶持

自 20 世纪 60 年代初,日韩两国开始推进农业及农村现代化,从韩国的"新村运动"到"汉江奇迹",从日本的"国民经济倍增计划"到各项农政改革,两国政府都投入大量财力解决农业、农村和农民问题。

韩国推进"新村运动",从提高农民生活水平入手,先易后难逐步推进。1971 年初政府实施的第一个实验性项目是向每个村提供 335 包水泥,由各村自行决定如何使用。第一年有一半的村效果显著,政府又加拨 500 袋水泥和 1 吨钢筋。4 年间,村民们换房顶、修院墙、绿化荒山、修整村中小巷、建公共澡堂、公共洗衣处和公共饮水设施等,修建了上万座桥梁,实现了村村通公路,村民生产生活环境有了改善。在加强基础设施建设的同时,政府倡导种植经济作物,为农村工业发展提供财力和技术支持,帮助农民增加收入,20 世纪 70 年代中期农民收入增幅一度超过了城市居民。

日本的国家财政对农业的支持力度和保护程度是所有发达国家中最高的。若将地方政府预算支出计入,日本财政支农资金超过农业 GDP 总额。2003 年日本用于农业的预算为 23667 亿日元,约折合人民币 1690.5 亿元,比我国 2001 年农业预算 1457 亿元高 16%。而当年日本耕地面积为 476 万公顷,农户 298 万户,

若预算折摊到耕地和农户，则每亩达 2368 元，每户达 56728 元。日本农业政策本身的含金量高，国家每推行一项政策必然配备一定量的资金，这也是农业政策兑现率较高的主要原因。以日本福冈县为例，2005 年政府财政预算是 15000 亿日元，而尚不含教育费中涉农支出的农政部门预算就达 520 亿日元之巨。

2. 加强协同，建立各种农业协同组织

在日本和韩国，把农户连起来的组织就是农业协同组织。协同组织是日韩农业经营体制的一大特色，在发展农村经济，提高农业、农村及农民地位，推进农业现代化方面，起了举足轻重的作用。

第一类是农村管理的自治组织。考察组在日本鹿儿岛日置市考察都市农村交流设施时了解到，日本市、町、村是同级别的。日本农村有农村建设委员会，是由村民代表组成的自治组织，负责议决本区域内的重大事项，检查村务管理和决议执行情况等。日置市为建立都市农村交流设施，农村建设委员会花了 10 年时间向政府申请，终于在 2002 年获得批准。国家投资 50%，县政府投资 35%，市里投资 15%，为农村把新鲜产品直接销售给消费者，方便城市居民与农户面对面交流、吸引城里人观光农业提供了平台。

第二类是"农业协同组合"组织（以下简称"农协"）。日本的农协网络非常庞大，触角深入农村各地，几乎所有的农户都加入了当地农协。农协的主要职能有：一是将分散的农民组织起来，为他们提供产供销一条龙服务。每年农协根据农民对种子、化肥等生产资料的需要，制定采购计划，统一向生产厂家定价，防止厂家擅自提价或以伪劣商品坑农；为农产品寻找市场和销路、代为洽谈价格、甚至代为销售等。二是农协作为政府和农民之间的中介组织，行使"政府助手"作用，政府依靠农协推行其农业政策并实现对农业的间接调控。三是农协积极参与并影响政府农业政策的制定，维护农民的合法权益。当前日本农产品价格居高不下以及大米市场长期不对外开放的情况，都是因为农协发挥了重要作用。

第三类是民间互助团体。日本农村存在大量民间互助团体，一个 600 多人的村庄中各种社团达 30 余个，平均约 20 人就有一个组织，每个人都能从这些组织中找到自己归属的团体。如按照年龄长幼设立的团体就有天神讲、青年团、壮年团等，另外还有办理丧事的丧葬组和负责消防联防的消防团等。通过积极扶持和发展农村现代组织形态，建立各种民间互助团体，发挥业缘组织凝聚农民和组织农民的重要作用，充分调动农民个体的积极性，为日本战后的迅速重建和农村现代化起到了较大的促进和推动作用。

第四类是农作班组织。据韩国忠清南道农林水产局车永薰课长介绍，农作班是由 40 至 80 户农民联合起来的生产销售组合。以前，农村大多是小农经济，一家一户，农业生产和销售效率都很低下，政府鼓励农民根据生产种类不同建立相应的农业合作组织，形成一定的规模。政府对农作班组合建立温室大棚等基础设施给予资金扶持，农协派出技术人员对种植品种、技术和生产销售给予支持。农民加入农作班组织后，扩大了生产规模，农业生产和抵抗风险能力大大提高。

第五类是农业公社。农业公社是日本政府为培养农业技术人才而专门设立的农业研修机构。针对当前年轻人不愿意留在农村、农业人口减少、部分农田荒芜、务农人员老年化等问题，农协派出管理人员和技术人员，向国家和县政府申请资金建立农业公社。其主要职能是宣传对农业用地的合理保护，接受委托培养农业人员，使用无人驾驶直升机义务为农田喷洒农药等优惠措施吸引农民回到土地，定期到东京等大城市举办咨询会吸引年轻人到农村从事农业。

3. 推进互动，构建新型城乡关系

日韩两国十分重视城乡互动和交流，城里不少的企业、机关、学校等都与农村建立了合作关系。韩国继"新村运动"后，又于2004年开始推行"一厂一村"运动，即城里的公司企业自愿与乡村建立合作交流关系，对其进行"一帮一"支援，正在迅速扩展成为全社会参与的支农运动。目前，"一厂一村"逐步由人员交流向资金物资援助为主转变，并计划将"一厂一村"逐步扩大为"一校一村"、"一小区一村"、"一店一村"、"一机关一村"，扩展成为全社会参与的支农运动。

一是大力发展观光农业，推动城乡交流。考察组在韩国牙山种植花卉的温室大棚考察时，有许多游人参观大棚，幼儿园的小朋友也在老师的带领下来这里接近自然。据这里的负责人介绍，他们这儿以观光农业为主，吸引机关、企业、学校、宗教团体前来观光，欣赏各种名贵花卉，自己动手参与制作一些花卉工艺品，品尝鲜花宴。到这儿参观的人络绎不绝，带动了消费。通过观光农业，城里人有了接近农村、走近自然的机会，也大大提高了农民的收入。

二是企业和农村有机结合，促进双方互惠互利。韩国最大的鸡加工生产基地夏林公司，所有的产品都与农民有关，他们把养鸡用的设备、公司统一孵化的小鸡、公司统一生产的鸡饮料及所需药品送给公司附近的800多户农民，并派出技术人员指导农户如何养殖，到时公司再以一定的价格向农民回收肉鸡和鸡蛋。农户只负责养鸡，所以专业化水平也很高了。农民送到公司来的是成品鸡和蛋，公司给他们的价格是固定的，即使市场有波动，也不会影响鸡的收购价格。通过规模化、专业化养殖，每户农民每年可轻松地养殖100万只鸡，年收入可以达到800万韩元。

4. 完善服务体系，为农村发展提供保障

随着工业化的发展，越来越多的年轻人从农村进入城市，农村面临农业人口减少、农业从业人员老龄化等问题，日本部分地区甚至出现土地撂荒现象。为解决这一问题，日韩两国在发展农业的同时，重视完善农民的养老和医疗保障体系，完善农业生产服务体系，以吸引农业人员、甚至更多的城里人从事农业生产。

一是建立农村医疗保健体系，为农村引进人才。在韩国每个村、邑都有卫生医疗保健所和老年会馆，都是在"新村运动"后由政府投资建设的。医疗保健所主要经费依靠政府补贴，农民的一般性疾病在这都能得到治疗，仅需支付很便宜的药费。药品由政府指定的医药公司提供，再由医疗所根据病情需要以原价提供给农民。在韩国，农民都加入了医疗保险，大病时 70% ~ 80% 的医疗费用由医保负担。在这里工作的医生都是医科学的毕业生。接受采访的金浦村卫生所长朴希俊说：我刚毕业，是自愿到这儿工作的。在韩国，大学生毕业后有两条路可以选择，一是服兵役，二是到农村服务，我喜欢农村，所以选择了到这儿。我在这儿服务满 38 个月后就可以离开这里，做自己喜欢的工作。这种国家政策性的规定既给了大学毕业生锻炼的机会，又解决了农村缺少医生的问题，可谓是一举两得。

二是建立农产品流通体系，促进农产品市场健康协调发展。在韩国首尔城南农副产品物流中心考察组看到，韩国的农产品主要通过农协送到物流中心，由中心配送给零售商或直接送给饭店、食堂等团体。物流中心还负责对农产品进行统一包装，向农户提供市场需求信息。在日本名古屋北部批发市场（日本中部地区最大的农产品批发市场），来自国内外的农产品汇集于此，现场确定价格后流通给零售商。批发市场有五大功能：一是从全国和海外收集种类丰富的农产品；二是通过拍卖、协商等手段迅速形成价格；三是实现农产品的快速流通功能；四是迅速结算；五是及时传达各类供求信息和价格。日韩的批发市场和大型超市，非常注重农产品的质量和安全性，农产品的进入必须通过严格的检测。

三是建立农村金融服务体系，为农民提供信贷保障。为农户提供金融服务是日本农协的主要业务之一。日本农协都设有信用部，专门负责会员的存款、贷款、票据贴现、债务担保和国内汇兑交易等。由于农协信用系统存款利率略高于其他银行，农户所需农业资金绝大部分依靠农协提供，其贷款利率通常低于社会其他银行，一般不需要担保。农协金融事业一直是日本农协的骨干事业之一，成为农协最大的盈利部门。另外，农协还负责为农户办理国家对农业发放的补助金和长期低息贷款业务，利用"政策金融"导入国家资金，实现国家通过金融来推动农业发展的政策意图。

四是建立农机服务体系，减少农民支出。在韩国，一家几十甚至上百亩地，几个人就能轻松管理和种植，这完全依赖于高度的农业机械化，除了部分经济基础较好的农户家中购有各种农业机械，有相当一部分家庭是靠租赁。政府为减少农民负担，减少农民支出，投资购置了一批农机具，建立农业机械银行，以很低廉的价格出租给农民使用。另外还配有农业机械保养修理所，为农民免费检修农机具。

5. 多措并举，提高农业科技含量，发展高效农业

一是增强环保农业意识，注重生态农业的推广和应用。早在 20 世纪 70 年

代，日本由于人口零增长导致对粮食需求的减少，生态环境恶化引发人们环保意识的觉醒，无公害食品的需求日益增长。为此，日本政府高度重视利用农业科技、生物技术，发展高科技农业、生态农业、有机农业，促进农业可持续发展，以实现"提高农民收入、提高农产品质量、保护环境"三位一体的目标。

二是高度重视食品安全，狠抓无公害农产品生产。为确保消费者身体健康，切实加强对农产品生产的监管工作，日本政府制定"食"与"绿"的有关政策，促进生产者进行标准化生产，同时产品上市也按标准进行严格筛选、分级。农产品批发市场经销的产品都标明产地、生产者、电话等，既表明诚信经营，又在万一出现问题时便于追溯，查明"身份"。为生产安全的农产品，政府大力推广利用生物天敌技术治理病虫害。考察组在福冈县农业实验场了解到，500公顷菜地，一年使用4次天敌就可以清除害虫，而以前需要用7次农药。从经济角度来看，用生物治理害虫一年需要2.2万日元（约合1540元人民币），而用农药也需要2万日元（约合1400元人民币），差距并不很大，但是能取得巨大的经济和社会效益。

三是调整农业结构，发挥特色优势，打造产品知名度。发挥特色农业优势是农业现代化水平迅速提高的最重要措施之一。日、韩两国根据国内、国际市场的需求调整农业结构、发展农业生产。日本的"一村一品运动"充分发挥各地的比较优势，生产具有家乡风味的特产，如北海道的"十胜葡萄酒"、秋田县的"田园火腿"等，年销售额可达数亿日元。韩国"新村运动"按市场需求把农业划分为粮食、水果、蔬菜、饲养和经济作物四大专业化区。忠清南道锦山地区以种植人参为基础产业，不仅广为宣传，还拟于2008年召开人参博览会。在韩国，"锦山"已成为人参的代名词。

四是农业信息化作为农业科技化的重要方面，已广泛应用于农业生产和农产品销售的各个环节。日本农林水产省制定了"农业和农村信息化战略"，即灵活利用信息资源促进农业生产经营活动，灵活应用信息技术和互联网，即时为消费者提供产品信息，降低流通成本，使广大农村居民享受到与都市居民一样的利用信息的便利。韩国各市、县都有农业技术教育院，农民定期自发地到农业技术教育院学习农业技术，咨询有关农产品行情，了解有关病虫害治理措施，学习使用电脑和从网上下载最新的农业信息。农业技术教育院都是由国家和地方政府投资、建设和管理，免费为农民提供培训。韩国全罗北道益山农业技术院院长崔永根先生介绍，技术院在注重农业研究和开发的同时，及时把最新研究成果免费向农民宣传、普及推广。该技术院下设的两个局分别为试验研究局和农业普通推广局，他们在近两三年内已开发了10多个试验产品并得到推广应用。

日、韩两国在几十年农村建设过程中积累的经验，给我们提供了有益的启示。农民是建设新农村的主体，必须让他们充分参与，见到利益，得到实惠。

日、韩农业经济学家普遍认为，农村建设比城市建设更为复杂，是一项艰巨的系统工程，必须有相应的制度保障和实际行动。日、韩两国在建设农村中最成功的经验是：政府适时推行优惠政策，将工业引入农村，引导社会各方面力量共同参与农村建设，城乡互动和交流，为农民提供就业机会，提高农民收入。

（二）发达国家农业现代化过程中的政府支持

农业现代化不仅是农业进步过程的体现，更是农村经济社会综合全面发展的最主要内容。由于农业是自我支撑力量最为弱势的产业，因此，世界各国农业现代化的发展都离不开政府的支持，西方发达国家的经验就充分说明了这一点。

1. 西方发达国家农业现代化进程中的政府支持

西方发达国家农业现代化进程中的政府行为主要包括：实施有利的土地政策，扶持农民合作社；支持发展农村非农产业；支持农业基础设施建设；提供农业信贷服务，创建农业社会化服务体系；发展农业教育、科研与技术推广；利用财政、金融手段支持农业现代化等。其目的是保证农产品的有效供给与粮食安全，维持农产品供求均衡和保证农民收益，提高农业生产率和提高农业竞争力，以及实现农业的可持续发展。但由于国情的差异，国家政府在农业现代化进程中的行为及力度则有所不同。

发达国家政府在农业现代化进程中的支持方式大体包括：（1）提高农业生产率，保证农产品有效供给和粮食安全；（2）保证农民收益并维持农产品供求均衡。当在农业现代化进程中出现农产品过剩情况时，一些国家政府便采取干预行为，目的在于维持农产品供求均衡和保证农民收益；（3）保持农业的可持续发展。基于在农业现代化进程中日益激化的现代农业生产方式与自然的矛盾，一些发达国家政府意识到问题的严重性，开始出台一些政策措施来倡导发展可持续农业。

2. 发达国家推进农业现代化的主要行为方式

发达国家政府在推进农业现代化中的主要行为方式有：一是多采用立法形式推行政策。发达国家在农业现代化进程中实施的许多政策，多是以法令的形式出现的。农业立法程序，使得政府在农业现代化进程中的某些行为必须以相应的法律为依据，并受到国会的必要监督，保证了政府对于农业现代化的支持或干预都在法律框架内进行。二是充分利用经济手段干预农业现代化。在市场经济条件下，农业现代化的经营主体是自主经营、自负盈亏的企业和农户，推动农业现代化的力量主要是市场机制。三是使用行政手段干预农业现代化。政府对于经济的行政干预，主要是指政府利用自身的权力，通过自上而下颁布的行政命令、指令性计划和进行行政性审批等行政手段来管理经济活动的行为。干预具有较强的强制性，要求经济活动主体必须执行政府下达的命令或计划，必须遵守政府的有关规定，或者必须经过政府有关部门的审批。对于在市场经济机制下运行的农业现代化，发达国家政府是很少采用行政手段进行干预的。它们的原则是，市场调节第一位，行政干预只能出现在市场调节不能有效发挥作用的领域。

若将不同发达国家的政府在农业现代化进程中的行为加以比较，无论是在对农业的保护或对农产品价格的干预方面，还是在促进土地使用权流动和规模经营的产权等制度安排、对农民合作经济组织的支持方面，以及对本国农产品市场开放程度的控制方面，干预力度较大的是欧洲发达国家和日本，较小的是美国。

在西方发达国家农业现代化进程中，日本和欧盟国家政府干预的力度一般都大于美国，主要原因在于国情的不同。与美国相比，日本和许多欧盟国家的农业资源均相对短缺，在 20 世纪 60 ~ 70 年代以前，主要农产品不能自给，它们比美国更为迫切地需要依靠农业现代化来提高本国农产品的自给率，以及保证农民的基本收入。而美国农业在大部分年份里面临的是农产品过剩。因此，日本和许多欧盟国家要靠较强力度的政府干预来推进与现代农业相适应的规模经营，来维护本国农民经营现代农业的积极性，进而达到保证本国农产品供给和粮食安全以及稳定农民收入的目的。

3. 发达国家农业机械化促进政策

20 世纪 60 年代，日本基本上实现了农业机械化。在工业化充分发展以后，日本政府长期实行对农业的投入补贴政策和农产品价格支持政策，中央和地方政府的预算拨款是农业和农业机械化资金的主要来源。其中，对农业机械化的促进措施以经济和法律手段为主。农民购买拖拉机、联合收割机、育苗设备、大型稻米加工设备、烘干储藏以及灌溉、施肥设备，可以得到政府的补贴，数量一般占全部费用的 50% 左右，20 世纪 60 年代中期曾达到 80%。补贴之外的投入费用，政府通过长期低息贷款给予支持，利率比市场利率低 30% ~ 60%。农业现代化专项贷款是农户购置农业机械化信贷的主要来源，也就是说，日本农业机械化基本是靠政府反哺资金而得以实现的。1994 年以后，日本对农业保护政策进行了全面调整，制定了《乌拉圭回合农业协议关键对策大纲》，在降低农业保护的同时进一步强化农业基础设施建设。其关键对策是将事业费的 50% 以上用于农业基本建设。其农业机械化支持政策得以进一步加强。日本农户对农业机械化投资能力很强，1995 年农户平均农机投资达到 58.83 万日元（折合人民币 5.25 万元），占同年农户农业固定资金投资的 45%。

韩国的农业保护政策始于 20 世纪 60 年代末，增长幅度很大。其政策要点包括：一是为了提高农业机械化水平，政府向购买农机具的农民提供低息贷款，并延长过去借款的偿还期；二是为了普及农业机械化和提高其利用率，特别是为了鼓励农民普遍采用插秧机，政府投资建立了 26 个机械化插秧示范区，建立了完善的机械化插秧服务体系，由中央和地方各出资20%，组织起来的农民向政府贷款60%购买农业机械，专业人员负责保管使用，接受农民委托，有偿提供农业机械化服务；三是政府提供就业机会，鼓励小农户（经营面积0.5hm 以下）出租土地给大农户，实现土地的集中经营；四是政府通过农协组织共同作业班、农业机械共同利用班等形式，来提高农机具的利用效率。1995 年以后，韩国进行了农业产业结构调整，将农业集中在水稻、养猪、园艺设施三个方面。与农业机械化相关的政策主要包括：一是对于购买园艺设施的农户，政府补贴所需资金的 10% ~ 20%，农户自有资金占 20% ~ 30%，其余的 50% 都由政府和农协提供低息贷款；二是为农户提供比市场价格低 50% 的免税柴油，在用电上也给予优惠；三是给农业继承者和专业农民（专业户）提供非常优惠的扶持基金，仅限于购买农业设施和大型农业机械。

德国在农业政策中规定，对农户的柴油实行半价供应，政府实行 23% ~ 50% 的价格补贴。在 20 世纪 70 年代，政府每年的此项支出为 4 亿 ~ 5 亿德国马克；国家对农民购置农机具给予低息贷款，产品供应商可以通过现付优惠、赊销、分期付款或冬季优惠购买价格等方式促进农民购买。德国政府还对农机培训进行直接投资，加强农机使用、维修方面的培训，用户只有取得农机培训学校的毕业证书后才能采购和使用农业机械。为了便于农业现代化技术推广和农业机械应用，德国政府在 1954 年颁布了"土地整理法"，把零散的土地集中连片管理，以保证土地规模集中。德国是农业机械跨企业合作组织的发源地。该组织以共同使用农机设备为宗旨，主要形式有机器协作社、机器合作社、农机环和农机租赁公司，在提高农业机械使用效率与降低作业成本等方面取得了很好的效果。

二战以后，法国政府把发展农业的重点立足于机械化，采取了多种措施促进农业机械化的发展。一是应用财政手段推动农业机械化事业。政府优先提供贷款并承担一部分利息，用工业积累来支持农业发展，每年农业事业费占国家经费的13%。法国农民购买农业机械可得到 50% 以上的农业信贷合作社的贷款以及国家给予农业机械投资额 20% ~ 30% 的补贴。例如，1996 年农机补贴就占到农业支出的 10%，政府对农用燃油提供 15% 的价格优惠，对农机配件也提供价格优惠。二是通过价格、信贷、补贴、减免税等财政援助和技术援助手段，组织农业专业化合作社，农机合作社是其中的一类。农业专业化政策充分发挥了机械化的作用，降低了作业成本。三是进行技术培训，以适应机械化技术的要求。法国的共同使用农业机械合作社（简称为居马，CUMA）的发展促进了农业机械化的发展。居马在降低生产成本、加快农业机械更新换代、协作生产方面具有显著优势。在 1995 年居马的总投资中，政府补贴占 12%，优惠贷款占 66%，自有资金占 22%。

加拿大于1950年基本实现了农业机械化。加拿大政府促进农业机械化发展的主要手段是优惠贷款和税收政策。政府通过农业立法实施特别赠款、生产补贴、价格支持，成立农场信贷机构等措施解决农场所需资金，保护农场利益，创造机械化发展条件。农场信贷资金由联邦财政部拨给，长期抵押贷款分期偿还，最长可达30年。加拿大政府还规定，向农户出售的农机和农机维修配件一律免税，制造厂商进口生产农业机械用的设备和材料一律免税。另外，加拿大对农机产品质量和维修配件供应加以严格规定，并建立了完善的农机产品销售与技术服务体系。

美国农业机械化水平的提高主要是市场力量引导的结果，但政府的支持、引导和推动功不可没。通过信贷、各种价格支持政策来提高农民的收入和增加对农机产品的购买力，是其发展农业机械化的主要途径。美国政府历来重视农业机械化的科研和教育，并将农业机械化作为农业推广和技术改革的重要方面来抓，取得了很好的效果。1996年，美国开始实施新农业法。新农业法将政府价格和收入支持政策改变为直接对农场进行农业补贴，对以往的农业机械投资和农业机械发展政策进行了部分修改，农业支持政策由国内流通、对外贸易领域向农业生产者转移，从而间接地促进农场主向农业机械投资。

澳大利亚把农牧业当成国家的经济命脉，一直重视对农牧业的支持。由于它是一个典型的人少地多的国家，农业机械化基于政府和工业的支持发展得很快。澳大利亚政府通过制定"复原计划"、"调整计划"，向农场主提供优惠贷款和赠款，农业投入水平稳步提高，农牧业机械是其中一个重要组成部分。政府对农场设施给予免税，农场主购买农牧业机具可以得到政府低息或无息贷款；农场在购买新设备时，政府给予10%的补贴；从20世纪60年代开始，澳大利亚联邦政府一直对农用石油产品给予补贴，通过州政府给石油公司津贴，并规定售给农村的油料批发价格不得超过市场批发价格，以减轻农场的负担。

历史上欧盟的共同农业政策以价格保护、价格支持出口补贴为主要特征。资金来源是欧洲农业指导和保证基金。从1992年开始，为适应乌拉圭回合农业协议的要求，欧盟对共同农业政策进行了大幅度的改革，由价格扶持逐步转变为收入支持，对农户直接提供补偿性补贴。在其实施的农村发展政策中，主要包含有以下措施：一是通过援助投资和贷款贴息方式建设现代化农场，投资上限可达资金总额的40%~50%；二是进行人员培训；三是投资支持农产品加工与销售，支持总量为投资总额的40%~50%。

国际经验告诉我们，一个国家的农业现代化，不可能仅仅依靠农民自身的力量。建立公共财政体制、完善转移支付制度、形成既符合世界贸易组织规则又具有本国特点的农业支持保护体系，是已经实现了农业现代化国家的普遍做法。

三、"以工促农、以城带乡"的一般条件

（一）国际上的一般条件

经济学原理表明，城市作为一定区域中的发展极在不同条件下会对经济要素产生不同的作用。在工业化进程的中前期，城市对经济要素主要体现为吸纳和聚集作用，它通过城市相对完善的基础设施和服务功能将外围的经济要素吸纳到城市中，形成规模经济，产生聚集效应。而在工业化的中后期，城市经济活动的成本逐步上升，向外寻求发展空间的要求迫切，城市经济会产生巨大的扩散作用，即社会经济要素从城市地区向外扩展，这种扩散作用随着城市经济的壮大而增强，随离城市距离的增加而衰减。这时政府应该给予引导来实现乡村经济的快速发展。纵观世界，欧美等发达国家以及日本、韩国、巴西、中国台湾等国家和地区大致在以下年代就已进入工业化中期阶段：美国 1900 年、德国 1913 年、日本 1936 年、韩国 1970 年、中国台湾 1968 年。它们跨入工业化中期阶段后，政策就逐步由以农补工向以工促农转换，期间的具有的一些经济结构值反映了工业化中期阶段的特征（见表1）。

表1　工业化中期阶段主要国家和地区的国民经济结构

国家和地区	时间（年）	人均 GDP（美元/人）	农业 GDP 之比（%）	工农 GDP 之比（%）	农业就业比例（%）	人口城市化比例（%）
美国	1900	1640	9.5	60:40	35	>40
日本	1940	—	13	66:34	34.6	33.7
韩国	1970	289	14.5	50:50	50.5	41.2
中国台湾地区	1968	210	14.1	60:40	40	47

国际实证考察及理论研究表明，工业反哺农业一般发生在经济高速发展时期，且经济水平达到以下标准：第一，农业在国内生产总值结构中的份额降到15%；工农业增加值结构中，工业与农业的份额比例为3:1。第二，农业就业人数占社会总就业人数的比例降到30%。第三，城市化水平达到35%以上。第四，人均 GDP 达到 800~1000 美元。从现实条件看，我国人均 GDP 已经超过 1700 美元，部分沿海城市已经超过 3000 美元，具备了工业反哺农业的经济实力；财政收入已达 39373 亿美元（2006年），农业税的比例仅占 4% 左右；农业在 GDP 中的比重只有 14% 左右；城镇人口比重已达 40% 以上，非农业就业人口已超过50%，工业制成品出口比重已达 92%。这与国际上可比的参照指标进行比较，可以看出，我国经济发展已经进入了工业反哺农业阶段，根据国际经验，达到这一阶段后，要使工业化进一步推进，工农关系必须发生转折性变化，经济发展也必须进入工业反哺农业的阶段。

（二）我国的现实情况

十六大以来，中央实行了一系列支农惠农政策，取得显著成效。2006 年粮食产量超过 9800 亿斤，实现连续三年粮食增产，2006 年农村居民人均纯收入为

3587 元，比上年增长 7.4%，为近十年来农民收入增幅之最；农村的社会事业亦得到迅速发展，基本建立起农村最低生活保障制度。但是我国仍处于并将长期处于社会主义初级阶段的基本国情没有变，促进粮食增产、农民增收的长效机制还没有建立起来，农村经济社会发展滞后的局面还没有得到根本改观。所以胡锦涛总书记在十七大报告中告诫我们，解决好农业、农村、农民问题，事关全面建设小康社会大局，必须始终作为全党工作的重中之重。解决"三农"这个短板问题，必须建立以工促农、以城带乡机制，这样才能加快城乡统筹发展的步伐，使广大农民群众越来越多地分享到改革开放和经济社会发展的成果。

毫无疑问"以工促农、以城带乡"的主体是政府，从政策层面上来理解，"以工促农、以城带乡"的重点可概括为"多予、少取、放活"。2006 年十届人大常委会第十九次会议废止了《农业税条例》，农业税、牧业税、特产税全部取消。中央出台了一系列严格保护耕地的措施，减少征收农民的土地；调整农村生产关系和城乡关系。实行粮食购销市场化和经营主体多元化，解决农民筹资难问题。消除不利于农民进城务工的各种障碍，清理拖欠农民工工资问题，实施"阳光工程"，开展对外出务工农民的技能培训。按照依法自愿有偿原则，放活土地承包经营权流转，促进土地资源的优化配置，在有条件的地方实现适度规模经营。

经过改革开放近三十年的努力，我国的经济实力和综合国力显著增强，经济社会发展进入了一个新阶段。2005 年，我国国内生产总值达到 18.23 万亿元，按当年平均汇率计算，人均达 1700 美元；第一、二、三次产业占国内生产总值的比重分别为 12.4%、47.3% 和 40.3%；城镇化率达到 43%；全国财政收入快速增长。截至 2006 年底，我国人均 GDP 已超过 2000 美元。农业与非农产业的产值结构大约为 15∶85，农业与非农产业的就业结构大约为 50∶50，城镇化水平超过 40%。这四项指标表明，我国已进入工业化中期阶段。20 世纪 90 年代中期以来我国财政收入以年均超过 20% 的速度递增，2007 年底，我国财政收入突破 5 万亿元大关，国家财政实力大大增强，而且全社会资金充裕，居民储蓄、外汇储备大幅增长，也具备了"以工促农、以城带乡"的条件和实力。

从总体上看，我国已经进入工业化中期阶段，为工业反哺农业、城市支持农村创造了有利条件。基于财力的提高，近年来中央逐步加大了对农业的支持力度，连续三年出台了指导农业工作的一号文件，制定"两减免、三补贴"等支农政策。这表明，实施"以工促农、以城带乡"方针，推进社会主义新农村建设的时机已经成熟，条件已经具备。

（三）实行"以工促农、以城带乡"一般条件的具体分析

从工业化国家或地区的历史经验看，当人均 GDP 超过 3500 美元，非农产业产值占 GDP 的比重超过 85%，非农部门劳动力就业比重高于 60%、城市化率超

过 40% 的时候, 就基本具备了工业反哺农业的条件。随着我国经济的持续发展和工业化的快速推进, 我国工业反哺农业的条件已基本具备。

1. 人均 GDP 已超过 1700 美元

按官方汇率计算, 2005 年我国国内生产总值达到 182321 亿元, 人均 GDP 达到 1703 美元, 一些东部沿海省市超过了 5000 美元。按照国际货币基金组织的购买力平价方法计算, 2002 年我国人均 GDP 就已达到 4390 美元。

2. 非农产业在国民经济中已占绝对主导地位

20 世纪 90 年代以来, 农业在 GDP 中的份额呈加速下降趋势。1991 ~ 2003 年, 农业在 GDP 中的份额下降了 9.9 个百分点, 而相同时间间隔的 1978 ~ 1990 年, 农业在 GDP 中的份额只下降了 1 个百分点。2005 年, 我国非农产业 (第二、第三产业之和) 产值比重达到 87.5%, 农业在 GDP 中的比重只有 12.5%。这表明我国非农产业在国民经济中已占绝对主导地位。

3. 非农产业劳动力比重超过农业

1978 ~ 2005 年, 农业劳动力比重从 70.5% 下降到 44.7%, 相应非农产业劳动力比重从 29.5% 上升到 55.3%。1997 年, 我国农业劳动力占全社会总就业的比重首次下降到 50% 以下。必须指出的是, 农业劳动力中有相当部分兼业从事非农活动。这表明我国就业结构发生了转折性变化, 非农产业劳动力取代农业劳动力成为就业的主体。

4. 已建立了相对完整的工业体系, 工业竞争力显著上升

经过建国后半个多世纪的快速发展, 我国工业已经建立了包括能源、冶金、机械、化工、电子、航天、航空、航海、国防及各类轻工业在内的较完整的工业体系, 已具备了自我积累和自我发展的内在能力。1978 ~ 2003 年, 工业制成品出口比重由 49.9% 提高到 92%, 而初级产品出口比重则由 50.1% 下降到 8%, 这表明我国工业竞争力不断增强。

5. 人口的城市化已进入加速发展阶段

1978 ~ 1997 年, 我国城镇人口比重从 17.9% 提高到 31.9%, 年均提高 0.7 个百分点; 1998 ~ 2005 年, 城镇人口比重从 33.35% 提高到 42.99%, 年均提高超过 1.2 个百分点, 增长幅度将近是前者的 1 倍。这说明我国城市化已经进入快速发展阶段, 符合其他国家城市化率达 30% ~ 70% 即为城市化加速阶段的规律。

6. 城市的人均收入和福利远超过农村

虽然这两年农民收入增长较快, 但仍低于城镇居民收入增长速度, 城乡居民收入的相对差距和绝对差距都还在扩大。2005 年城乡居民收入比达到 3.22∶1, 绝对额相差 7328 元。占总人口将近 60% 的农村居民只购买不到 1/3 的消费品。目前城乡居民的消费水平总体上至少相差十年以上。城市形成了相对完备的福利保障体系, 农村的福利保障还刚刚起步。

四、云南省实行"以工促农、以城带乡"的条件分析

（一）云南省经济社会发展阶段的判断

改革开放以后，我省经济社会进入快速发展阶段，特别是"十五"以来，发展能力进一步增强，从主要经济指标的分析，可以认为已经基本进入了工业化的中期阶段。一是综合经济实力明显增强，2006年全省生产总值突破4000亿元，达到4001.87亿元；人均GDP突破1000美元，达到1127美元。二是三次产业比例实现了重大转变，非农产业增加值达到全省生产总值的80%以上，农业产业增加值的比例降到20%以下，2006年农业增加值的比例为18.8%。三是财政总收入不断增长，连续几年增收百亿元，2006年全省财政总收入达到887亿元，2007年更是突破千亿元大关，达到1111.3亿元，比上年增收225.3亿元，增长25.3%。四是城镇化水平达到30%，农村劳动力向城镇、向非农产业转移的步伐加快，最近三年，每年转移农村劳动力70万人以上。

由于2007年国民经济和社会发展主要指标的统计数据尚未正式公布，我们仍以2006年数据作为分析基础。

2006年全省生产总值（GDP）完成4001.87亿元，按可比价格计算，比上年增长11.9%，增速比上年加快2.9个百分点。其中：第一产业增加值751.15亿元，增长6.8%；第二产业增加值1710.19亿元，增长16.9%；第三产业增加值1540.53亿元，增长9.1%。第一、第二和第三产业增加值占全省生产总值的比重分别为18.8%、42.7%和38.5%。人均GDP为8961元，跃上人均1000美元新台阶，比上年增长11.1%。非公有制经济增加值1460.68亿元，占全省生产总值的比重达36.5%，比上年提高1.5个百分点。

全省财政总收入完成887亿元，比上年增长16.0%。地方财政一般预算收入完成379.9亿元，比上年增长21.5%；其中增值税完成67.5亿元，增长20.5%；营业税89.5亿元，增长32.3%；企业所得税41.3亿元，增长23.7%。全省地方一般预算支出完成893.5亿元，比上年增长17.0%。

全省积极推进城市化战略，城市化进程进一步加快。年末全省城市化水平达29.5%，比上年提高1.4个百分点。

全年社会劳动生产率14315元/人，按可比价格计算，比上年增长6.8%。

从以上指标可以判断，经过改革开放近三十年的快速发展，云南省经济社会已有很大提高，已经基本进入工业化中期阶段，具备了"以工促农，以城带乡"的条件。

（二）主要指标的分析

1. GDP及其构成

2006年云南省GDP达到4001.87亿元，其中：第一产业完成增加值751.15亿元，增长6.8%；第二产业完成增加值1710.19亿元，增长16.9%；第三产业

完成增加值 1540.53 亿元，增长 9.1%。三次产业结构由上年的 19.3∶41.2∶39.5 调整为 18.8∶42.7∶38.5。

2006 年，云南省人均 GDP 达到 8961 元，按当时汇率折算为人均 1148 美元，跃上人均 1000 美元的新台阶，比上年增长 11.1%。

城镇居民人均可支配收入突破 10000 元，达到 10070 元，比上年增长 8.7%；农民人均纯收入达到 2250.5 元，比上年增长 10.2%。

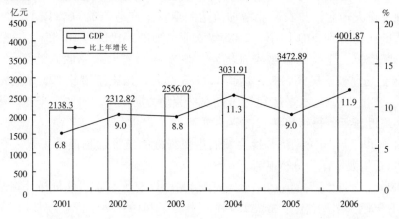

图 1　2001~2006 年生产总值及其增长速度

资料来源：云南省统计局 2006 年国民经济和社会发展统计公报（2007 年 4 月 3 日）

2. 农业

2006 年，农林牧渔业总产值、第一产业增加值分别达到 1200 亿元和 720 亿元，可比上年分别增长 8.5% 和 7%，农民人均纯收入达 2250 元，实际增长 7% 左右（高于全国约 1 个百分点）。农业结构加快调优调强，特色优势产业持续发展，除烤烟生产基本持平外，蔬菜、马铃薯、甘蔗、茶叶、橡胶、水果、蚕桑、咖啡、花卉等九种优势作物比 2005 年增加近 200 万亩。畜牧水产业稳步发展，生猪、肉牛、肉羊等牲畜出栏增加近 270 万头（只），达到 3800 万头（只）；肉类、奶类、禽蛋、水产品产量分别增长 7%、12%、10.5% 和 13.4%。省财政专项扶持资金由 2005 年的 3400 万元增加到 4500 万元。96 家省级以上重点龙头企业全年实现销售收入 135 亿元，带动农户 260 万户，与 2005 年比分别增长 17% 和 18%。除烟草外，全省种植产品和畜禽水产品加工产值达到 450 亿元，比 2005 年增长 14.5%，其中普洱茶加工产值 30 亿元，同比增长 67%。

3. 工业

2006 年全部工业完成增加值 1406.95 亿元，比上年增长 16.5%；其中规模以上工业完成增加值 1240.36 亿元，增长 17.8%。在规模以上工业中，轻工业增加值 598.51 亿元，比上年增长 9.6%；重工业增加值 641.85 亿元，增长 27.1%。

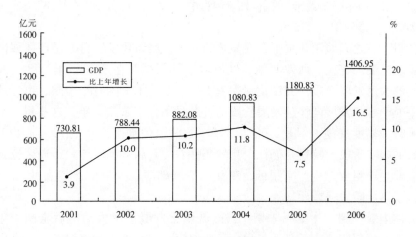

图2　2001～2006年工业增加值及其增长速度

资料来源：省统计局

全年原煤产量7339.08万吨，比上年增长13.6%；发电量753.64亿千瓦小时，增长20.7%；粗钢产量635.38万吨，增长23.8%；钢材产量588.06万吨，增长20.8%；十种有色金属产量207.33万吨，增长40.6%；水泥产量3305.97万吨，增长16.7%。

全省规模以上工业经济效益综合指数为243.17，比上年提高24.68个百分点。全年实现利税786.24亿元，比上年增长24.1%；实现利润300.23亿元，比上年增长39.1%。

2006年全省建筑业完成增加值303.24亿元；比上年增长18.9%。全省具有资质的建筑业企业完成总产值652.08亿元，比上年增长21.0%；建筑业企业实现利润14亿元，增长5.2%；建筑业企业房屋建筑施工面积5081.16万平方米，增长10.8%；竣工面积2698.26万平方米，增长9.4%。

4. 城市发展

统计表明，到2005年底，云南省共有17个城市，其中有1个特大城市、4个中等城市、12个小城市以及108个县城和453个小城镇。与2000年相比，全省增加了丽江市、临沧市2个城市。据分析，2000～2005年，云南城镇化步伐逐步加快，上升了6.14个百分点，在西部的排位由2000年的第十一位上升到2005年的第十位。

由于云南省经济总量小、人口、资源、环境压力和地区发展不平衡等问题的存在，全省城镇数量少、规模小、功能弱，大、中等城镇数量较少，城镇体系不够完善。即便与全国平均水平比较，2005年云南省城镇化水平比全国的42.99%

低 13.49 个百分点，还不及全国 2000 年 36.9% 的平均水平，在全国 31 个省、自治区、直辖市由高到低的排列顺序中，仅高于贵州（26.87%）、西藏（26.65%），排列第二十九位。

各州、市之间城镇化水平存在显著的差异，城镇化发展目前呈现区域性差异的特点。昆明、玉溪、西双版纳、红河城镇化水平都在 30% 以上，已经进入了城镇化的快速发展阶段。城镇化水平基本处于中等水平的有十个州、市，其城镇化水平处于起步发展向快速发展阶段的过渡时期，未来二十年，这些州、市城镇化水平将大幅度提高。但是，昭通、怒江的城镇化水平尚不足 20%，处于城镇化发展的起步阶段。特别是怒江，自然条件差、人居环境较差，地理区位处于劣势，农业生产粗放，生产率很低，工业经济基础薄弱。与全省其他州、市相比，仍然处于落后阶段，差距较大。

总体上看，到"十五"末期，云南城镇化发展水平大约落后全国十年。面对这一严峻的现实，有关分析指出，云南城镇化已经进入加速时期，云南省已具备了加速城镇化进程的基本条件：一是市场经济体制框架基本形成，为加速城镇化进程奠定了制度基础；二是根据发达国家的经验，人均 GDP 处于 1000～3000 美元的阶段是城镇化进程最快的时期；三是二十多年的乡镇工业的发展，为小城镇建设奠定了物质基础；四是大批农村人口进城务工，为城镇化奠定了人力资源要素。

（三）困难和问题所在

虽然我省经济社会发展取得了较大成效，综合实力已接近实行"以工促农、以城带乡"的要求，但由于多种原因，发展并不平衡，许多方面尚有明显的不足。

1. 工业产业结构总体低下

我省工业发展起步晚，底子薄，加之过去国家经济产业布局指导方针上存在着偏差，我省的工业大多为资源型工业，多以资源产品外调，深加工不足，升值能力弱。除烟草工业外，其他加工业部门在全国没有突出优势。产业结构低下，支柱产业薄弱，制约着工业对经济增长的贡献，削弱了工业反哺农业的能力。

2. 可支配财力不强

我省是典型的"烟财政"，靠着烟草一枝独秀，财政总收入在西部省区中名列前茅，但分税制使相当大一部分税收收入进入中央财政，通过转移支付回拨的部分较少，可支配财力不足，难以满足新农村建设对资金的巨大需求。

3. 城市体系不健全

我省仅有昆明一个特大城市，缺乏大城市，中等城市和小城市数量也不足，没有形成一个相对完整的城市体系，难以承担起辐射带动全省 39.4 万平方公里的面积和 4400 多万人口的发展重任。一些地州数万平方公里面积上没有一个城市,已有的城镇规模也较小,基础设施极不完善,对经济要素和人口的吸纳能力较弱,无力承担辐射和带动农村发展的重任。

4. 基础设施仍较为薄弱

以公路为例,到 2007 年底,全省公路通车里程为 200333 公里,其中二级及以上公路 7260 公里,三、四级公路 97120 公里,占全省公路总里程的 48.56%,等外公路有 95562 公里,占全省公路总里程的 47.7%。全省 13120 个村委会中,通公路的有 12914 个,尚有 216 个村委会不通公路。在交通不便的情况下,人员、物资、信息难以流动,工业与农业、城市与农村之间的互动关系就难以形成。

(四)基本结论

云南作为一个欠发达的西部边疆省份,虽然经济社会发展在总体上落后于全国,但根据人均 GDP、农业与非农产业的比例、农业与非农产业的就业结构、城镇化水平等重要指标判断,目前已基本进入了工业化的中期阶段。初步具备了工业反哺农业、城市支持农村的能力。

五、贯彻"以工促农、以城带乡"方针的对策建议

坚持工业反哺农业、城市支持农村的重大方针,构建以城带乡、以工促农的长效机制,是贯彻落实城乡统筹方略的重大举措,是保持经济社会协调发展的客观要求,也是解决农业、农村和农民问题的根本途径。为更好地实施"以工促农、以城带乡"的方针,现提出如下建议:

(一)保持国民经济持续稳定协调发展

我省虽然初步具备了工业反哺农业、城市支持农村的能力,但是这种反哺和支持条件是低水平、不平衡的。使全省经济保持较快的发展速度,综合实力和总量不断提高,是强化"以工促农、以城带乡"能力的根本保障。按照我国人均GDP 在 2020 年要达到 3000 美元计算,今后一个时期国民经济增长速度应保持在8% ~10% 左右。这就要求坚持把发展作为党执政兴国的第一要务,聚精会神搞建设,一心一意谋发展,为国民经济持续快速发展创造良好的环境和条件。

同时国民经济必须保持一个合理的比例,各产业协调发展。一般来说,第一产业的比重不断下降,第二、三产业的比重不断上升,非农产业成为国民经济增长的主要拉动力,实行"以工促农、以城带乡"才具有必要性和现实性。到2020 年,我国三次产业的比例关系要转变为 10∶50∶40 左右,大体相当于 2000 年世界中等收入国家三次产业构成的平均水平。但农业占 GDP 比重的下降并不意味着农业经济的绝对量减少,相反农业必须继续向前发展,并且要保持较快的增长速度,才能使农民收入得到快速增加,工农差距、城乡差距才能逐步缩小。今后一个时期,我省农业增加值必须保持年均 5% 以上的增长速度。这就要求我们要把解决"三农"问题作为党和政府工作的重中之重,坚持"多予、少取、放活"的方针,不断加强和巩固农业基础地位。

（二）坚持走新型工业化道路，努力实现城乡产业协调发展

大力发展工业，加快推进工业化，为农业开辟新的广阔市场，促进农业集约化。发达的工业，尤其是以农产品为主要原料的轻纺工业，或是以农业生产为主要消费渠道的工业产业，是可以为农业开辟新的广阔市场的。由于现代工业产业发展的要求，需要农业领域以工业发展需要为前提，实现规模化、集约化生产经营。工业越是发达，要求和在客观上引导、促进农业的集约化就越高越广。因此，从一定意义上讲，发展工业，尤其是发展轻纺工业，及其以农业生产需求为目标的工业产业，一方面能够加大对农产品的需求，另一方面能够从增加有效供应来提高农业的需求，这也是以工哺农的一种形式和方法。

实现产业在城乡之间合理布局，不断探索符合我省实际的工业化发展模式，是走新型工业化道路的重要任务，也是构建"以工促农、以城带乡"长效机制的有效途径。

1. 加强县域经济发展，将工业化重心逐步下移到县域

工业化重心下移到县域不是反工业化和反城市化，而是将资源和有关产业从大中城市下移到县域，是工业化和城市化途径和方式的改变。存量的调整是一个政府影响下的、渐进式的市场化调整过程，工业化重心向县域下移必须从"增量"起步，将公共资源主要投入以下方面：一是统筹城乡工业发展。加快改善广大农村地区的生产经营条件和生活条件，引导民间资本的投资，吸引、挽留各类人才，着力提升农村工业化、农业产业化，创造更多的就业岗位，以实现对农业剩余劳动力的承接和吸纳。二是加快县域工业园区建设和发展。帮助解决县域工业园区土地、建设资金不足等突出问题，加大财政对工业园区建设的贴息和奖励力度，加快担保体系建设，努力增加园区建设信贷和社会资本投入，推进县域工业化进程。三是建立统筹城乡就业制度。加强对农民的科技和技能培训，降低农民工进城门槛，保护农民工合法权益，不断消除农村人口与劳动力合理有序流动的体制性障碍，大力发展劳务经济；促进农村人口向城镇转移，积极推进城乡一体化协调发展的进程。四是县域要加快改革，转变政府职能，积极创造条件，主动迎接城市产业转移。五是城市工业要发挥资金、技术、人才、信息、市场优势，积极支持在农村发展农产品加工业，延长农业产业链条，实现农产品转化增值、增效。六是落实工业化重心下移到县域的政策支持。政府制定新的产业政策应明确反映强化县域经济的内容。切实贯彻落实国家扶持个体私营等非公有制经济发展的政策措施，在税收、投融资、资源使用、人才政策等方面，对农村个体工商户和私营企业给予支持。

2. 坚持符合省情的工业发展模式

实践证明，乡镇企业在以工促农、以城带乡中发挥了重要作用，今后仍应坚持这一有中国特色的工业化发展道路。要按照走新型工业化道路的要求，不断深化乡镇企业改革，加快推进技术进步和体制机制创新；合理调整乡镇企业的产业

结构，重点发展农产品加工业、服务业和劳动密集型企业。农业产业经营，在龙头企业和农民之间建立起利益共享、风险共担的联结机制，是一种新型的以工促农、以城带乡模式，应继续坚持发展。要按照扶优扶强和大规模、高起点、强带动的原则，选择一批发展潜力较大的龙头企业和项目，继续加大扶持力度。

（三）大力实施多元化城市发展战略，切实发挥城市对农村的辐射带动作用

提高城镇化发展水平，促进农业人口向城镇转移就业，实现工业化与城镇化、产业结构与就业结构协调发展，是以工促农、以城带乡的重要任务。要继续坚持大中城市和小城镇协调发展，走有中国特色的城镇化道路。

1. 充分发挥大中城市的规模效应

在制定大中城市发展规划时，要注重引导它们利用综合经济实力强、财政收入水平高等优势，积极推进城乡一体化发展战略，加大对郊区（县）农村的扶持力度，实现城乡、工农协调发展。大中城市也是吸纳农村劳动力外出务工就业的主要输入地。要将外来劳动力的管理和服务纳入大中城市经济和社会发展规划中，取消各种限制性措施，完善发育劳动力市场，解决外来务工人员在子女上学、社会保障等方面的问题，为外来人口进入大中城市就业创业提供良好环境。

2. 大力推进小城镇发展

要以现有的县城和有条件的建制镇为基础，科学规划，合理布局，同壮大县域经济、发展乡镇企业、推进农业产业化经营、移民搬迁结合起来，引导更多的农民进入小城镇，逐步形成产业发展、人口聚集、市场扩大的良性互动机制，增强小城镇吸纳农村人口、带动农村发展的能力。国家固定资产投资要继续支持小城镇建设，引导金融机构按市场经济规律支持小城镇发展。

（四）借鉴现代工业理念谋划农业发展，大力推进现代农业建设

加快传统农业向现代农业转变，是农业发展的根本方向，也是构建以工促农、以城带乡长效机制的重要任务。

1. 用工业理念谋划和管理农业

要借鉴现代工业组织形式，大力推进专业化分工、规模化生产，不断提高农业的规模化、组织化、集约化和产业化水平。借鉴工业融资方法，开展农业资本运营，实现资源的优化配置，形成多元化的投入格局。借鉴工业质量标准理念，进一步完善农产品质量标准体系，提高农产品的质量安全水平。借鉴工业市场营销理念，大力发展现代流通方式，推进农产品营销。

2. 用现代工业手段改造传统农业

要大力发展农用工业，为农业提供技术先进、质量优良、符合农艺要求的各类农业机械，实现农业生产手段的现代化。把信息技术、生物工程技术与现代农业技术结合起来，努力拓宽农业的内涵和外延，增强和发挥农业的多种功能。积极采用工程、生物、农艺等技术措施，进一步提高农业生产水平。

（五）调整国民收入分配格局，逐步增加财政对农业的支持

推进城乡统筹，促进农村与城市、经济与社会全面协调可持续发展，最根本的是要调整国民收入分配格局，加大对农业、农村和农民的支持力度，逐步形成政府支持保护农业的政策框架。

1. 调整基本建设投资结构，大幅度增加农业投入

要提高农业基本建设投资比重，国家新增基本建设投资应主要用于农业基础设施建设。当前要加大对沼气等农村"六小工程"的投入力度，重点搞好种养业良种体系、农业科技创新与应用体系、动植物保护体系、农产品质量安全体系、农产品市场信息体系、农业资源与生态保护体系、农业社会化服务与管理体系等"七大体系"建设。

2. 调整财政支出结构，加大"三农"政策扶持力度

提高财政用于农业支出的比重，依法保证财政对农业投入的增长幅度高于财政经常性收入的增长幅度。逐步改善财政用于农业支出的结构，扩大对农村公益事业和农业基础设施的投入。逐步形成对农业完整的支持保护政策体系，促进农民收入稳定增长。

3. 调整信贷资金投放结构，加大对农业金融支持力度

继续深化农村信用社改革，进一步发挥其农村金融的主力军作用。抓紧制定县域内金融机构承担支持"三农"义务的政策措施。加大政策性金融支农力度，增加支持农业和农村发展的中长期贷款。抓紧制定农村新办多种所有制金融机构的准入条件和监管办法。扩大农业政策性保险的试点范围，鼓励商业性保险机构开展农业保险业务。

以广东为例。2003 年至 2006 年，广东省财政共安排 18.59 亿元支持土地开发、治理以及中低产田改造等；2003 年至 2007 年，安排近 160 亿元支持水利防灾减灾工程、农村小水电、小型水库除险加固、小型水利设施建设等。2003 年至 2007 年，广东省财政共安排贷款贴息资金 2.5 亿元扶持农业（扶贫）龙头企业发展；安排 9 亿多元支持农业综合开发；安排 8 亿多元支持农业示范园区建设、发展三高农业，提高农业机械化水平；安排近 3 亿元支持农（渔）业科技推广应用、科研攻关，提高农（渔）产品市场竞争力；安排科技专项资金 7000 万元支持农业科技创新体系建设。支持农业安全体系建设：2003 年至 2007 年，安排 22 亿元资金扶持全省 3279 个小型水库除险加固，安排 8 亿多元支持灌区改造、机电排灌工程，提高农田有效灌溉面积，确保农业农村用水安全；安排 2 亿多元支持生物防火林带建设、林业防灾减灾以及红树林、沿海防护林体系建设；安排 2 亿多元支持重大动物防疫防控工作。我省虽然财力弱于广东等发达省市，但他们重视农业投入的做法值得我们借鉴。

（六）加强和完善农业补贴制度，大力提高农业综合生产能力

建立完善的农业补贴制度，是构建以工促农、以城带乡长效机制的重要内容。

1. 逐步建立农民收入补贴制度

要将粮食风险基金的绝大部分用于对种粮农民的补贴，逐步将非粮食主产区的种粮农民纳入补贴范围。随着政府财力的不断增强，要增加资金规模，增加补贴标准，并逐步将补贴范围由种粮农民扩大到所有低收入农民。对生态脆弱地区的天然草原、农田、海区水域等实行退耕、退牧、禁渔等措施，对农牧民、渔民给予补贴。

2. 完善主要农产品最低收购价制度

在目前稻谷最低收购价制度的基础上，建立稻谷、小麦、玉米等关系国计民生的主要农产品最低收购价制度。按照农产品"供求平衡"要求，应保持稳定的最低收购价，并逐步提高，不能降低，以切实保护农民收入，稳定农业生产。

3. 建立农业技术推广补贴制度

继续增加对大豆、稻谷、小麦、玉米的粮食推广补贴规模，并适当扩大良种补贴的品种覆盖面。积极探索应用型技术的推广补贴，积极实施和扩大农机具购置补贴，对农民改善耕地质量进行补贴，设立小型农田水利建设补助专项资金。

（七）明确农村土地产权关系，切实保护农民合法权益

以家庭承包经营为基础、统分结合的双层经营体制，是农村的基本经营制度，是党在农村政策的基石。要抓紧落实好惠及农民的各项土地政策，发展多种形式的适度规模经营。

1. 进一步明确土地承包经营权的物权性质

要进一步明确界定农民的土地权利，使农民真正享有占有、使用、收益和处置四权统一的承包经营权，特别是应将处置权赋予农民，明确土地承包经营权具有产权性质。既要保护在农村经营土地的农户的土地承包经营权，也要保护转移到小城镇农户的承包经营权。按照依法、自愿、有偿的原则，引导农村土地合理流转，规范土地流转行为。

2. 加快改革土地征用制度

要严格区分公益性用地和经营性用地，明确界定政府土地征用权和征用范围，充分保障农民对土地的基本权利。完善土地征用程序和补偿机制，提高补偿标准，改进分配办法，妥善解决被征占土地的农民就业、生活和社会保障等问题，积极探索以土地换社保、以土地换产权等办法。

（八）改革城乡二元结构体制，确保城乡居民享受平等发展权利

建立城乡平等的就业、社保和教育等制度，赋予农村居民与城市居民平等的发展待遇，是构建"以工促农、以城带乡"长效机制的长期目标。要突出抓好三个方面：

1. 建立城乡平等就业制度

加快户籍制度改革，放宽农民进城就业和定居的条件，消除农村劳动力转移就业的制度障碍，统一城乡劳动力市场，建立城乡劳动者平等就业制度；增加专门用于农民职业技能培训的资金，抓好农村劳动力转移就业培训"阳光工程"，提高农村劳动力就业竞争力。

2. 建立城乡平等教育制度

大力增加农村教育投入，加快农村义务教育管理体制改革，进一步明确县级以上政府管理农村义务教育的责任。加快"两免一补"的力度，扩大覆盖范围，提高补助标准。要将农民职业教育纳入国家教育发展规划，大力开展先进实用技术培训等教育，加快培养新一代农民。

3. 建立城乡平等社会保障制度

大力发展农村社会保障事业，逐步建立起医疗、养老和低保救助体系。在总结目前农村社会保障工作经验的基础上，不断完善试点办法，巩固试点成果，扩大试点范围，提高保障水平；将农村合作医疗、养老保险、低保救助等纳入"十一五"国民经济和社会发展规划中。

（九）统筹城乡建设，促进城市（城镇）基础设施向农村延伸

虽然我省城市体系不健全，城镇经济实力不强，城镇基础设施需要完善，但相比较而言，城镇基础设施整体水平和服务能力显著强于农村。加强农村基础设施建设需要采取两条腿走路的方式，一方面通过公共财政向农村倾斜，加大农村基础设施建设的投入力度，切实解决农民生产、生活的基本条件，同时要认真落实城乡统筹的方针，对城乡基础设施进行统筹规划，促进城市（城镇）基础设施向农村延伸，促使城乡基础设施形成统一的体系，实现生产要素有序合理流动，降低农民的生产、生活成本，同时也可以节约投入，缓解农村基础建设的投资压力。

1. 正确认识和合理设置经济区域

按照经济活动的内在规律科学地设置经济区域，区域内要形成合理的等级体系，按照"中心城市—小城市—小城镇—中心村—自然村"的层次，确定不同等级的功能要求，根据人口数量、经济规模等规划基础设施建设方案，既考虑城市（城镇）自身的需要，又充分考虑其对周边农村的辐射带动的要求。按照区域内城乡产业对接、城乡要素流动、城乡协调发展的目标，将城乡基础设施纳入一个统一的整体来安排建设，充分利用城市（城镇）相对完善的基础设施带动农村建设，提高农村基础设施建设水平和管理能力。

2. 合理调整农村居民点布局

由于历史原因，许多地方农村居民点布局散乱，特别在山区 20 户以下居民点还占有较大比例。这些小型村落远离城镇、远离交通干线，要加强村内基础设

施建设需要大量投入，但受惠农户不多，而要实现基础设施的城乡对接，成本极其高昂。加之许多村落位于资源匮乏、生存条件恶劣的区域，长期难以脱贫。对这些居民点进行调整势在必行。要按照城镇化和城乡统筹的要求，逐步撤并过度分散的小村落，将人口逐渐转移到城镇和交通干线附近，以降低农村基础设施建设成本，利于基础设施的城乡对接。

3. 建立城乡统一的公共服务管理体系

行政管理上的城乡区域分割，不仅割断了城乡产业的联系，也割断了城乡基础设施的连接关系。因此必须按照整合资源统筹配套的要求，改革现行管理体制，逐步形成城乡一体的公共服务管理体系，从规划设计、运行管理到服务提升，实行城乡统一部署安排，根据不同区域的人口和经济规模，合理确定基础设施的规模和标准，一次规划到位，分期逐步实施，最终实现城乡同体管理、同质服务。对属于准公共产品性质的基础设施，长期目标是同网同价，近期根据农村居民收入消费水平较低的现实，由政府出面安排对收费性服务给予适当补助。

（十）切实转变政府职能，加快农业管理体制改革

这是构建以工促农、以城带乡长效机制的根本保障。改革农业行政管理体制，变分割管理为一体化管理，使农业产前、产中、产后，生产、生活、生态，国内市场和国际市场有机地结合在一起。加快转变政府农业管理职能。要强化农业部门协调统筹城乡发展的职能，加大农村公共设施建设的力度，大力发展农村文化、卫生、教育等社会事业，为农村和农民提供更多的公共产品。

（执笔：许玉贵、郭利京、徐杨）

专题四 云南省现代农业建设

一、发展现代农业在新农村建设中的重要地位

从过程来看，现代农业就是由传统农业向现代农业的变迁过程，是使用现代技术对传统农业的改造过程。就结果（或目标）而言，现代农业是传统农业经过一系列的努力和转变，最终要实现农业现代化的目标。不管是过程还是结果，其本质都是使用现代技术实现传统农业的改造，实现农业现代化。

农业现代化就是指利用现代化的科学技术和生产要素支撑农业，用现代工业装备农业，用现代管理方法管理农业，用现代社会化服务体系服务农业，用现代科学文化知识提高农民素质，实现农业生产机械化、电气化、信息化、生物化和化学化，最终实现生态农业、环保农业。提高土地产出率、资源利用率和劳动生产率，提高农业效益和竞争力。

国内也有人将农业现代化归纳为"五化"，即农业科学化、商品化、分工社会化、投入集约化、从业人员知识化。在"五化"中，本质是农业科学化；特点是农业商品化；标志是农业分工社会化；基础是农业投入集约化；关键是从业人员知识化。

建设现代农业的过程，就是改造传统农业、不断发展农村生产力的过程，就是转变农业增长方式、促进农业又好又快发展的过程。建设现代农业，必须按照高产、优质、高效、生态、安全的要求，着眼于促进农民增收，大力调整和优化农业结构。必须把建设现代农业作为贯穿新农村建设和现代化全过程的一项长期艰巨任务，切实抓紧抓好。

（一）发展现代农业在新农村建设过程中的重要作用

发展现代农业是建设新农村的需要。通过发展现代农业，调整农业结构，转变农业增长方式，推动农业经济又好又快发展，可以为新农村建设提供产业基础；通过完善社会化服务体系，改变农村落后面貌，改善农民生活质量，可以为新农村建设提供物质条件；通过推广应用新知识、新技术，培养和造就新型农民，可以为新农村建设提供人才保障和智力支持。

发展现代农业是新农村建设的首要任务，是以科学发展观统领农村工作的必然要求。这就意味着当前和今后相当长一个时期内，发展现代农业将成为全省新农村建设的着力点，目的是使全省新农村建设方向更加明确，重点更加突出。

对于新农村建设的理解，党中央提出了"生产发展、生活富裕、乡风文明、村容整洁、管理民主"二十字方针作为新农村建设的目标和要求。生产发展是新农村建设的基础，生产发展就是要努力实现粮食增产、农民增收和农业多功能发展的目标。这既是实现生活宽裕的重要途径，也是实现乡风文明、村容整洁、管理民主的重要基础。要实现这样的目标，达到这样的要求，就必须发展现代农业。

"生产发展"必须依靠现代化的科学生产技术，应用现代化的生产管理办法，采用现代化的机械设备，提高农业生产率。云南农村人多地少，人均拥有土地资源贫乏，可供新开发利用的土地资源却越来越少。发展生产，意味着在有限的土地上生产更多的农产品，依靠传统农业的生产方式远远不能解决这一矛盾。唯一途径就是依靠现代科学技术的发展和创新，将其应用于现代农业生产，提高土地的单位产出，最终才能达到生产发展的目的。

"生活富裕"即增加农民收入，使之达到一定收入水平。要实现这一目标也必须依靠农业现代化。传统农业是一种自给自足的经济，一般为家庭式的小规模生产、经营。生产产品满足自需之外，只有很少一部分剩余能够用于商品交换。由于传统农业生产经营方式的限制，先进的科学技术推广缓慢，现代化的机械设备应用受限，农业领域几乎很难迅速分享当今科技进步的成果。传统农业的生产方式很难有较大的突破和改善，农民收入也很难提高。因此，要彻底改变传统农业的耕种、生产、经营模式，就必须实现农业产业化和商品化。各农业生产基地必须明确各自的特色产品和优势产品，生产具有比较优势的农产品；延伸农产品的生产、加工、销售产业链，使之贯穿农业生产的产前、产中、产后的各个相关领域，转移农村剩余劳动力；提高农产品的附加值，提升农业的商品化程度。最终使农民收入增加，并达到一定水平。

如果"生活富裕"是对物质文明的追求，"乡风文明、村容整洁、管理民主"则是对精神文明的追求。农民的富裕生活不仅体现为达到一定收入水平，还体现为生活水平的整体提高，包括拥有良好的社会风气、干净整齐的生活环境、和谐的生态环境、友好的邻里关系等等。这就要求农民不仅具有一定的专业知识，具有接受和应用现代农业技术的素质和技能，还要具备现代化的法律知识、道德修养等，即要实现农民素质的现代化，包括思想观念现代化和科学技术知识现代化。

新农村建设是我国最终实现现代农业的必经阶段，而农业现代化也是完成新农村建设的必要手段。二者相辅相成，缺一不可。从世界各国的经验来看，工业化、城镇化的加速发展阶段是现代化进程中的关键时期，而现代农业的发展水平则直接关系到工业化、城镇化的发展进程。如果农业现代化搞不上去，不仅会制约农业和农村经济的健康发展，也势必会拖累工业化、城镇化进程和整个国民经济。因此，加快发展现代农业，必须以推进社会主义新农村建设为关键。这不仅适应整个国民经济的发展要求，也为加快推进社会主义现代化打开了广阔前景。

（二）云南农业现代化现状与新农村建设

云南省地处中国西南边陲，属于青藏高原南延部分。由于高原波状起伏，高山峡谷相间，经济、文化、交通和通讯等方面的发展都受到地理环境、自然条件的严重制约。整体发展长期滞后于我国东部和中部地区，边远山区和农村地区尤为突出。积极响应中央号召，应用农业现代化手段，加快社会主义新农村建设，是云南省发展农业、致富农民、改善农村生产生活条件的必经之路。

1. 机械化。云南农村大部分散布在山坡涧谷之间，土地贫瘠，人均可耕种面积较少，大中型农业机械化设备难以应用于山地农业生产。云南省大型拖拉机从 2002 年的 6.695 万台，增长到 2004 年的 9.46 万台之后，2005 年锐减为 4.5 万台，2006 年保持在 4.86 万台。中小型拖拉机 2002 年为 29.91 万台，2004 年增加为 30.48 万台，2005 年和 2006 年则保持在 27 万台左右。尽管如此，云南省农业机械化使用规模在逐年提高。农业机械总动力从 2002 年的 1460 万千瓦增到 2006 年的 1755.38 万千瓦，增长 20.23%。从 2003 年至 2006 年，云南省机耕面积从 50.32 万公顷提高到 58 万公顷，增长了 15.26%；机肥面积从 39.4 万公顷提高到 47.9 万公顷，增长了 15.26%；机收面积从 3.79 万公顷提高到 7.5 万公顷，增长了 97.89%。

2. 电气化。农业电气化是农业现代化的重要标志。党中央、国务院十分重视农村电气化建设。温家宝总理指出：发展农村水电、加快农村电气化建设，是实现农业和农村现代化的重要条件。要进一步搞好治水办电，坚持为农业、农村、农民服务的方向，结合经济建设、江河治理、生态保护、扶贫开发，提高农村电气化水平，为促进农村经济社会发展作出更大的贡献。

云南省农村大部分地处偏远，很多地方照明问题仍未解决，要实现农业电气化的目标可谓遥不可及。云南农村迈向农业电气化第一步的首要任务就是解决农村能源的供给问题。云南省政府结合当地资源的特点和优势，规划在 60 个县发展小水电代燃工程。截止到 2006 年，已投资 1 亿多元，建成了剑川、腾冲、潞西等 6 个小水电代燃料县；推广太阳能利用，在广大农村建设太阳能热水器近百万平方米；利用农作物秸秆，建设秸秆气化工程。云南省把在农村发展以沼气为主的可再生清洁能源，作为科学发展、建设社会主义新农村的重要举措来抓，通过积极争取国家资金支持，加大财政对农村能源建设的投入力度，连续几年财政每年投入上亿元资金，扶持农户建沼气池。2006 年底，已有 170 多万农户 700 万人告别烟熏火燎，使用可再生清洁能源烧水、做饭、照明，年可节约 510 万吨薪柴，相当于每年为全省农村增加 62 万吨标准煤供应量。全省农村新能源建设已形成年 400 多万吨标煤的能力，创综合经济效益约 22 亿元。随着沼气建设的深入，各地还探索沼气综合利用新路子。从大产业、大生态的角度，拉长功能链、利用沼液、沼渣发展种养业，形成了"猪—沼—菜—果"、"鱼—沼—菜—果"等循环生态农业经营模式，起到了节约能源、保护生态、种养增收的效果。沼气、电炊、太阳能、液化气等多种能源互补的形式，正改变着农民千百年来落后、浪费的能源使用方式。

3. 信息化。农业信息化是农业现代化不可或缺的部分。为推进云南省农业和农村信息化建设，以信息化促进现代农业发展，云南省委、省政府决定在广大农村实施"数字乡村"工程建设。力争到 2010 年，所有乡镇建立起信息服务站，实现行政村互联网、广播、电视"村村通"。"数字乡村"工程建设重点是完善农村信息基础设施，重点建设 1200 个乡级信息服务站、10000 个村级信息服务站，逐步形成覆盖全省的农业和农村信息服务体系；加快建立和完善以自然村为基础的农村基础情况、乡风民俗、政策法规、政务公开、农业科技、农村疫情监测防治等农村经济社会信息数据库；整合资源，建设新农村综合信息网络平台，使之成为贴近农民生产生活，服务新农村建设的信息资源共享平台和重要窗口。在搞好"数字乡村"建设的同时，大力发展"数字农业"，逐步推广先进的农业智能生产管理 3S 技术和计算机自动控制等技术在农田基本建设、良种工程、农作物栽培管理、病虫防治、畜禽饲养管理等方面的应用和服务，以信息化推进云南省农业现代化。

4. 生物化和化学化。农业的生物化和化学化具体体现为用现代化的科学技术和生产要素支撑农业。农业部为加快建立"科技人员直接到户，良种良法直接到田，技术要领直接到人"的长效机制，切实做好"工作措施到村，上下联动抓户"的工作，2004 年下发了《关于推进农业科技入户工作的意见》。2005 年，云南省农业厅制定了《云南省农业科技入户工程实施方案》，在农业部安排我省广南为部级试点县的基础上，在财政厅的支持下，省级安排了隆阳区、寻甸县、宣威市、晋宁县、建水县 5 个省级试点县，各州市也确定部分科技入户试点工作。据不完全统计，全省农业系统共抽派了 1050 名农业科技人员进村入户，建立了 14642 户科技示范农户，完成示范面积 280315 亩、奶牛冻精改良推广 4102 头、补助 PIC 配套系父（母）代猪 200 头、LY 母猪 50 头。编写了《农业科技入户技术手册》8500 册，开展各类农业实用技术培训班 5350（班）次，培训技术人员及农户 21 万人次，发放各种技术资料、培训教材、"明白纸"等 32 万份。通过科技入户，示范户农民粮食产量明显增长。科技示范户粮食平均单产比其前三年的平均单产增 12%，比周边辐射带动户平均单产增 11%，比非项目区普通农户种植平均单产增20.5%。通过科技入户，示范户农民人均纯收入有了大幅度增长。示范户农民人均纯收入比2004年增长11.5%。通过科技入户，构建了农业科技成果入户到田的快速通道，良种良法得到普及，提高了科技成果的转化速度。主要先进实用技术入户率达98%；农业综合生产成本降低15%；科技进步对农业增长的贡献率提高11%。

随着农业现代化的逐步推进，云南省的新农村建设在各方面都取得了显著成果，云南省"三农"问题也逐年改善，以下数据足以说明近几年云南农业、农村、农民的变化。首先，农业投资力度明显加大。第一产业投资由2001年的28.82亿元增加到2006年的66.62亿元，6年累计完成固定资产投资267.42亿元，年平均增长13.0%。其次，城市化进程进一步加快，全省城市化率由2002年的26.0%，2003年的26.6%，2004年的28.1%，2005年的29.5%，提高到2006年的30.5%，促进了全省城乡的协调发展。最后，农民的生活水平有了很大改善。人均纯收入加快增长，2002年为1608.8元，比上年增长4.9%；2003年为1697元，比上年增长5.5%；2004年达到1864元，比上年增长9.8%；2005年为2041.79元，比上年增长9.5%；2006年为2250.5元，比上年增长10.2%，5年平均增长8.0%。基尼系数由2002年的0.56降到2006年的0.545。2006年为止，全省农村有医疗点的村占总村数的比重为98.5%，新型农村合作医疗试点县增加到52个，参加农民达1400多万人。

二、云南现代农业发展过程中存在的问题及障碍

（一）农民收入水平低，城乡收入差距拉大，保持农民收入持续增长的难度加大

2007年云南农民人均纯收入达2634.1元，比上年增加383.6元，增长17.1%，但仅为全国平均水平的63.6%；云南城乡居民收入之比为4.36:1，县（区、市）之间农民人均纯收入最低与最高的相差5.9倍。农民增收与农业发展并不一定是同步的。有的地方农民增收了，农业却萎缩了。农民收入来源是多方面的，据国家统计局调研表明，2007年种植业收入仅相当于农民纯收入的1/3，打工收入占1/3，且非农收入比重越来越大，但云南省农民纯收入中种植业依然占了近一半，和发达省份相比差距较大。只有发展现代农业，才能使农民通过农业产业本身增加收入，稳定农业生产，促进农业发展，才能对国民经济高速发展起到支撑作用。

（二）农业劳动力文化素质偏低

农业劳动力文化素质偏低。在现有农村劳动力当中，高中以上文化程度的仅占4.9%，初中文化程度的占38.1%，小学及文盲程度的占56.1%，农业劳动力素质过低对实现农业现代化形成较大障碍。由于农业劳动力素质较低，加上农业

技术人员较少，2007 年全省农业技术人员仅 39395 人，每万人农业人口中技术人员不到 2 人，成为云南省农业科技成果推广率低，科技进步缓慢，科技对农业贡献率偏低的重要原因。

（三）农业投入不足，农村基础设施建设滞后，综合生产能力不高，抵御自然灾害的能力不强

1995～2007 年，全社会固定资产投资增长了 2.5 倍以上，而第一产业投资增长仅 2 倍左右，且增长极不稳定。进入"十五"后期以来农业总投资增长乏力，且增幅减小。从我省财政支农资金看，支农资金比例出现了下降趋势，2001 年我省财政支农资金 68.2 亿元，占当年财政支出的 13.75%，2005 年财政支农资金 86.77 亿元，仅占当年财政支出的 11.32%，2007 年有一定增加，省财政支农资金 126 亿元，占当年财政支出的 12.48%，但仍然比 2001 年下降 1.27 个百分点。

农业基础设施薄弱主要体现在：第一，耕地面积减少。据有关资料表明，全省"十五"时期耕地面积以 1.1% 的速度递减，年平均净减少 30 万亩，其规模相当于一个中等县的耕地面积。同时，耕地生产能力不高，全省粮食亩产不到 250 公斤，远低于全国 348 公斤的水平。第二，水利设施不足。目前，云南省人均库容 232 立方米，仅相当于全国平均水平的一半，人均供水能力和用水量分别比全国平均水平低 121 立方米和 130 立方米，致使云南农田有效灌溉面积仅占耕地总面积的 35.8%，低于全国平均水平 8 个百分点；三分之二的耕地因缺水处于中低产状态，旱涝保收面积占耕地总面积的 21%，低于全国平均水平 10 个百分点。第三，局部地区生态环境恶化。随着资源的开发和少数群众的乱砍滥伐，一些地方森林资源遭到破坏，水资源污染日益加重，生态环境受到严重影响。

（四）制度性障碍仍然突出

农业生产规模小，农民组织化程度低，农产品市场竞争压力大，小生产与大市场的矛盾日益显现；农业投入缺乏稳定增长的机制，农业增效、农民增收的长效机制尚未形成；城乡二元经济社会结构固化，统筹城乡发展面临深层次的体制障碍。

（五）农业生态环境污染日益严重，人增地减，人地矛盾日益尖锐

城乡工业"三废"和农业自身由于化肥、农药、除草剂、农膜的不合理使用使农村土地与环境污染加剧。特别是近年来我省工业发展，农业灌溉系统受到严重污染，不少农用引水沟渠成了部分企业的排污沟，直接影响农产品的质量，阻碍"绿色农业"的发展。由于环境污染残留导致的农产品质量问题，成为提高我省农产品在国际市场上竞争力的主要阻碍因素。我省的耕地随着人增地减与非农用地的增加，人地矛盾日益突出。

（六）增长方式亟待转变

农业产业化规模偏小、链条不长、水平不高，资源优势难以充分转化为产业优势和经济优势；农业科技推广应用水平不高，农村劳动力素质偏低，农村干部适应新变化、应对新挑战的能力没有从根本上提高，严重阻碍农业增长方式由传统粗放型向现代集约型转变。

（七）县域社会经济发展水平有待提高

县域经济发展水平较低，地方财政困难，乡村两级债务沉重，农户贷款难；农业农村服务体系不健全，服务功能弱，管理体制机制不活。资源、环境压力难以缓解。

三、云南现代农业发展的思路与措施

省委、省政府指出，我省发展现代农业要采取六个方面的举措：一是建立健全完善对"三农"投入的稳定增长、以工哺农以城带乡、农业直接补贴、金融投入、社会广泛参与的"五大机制"。二是加强农田水利、农村清洁能源、乡村基础设施、新型农用生产资料的生产和推广工程、农业可持续发展能力的"五大建设"。三是建设特色种植业、生态养殖业、林产业、农产品加工业和旅游业"五大产业"。四是推进农业科技研发体制和机制、农业科技成果转化和应用机制、农业信息化体系、农村劳动力培养途径、农村社会事业发展方式"五大创新"。五是建立和完善农产品市场网络、农产品品牌、多元化市场服务、农产品质量安全监管和全方位对内对外开放"五大体系"。六是深化农村综合、集体林权和农垦管理体制"三大改革"，努力走出一条具有云南特色现代农业发展之路。

（一）实现云南现代农业建设首要目标应是提高土地产出率

提高土地产出率，是保障云南粮食及主要农产品供给安全的需要。根据联合国粮农组织提出的粮食安全参考标准，国家权威机构认为，我国人均 400 公斤粮食必不可少，这是保障国家粮食安全的底线。2007 年我国人均粮食 384 公斤左右，云南省人均粮食只有 345 公斤。因此，发展粮食生产、保障粮食供给安全应是云南省现代农业建设的首要目标。

全省人均占有森林面积 4.5 亩，荒山荒地 4.4 亩，这些土地资源量均大大高于全国平均水平，因此，在云南提高土地产出率有很大潜力。

提高土地产出率，是发挥农业从业人员劳动效能的需要。云南农业劳动力多，财富创造值低，农业劳动力人均耕地 5.5 亩，全国为 6 亩左右，两者相比为 1∶1.09，而两者创造的农业增加值比为 1∶1.8，因此，进一步发挥云南劳动效能具有很大的潜力。

以提高土地产出率为云南积极发展现代农业的首选，符合当前的经济与技术水平。根据云南山地多，劳动力素质不高，劳动生产率低的实际，应把提高土地产出率作为发展现代农业的首选，而不是一味地只强调提高劳动生产率。目的是通过提高土地产出率，促农增收，在此基础上，提高劳动生产率也才有现实依据。从全国农业较发达省份的情况来看，提高劳动生产率的必要条件是农业劳动力大幅度转移，每个劳动力担负的耕地面积大幅度增加；农业劳动力的工资水平较高；以机电为动力的机械化作业取代人畜力。实现这些目标，需要第二、第三产业具有大规模吸纳农村劳动力的能力，以及较强大的工业反哺农业的经济能力。

（二）完善已有中小城市和城镇的功能

不能盲目地进行城镇化，而是要通过产业结构的调整，对已有中小城市和城镇进行分析，着重分析云南省要素禀赋特征，发展符合云南比较优势的产业，尤其着重劳动力密集型产业的发展；靠近农村的城镇和中小城市要着力发展针对农业农村的服务行业，以增强其经济辐射能力，带动周边地区尤其是周边农村的发展。

城镇经济要为农村产业发展服务。积极推进农产品批发市场升级改造，促进入市农产品质量等级化、包装规格化。鼓励商贸企业、邮政系统和其他各类投资主体通过新建、兼并、联合、加盟等方式，在农村发展现代流通业。积极发展农产品、农业生产资料和消费品连锁经营，建立以集中采购、统一配送为核心的新型营销体系，改善农村市场环境。培育和发展农村经纪人队伍。加快农业标准化工作，健全检验检测体系，强化农业生产资料和饲料质量管理，进一步提高农产品质量安全水平。供销合作社要创新服务方式，广泛开展联合、合作经营，加快现代经营网络建设，为农产品流通和农民生产生活资料供应提供服务。

（三）优化生产区域化布局结构，大力发展特色农业

云南近年发展的实践证明，西部地区发展现代农业，最重要的是要大力发展特色产业，做大做强特色经济。围绕本地优势农业资源综合开发，扶持特色农业发展，建立特色农产品生产基地，壮大特色产业龙头企业实力，发展"龙型"经济。

根据云南省现有农业产业基础，优化都市现代农业的区域化布局，重点发展特色鲜明、带动力强、附加值较高的优势农产品，加快形成区域内各具优势、错位竞争的区域化农业产业布局。切实解决云南省农业产业化类型单一问题，将农业产业化逐步向科技产业化、农业文化产业化、绿色农业产业化、食用农产品产业化等多种方向延伸，以制度创新和技术创新为动力，抓好生产、加工、销售等龙头企业的建设和农产品生产基地建设。要相对集中连片地安排主导产业、产品生产，要坚持"民办、民管、民得利"原则，大力实施一村一品、一乡一业工程，以优促势，以优聚势，向规模要效益。特别是少数民族贫困地区农业总体布

局框架及其远景规划应是：山区果、平地稻、庭院畜、环路菜、山地烟，沟沟岔岔形成良种繁育带和水果开发带。

积极培育各具特色的主导产业和特色产业以牛（肉牛、奶牛）、羊、猪、禽等畜产品、名优特经济林、特色水产品为重点，加快发展畜牧业、林业和水产业，加大对这些特色农业和优势产业的扶持力度，形成专业化、基地化、规模化的生产格局。扶持经济林、蔬菜、花卉、水果、药材等高效经济作物生产基地建设。

在云南畜牧业的发展相对落后，畜牧业的发展是衡量农业现代化的重要指标之一，而且畜牧业具有产业链条长、综合效益高等特点。因此，要增加畜牧业基础设施建设的投入，加大对农民发展畜牧业的扶持力度，同时注意吸引民间资本参与畜牧业生产，增强畜禽良种繁育工程、疫病防治工程和技术推广工程的服务功能。加强畜牧业养殖小区建设是现代畜牧业发展的方向。

目前，基本形成畜禽产品、烟草、甘蔗、茶叶、橡胶、热带水果、优质稻米、杂豆、花卉、蔬菜、药材等优势农产品产业带，呈现出优势农产品区域化布局、专业化发展、规模化经营的新格局。今后的工作重点是建设更多地专门生产基地，实现产业化经营。

（四）加快新型农民专业合作经济组织建设步伐

大力发展农民专业合作经济组织，积极引导农民专业合作经济组织，建立健全现代管理机制、市场经营机制、有效激励机制、利益分配机制，是现代农业管理的重要工作，云南发展现代农业必须不断增强合作组织的凝聚力、辐射力、影响力，促进合作组织持续稳定发展。

国外经验表明，政府对农民专业合作经济组织的扶持、培育和发展，提高农民组织化程度，对加快传统农业向现代农业转变具有十分重要的意义。

农业产业化经营是实现农业现代化的重要途径，而农民专业合作经济组织则是促进和推动农业产业化的有效形式和重要载体。一些地方的实践表明，农民专业合作经济组织是市场经济发展到一定阶段的必然产物，是社会分工和社会化大生产的必然要求。

近年，云南各地农民在家庭承包经营基础上，创办了多种形式的农民专业合作经济组织，提高了农业生产经营和农民进入市场的组织化程度，成为农业产业化经营的重要组织载体。2006 年 10 月 31 日通过的《中华人民共和国农民专业合作社法》，已于 2007 年 7 月 1 日起施行。云南应抓住这一有利时机，推动农民专业合作经济组织的进一步发展。

坚持"有序推进、适度规模、完善设施、合作发展、加强服务"的原则，规范土地流转手续，积极探索承包经营权入股及"土地换保障"等办法，推进农业规模化经营，鼓励龙头企业、基层农业部门、供销大户联合兴办各种类型的专业合作经济组织和专业协会，重点扶持办得好的专业合作社并组织他们进行学习和实践。建立和完善村级农业综合服务组织，形成产前、产中、产后全程农业社会化服务体系，切实提高农业组织化质量，提高生产水平和产品质量，带动农民增收。

（五）开发农业多种功能，健全发展现代农业的产业体系

1. 发展农林牧渔产品的加工业，增加其附加值。全国规划到2010年农产品加工产值与农业总产值的比重达到1.5:1。在发展农产品加工业方面，云南的潜力很大。

2. 发展农村旅游业。据调查，现在城里人50%以上愿到农村休闲度假。一个旅游点一般可以安排300人左右就业，附近1000个左右农户沾光。国家旅游局2007年开展了"百千万农村旅游工程"，即重点发展100个县、1000个镇、10000个村的农村旅游事业。云南省拥有丰富的农村旅游资源，又有较好的旅游业发展基础，政府应大力倡导、规划、组织、支持发展农业旅游业，使云南农业旅游业做强做大。

3. 发展能源作物种植，培育新经济增长点。生物质开发利用是当前国内外广泛关注的重大课题，是解决"三农"问题的战略举措。2006年12月，农业部生物质工程中心成立。生物能源替代石油已成为云南省"十一五"发展战略中重点考虑的工作内容。据林业部介绍，种子含油率在40%以上的植物有150多种，能够规模培育利用的乔灌木树种有10多种。目前已在开发利用的有麻疯树、黄连木、油桐等资源。云南省荒山荒地和宜农荒地面积很大，发展能源经济林木种植的潜力具有明显优势，且已参加到国家计划之中。目前的问题是要加强调研，了解国内外的进展、动态，关键技术的突破情况以及商品化前景，把能源林木和能源作物的产前、产中和产后按完整的产业链进行研究，做好规划和市场调研，及时采取进一步的支持措施。

4. 发展有机食用农产品。现在城里人讲究吃得安全放心，市场上农产品优质优价趋势日益明显。我们要引导农民向此方向发展。

5. 开发农业多功能性拓展项目。支持观光休闲和文化传承等项目发展，向农业的广度和深度进军，促进农业多功能性开发。

（六）推进云南农业科技创新，强化建设现代农业的科技支撑

着眼增强农业科技自主创新能力，加快农业科技成果转化应用，提高科技对农业增长的贡献率，促进农业集约生产、清洁生产、安全生产和可持续发展。

1. 加强农业科技创新体系建设。大幅度增加农业科研投入，启动农业行业科研专项，支持农业科技项目。着力扶持对云南现代农业建设有重要支撑作用的

技术研发。加快推进农业技术成果的集成创新和熟化。深化农业院校、科研院所改革，建设和完善鼓励科研人员科技创新的激励机制。充分发挥大专院校在农业科技研究中的作用。引导涉农企业开展技术创新活动，企业与科研单位进行农业技术合作、向基地农户推广农业新品种新技术所发生的有关费用，享受企业所得税的相关优惠政策。对于涉农企业符合国家产业政策和有关规定引进的加工生产设备，允许免征进口关税和进口环节增值税。

2. 推进农业科技进村入户。积极探索农业科技成果进村入户的有效机制和办法，形成以技术指导员为纽带，以示范户为核心，连接周边农户的技术传播网络。继续加强基层农业技术推广体系建设，健全公益性职能经费保障机制，改善推广条件，提高人员素质。推进农科教结合，发挥农业院校在农业技术推广中的积极作用。增大政府富民强县科技专项资金规模，提高基层农业科技成果转化能力。继续支持重大农业技术推广，加快实施科技入户工程。着力培育科技大户，发挥对农民的示范带动作用。

3. 大力推广资源节约型农业技术。要积极开发应用各种节约型农业技术，提高农业资源和投入品使用效率。大力普及节水灌溉技术，启动旱作节水农业示范工程。扩大测土配方施肥的实施范围和补贴规模，进一步推广诊断施肥、精准施肥等先进施肥技术。改革农业耕作制度和种植方式，开展免耕栽培技术推广补贴试点，加快普及农作物精量半精量播种技术。积极推广集约、高效、生态畜禽水产养殖技术，降低饲料和能源消耗。

4. 加快云南农业信息化建设。用信息技术装备农业，对于加速改造传统农业具有重要意义。健全云南农业相关信息收集和发布制度，整合涉农信息资源，推动农业信息数据收集整理规范化、标准化。加强云南信息服务平台建设，建立国家、省、市、县四级农业信息网络互联中心。加快建设一批标准统一、实用性强的公用农业数据库。加强农村一体化的信息基础设施建设，创新服务模式，启动农村信息化示范工程。积极发挥农业信息为农业生产和农民生活服务的作用。鼓励有条件的地方在农业生产中积极采用全球卫星定位系统、地理信息系统、遥感和管理信息系统等技术。

（七）积极推进用现代化物资装备农业，实现有选择的机械化

1. 在广大的山区和丘陵地区，在客观需要和经济条件许可的情况下，农、林、牧渔业部门的主要作业应推广小型、适用的农用机电设备，全部或部分地替代人畜力操作。

2. 对化肥农药的使用，当前应研究如何提高利用率，降低生产成本，努力减少农产品的化学物质残留，提高农产品的质量安全水平。

3. 适当发展设施农业，特别是对高产值的农作物。进一步普及和推广地膜

覆盖技术、可控利用光、热、水分，这是山区农业发展的有效措施。

4. 在平坝地区，在客观需要和经济条件许可的情况下，农、林、牧渔业部门的主要作业应积极地、逐步地实行机械化作业，提高效能。

（八）努力提高云南农民的科技文化素质，为云南现代农业的发展打下良好基础

减少农村人口的数量和比重，提高农业劳动者的科技文化素质，这是云南省实现农业现代化的基础性条件。再好的农业技术推广体系，面对低素质的农民群众，都不可能落到实处。有关职能部门应加大普及九年制义务教育。与此同时，要针对云南山区农民科技文化素质普遍较低的现状，下大力抓农民文化教育，从农业生产的实际需要出发，采取多种形式，组织多种渠道的农业科技和实用技能培训，努力提高农民的科学文化素质，将农民的科学文化素质普遍提高到一个新的水平，为云南农业现代化的实现奠定良好基础

四、农民专业合作经济组织建设——云南现代农业建设的重要选择

（一）建设新农村实现农业现代化必须创新农业生产组织

新农村必须具有新的农业生产力，新的生产力要求新的农业生产组织形式。推进产业化进程，促进云南农业现代化，应高度重视、不断提高农民的组织化程度，这是形成规模化生产的基础，是发展现代农业的必由之路，也是云南农业发展的一条成功经验。通过大力发展农民专业合作经济组织，建立现代农业经营新机制，实施规模化生产、产业化经营、全方位服务，解决农产品的标准化问题，实现千家万户小生产与千变万化大市场的连接。

农民专业合作经济组织建设是实现农业科技研发体制和机制、农业科技成果转化和应用机制、农业信息化体系、农村劳动力培养途径、农村社会事业发展方式"五大创新"有效组织保证之一。同时，也是建立和完善农产品市场网络、农产品品牌、多元化市场服务、农产品质量安全监管的有效途径。

农村改革以来，农村中一家一户分散经营的弊端日益暴露，科技推广、农业现代化建设面临着一系列障碍：第一，双层经营体制的局限性随着改革的深化和农业商品化、社会化、专业化的发展逐渐暴露了出来，特别是农村税费改革后，农村集体经济组织的职能面临着弱化的趋向，加之农村集体经济负债累累，绝大多数集体经济组织没有能力与实力为农户提供产前、产中、产后服务，满足不了农户发展市场经济和现代农业的需求。第二，以农户为经营单位，无法较好地承担起现代农业科技推广的技术载体和受体的资格。农业技术推广站由于缺乏资金和专业人才，处于"线断网破"的境地，为农户提供服务的能力与实力逐渐弱化，满足不了农户引进新技术、新品种的需求。第三，由于农民组织化程度低，"公司＋农户"的所谓农业产业化发展模式，由于公司和农户之间缺乏共同的利

益机制和科学的运行机制而变得脆弱和不可持续。现代农业发展需要的企业化经营缺乏组织管理平台。第四，现代农业商品化方面，我国农民组织化程度低，农民单户经营，分散进入市场，缺乏价格谈判优势、信息获取优势，无法与大市场有效对接，致使交易费用高昂，竞争力缺乏。入世后，中国农业组织面临的竞争对手，是规模化、组织化程度极高的大农场主及其组成的合作社联盟、大公司企业、跨国公司，甚至是由农产品出口国组成的国际性垄断集团。

可以说，在产业组织层面，我们不具备任何优势，竞争基础十分薄弱，而这种产业组织缺陷又不是资本与技术所能替代的。在经济全球化和加入 WTO 新环境下，单纯地依靠传统的组织结构不能实现科技进步、建设现代农业的目标，农民的合理利益也难以得到有效保护。因此，在家庭承包制的基础上，如何创新农业经营组织，克服"小规模、分散化"家庭经营弊端，以解决小农户与大市场的矛盾，已成为中国能否建设现代农业的关键。

中国农民专业合作经济组织，正是在这种形势下产生和发展起来的，是家庭经营与社会化大生产矛盾的产物。对中国来说，农民专业合作经济组织还是一个新生事物，而在西方市场经济发达国家早已成功运行 100 多年，世界农民专业合作经济组织发展一个半世纪的实践证明，"家庭经营＋发达的农民专业合作经济组织体系"是现代农业生产经营最为有效的组织模式。它能很好地克服"小规模、分散化"家庭经营的弊端，解决"小生产、大市场"的矛盾，既促进了农业的现代化，又很好地实现了农户自身的利益，并且还在这些国家的经济生活中大都扮演着非常重要和活跃的角色。反观当前中国，我国农民的组织化程度却非常低。据 2000 年的统计资料，法国、德国 80% 以上的农民加入了农民专业合作经济组织，美国、日本、丹麦等发达国家的农民几乎百分之百地参加了农民专业合作经济组织，而荷兰等国家的农民一般参加 2～3 个农民专业合作经济组织，但是我国仅有 3% 的农民加入了农民专业合作经济组织，由此可见，我国当前的困境不在于家庭经营本身，而在于合作组织体系的缺乏和合作组织发展的严重滞后。因此，加强对农民专业合作经济组织研究已迫在眉睫。

国家已开始重视农民专业合作经济组织的发展，《中华人民共和国农民专业合作社法》已于 2007 年 7 月 1 日开始正式实施。而云南省农民专业合作经济组织的发展远远滞后于浙江、北京、山东、辽宁、河北等发达省市，云南省农民专业合作经济组织的农户参与比例仅为 2.0%（2006 年调查的数据），这一比例不仅远远低于发达省市的 20%～40%，而且低于全国的 3%，云南省作为西部地区经济欠发达省份，农民专业合作经济组织的发展有其特殊性，同时也有区域的共同性。发展云南农民专业合作经济组织有助于推进云南省农业现代化进程，促进云南省全面建设小康社会的实现。

（二）云南省农民专业合作经济组织发展现状

云南省农民专业合作经济组织的发展也同步受制于社会经济发展水平较低的局限，起步较晚，发展较慢，处于初期发展阶段的较低级水平。云南省的农民专业合作经济组织起步于 20 世纪 80 年代中后期，一直以来发展数量虽多（相对于西部省份）但层次较低，大多数是联系松散的协会和研究会，对政府和国外组织的依赖性较强，大多不以营利为目的。近年来，随着农业产业结构和农业产业化的发展和实施，云南省农民专业合作经济组织出现了较好的发展势头，数量不断增长，经济实体型农民专业合作经济组织也大量涌现。

据有关部门统计（农业部门）：2003 年底，全省共有各种类型农民专业合作经济组织 1162 个，其中专业合作社 101 个，专业协会 1061 个，共有社（会）员 33707 人，带动农户 15 万户，占全省 845.43 万农户的 1.17%；2005 年底共有农民专业合作经济组织 2577 个，成员 62.9 万人（户），其中农民成员 61.3 万人，实现总收入 6.5 亿元，农户因参加农民专业合作经济组织实现纯收入 4573.9 万元，人均增加纯收入 74.6 元；2006 年全省共有各种类型的农民专业合作经济组织 2858 个，成员总数 72.8 万人，带动农户 148.3 万户，实现总收入 10.4 亿元，盈余 1.9 亿元，成员股金分红总额 3524.5 万元，盈余返还总额 4490.15 万元，2006 年农民成员因参加农民专业合作经济组织人均增收 103.1 元。农民专业合作经济组织达 100 个以上的已有楚雄州、临沧市、大理州、文山州、红河州、曲靖市、玉溪市、昭通市、昆明市 9 个州市。

表 1　云南省农民专业合作经济组织基本情况

（单位：个、万元）

地州	2005 年			2006 年		
	数量	会员	盈余	数量	会员	盈余
文山州	249	26441	135	215	19606	447.1
保山市	24	3468	173	35	5564	435.41
楚雄州	877	111800	616.13	981	133280	903.18
大理州	202	425837	701.2	221	46513	2486.9
德宏州	32	5538	149.19	61	7092	247.6403
迪庆州	17	9623	129.7	25	96925	1370.7899
红河州	176	66259	915.2434	208	88637	1650.4895
昆明市	98	20251	1446	113	35163	3347.4735
丽江市	49	17633	544.8	61	21500	1573.9

续表

地州	2005 年			2006 年		
	数量	会员	盈余	数量	会员	盈余
怒江州	5	2298	43.1	23	5518	178.23
曲靖市	178	188805	2806.92	203	99587	3690.93
普洱市	55	16932	1238.49	65	19655	324.47
版纳州	14	9837	2003.982	14	7859	442.15
玉溪市	147	21268	1488	166	22384	134
昭通市	123	4702	654.5	131	50242	784.2
临沧市	331	56115	1375.85	336	68100	1152.98
合　计	2577	986807	14421.1054	2858	727625	19169.8432

资料来源：农业厅经管站统计资料。

在数量增长的同时，云南省农民专业合作经济组织的建设也促进了农业发展、农村建设和农民增收，据有关数据显示，2005 年通过农民专业合作经济组织销售的农产品达 1360867 吨；其中谷物类 47663 吨、蔬菜类 599123 吨、干鲜果类 158447 吨、肉禽蛋类 37421 吨、奶类 15685 吨、水产品 40504 吨、其他 462024 吨；2006 年通过农民专业合作经济组织销售的农产品达 2316509 吨，其中谷物类 52362 吨、蔬菜类 1050297 吨、干鲜果类 158682 吨、肉禽蛋类 78345 吨、奶类 16701 吨、水产品 20824 吨、其他 939298 吨；2005 年参加培训的合作组织成员为 910887 人次，2006 年参加培训的合作组织成员为 876281 人次；2005 年注册商标数为 154 个，2006 年注册商标数为 117 个；2005 年总收入达 64796.3626 万元、盈余为 14421.1054 万元、实现农民成员纯收入 45738451 元，2006 年总收入达 104097.2621 万元、盈余为 1823.1205 万元、实现农民成员纯收入 119105.5492 元。

（三）云南省农民专业合作经济组织在现代农业建设中的作用

根据我国的国情，我们发展现代农业的思路，有六个方面内涵和三个方面提高。这六个内涵也就是我们发展现代农业的目标：要用现代的物质条件来武装农业，要用现代的科学技术来改造农业，要用现代的产业体系来提升农业，要用现代的经营形式来推进农业，要用现代的发展理念来指导农业，要用培养新型农民来发展农业。

另外还有三个方面的提高：第一个提高，要提高农业的水利化、机械化、信息化水平；第二个提高，要提高我们土地产出率、资源的利用率，以及劳动生产率；第三个提高，要提高农业的素质，提高农业的效益和提高农业的竞争力。农民专业合作经济组织在现代农业发展过程中，有着不可替代的作用。

1. 加快了农业技术的普及与推广，促进了"乡土人才"的成长

农民专业合作经济组织通过积极引进、示范新技术、新成果，把农业科技直接传授给农民，使科技成果转化为现实生产力，加快了农业技术的普及与推广，提高了农业科技进步贡献率。2006 年全年全省的农民专业合作经济组织共培训达 910887 人（次）。2003 年以来，元谋县共引进新品种 130 个，完成科技培训1.47 万多人次，建设科技示范园 11 个共 5.6 万亩，培养科技型会员 260 多人。2006 年由协会引进新品种、新技术，带动和服务的农户已达 3 万户，带动规模化种植 13 万亩，占全县总耕地面积 19.84 万亩的 65.5%。到 2006 年底，全县已有29 个蔬菜及水果品种获得了无公害食品认证、10 个获得绿色食品认证、1 个通过了有机食物检测认证，居全州第一位。元谋县也由此获得了"全国无公害农作物种植先进县"的称号，科技成果向现实生产力转化的步伐大大加快。

表 2　2007 元谋县农技协获得的农产品认证、农资经营许可证和注册登记的情况

（单位：个）

	获得农产品认证 的协会	全县农产品认证 总数	获得农资经营许 可证的协会
数量	26	40	21
比例	86.67%（26.53%）	29 个无公害认证 11 个绿色认证	21.43%

注：获得农产品认证的协会占协会总数的 26.53%，协会获得的农产品认证占认证总数的 86.67%。

宾川县蔬菜水果协会自从组建以来，经试验成功在本地区推广使用的新品种有 32 个，带动了坝区 6 个乡镇 34 个行政村的蔬菜发展。而且农民专业合作经济组织的发展也促进了"乡土人才"的成长。一方面，农民专业合作经济组织经常组织活动，会员间有更多的机会参加专业技术培训、经验交流和参观学习，促进他们不断提高理论水平和实际应用能力，逐渐成长为农村的"土专家"、"活教材"，如玉溪花溪村果蔬研究会副会长梅清林。另一方面，农研会开展农资服务和农产品运销等业务，提高了会员的市场竞争意识与市场知识，使他们逐渐成长为农村经纪人，如李开玉、杨飞豹、景赛等。

2. 降低了农民的经营风险，增加了农民收入

如图 1 所示：农户和农民专业合作经济组织之间的交易协调机制大大减少了农户在专业生产中的产前、产中、产后三个环节的交易费用及市场风险，提高了经济效益，据农业部调查，农民专业合作经济组织成员与一般农户相比，人均年

纯收入高 10% ~40% 。据统计，2005 年云南省农民专业合作经济组织成员 62.9 万人（户）中，有农民成员 61.3 万人，因参加农民专业合作经济组织增收 4573.9 万元，人均增加纯收入 74.6 元。2006 年全省的农民专业合作经济组织实现盈余为 19169.8432 万元、实现农民成员纯收入 119105.5492 元。

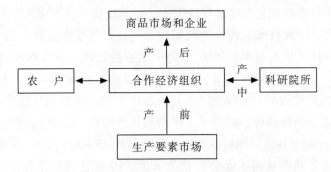

图 1   农民专业合作经济组织连接农户与市场主体示意图

在产前环节，农民专业合作经济组织统一向农户供给良种、化肥、农药等，既消除了产品质量伪劣的风险，又降低了农户单独进入市场交易的交易费用。在产中环节，农民专业合作经济组织为农户提供信息技术指导服务，有利于降低农户的生产风险。在产后环节，农民专业合作经济组织统一储存、加工、销售，实现了规模经济，提高了农产品的附加值，同时减少了市场价格波动带来的风险和农户单独进入市场的交易费用。如玉溪市花溪村果蔬研究会，近三年来，为橘农销售柑橘 1 万多吨，不仅降低了单个农户的交易费用，而且提高了价格，每公斤提高 0.4 元，每年为会员增收 300 万元，出现了花溪柑橘供不应求的好局面。

3. 推动了产业结构调整和区域布局的合理化，提高了农业生产的专业化标准化程度

农民专业合作经济组织的建立，拓展了一些特色农产品的销售渠道，同时带来一些新信息和新技术，使农民能紧紧围绕市场的需求，有效调整农业产业结构，从而取得更好的经济效益。特别是加入 WTO 后，国际市场对农产品的质量要求越来越严格。要想有效地应对这一局面，单靠农民一家一户是难以做到的。农民专业合作经济组织可以对内有效地组织实施农业生产标准，对外统一质量、价格，保护农民的利益。

1998 年以来，全省合作经济发展较好的县市农村根据经济发展的需要，结合产业结构调整，采取"围绕产业建协会，协会联农户"的发展战略，积极发展农民专业合作经济组织，以此来促进产业结构调整。通过"公司 + 协会 + 基地 + 农户"和"协会 + 示范园 + 农户"的农业产业化模式，顺利贯彻了产业政策，促进了产业结构调整。德宏州主导产业从无到有，从小到大，从少数几个发展到

现在的瓜菜、林果、畜牧、油料、甘蔗、大米等主导产业。瑞丽市已建起百亩、千亩科技示范园 5 个。仅在 2003 年，元谋县就有 67 个协会，在协会的带动下全县共种植蔬菜 87500 亩；经济林果 76170 多亩。仅蔬菜和林果面积就达 163670 亩，全县粮经比例为 52.9:47.1，经济作物比上年提高了 4.6 个百分点。由此可见，农民专业合作经济组织的发展促进了农业产业结构不断优化，种养规模不断扩大，逐步形成了地方特色和区域化布局。

4. 开展科技扶贫，加快了脱贫致富的步伐

政府积极引导农民建立农民专业合作经济组织，通过它进行科技扶贫，有组织地开展各类科技培训，推广和普及农村实用技术，为贫困地区和农户无偿提供信息、技术、种子、运销、管理等服务，合理开发和利用当地优势资源，这不仅有效地利用了扶贫资金，而且有力地促进了贫困地区劳动者素质的提高，切实增加了农民收入，摆脱了贫困落后的状况。如德宏州弄莫村养鸭协会，弄莫村有 58 户 270 人，过去主要种植水稻和少部分莲藕，人均纯收入 700 元，若遇水灾年份，村民的基本生活都难以保障。自从弄莫村养鸭协会成立以后，通过协会进行专业技术培训，有 78 人掌握了养鸭技术，46 户成为养鸭示范户。2002 年全村共养鸭 2.3 万多只，纯收入 23 万元，仅养鸭一项，当年人均纯收入达 851 元。养鸭业成为弄莫村的支柱产业，依靠养鸭农民走上了脱贫致富路。

5. 农民专业合作经济组织的发展促进了农村剩余劳动力的转移

我们可以从两个方面来看，一方面，农民专业合作经济组织提供产前、产中、产后服务，使原有生产部门的规模不断扩大，劳动力集约型的农业得到大力发展，在技术水平相对不变的情况下，吸纳的劳动力数量随之增加，例如，农民种植大棚菜，两名农民一般仅能种植半亩地的大棚，原来种植玉米、小麦，两名农民则可以种植十几亩地，劳动集约型农业的发展大大增加了对农民的吸纳力。而且随着社会分工的发展，许多农民从事技术、运输、信息等服务，如宾川县已有农村经纪人 1300 多人，他们主要是跑市场、搞运输。另一方面，农民专业合作经济组织的扩大，特别是经济实体型合作经济组织的出现，也为农民提供了更多的就业机会。据统计，元谋县因服务业及相关产业的发展，就新增就业机会几千个。总之，农民专业合作经济组织的发展不仅加强了对农业劳动力的吸纳能力，而且也促进了农村剩余劳动力的转移。另外，随着农民专业合作经济组织的发展和成熟，农产品加工实体的兴办，将进一步吸收大量的农村劳动力。

（四）促进云南农民专业合作经济组织发展的建议

1. 统一思想，充分认识农民专业合作经济组织作为创新组织管理平台在新农村建设和农业现代化过程中的重要作用。

2. 结合地方经济发展的实际情况，发展不同形式、类型和不同层次的农民

专业合作经济组织。特别是结合云南现代农业发展布局，有针对性地扶持相关产业的合作社发展。

3. 大力宣传《中国农民专业合作社法》，尽快出台云南省的相关扶持政策，支持农民专业合作经济组织发展。云南农民专业合作经济组织发展的政策环境必须尽快完善，对于不同农民专业合作经济组织的现有支持政策应该继续执行，地区合作经济发展要分两步走：第一步，支持不同类型农民专业合作经济较快发展；第二步，支持合作社。

4. 努力培养农民专业合作经济组织的管理人才，加强农民企业家成长环境的建设。

5. 帮助原有农民专业合作经济组织完善内部管理制度，促使其向真正意义上的合作社方向发展。

6. 理顺政府与农民专业合作经济组织的关系，建立健全社会监督机制。主要是发挥政府部门的监督作用，监督其经营是否合法；农村经管部门从业务的角度，对其经营管理进行监督检查，不要干预经济业务。对那些戴着"合作社"帽子而不按合作社规范运行的农民专业合作经济组织要加强指导和监督。

五、经验借鉴——发达国家农业现代化过程中政府行为

西方国家在农业现代化进程中的行为主要包括：实施有利的土地政策，扶持农民合作社；支持发展农村非农产业；支持农业基础设施建设；提供农业信贷服务，创建农业社会化服务体系；发展农业教育、科研与技术推广；利用财政、金融手段支持农业现代化等。其目的是保证农产品的有效供给与粮食安全，维持农产品供求均衡和保证农民收益，提高农业生产率和提高农业竞争力，以及实现农业的可持续发展。但由于国情的差异，国家政府在农业现代化进程中的行为及力度则有所不同。

（一）发达国家政府在农业现代化进程中的行为目的

1. 提高农业生产率，保证农产品有效供给和粮食安全。

2. 保证农民收益并维持农产品供求均衡。当在农业现代化进程中出现这类情况时，一些国家政府采取干预行为的目的在于维持农产品供求均衡和保证农民收益。

3. 保持农业的可持续发展。基于在农业现代化进程中日益激化的现代农业生产方式与自然的矛盾，一些发达国家政府意识到问题的严重性，开始出台一些政策措施来倡导发展可持续农业。

（二）发达国家农业现代化过程中政府主要行为方式

1. 多采用立法形式推行政策。发达国家在农业现代化进程中实施的许多政策，多是以法令的形式出现的。农业立法程序，使得政府在农业现代化进程中的某些行为必须以相应的法律为依据，并受到国会的必要监督，保证了政府对于农业现代化的支持或干预都在法律框架内进行。

2. 充分利用经济手段干预农业现代化。在市场经济条件下，农业现代化的经营主体是自主经营、自负盈亏的企业和农户，推动农业现代化的力量主要是市场机制。这些经济手段主要包括价格支持与补贴、税收减免、低息或无息贷款等。在这些经济手段中，有的是以市场机制为基础间接影响企业和农户的收益或成本，如价格支持与补贴、出口补贴、利息补贴和税收减免等；有的则是直接影响企业和农户的收益或成本，如休耕补贴、退贴、购置装备与修建设施补贴等。此外，发达国家政府在农业现代化进程中采用的经济手段，还包括对公共物品的资助，例如提供农业科研、教育与技术推广所需经费和对于水利、电力、通讯和道路等农业基础设施的资助等。

3. 使用行政手段干预农业现代化。干预具有较强的强制性，要求经济活动主体必须执行政府下达的命令或计划，必须遵守政府的有关规定，或者必须经过政府有关部门的审批。对于在市场经济机制下运行的农业现代化，发达国家政府是很少采用行政手段进行干预的。它们的原则是，市场调节第一位，行政干预只能出现在市场调节不能有效发挥作用的领域。发达国家在农业现代化进程中使用的行政干预手段，主要包括执业资格证书（如"绿色证书"）、技术标准、环保标准、卫生和安全标准、价格管制、许可证、配额或限额等。而行政干预的内容，主要有价格管理、维护公平竞争与限制垄断、职业资格管理、农产品标准化管理、农产品质量监督、动植物检疫、动植物病虫害监控、自然资源管理和环境保护等。

六、云南现代农业建设实践案例选编

（一）玉溪：产业化助推现代农业建设

玉溪市坚持不懈以农业产业化经营为突破口，加强现代农业建设，转变农业增长方式，提高农业综合生产能力，大力发展高产、优质、高效、生态、安全农业，实现了农业发展，农民增收，有力地夯实了社会主义新农村建设的基础。近三年，农民人均纯收入累计增加 821 元，达到 3415 元，处于全省第一。

多年来，玉溪市委、市政府稳定完善强化各项惠农政策，不断加大农业投入力度，狠抓基础设施建设，建立健全农业社会化服务体系，发展农民专业合作经济组织。强化农业科技支撑，提高农业科技贡献率、资源利用率、土地产出率和劳动生产率。各级各部门找准玉溪特色资源、产业基础和市场环境，全力以赴把玉溪建成我省面向国内外的农产品加工、交易市场和出口基地，把农产品加工列为农业产业化经营的重点。在农业产业化经营的成功基础上，力促农业经济升级换代，加快现代农业发展步伐。

　　2003 年至 2005 年，玉溪财政用于支农的资金 13 亿多元，促进农业可持续发展。2005 年，全市建成高产稳产农田 94 万亩；新建成 24 万亩水浇地；完成 150 万亩基本烟田的建设规划；建成 2 万亩温室大棚；19 万口沼气池；18.9 万口小水窖；完成农村人畜饮水工程 1692 件；各类冷藏设施 200 余个；完善了通海金山蔬菜、江川仔猪等 7 个在省内有影响的产品批发市场的建设。2006 年，全市安排支农资金近 5 亿元，比上年增长 9%。

　　2005 年，烤烟生产创历史新高，烤烟产值 116834 万元；蔬菜、花卉产品外销顺畅；国家级的糖料基地县建设初见成效；柑橘、荔枝、核桃等特色产业发展步伐加快；油菜形成生产、加工、销售一条龙产业体系。五年来，全市共引进市外农业企业 75 户，实际利用市外资金 4.6 亿元，农产品（不含烟草）出口量占全市出口总量的三分之一。

　　2005 年，全市已培植起烟草之外的农产品加工流通企业 180 家，固定资产总额达到 20 亿元，生产总值达到 23 亿元，实现销售收入 21 亿元，出口创汇 1.2 亿元，实现利润 1.3 亿元，目前，正在建设全省农产品出口加工中心。

　　全市农业机械总值达到 10 亿元，农业机械总动力 15 亿瓦特，拥有拖拉机 36599 台，全市各类农机化作业服务组织达到 5.9 万个，农机从业人员 6.5 万人。

　　三年来，畜牧业各级财政投资 3680 万元，重点发展生猪产业，全市的生猪良种率达到 85%，建成了西南最大的 100 万头生猪屠宰加工基地，增强了市场竞争力，引导社会资金投入 2627 万元，建成养殖小区 12 个，养殖专业村 37 个，养殖大户 210 户；建成了全省最大的种鸡场。畜牧业产值已达到农业总产值的 40%，成为农民增收的重要组成部分。

　　为适应现代农业的发展，玉溪市建设了连通 20 个市直单位的农业信息采集点、9 个县区局域网、76 个乡镇服务站、65 个以生产、加工、营销企业为主的信息服务点，形成了市、县、乡、企业四级互联的农业信息服务网络体系，在省内率先实现了农业信息"乡乡通"，成为我省唯一进入全国农业信息网络百强之一。

　　（二）师宗县："科技农业、示范农业、效益农业"现代农业建设思路与实践

　　1. 争项目、引资金，加大农业投入，加强农村合作组织建设。2007 年上半年，农业局积极争取并实施了高稳产农田建设、2007 年省级财政扶持农村集体经济发展和农民专业合作组织、测土配方施肥和稻田养鱼等六大项目，建成高稳产农田 25 万亩，建立农村集体经济发展组织 6 个，农民专业合作组织 3 个，并通过项目实施增加了农业生产单位面积效益，为农村集体经济和农民进入市场提供了保障，夯实了全县农业基础。

2. 强特色、创品牌，建设现代农业产业体系，全县"一乡一业，一村一品"格局基本形成。全县在巩固传统产业基础上，集中人力、物力、财力狠抓蔬菜、花卉和优质米等特色产业建设，建成了以五龙、高良和龙庆为主的优质稻、生姜、冬早马铃薯、热区蚕桑和特色水果产业带；以丹凤和彩云为主的辣椒产业带；以丹凤、竹基和葵山为主的青刀豆产业带；以丹凤、彩云、葵山和雄壁为主的粮油产业带；以丹凤和雄壁为主的鲜切花产业带。全县基本形成了"一乡一业、一村一品"的产业发展格局，并实现了区域化、规模化、标准化生产。同时，农业局加强农产品品牌创建工作，上半年已完成1个有机食品、4个绿色食品、30个无公害农产品认证和56.2万亩无公害基地认定申报工作，进一步增强了师宗特色产业产品的市场竞争力。

3. 扶龙头、树典型，建立现代农业经营模式。2007年在加大对振华、泉良、滇王和楠慧农牧公司等龙头企业培育和扶持力度的基础上，新引进了昆明三汇饲料有限公司投资1280万元兴办油菜子深加工厂、绿之然生物科技有限公司投资4258万元兴办姜精油深加工厂，建立"公司＋基地＋农户"的经营模式，提高了农产品的附加值，提升了农业生产的效益。同时，实施典型带动战略，引进天津环美花卉有限公司新建高档优质鲜切花（百合）生产基地200亩，带动当地群众发展百合生产基地50余亩；引进文山种植大户发展三七1000亩，带动当地群众种植10余亩；引进和培育个体老板发展樱桃550亩、猕猴桃800亩、大树杨梅300亩、枇杷250亩、大棚西瓜100亩。

4. 重科技、抓培训，农民素质有所提高。全县农业科技人员在春耕生产期间，主动放弃周末和"五一"长假，深入农业生产一线和农民群众同吃、同住、同劳动，依靠科技提高粮食单产和农业综合效益，把良种良法作为农业多增效、农民多增收的重要手段切实抓紧抓好。在大力推广先进、实用的农业科技和优良品种的同时，依托新型农民培训、科技入户工程等项目实施，培训农民近万人，基本形成村有技术专业人、户有技术明白人的格局，培养了一批有技能、善管理、会经验的农业从业主体。

5. 兴样板、强辐射，做到"点燃一盏灯、照亮一大片"。在样板建设中，按照"统一良种、统一种植节令、统一使用配方专用肥、统一行向、统一种植规格"的五统一要求，围绕重点产业，在公路沿线，办好县级、乡镇级及村委会级样板，形成层层办样板、户户搞科技的格局，上半年共完成各类农作物种植样板2.72万亩。

6. 建网络、拓渠道，确保农业信息为农业、农民服务。全县在建好县、乡两级农业信息服务平台的同时，不断加强农业信息工作队伍建设，充分利用"一站通"开展查询、发布供求信息的服务，通过广播、明白纸、黑板报、电话和手机短信业务等形式，及时把惠农政策和供求信息传播到农民手中，拓宽了农民获取农业信息的渠道。

（三）弥渡："四轮联动"发展现代农业

弥渡县在农村经济工作的组织上，紧紧围绕"生产发展"方针，实施科技促动、项目推动、品牌带动、龙头拉动等"四轮联动"战略，全力培育烤烟、无公害蔬菜、乳畜、蚕桑、泡核桃等特色产业，加快农业现代化步伐，使全县农业呈现出结构优、效益好、产业化程度高的新特点，2007 年 1 至 5 月，全县农业总产值达到 14086 万元，同比增长 9.83%。

科技促动。大力实施优种工程，调整种植业结构，带动农业产业化的发展和特色基地的建设。2007 年大春生产中，全县水稻、包谷主要农作物和蔬菜及其他经济作物优种覆盖率达到 95% 以上；贯彻落实科教兴农战略，大力开展阳光工程、绿色证书工程、青年农民科技培训工程、科技活动周、农业科技下乡培训活动，充分开发农村人力资源，提供各类科技信息，培养和造就适应农业和农村发展需要的新型农民。2007 年 1 至 5 月累计培训近万人次，发放科技光盘 200 多张，发放技术资料 3 万余份。

项目推动。在全部取消农业税以及继续对种粮农户、农机购置户、农业生产资料增支方面给予补贴的基础上，大力实施国家级农业综合开发、国家级和省级土地整理、易地扶贫搬迁、以工代赈、小农水、农村饮水安全、病险水库除险加固、河道治理、通乡弹石路、油路工程等 30 多个项目，总投资近 3 亿元，着力改善了农业设施基础条件，提高了农田产值。

品牌带动。以市场为导向，大力实施品牌战略，通过区域化布局、专业化生产，凝聚产业优势，发挥规模效应，推动传统农业向现代农业的快速转化。目前全县烤烟、无公害蔬菜、乳业、蚕桑等均实现了标准化、规模化生产，无公害蔬菜基地发展到 2.1 万亩，年复种无公害蔬菜 15 万亩，成为全省菜篮子生产先进县。与此同时，狠抓产品质量，建设蔬菜产业化示范区，建成了无公害蔬菜检测体系，蔬菜检测合格率达 95% 以上，无公害大蒜、无公害蒜薹两个产品获得农业部农产品质量安全中心产品认定。"泡小米辣、泡红椒、泡豇豆"三个绿色食品的申报有望近期获得通过。粮食、乳产品、油料、生猪等初级农产品系列基本拥有了品牌，逐步形成了自己的品牌效应，为农民带来好收益。

龙头拉动。以工业化理念谋划农业，按照工农互动，城乡一体的思路，不断加强对农产品加工和营销龙头的扶持力度。该县每年都安排专项资金，用于支持农业产业化发展，帮助龙头组织进行技术改造，建立农产品生产基地。抓住国家实施"双百市场工程"的机遇，完成了滇西蔬菜批发市场升级改造，被商务部定为"双百市场工程"农产品批发市场。不断壮大蔬菜专业协会、渔业协会等协会组织，增强建林绿色食品有限公司、青林食品贸易公司、大理绿鲜源乳业有限公司，扶持发展晨阳华太塑塑业有限公司、大理神野乳业有限公司、德苴华瑞辣子厂、太极食品厂等中小企业，使全县农业产业化龙头企业或组织的数量不断增多，档次不断提升。在龙头组织带动下，弥渡县的农业生产成功实现了从传统初级产品生产与规模加工向联网销售等更深更长链条的对接，使全县参与农业产业化经营的农户达上万户，产业化经营对农民增收致富的贡献率不断提高。

（执笔：蒋永宁、起建凌、金璟、路遥）

专题五　云南省直接惠农产业发展

一、发展直接惠农产业的重要意义

（一）直接惠农产业的内涵

直接惠农产业是立足于本地区区位优势、资源优势、环境优势和技术优势等优势资源的高效利用，根据市场需求、社会需求和解决"三农"问题为目的，为加强农业综合生产能力建设，调整农业和农村经济结构，深化农村改革，实现粮食稳定增产、农民持续增收，促进农村经济社会全面发展，依靠高新技术、政府扶持发展起来的各种惠及"三农"的非农产业，比如农产品加工业、水电业、采矿业、服务业、旅游业、生物能源等产业。

（二）直接惠农产业的主要特征

简单地讲，直接惠农产业就是能够对解决"三农"问题产生直接效果和显著作用的非农产业。因而，它具有以下一些特征。

1. 资源在农村

以开发利用农村的自然资源，生产资源性产品的各种产业如农产品加工业、矿产业、水电业、乡村旅游业等。这些产业在建设过程中会对所在区域的农业和农村经济发展产生直接的带动作用。农产品加工业需要数量较多、质量较高的农产品，收购价格也相对较高，会促使农户提高种植养殖水平，加工企业也会采取各种措施对农户进行技术指导和农资方面的帮助。矿产、水电开发通常投资巨大，且在开发地往往会形成小城镇，道路交通、市场等基础设施建设自然惠及当地农村。

2. 市场在农村

农村人口众多，市场空间大，城市工商业的发展最终还要依赖农村市场。而一些城市工商业对农业和农村经济发展起着重要的促进作用。如农资工业、农村服务业对农业发展、农民生活质量的提高至关重要。质量高、科技含量高的农用生产资料对农业生产方式的转变、农业技术进步有直接的推动作用，是农业增产增收的主要源泉。农村服务业特别是高效快捷的农村物流业是拓展农业市场、降低农村生产、生活成本的重要途径。价廉物美的农村生活资料供给则有助于提高农民生活质量。

3. 多为劳动密集型产业

直接惠农产业的另一个特征是能够大量吸收农村劳动力，因而它们多为劳动密集型产业，如城市的装配业、建筑业、家政服务业、餐饮业等，对普通劳动力的需求量大，而对从业人员的技术素质要求不是太高，符合农村劳动力就业的一般条件。

4. 与农业联系紧密

农业生产资料制造与销售业，农产品加工业，农产品运销业等产业与农业生产经营活动有直接的、紧密的联系，它们的发展状况直接影响到现代农业建设的进程。这些产业一方面为农业生产提供产前、产中、产后各环节的服务，促进农业生产的专业化和规模化，另一方面又影响着农业生产体系的总体素质和运行效率。没有它们的发展，就不可能有农业的发展和进步。

5. 需要政府给予必要扶持

上述直接惠农产业相对于其他的城市产业而言，生产经营环境差、投资收益率较低，生产周期长，一方面要寻求自身的发展，另一方面要兼顾农村的发展和农民的利益。许多农业产业化经营的龙头企业要为农户提供价格较低的生产资料，农产品收购价格又不能压得太低，还承担着自然和市场的双重风险。因此，这些产业的发展离不开政府的支持。政府支持这些产业就是支持农业，就是支持农民，支持了农村。

（三）发展直接惠农产业的重要意义

1. 吸纳转移农村剩余劳动力

大力发展建立在特色种植业基础上的非农产业，可以增加就业机会，吸纳更多的劳动力。农业的发展主要还集中在农业主要方面，但是惠农产业提供的经济收入却在农民收入整体中占有相当大的比重，足以引起重视。这种效应产生的同时，对农民的发展取向就有一个影响，从而带动其加入到具有更大发展前景和发展势头的产业和行业中来：一方面，有利于提高农民收入，巩固农业的发展和加快新农村建设，另一方面，也有利于惠农产业的不断发展壮大和扩大其优势，特别是在发展初期，更需要这种强烈的热情和劳动力的转移。

2. 增加农民经济收入

我国的统计方法中把农民收入分为工资性收入、家庭经营收入、财产收入和转移性收入四个部分。其中财产性收入和转移性收入在整个收入中占的比重普遍很低。工资性收入、家庭经营收入构成了农民收入的主要来源。农民的工资性收入是农民凭自己的劳动从行政、事业单位和各种类型的企业单位中得到的劳动报酬。全国 31 个省、市、自治区中，上海是农民人均收入最高的地区，也是农民工资性收入占整个收入比重最高的地区，全国农民人均收入最高的 6 个省市，恰恰也是农民工资性收入占整个收入比重最高的省市。因此，要增加农民收入，提高工资性收入是其中一个重要内容。

农民的家庭经营涉及农业、工业、商业、饮食服务业、交通运输业等，农业中包括种植业、林业、畜牧业、渔业。

农业产业化经营省级重点龙头企业是推进农业产业化经营的骨干力量，对带动农业产业结构调整、促进农民增收、实现农业专业化、标准化生产、规模化经营和提高农业综合效益等具有关键的作用。农业产业化经营省级重点龙头企业通过"订单农业"或"基地＋农户"等方式，与农民建立稳定紧密的利益联结机制，对提高农民收入有着重要的贡献。同时，利用自身优势，形成科研、生产、加工、销售一体化的产业链，不断增强市场竞争力，为社会经济的发展作出了贡献。

大力发展建立在特色种植业基础上的非农产业，同时还可以增加农产品的附加值，创造附加收入。要实现农业产业化经营，必须高度重视农产品生产专业化、规模化、布局区域化和协作化，特别要高度重视续建和新建一批专业市场，带领群众逐步走上"农业企业——农产品加工企业——农产品流通企业——农业服务型企业"的农村新型产业路子。如建设建材市场、农贸市场、各种产品专业市场等，促进农业产业化经营规范运作，把产品规模做优、做大、做出特色，把农产品的增值链条延长，切实提高农产品的加工率和产业化程度。同时，建立健全农副产品经营服务体系，大力发展农村合作经济组织、社会服务中介流通组织及专业大户、营销大户和农业经纪人队伍；充分吸纳各类资金，积极引进外商、外资投入非农产业，引导农村经济结构的调整和产业化建设，增强非农产业发展活力。

3. 提供资金支持

通过发展惠农产业，带动农民增收，同时积累大量资本，为以后更大空间的发展打下坚实的基础。在提高农民收入和生活质量的前提下，通过扩大产业集群的发展范围和深度，不断巩固惠农产业的优势地位和强烈的发展势头，发挥惠农产业的优势补充作用，最终为解决三农问题而发展。

4. 带动农村基础设施建设

任何一个惠农产业的发展都是以农民、农村和农业根本利益为最根本出发点的，在发展壮大的同时，需要结合当地优势，有目的性地进行开发和发展，尤其是一些基础优势产业，需要把农村的发展和农民的根本利益结合起来，加强当地的基础设施建设，既要考虑发展的优势和程度，也要充分考虑当地生态环境的接受程度。

5. 社会效应

在我国，"三农"问题一直是各界关注的热点和焦点，而且中国政府也日渐重视这个问题，并且每年的宏观政策力度和倾斜力度都逐渐加大，所以在全国各省加强惠农产业的开发和发展，会引起良好的社会带动效应，从而更加吸引各省纷纷效仿，起到积极的促进作用，为真正解决"三农"问题提供好的帮助，也巩固了惠农产业的优势地位。

二、云南省直接惠农产业发展情况

（一）云南省直接惠农产业发展的特点

云南惠农产业的发展不仅具有惠农产业发展的一些最基本的特征，还具有云南地域性和相应的特色，特别是在地域优势和产品优势方面最为突出。

1. 特殊的地域优势

云南省地处我国西部地区，又是连接东南亚、南亚的重要通道，在充分利用地域优势，大力发展旅游业以及相关产业的同时，还能结合当地优势和特殊环境，引进各地的优势产业进行发展，把高新科技和云南优势资源相结合来发展，来加快农民收入增长、加快新农村建设步伐和农业稳定快速发展。

2. 产品特色不断扩大的趋势

烟草、有色金属、生物能源、水电和药业等产业的发展充分体现了相应的产品特色，并充分发挥了优势并不断壮大起来，部分产业甚至已成为促进当地经济发展的支柱产业，在带动农民致富、加快新农村建设和加快农业稳定快速健康发展方面起到了积极的作用。要真正从根本上解决"三农"问题，使农民收入不断增长，改善人民生活水平，就必须充分利用优势，扩大发展优势。

（二）云南省直接惠农产业发展现状

1. 农产品加工业

2006年，云南省生物产业（不含烟草）实现工农业总产值1637亿元，比上年增长12%，实现增加值889亿元，占全省GDP的22.2%；销售额达到1600亿元；利税达到335亿元。烟草行业全系统实现税利104.47亿元，其中实现税金42.05亿元，实现利润62.42亿元，分别比上年增长16.21%、7.89%和22.55%。

全省生物产品出口实现较快增长，创汇达到6.5亿元，比上年增长14.9%，其中，食用菌出口创汇9100多万美元，鲜切花6500多万美元，咖啡3200多万美元，茶叶1948万美元，蔬菜1.4亿美元，香料油1600多万美元，果蔬原汁215万元，以天然药材为主的药品出口达到2419万美元，松香2700万美元，木材及制品5194万美元，烟草业出口创汇1.3亿元，同比增长15.2%。2006年，全省农民人均纯收入达到2250元，70%左右来自生物产业。全省96家省级以上重点龙头企业辐射农户260万户、基地825万亩，带动农民增收32亿元。随着2007年农产品市场价格的上涨，农民从花卉、茶叶、咖啡、天然药材、马铃薯、中草药等优势特色农产品中人均实现收入 690 多元。烟叶生产基础设施建设项目 18.2 万件，受益面积达 178 万亩，受益农户 52.8 万户。茶产业在普洱茶的品牌效应带动下，农民纯收入由 2006 年的 17 亿元增加到 23 亿元，增幅达到 35.3%。至 2006 年底，全省以蔬菜、马铃薯、橡胶、水果、蚕桑、咖啡、花卉、中药材等为代表的特色优势农产品发展势头强劲，种植面积达 3300 多万亩；以茶叶、核桃、板栗为主的特色林业经济面积发展到 1500 多万亩。全省生物产业已经开始步入"提质增效，综合利用，全面发展"的新阶段，生物资源开发正由一枝独秀向群集发展、低度向深度加工、传统生产向现代产业、封闭运行向开放扩张转变。

2. 水电业

2006 年，云南省共完成水利水电建设投资 73.5 亿元，比上年增加 6.9 亿元，增长 10.4%。全省新增 30 座大中小型水库，新增 5 亿立方米水库库容和 2.5 亿立方米供水能力，新增有效灌溉面积 40 万亩，新建不同标准的高稳产农田和基本农田 200 万亩，解决了 102 万农村人口的饮水安全问题，治理水土流失面积 2445 平方千米，新增农村水电装机容量 175 万千瓦，进一步夯实了全省经济又好又快发展。

3. 旅游业

2006 年云南省旅游行业和各地、各有关部门认真贯彻落实全省旅游产业发展大会和省政府旅游现场办公会会议精神，求真务实地全面推进云南旅游的二次创业，主要旅游经济指标快速增长，旅游产业活力进一步增强，实现了云南旅游"二次创业"和"十一五"发展的良好开局。全年接待海外旅游者达到 181.02 万人次，比上年同比增长 20.4%；实现旅游外汇收入达 6.58 亿美元，增长 24.7%。接待国内旅游者 7721.3 万人次，增长 12.5%；国内旅游收入 447.1 亿元，增长 15.8%。旅游总收入达到 499.78 亿元，增长 16.7%，主要旅游经济指标均呈持续增长的良好态势。

4. 矿产业

在国内外经济快速增长的拉动下，各行业对矿产资源的需求持续大幅度增长。2006 年，云南省规模以上有色工业企业 244 户，从业人员 11.96 万人，资产合计达 744.36 亿元。十种有色金属产量 207.33 万吨，比上年增长 40.6%。其中铜 37.01 万吨、铝 46.57 万吨、铅 47.43 万吨、锌 65.91 万吨、锡 8.63 万吨，分别增长 14.2%、18.6%、87.1%、57%、25.3%。共加工铜 2.43 万吨、铝材 11.62 万吨。全省有色金属完成增加值 191.84 亿元，比上年增长 52.9%，占全省重工业增加值的 29.89%，占全省工业增加值的 15.47%。

全省共生产铁矿石原矿 1515.38 万吨，比上年增长 54%；锰矿石成品矿 72.79 万吨，下降 8%。生产生铁 935.1 万吨、钢 634.38 万吨、成品钢材 588.06

万吨、铁合金 51.87 万吨、焦炭 1233.67 万吨，分别增长 10.5%、23.8%、20.8%、8.1%、1.6%。对云南省农村经济发展起到了不可忽略的作用。

（三）云南省直接惠农产业发展的优势分析

卷烟、蔗糖、茶叶、橡胶、磷化、有色金属、香料、机电产业被认为是云南省最有前途的、最有发展优势的工业产业，这八个产业在云南省经济中占有举足轻重的地位。由于这八个产业涉及面广，再加上各个行业本身的多元性和复杂性，长期以来，不合理的产业结构未予很好的解决，各行业发展很不协调。改革开放近三十年来云南经济总体上仍是烟草工业"一枝独秀"，其他产业因资源低度开发、深加工程度低，大量输出初级产品等限制，满足不了市场经济发展的需要。

1. 龙头企业的不断发展壮大，成为农民增收的重要渠道

最近几年，云南省惠农产业越来越趋于快速稳定发展的好势头，特别是政府在政策的倾斜和相应的扶持方面，做了相当大的努力，从而吸引相当一部分民营企业、集体企业和专业合作组织加入到惠农产业的发展当中，在促进农民增收方面发挥了很大的积极作用。

2. 部分优势产业的发展具有相当的优势

部分优势产业的发展在经过了多年的发展的资本积累后，并逐渐总结了相应的问题和经验，资本积累方面也具有相当的优势，在省内、国内乃至国外的发展方面，也能够取得可喜的成绩，在这方面，主要依靠的是政府的扶持力度和当地企业的积极发展，特别是旅游、烟草、有色金属、药业以及取得出口创汇优势产品等行业。

3. 政府加大力度和农民积极响应

在发展惠农产业方面，需要政府的大力扶持，同时还需要农民积极主动加入，并在发展过程中，不断总结相应的经验，不断调整，才能真正取得良好的发展趋势，并为更多的惠农产业的发展提供宝贵经验，也在"三农"问题的解决上，积累经验，促进其有效的解决。

（四）云南省直接惠农产业发展的制约因素分析

1. 资本积累不足和政府扶持不够

很多产业在发展的势头方面不如有些产业那么强烈，同样在惠农的实际效益方面也不是那么明显，从而没有得到相应的重视和扶持，不能很好的发展，也不能成为真正促进农民增收、发展农村农业的优势产业。还需要相关各方面的重视和扶持。

2. 政府政策倾斜不明显、指导不正确、执行效果不明显

惠农产业应主要考虑惠农方面，在真正解决"三农"问题方面取得好的效

果，然而，很多产业的发展初期、发展壮大以及扩大优势方面，并没有取得预期的良好效果，还需要相应产业部门不断做出调整，才能更好地发展。

3. 产业发展没有取得农民的积极响应，双方缺乏信息沟通

惠农产业在发展中的目的是为了解决农民增收问题，促进农民发展产业的积极性，提高农民收入，加快农村和农业的发展，由于政府的扶持目的和农民的了解程度等等原因，不能很好的将部分产业的发展政策真正贯彻执行好，所以没有取得好的效益，其中重要的方面是双方沟通不够，特别是在说明产业发展的意义和良好的前景时，信息没有得到很好的传达。

（五）云南直接惠农产业近几年取得的成效

直接惠农产业，是在农村实行深化改革，不断调整农业和农村经济结构，发展重点产业、优势产业、选择发展直接惠及"三农"的非农产业的基础上，逐步发展和壮大起来的。从新农村建设的角度看，它为农村基础设施建设提供了强大的资金支持，有很大的促进作用，同时解决了大量农村劳动力就业的问题，在当前形式下，符合我国人口多、耕地少的基本国情，是加快新农村建设的一大途径。

云南省直接惠农产业已逐渐成为发展云南农村经济、加强农村现代化建设的重要措施，并取得了显著成效，直接惠农产业呈现良好的发展势头：在产业格局上，向多元化、专业化、一体化发展；在经营格局上，向市场导向、科技进步、惠及农业发展；在利益格局上，向机制活、制度新、经济实体发展；在体制格局上，向城乡一体化、多层次经营、新型合作经济组织发展。主要是以下几方面：

1. 农业增产增收，效益全面提高

得益于政策、市场、气候等有利因素，全省农业生产加快发展，农林牧渔各业全面增产增收。尤其是农产品加工业、茶叶加工业、水电业、乡村旅游业的发展势头迅猛，产值逐年增长，为农村经济发展、新农村建设作出了巨大贡献，并日渐使得直接惠农产业成为越来越重要的产业，要不断鼓励和加大发展力度。

首先，主要农产品产量稳定增长，综合生产能力提高。表现在：第一，粮食生产再获丰收。在政策鼓励、粮价上扬和气候适宜等因素的作用下，农民的生产积极性明显提高，加大了投入和田间管理力度。粮食的增产对于稳定物价、确保粮食安全方面起到了非常重要的作用。第二，油料、蔬菜生产稳中有升。由于市场对于食油、蔬菜的需求处于相对饱和的稳定状态，油料、蔬菜的生产基本保持平稳。蔬菜生产在保持产量稳定的基础上，倾向于调整品质结构、品种结构，扩大了价值量较高的品种、绿色产品、大棚种植的比重，使蔬菜收入和经济效益进一步提高。第三，茶叶产量上升较快，精加工日趋成熟。在茶叶产量快速提高的基础上，加大了相应加工工序的投入，精加工更加完善，产品细分更合理，优质

产品能够保持优价，为农民增收起到了积极作用。

其次，水电业发展稳定，逐年增长。在利用云南省水资源的基础上，不仅满足了经济发展所需供电，还输出电量，同时也为当地农村经济的发展和农村的建设，发挥了巨大作用。

最后，乡村特色旅游业的兴起，势头良好。乡村特色旅游业的发展为农民创收提供了又一良好渠道，不仅美化了农村建设，获得了可观收入，还调动了农民的生产积极性，是很好的一大发展趋势。

2. 农民增收创利，农村消费趋旺

受惠农产业推动、农产品价格上涨、宏观经济良好势头等因素影响，全省农民收入呈现出快速增长态势。农民收入快速增长的主要因素：一是农产品价格大幅上涨是拉动农民增收的主要因素。二是务工环境改善促进农民工资性收入持续增长。全省农村居民人均工资性收入增长很大。三是税费减免、粮食补贴等惠农政策的落实推动农民减负增收。

在收入增加的同时，农民的消费水平提高。农民消费水平的提高促进了农村市场活力增强。

3. 农村工业实现较快增长

大力发展农村工业，是解决农村劳动力转移的有效途径。农产品加工业逐渐向规模化、专业化、一体化发展，为农村经济积累了大量资金，为农民创收提供了真实保障。农副产品加工业也取得较快发展，促进了农业产业化及农产品加工增值水平的提高，农村经济产业链延长。

4. 农村劳动力转移步伐加快

云南省一直高度重视农村劳动力转移问题，清理了一些直接妨碍城乡劳动力合理流动的政策，使广大农民工的合法权益得到进一步保护。主要表现在：城市吸纳劳动力的优势逐渐体现；第二产业吸纳劳动力的能力增强；转移劳动力趋于知识化；转移劳动力趋于年轻化。工资性收入的增长，为农民增收、农业发展、农村建设作出了巨大贡献，解决了很多现实问题。

5. 龙头企业不断向规模化发展

农业产值增长快，巩固了龙头企业的发展地位，逐渐壮大了实力，为农村建设作贡献，为农民增收创实效，为经济发展提供支持，同时还诞生了一批新的企业，更说明了惠农产业的发展必要性，也是发展的必经之路，也需要农民的积极加入，才能使企业壮大发展，产生更多的龙头企业，提高农民的收入。

（六）云南直接惠农产业发展中存在的问题

全省农村经济呈现出良好形势，这主要得益于中央的惠农政策得到了切实的贯彻落实。在看到成绩的同时，存在的一些问题也不容忽视：农村二、三产业比重依然偏低，产业结构调整的任务依然艰巨；农业发展的基础仍很薄弱，农民增收缺乏长效机制；农业税制改革后，农村基层财政面临较大困难等。

主要表现有以下几个方面：

一是直接促进农民增收的政策激励作用有所减弱。虽然很多产业的发展非常明显，但是由于多方面原因的存在，农民缺乏积极性，直接惠农产业的发展对农民增收、农村建设、农业发展的作用依然很有限，还需要加大政策倾斜、投入力度和政策宣传等等。

二是落实配套资金较为困难。农民增收始终是直接惠农产业发展的根本目的，是加快新农村建设的强有力保障，是迅速发展农业经济的有效途径，最终依然要落实在资金的筹集和配套使用，在这一过程中存在的问题很大，严重阻碍了直接惠农产业的发展和带动作用。

三是投入资金总量满足不了农民的需求。尽管各级紧紧围绕新农村建设加大了资金投入力度，但由于财政支农资金总量少，投入结构不合理，投资渠道过多，资金使用效率低，显得投入不足。群众收入水平低，手中的积蓄主要用于改善居住条件、添置一些生产农具和孩子上学所需费用，拿不出更多的钱，投资修建公共设施心有余而力不足。如由于没有资金扶持，全省专业合作组织发展缺乏正规系统的培训、技术、管理等方面的服务，导致发展规模小、速度趋缓。

四是农村金融供给滞后于新农村建设需要。现在农村金融缺位问题比较突出，国有金融机构在农村金融领域内的功能不断弱化，大量撤出农村市场；股份制商业银行处于效率较低水平，目前还不可能将机构延伸到农村；邮政储蓄虽然在农村有机构，但只存不贷；农业发展银行只提供粮棉油收购等政策性资金，农村政策性金融功能不全；农村信用社机构资金实力薄弱，金融授权授信不足，服务能力和水平较低，没有能力独立承担此重任；农业保险发展严重滞后，农户和农村企业经营风险缺乏分散和转移的机制，不适应新农村建设和农业战略性结构调整的需要。

五是成品油价格上涨给农民生产生活带来较大影响。最近成品油价格上涨，一方面造成农机耕作价格提高，拉动农业生产成本上升；另一方面客运票价不可避免的提高，给农业生产和农民生活带来较大影响，抵消了部分惠农政策给农民带来的实惠。

三、今后应大力发展的直接惠农产业

（一）农产品加工业

农产品加工业有广义和狭义之分。广义的农产品加工业，是指以人工生产的农业物料和野生动植物资源及其加工品为原料所进行的工业生产活动；狭义的农产品加工业，是指以农产品（包括农、林、牧、渔四大类）为原料进行直接加

工和再加工的工业。云南省人工生产的农业物料和野生动植物资源非常广泛，并与国计民生高度相关，农产品加工业目前已发展成为一个十分复杂的系统工程，所应用的技术大多属于多学科、多专业、高新技术和综合技术。

农产品加工业涉及多个部门，行业众多，产品繁杂。国际上通常将农产品加工业划分为五类，即：食品、饮料和烟草加工；纺织、服装和皮革工业；木材和木材产品包括家具制造；纸张和纸产品加工、印刷和出版；橡胶产品加工。我国在统计上与农产品加工业有关的是十二个行业，即：食品加工业、食品制造业、饮料制造业、烟草加工业、纺织业、服装及其他纤维制品制造业、皮革毛皮羽绒及其制品业、木材加工及竹藤棕草制品业、家具制造业、造纸及纸制品业、印刷业和橡胶制品业。

农产品加工业经过几十年的发展，尤其是改革开放近三十年来，已经建立起一个门类齐全且有一定规模的体系。

农产品加工业一端连接城乡居民的最终消费，其发展状况决定着城乡居民日益多层次、多样化的新需求的满足程度；其另一端是农业产业链的延伸和发展，对提高农产品附加值，提升农业整体素质和效益，增加农民收入具有重要意义。云南农产品加工业发展基础较好，资源优势显著，市场潜力大，进一步加快发展是大势所趋，是增加农民收入、全面建设小康社会的时代要求。应紧紧抓住我国农业转轨加入 WTO 和中国—东盟自由贸易区的历史机遇，把农产品加工业作为当前农村经济最具增长潜力的新亮点，作为调整优化农业经济结构最具活力的推动器，采取积极措施，乘势而上，努力把云南省建设成为农产品加工业发达的省份。

1. 云南农产品加工业产业优势

中共云南省委、云南省人民政府十分重视农产品加工业发展，出台了一系列扶持优势农产品发展的政策措施，为农产品加工业发展奠定了良好的基础。

2005 年，全省从事农产品加工的乡镇企业 6.76 万个，完成增加值 54.8 亿元，实现销售收入 257.1 亿元，乡镇企业农产品加工、流通企业实力大大增强，有力地带动了我省农业结构调整，推进了农业产业化经营的进程。

云南是我国生物资源多样性最为丰富的省份之一，拥有北半球除沙漠和海洋外的各类生态系统，是全球生物物种高富集区和世界级的基因库，野生近缘种和民族遗传资源丰富，享有"生物资源王国"和"生物基因宝库"之称，具有雄厚的以生物资源促进经济发展的物质基础和巨大的开发利用潜力。省委、省政府高度重视生物产业的培育与发展，经过几十年的积累，特别是改革开放以来的加快发展，生物产业正成为各州、市竞相培育的重要产业和农民增收的重要来源，呈现出增长速度快、发展势头好的良好局面，并已形成了一定的产业规模。与此同时，我省已初步构建了生物产业科技创新和产业化支撑体系，具备了较好的产业基础和发展潜力。我省有条件在国家加快发展生物产业的大环境中，抓住机遇，迎接挑战，发挥云南生物多样性的优势，通过科技进步，努力把我省生物产业培育成为在国内外具有竞争优势的特色产业，为建设绿色经济强省奠定坚实的基础，促进我省经济持续、稳定、健康发展，真正使云南的生物资源优势转变为经济优势、竞争优势，实现由生物资源大省向生物经济强省的根本性转变。

2. 优势区域布局

根据云南区域经济发展态势以及生物优势资源、产业基础的地域分布，从构建产业链群的需要出发，统筹规划生物产业的加工基地、原料基地和生物服务业的发展布局。加工制造基地和服务业要充分体现聚集发展的原则，集中要素投入、加快发展；原料基地的建设要以地域特色和资源优势为依托，加工制造为保障，相对集中连片布局，形成以点带面、点状辐射与带状推移相结合的区域生物产业发展格局。即：以建设生物多样性可持续利用昆明国家生物产业基地为战略支点，充分发挥其辐射带动作用，逐步形成"一个核心区、六个特色产业片区和一个生物质能源基地"的发展布局，促进区域优势互补，产业联动发展。

一个核心区：发挥省会城市昆明在生物产业发展中的辐射、引领作用，依托其人才、技术、资金、信息较为集中的优势和交通便捷的条件，形成生物技术研发、人才和技术成果聚集、国际信息的交流中心，重点发展生物医药等现代生物产业和生物服务产业，进一步强化和提升昆明作为云南生物产业发展的核心地位和作用。

六个特色产业片区：滇中片区（昆明、玉溪、楚雄、曲靖大部），重点发展花卉、蔬菜、生物医药、畜牧、野生食用菌、绿色食品、干果、生物化工等产业，在此基础上，以昆明为中心，玉溪、曲靖、楚雄等滇中城市群为依托，构建云南特色生物资源精深加工基地；滇东北片区（昭通，曲靖宣威、富源和会泽），重点发展畜牧、天然药物、绿色食品、蚕桑；滇东南片区（文山、红河），重点发展以三七、灯盏花等为主的天然药物、优质水果及加工、畜牧、蔗糖、茶、麻等特色产业；滇西南片区（版纳、思茅、临沧），重点发展林（竹）纸、茶、糖、胶、麻、热带亚热带花卉和果品及加工、南药、傣药、林化工；滇西北片区（大理、丽江、迪庆、怒江），重点发展绿色和保健食品、草食畜及乳业、野生食用菌、特色花卉、民族药、蚕桑、干果；滇西片区（保山、德宏），重点发展蔗糖、香料、绿色食品、非木浆纸、蚕桑、麻、畜牧、天然药。

一个生物质能源基地建设：在滇南、滇西等重点产糖区和薯类适宜种植区集中布局燃料乙醇原料基地和酒精生产线，在成品油消费量大的地区集中进行脱水、变性生产燃料乙醇；在澜沧江、金沙江、南盘江、红河等四大流域的干热河谷地区布局以小桐籽为重点的生物柴油原料基地及油料初加工，在滇中布点精深加工。

3. 重点发展产业及措施

生物医药业：

以当地药材标准化种植基地建设为基础，加强中药、天然药物关键生产技术研究和先进适用技术推广应用，大力开发具有自主知识产权的创新药，加快药品质量控制体系建设，提高产品质量，积极开拓国内外市场。

以云南动植物、微生物药用资源为基础，应用先进技术发掘天然活性物质（有效活性部位和有效成分），在发展具有自主知识产权的创新药物的同时，构建具有特色的原料药和药物中间体产业。近期重点产品：甾体激素类药物原料、辅酶 Q10、紫杉醇、三七总皂甙、灯盏花素、大黄藤素、龙血竭等。

在对具有显著疗效的复方中药和彝药、傣药和藏药为重点的名药名方二次开发的基础上，积极开发具有新疗效、新剂型的地方传统名药和民族药新品种。近期重点产品是：云南白药系列、三七系列、天麻系列、灯盏花系列、叶下珠系列、灯台叶系列、薯蓣系列、山海棠系列等。

糖、茶和天然橡胶：

继续保持糖业基地在全国的地位，加强蔗区基础设施建设，稳定种植面积，引导基地向宜种区域集中，减少陡坡地种植，推广优良品种和先进栽培技术，提高单产量和含糖量；开发和引进新工艺、新设备、新技术，进一步提高出糖率，开展蔗糖副产物的综合利用，努力降低吨糖成本，开发天然糖和有机糖等多元糖产品，发展深加工，满足市场需求；切实提高综合经济效益；进一步整合资源，发展壮大企业，提高行业集中度和竞争力。

推进基地建设规范化、产品加工标准化、品牌打造国际化。加快良种繁育示范基地建设，大力改造现有中低产茶园，建设无公害（含有机）茶园。强化普洱茶原产地保护和品牌保护，加快普洱茶质量技术标准的制定和认证工作，推进清洁生产，规范行业管理，打造世界著名的普洱茶品牌。积极开发茶叶新品种与深加工产品，进一步提高茶叶产业整体科技水平，做精做专滇红茶、滇绿茶。以大企业、大品牌为龙头，增强我省茶叶在国内国外市场的竞争力和影响力。开展茶资源综合利用，采用高新技术提取茶多酚、茶色素、茶皂素、茶多糖等功能性成分。

稳定省内现有橡胶种植面积，强化品种选育，进一步提高种植、管理水平，建成中国最好的天然橡胶原料基地；积极寻求与周边地区的产业互补，拓宽原料来源；调整天然橡胶产品结构，适当压缩 SCR5 标准胶的生产，增加 SCR10、SCR20 标准胶及浓缩乳胶生产，加快扩大子午线轮胎专用胶和航空专用、低蛋白浓乳等产品的产量，提高产品附加值，同时加强天然橡胶的综合利用。

生物化工：

提高酶工程和代谢工程的研发能力，加强新菌种的筛选和对现有重要酶种、生产菌种的改造和提升，重点发展：重要工业用酶制剂，以天然香料为主的香料加工，以松节油和脂松香为重点的林化工产品深度开发，以印楝、除虫菊和微生物农药、微生物肥料为代表的生物农药与生物肥料，以薯蓣、番麻皂素深加工为代表的药物中间体及甾体激素，以烟草综合利用为重点的高附加值生物化工原料及产品，以及具有云南比较优势的食品添加剂、饲料添加剂和营养强化剂等产品。重点扶持一批有市场前景，能拉动产业发展的生物化工高新技术产品开发项目。

林纸业：

按照建成全国重要的林纸一体化产业基地的目标，以木纤维原料制浆造纸为重点，积极发展竹、蔗渣、麻等非木材纤维制浆造纸。大力推进林纸一体化，合理分区布局，集中建设基地；依靠科技，创新机制，拓宽融资渠道，积极引进战略合作伙伴，大规模、高起点，加快我省林纸产业的发展。

花卉园艺：

通过花卉新品种引进与选育、野生花卉资源保护与开发利用，加快新品种研发，培育具有自主知识产权的特色优势花卉品种，建立花卉、绿化植物种子、种苗及种球的繁育体系，逐步替代进口。强化种植、病虫害防治、采后处理等技术的集成应用。以鲜切花为重点，拓展延伸产业链，积极发展鲜花、干花生产，花卉种业，绿化苗木，观赏植物培育，加工储运、物流配送，形成一批具有较强经济实力的花卉、绿化园艺生产企业群和花农合作组织联合体，不断提升云花产业的综合竞争力，努力将云南打造成为亚洲最大的花卉生产出口基地、种苗种球繁育基地和交易中心。

丝、麻：

抓住"东桑蚕西移"的发展机遇，以市场为导向，技术为支撑，培育和推广优质蚕、桑品种，加快优质原料基地的建设步伐。调整茧丝绸产业结构，解决产业发展的关键技术，引进战略合作伙伴，有效延伸加工产业链，提升产品质量和产品档次，增强市场竞争力。

以国内外市场需求为导向，以构建安全、可控的工业用大麻良种繁育为支撑，速生、高产种植为基础，麻全秆清洁型制纸浆造纸、麻纤维原料加工、麻籽仁油脂与蛋白加工、药用标准提取物等五大序列产品加工业为龙头，营造环境，培育龙头企业，带动高档纸、纺织与技术纤维、油脂化工、保健食品、生物药等后续深加工产业群快速发展，力争把工业用大麻产业培育成为我省具有较长产业链和巨大市场发展空间的新兴产业；重点解决适应云南冬季小春种植的亚麻品种、种植技术规程和清洁生产技术，利用冬季闲田在适宜区实施亚麻规模化种植和初加工，提高亚麻纤维质量和档次。

生物质能源：

积极争取列入国家试点省区布局，并结合云南实际制订实施方案。着力解决生物质能源植物的规模化种植、低成本生产加工和综合利用中的关键技术问题，逐步降低生物能源产品的生产成本，促使非粮原料生物质能源实现规模化工业生产。以燃料乙醇为突破口，支持以发展薯类、糖蜜等非粮食为原料的生物质能源；以生物柴油为重点，积极发展小桐籽、橡胶籽等木本油料植物为原料的生物质能源。力争在"十一五"期间分别选育出 3 ~ 5 个适宜云南不同地区种植推广的速生、高产油料植物品种和甘蔗、薯类作物新品种，形成 20 万 ~ 30 万吨燃料乙醇、5 万 ~ 10 万吨生物柴油示范生产线及其配套的原料基地，初步建成全国重要的生物质能源试验示范基地和良种选育基地。

生物服务：

立足云南，充分利用西南地区、乃至周边国家生物多样性的资源优势，致力于生物多样性形成机制、保护和可持续利用的深入研究，着力强化濒危物种、特有物种抢救性保护和可再生性开发，依托中国西南野生种质资源库、民族药、天然药种质资源库及化学标准品库、生物基因库、GLP 和 GCP 实验室等，积极培育基因档案服务、生物信息服务、生物技术合同研究等生物服务业。与此同时，加快野生灵长类动物、高度近交版纳微型猪等实验动物材料、动物模型及相关服务产业的发展。

其他特色农副产品精深加工：

重点发展果蔬、食用菌、畜产品和马铃薯加工等具有云南比较优势的农副产品精深加工。

果蔬。支持骨干企业依托资源优势，加强种子基地建设，通过"公司＋基地＋协会＋农户"等多种形式，加快开发热带、亚热带果品、小粒咖啡及精细蔬菜、反季蔬菜、野生蔬菜等特色果蔬产品的规模化生产及其精深加工，提高综合利用水平，扩大国外和省外市场份额。积极开发果蔬汁、果蔬粉、切割蔬菜、脱水蔬菜、速冻蔬菜、果蔬脆片、干果等新产品及其果蔬皮渣的综合利用。

食用菌产业。加强野生菌资源的调查和保护，推广封山育林育菇，大力推进野生食用菌人工促繁基地建设，确保野生菌资源的可持续利用；推广冻干技术，改进野生食用菌加工工艺，完善质量保障体系，提高产品品质；积极发展特色人工食用菌；建立和完善以冷链为核心的云南省食用菌专业化物流体系；大力发展以食用菌为原料的功能性食品、保健品，扩大出口创汇。

畜产品。稳定发展生猪生产，加快发展以草食家畜为主的商品型、外向型、常绿型草地畜牧业，突出畜产品的深加工和商品率，大力发展畜产品加工业，走以加工带养殖、连市场的路子，重点建设标准化、无公害、外向型畜产品生产及加工基地。在稳步发展地方特有品种专用型和适应商品肉类市场发展需求的猪肉深加工的同时，抓好肉牛、肉羊的深加工；大力发展冷却肉、分割肉和直接食用的各类熟肉精制品；提高机械化屠宰比重，建立和完善肉类生产全过程的安全质量保障体系，全面开展质量体系认证，保障肉类产品的安全与卫生，增强市场竞争力。加快奶牛、水牛、奶山羊养殖基地建设，采取集团化生产经营模式，形成标准化、规模化生产，积极发展消毒鲜奶、液体奶、酸奶、风味奶、奶粉、乳饼、乳酪等产品，努力开拓周边省份及周边国家市场。使畜产品人均占有量达到全国先进水平，成为全国重要的畜产品生产、加工基地。

马铃薯。加强优质、高产、抗逆等专用马铃薯品种的选育，培育高淀粉型、食品加工型、高蛋白型等专用加工品种；积极引进国外先进技术，力争在种薯生产、原料基地建设、精深加工及市场开拓等方面取得突破，重点发展马铃薯全粉、精淀粉、专用淀粉、变性淀粉、薯类食品以及淀粉型可降解塑料等；建成亚洲重要的马铃薯生产和加工基地。

(二) 水电业

一个国家或地区国民经济的增长速度，同其能源消费增长速度一般都保持着正比例关系。各国政府都把建立可靠、安全、稳定的能源供应保障体系作为国民经济战略重点之一。可以说，优先发展能源生产是现代生产的重要规律。尤其对尚处于工业化发展阶段的中国，这一规律更具重要意义。

从宏观经济角度看，一个国家可以通过修建水坝，储备并充分开发数量巨大的水资源，综合利用水坝在防洪、发电、航运、漂木、供水、水资源调配、水环境保护、旅游、娱乐等方面的综合优势，极大地促进和带动地区和行业经济的发展。水坝在经济发展中扮演了重要的角色，改变了贫穷。水坝为经济发展和社会进步作出了巨大贡献，成为一国经济体系中不可缺少的组成部分。

1. 云南水电业产业优势

云南境内河流众多，仅径流面积在 1000 平方公里以上的河流就有 108 条，分属长江、珠江、红河、澜沧江、怒江和伊洛瓦底江六大水系。其中红河和珠江发源于省内，其余为过境河流，除金沙江、南盘江以外，其余四条均为国际河流。云南省境内的六大河流按入海的位置可分为太平洋和印度洋两大水系。澜沧江、红河、珠江、长江注入太平洋，属太平洋水系；怒江、伊洛瓦底江注入印度洋属印度洋水系。

云南是全国水电资源大省，境内水能资源丰富，经济可开发水电站装机容量

9795 万千瓦，居全国第二，约占全国总量 4.02 亿千瓦的 24.4%。不仅资源蕴藏量巨大，且分布主要集中在金沙江、澜沧江、怒江三大流域，占云南省经济可开发容量的 85.6%。

但是，和全国其他省份比较，云南省的水电开发水平却一直偏低，截至 2005 年 7 月 1 日，云南水电装机 764.4 万千瓦，仅占经济可开发总量的 7.8%，远远低于全国水电开发率 22% 的平均水平。按照保守算法，云南可开发的水电资源还有 8000 万千瓦，但目前已开发和正在开发的尚有 1100 万千瓦。积极有序地开发云南水电资源，是国家实施能源战略的需要，是云南经济社会发展、加快云南各族人民奔小康进程的需要，是从根本上保护生态环境，再造秀美山川的需要。

从经济学角度分析，云南省内流域水量充沛而稳定，开发目标相对简单，淹没损失和迁移人口较少，单位工程量小，造价低，经济技术指标优越，可开发的条件因地缘优势得天独厚。

从资源的角度分析，云南水能资源具有资源丰富而集中、调节性能良好、单位千瓦移民人数少，对生态环境的影响少等诸多特点，是国内水电开发的优质富矿；从地域特点分析，云南地处"西电东送"的中通道和南通道交汇点，具有送电华中和华南的地理优势和技术条件，且价格和质量竞争优势明显，华中、华南的广阔电力市场可消纳相当一部分云南电力。水电作为可再生的清洁能源，是国家一直鼓励和支持的产业，因此云南省把以水电为主的电力工业作为支柱产业，具有不可替代的优势。

2. 云南水电业优势区域布局

云南水力资源主要集中在金沙江、澜沧江、怒江干流上，三江干流经济可开发量占了全省经济可开发量的 86%。流经云南省迪庆、怒江、丽江、大理、保山、临沧、思茅、版纳、德宏、楚雄、昆明、昭通等 12 个地州市，这 12 个地州市国土面积占全省国土面积的 70.04%，人口占全省的 62%，地区生产总值占全省的 67.27%。

云南省境内的澜沧江流域共规划 15 个梯级电站，总装机容量为 2550 万千瓦。其中，上游初步规划为 7 个梯级，依次为古水、果念、乌弄龙、里底、托巴、黄登、苗尾，装机容量 960 万千瓦，保证出力 348 万千瓦，年发电量 460 亿千瓦时；中下游规划 8 个梯级，依次为功果桥、小湾、漫湾、大朝山、糯扎渡、景洪、橄榄坝、勐松，装机容量 1590 万千瓦，保证出力 741 万千瓦，年发电量 737 亿千瓦时。

金沙江是长江的上游河段。据目前统计，金沙江干流可开发装机容量约 7500 万千瓦，年发电量约 3500 亿千瓦时，居全国十二大水电基地之首。其中：中游河段规划"一库八级"开发，总装机容量 2058 万千瓦，多年平均发电量 883 亿千瓦时，保证出力 924.4 万千瓦，梯级水库可获得库容 254.72 亿立方米。下游河段规划采用 4 级开发，总装机容量 3850 万千瓦。

虎跳峡水电站具有多年调节的"龙头"水库，是金沙江中下游梯级开发的关键工程。电站规划总装机 420 万千瓦，有效库容 215.15 亿立方米。与金沙江中下游 11 梯级及三峡葛洲坝补偿运行时，可增加 13 梯级，保证出力 1146 万千瓦，增加年发电量 111.71 亿千瓦时，增加枯水期电量 397.04 亿千瓦时，增加保证电量 1007.4 亿千瓦时。虎跳峡水库在满足蓄水与发电的同时，防洪与发电结合具有较好的适应性，防洪库容达 60 亿立方米，可有效地削减长江洪峰。

怒江在云南境内河道长 621 千米，天然落差 1122 米。怒江中下游河段规划按"两库十三级"开发，包括松塔、丙中洛、马吉、鹿马登、福贡、碧江、亚碧罗、泸水、六库、石头寨、赛格、岩桑树和光坡等十三个电站，总装机容量 2132 万千瓦。

3. 水电业对新农村建设的贡献方式分析

云南水能资源开发利用，有助于培育当地新兴产业，发展和壮大已有产业，拓宽农民收入渠道，云南水资源开发是在我国经济发展能源短缺和合理利用水能、水资源的背景下提出的，对当地农民增收的贡献方式是多方面的。

第一，水能资源开发可以有效地改善农业生产所需的生态条件，改善农业基础设施。云南水能资源的开发是对水能、水资源的合理利用，避免了自然资源的无谓浪费，而且也改善了迪庆地区的灌溉条件，解决了当地农民的供水问题，减轻洪灾损失，增强了抵御自然灾害的能力。同时，由于库区移民，可以减少人为因素对当地的生态破坏，有利于迪庆地区自然生态环境的保护，这也增强了云南地区农业生产的自然条件。

第二，水能资源开发必然带动云南农村基础设施的建设，有利于提高当地自然矿产资源和民俗文化资源的利用水平，从而发展和壮大已有产业，培育和发展新兴产业。这样，一方面为当地农民创造了新的就业机会；另一方面，也拓宽了当地农民的收入渠道。迪庆地区有着丰富的铜和锌等矿产资源，有着丰富的动植物资源，有"三江并流"的独特景观，有着多姿多彩的民俗文化资源。所有这一切，都将在水能资源开发后，由于其基础设施的改善而得到发展和壮大，这不仅缓解了云南省人多地少的矛盾，而且有利于当地的经济结构调整，并使之趋于合理化，促进二、三产业，特别是第三产业的发展，使农民增收途径多元化。

第三，云南省由于水能资源开发的利用，交通、能源、水利、通讯等基础设施的改善，必将推动全省的经济发展和地区经济的发展，使其加大对当地主要产业的投入成为可能，从而提高农民的收入水平。有利于形成自我积累自我发展的良性循环，提高当地农民的自我发展能力。

第四，通过基础设施的改善和库区移民，将打破云南一些偏远地区长期以来的封闭落后状态，有利于加强与外界的经济交往和信息交流。一方面可以改变当地农民落后的原始耕作方式，刺激他们采用先进的生产技术和管理方法；另一方面，也可加快当地社会的发育进程，促进商品经济的发展，为农业和其他产业的发展创造条件。这也必然使农民的收入水平有一个较大幅度的提高。

第五，水能资源的开发利用，还将改善云南省的投资环境。云南具有丰富的自然人文资源，水能资源开发必然使云南省的基础设施得以改善，这既改善了外资投资环境，又为外地投资者创造大量的商机。引进外资，加大对这些资源的开发利用，也是当地农民增收的一个重要途径。

第六，水能资源开发是抢救和保护脆弱生态环境的重要选择。水电开发是人类改造自然、利用自然的重要活动，科学、合理地规划与开发水电有利于环境保护，实现人与自然的和谐统一。开发水电不仅可以替代和节约矿石能源，而且对减轻煤炭、石油大量消耗给环境造成的污染压力，贡献巨大。水电生产也不会对周边环境和气候造成任何不利影响。相反，由于水库大面积积蓄水源还会改善局部气候，有利于水土保持。特别是调节性强的大型水电站，对改善生态环境、加强水土保持有更重要的作用。

另外，贫困是破坏生态的根源。开发水电，实施库区居民迁移，实现"以电代柴"，可以有效减少当地植被的人为破坏；开发水电，增强地方财力，可以逐步形成相对完善的区域性环境保护体系；开发水电，才有可能投入资金改善交通，才有可能使云南的旅游开发形成规模。同时，开发水电形成巨大的人工湖泊，可以极大地扩展云南水环境容量，可以发展水产养殖、发展水上交通，还可以筹集资金建设更多的旅游设施，减少农业耕种逐步恢复良好的植被，把原有的天然旅游资源和新开发的旅游资源整合起来，把少数民族文化的精华发掘出来，并通过旅游业的发展，带动第三产业的发展和广大群众就业。

第七，水能资源的开发利用，还将提高当地农民的综合素质。人是经济发展中的决定性因素，云南水能资源开发对沿江地区农民综合素质的影响：一方面通过基础设施改善和库区移民，使得当地农民和外界的经济交往和信息交流沟通日益增多，使其破除小生产观念和原始平均主义残余，改变其落后的思想观念和不利于经济发展的民俗和生活习惯，树立市场、价值、竞争、效益、信息和知识等观念。另一方面，由于迪庆地区经济的发展和当地农民收入的增加，也使加大教育投入成为可能，教育事业将会获得较大的发展，这将为开展职业技术教育和科普宣传奠定基础，原有产业的壮大和新兴产业的发展，既为农民创造了新的就业机会，也为他们学技术用技术提供了舞台，使农民的生产技能和生产水平有个较大的提高。这就从思想观念和劳动技能等方面，提高了沿江地区农民的综合素质。农民素质的提高，也为农业劳动力的转移做了必要的准备，这是当地农民增加新的就业机会所必需的。

4. 水电业发展措施

第一，大力开发水电，直接为流域脱贫致富和经济振兴作贡献。云南省是全国水能资源最丰富的省份之一，可开发量占全国的四分之一，省委、省政府要把云南省建成"西电东送"和"云电外送"的重要绿色能源基地的战略，加强对三江干流的水电开发。云南省要通过修建水坝充分开发水能资源，综合利用水坝在防洪、发电、供水、水资源调配、水环境保护、旅游、娱乐休闲等方面的综合优势，极大地促进经济的发展。

第二，以水电开发为核心，利用水资源开发带来的综合效益协调社会、经济和环境的可持续发展。云南省水资源的成功开发，不仅仅要带来直接经济效益，水电开发将以发电为主，带来灌溉、供水、防洪、旅游等综合效益。除了直接财政收入以外，水电开发还要带动省内其他产业的发展，创造数以万计的就业机会。伴随流域的滚动、综合开发进程，实现交通等基础设施建设的逐步改善，促使云南具有比较优势的有色金属资源、生态旅游资源等产生更大的效益。

第三，水资源开发建设与环境保护并非完全对立，我们应科学地看待修建水资源开发对环境所带来的各种利弊影响，减缓甚至避免不利的一面，充分发挥其对环保事业的促进作用。看待开发和保护的关系一定要有大局观，要用联系、客观、发展的眼光来看待开发利用，在开发中重视环保问题，坚持科学的开发模式，实现资源开发利用与环境保护双赢。

第四，总体规划，分步实施，以上游大水库带动下游小水库，综合利用各种有利因素使效益最大化。一般认为，梯级开发对流域的经济资源结构、生态系统的冲突与平衡、社会结构的解体与重构都将产生重大影响，而且这种影响较单项工程而言具有群体性、系统性、累积性、潜在性等显著特征，因此也更加复杂和深远。同时，河流的不同梯级开发方式（如控制性大坝的布置、开发时序、开发项目的不同组合），对流域资源、社会和环境的影响是不同的。就现阶段而言，我们应尽快建立和完善云南省江河流域滚动开发机制，按照流域、梯级、滚动、综合开发的方针，开发有条件的梯级水电站，建立梯级补偿效益返还等机制。首先应鼓励优先投资建设龙头水电站，以此为出发点寻求流域的可持续综合开发。除水电项目外，还可以在梯级开发过程中，综合利用各种有利因素合理规划和建设，在防洪、航运、化肥研制与推广、农林渔业生产以及旅游休憩业的发展等方面也取得显著的综合效益。

第五，进行管理体制创新，建立符合云南省水资源特点和水电发展规律的水资源统一管理的体制。要使梯级开发的效益最大化，促进开发中的保护，建立水资源统一管理的体制至关重要。然而，梯级式建设及滚动式开发需要树立流域水量、水质、水能统一管理的观念，需要多部门、跨地域配合的运行机制，需要综合考虑开发活动空间的相互影响，需要均衡各方面的利益。从总体上讲，我们要注重对水资源管理的统一性和综合性，强调从流域甚至更大范围对水资源的统一管理，强调水资源的综合利用，不仅重视水资源开发利用对经济发展的影响，而且重视水资源开发利用对其他资源和生态环境的影响。首先，立法先行，建立相对系统和完整的流域法规并以此作为流域开发和管理的主要依据。政府要避免采用行政命令或直接干预经营和生产，政府应以全面配套的法律体系的建立者的身份参与开发，保证开发政策的权威稳定连续，避免政策执行的随意性，明确各方责权利关系。其次，成立具有足够权威性和独立性的强有力的流域管理机构并赋予其广泛的权力，以保证流域开发及管理的统一性。最后，必须以流域管理机构为主体，吸纳各种力量参与流域开发和运营并明确各方的责权利，均衡利益分配。

第六，必须要创新开发机制，突出开放性的特征。各级地方政府应以清晰的身份参与开发并发挥重要作用。从而确保流域水资源的统一管理，保证流域控制性工程社会公益性功能（如灌溉、防洪等）得到充分发挥，也有利于协调解决工程立项建设和管理中的各种矛盾。在流域开发（特别是开发的早期）过程中，政府必须投入大量资金同时进行政策扶持。考虑到我国东西部的经济差距、水电项目因回收期长等原因导致的投资吸引力的先天不足等因素，政府应该加大直接投资及税收倾斜等政策的力度。另外，初期的政府投资，将给后来的投资者极大的信心和安全感，有利于流域管理机构为滚动开发筹集必需的资金，带动流域的可持续发展。除政府外，其他利益团体的参与在流域的可持续发展中也是必不可少的。要充分考虑它们的利益需求并发挥其作用。

（三）矿产业

1. 云南矿产业产业优势

矿产业是云南传统优势产业，至今仍然对云南经济起着重要的支撑作用，并在全国占有重要地位。

但是产业规模的扩大和矿藏资源长期开采，而后续资源补充和勘查滞后，我省铁、铜、锡、锌等原料金属的自给率不断下降。云南矿业"三低"问题突出。部分企业，特别是中小企业技术装备水平低，生产经营粗放，资源利用率低，能耗高，生产成本高，环境污染较为严重。

云南省是中国矿业资源的富集区，开发这一大自然赐予的宝藏是云南各族人民长期的夙愿。在我国新一轮的经济增长中，云南省优越的自然资源条件，持续不断扩大的对外开放，良好的矿业基础是促进矿产资源开发的重要条件，这些要素条件组合带来的发展机遇，在国内其他地区并不多见。随着经济的不断发展，资源紧缺的局势日益凸显，云南省矿产业的地位将进一步得到提升。同时，中国和东南亚、南亚国家的合作，尤其是中国—东盟自由贸易区的建设，使云南矿产业利用周边国家丰富的矿产资源变得更加便利，为云南矿产业的进一步发展创造了良机。

云南省在推进新兴工业化进程中，进行行业整合，实施大企业、大集团战略，拥有一批实力较强的大型企业集团和知名品牌。昆明钢铁集团、云南铜业集团、云南锡业集团、云南冶金集团、云南石化集团、云南天然气集团等大企业集团年销售收入均在 40 ~ 100 亿元，经济实力和国际竞争力不断提高。云南锡业集团已经成为中国锡业的龙头企业，产品以精焊锡、锡材及锡化工系列为主，并生产铜、铅、铟、银、铋等 20 多个系列 300 多个品种，主导产品占国内市场的 1/2，世界的 1/4。云南铜业集团、云南冶金集团的铜、铅锌、铝冶技术和多项技术经济指标在全国处于领先地位，精铜、精锌、精铝质量达到国际先进水平。

2. 优势区域布局

按照统一规划、因地制宜、集中高效、合理布局的原则，将全省划分为七个各具特色、分工不同而又协调发展的矿业经济区。

"三江"区：包括怒江州、迪庆州、丽江地区。该区是我国著名的"三江"中南段有色金属、贵金属资源集中区，同时也是著名的"三江"并流风景名胜区。兰坪铅锌矿、羊拉铜矿、白秧坪银铜多金属矿，以及红山—雪鸡坪铜多金属矿等是我国最重要的大型有色金属原料基地。

昆玉区：包括昆明市、玉溪市及楚雄州东部地区。该区城市比较集中、经济发展条件较好，具有丰富的磷、铁、铜、钛矿等资源，是我省磷化工、电铝、钢铁、有色金属、贵金属的冶炼加工中心，也是全省矿业开发规划的核心地区。

个文区：包括红河州、文山州。该区是我国锡矿的主要产区，除锡外，尚有锌、银、铟矿等主要资源，也是我省矿业规划重点建设的地区之一。

昭曲区：包括昭通市、曲靖市。该区是我省煤炭资源的主要集中区和生产区，也是重要的有色金属生产基地。主要矿产是煤、煤层气、铅、锌。

大楚区：包括大理州及楚雄州西部。该区的特色矿产主要是铂族和建材非金属资源。依托大理作为滇西重要交通枢纽和重要城市的优势，大力开发稀贵金属矿产及建材产品，力争"十一五"建成我国第二个铂族金属生产基地和具有特色的非金属矿业基地。

保潞区：包括保山市、德宏州。该区的特色矿产是硅灰石、硅藻土及地热。重点是搞好非金属新产品、新材料的研制开发，巩固提高锡，加快地热及其他矿产的开发，争取 2010 年前使地热、非金属、稀有金属矿产的开发成为本区的一大特色产业。

思临区：包括思茅地区、临沧地区。该区是我国澜沧江中南段重要的铜、银多金属矿勘查开发区。主要矿产有铅、锌、铜、锗、金等资源。

3. 矿产业对农村经济发展的带动作用分析

第一，矿产资源的开发直接带动了当地农村运输业的发展。据初步统计仅2006 年 1 ~ 10 月份迪庆州矿业带动运输业收入 6000 多万元。直接增加了农民的收入，并且带动了当地经济的发展。

第二，矿产资源开发直接带动了农村剩余劳动力的转移，真正做到了离土不离乡。近几年来，云南省从事矿产业的人员逐年增加，为农民增收创造了有利条件。矿产资源开发还带动了当地餐饮、娱乐等服务业的发展，有效地吸纳了当地剩余劳动力，提高了农民的收入水平，有效地促进了当地经济的发展。

第三，通过矿产资源的开发利用，可以保障交通、能源、水利、通讯等基础设施得到改善，从而推动全州经济发展，使其加大对当地主要产业的投入成为可能，从而提高农民的收入水平，形成自我积累自我发展的良性循环，以提高当地农民的自我发展能力。

第四，在矿产资源开发利用过程中，通过基础设施的改善，将打破云南省长期以来的封闭落后状态，加强与外界的经济交往和信息交流。一方面改变当地农民落后的原始耕作方式，刺激他们采用先进的生产技术和管理方法；另一方面，加快当地社会的发育进程，促进商品经济的发展，为农业和其他产业的发展创造条件。

第五，通过矿产资源的开发利用，提高当地农民的综合素质。一方面，大型的矿区每年都会定期或不定期的组织当地农民进行技术培训，提高了当地农民的技能水平；另一方面，通过促进云南省经济的发展和当地农民收入的增加，加大教育投入，使得教育事业获得较大的发展，既为农民创造新的就业机会，也为他们学技术用技术提供了舞台，使农民的生产技能和生产水平有个较大的提高。

4. 发展措施

第一，建立和完善规划体系，加强矿产资源规划的实施管理。

省国土资源管理部门组织编制全省矿产资源调查评价与勘查规划、矿产资源保护与合理利用规划、地质环境保护规划等专项规划。地（州、市）国土资源管理部门应以规划为依据，编制本行政区矿产资源规划，矿产资源规划的目标和主要指标必须纳入同级国民经济和社会发展规划，并与同级相关规划相衔接，经同级人民政府审核同意，报省国土资源管理部门批准后实施；县级矿产资源规划经同级人民政府审核同意，报地（州、市）国土资源管理部门初审，最后由省国土资源管理部门批准。

各级人民政府要提高对矿产资源规划重要性的认识，做到科学规划，严格实施，加强规划管理信息系统建设，不断完善矿产资源规划体系。各级国土资源管理部门依照规划加强矿产资源保护与利用的监督管理，对不符合规划的勘查、开采和矿山生态恢复治理项目均不予审批，省、地、县级矿产资源规划每五年修编一次，修改已批准的规划必须经过法定程序。

第二，加强矿产资源法制建设，依法行政。

根据《矿产资源法》及其配套行政法规、《云南省矿产资源管理条例》的相关规定，制定和完善矿产资源保护、矿山生态环境保护及矿产资源规划的地方法规和规章。充分发挥规划的调控作用，强化矿产资源规划管理的法律地位。清理和废除入世后不符合国际惯例的有关规定，建立适应社会主义市场经济的矿产资源管理法规体系。

认真执行《矿产资源法》及其相关法规，加大执法力度，维护国家对矿产资源的所有权，保护矿业权益人的合法权益不受侵犯。转变资源管理方式，加强矿业权管理，规范矿业权市场。加强政府信息系统建设和矿产资源供求的政策研究，健全政府服务体系。

第三，建立和规范多元投融资机制，加强矿产资源勘查开发。

抓住实施西部大开发战略的机遇，进一步加强矿产资源管理秩序治理整顿力度，切实改善矿业投资环境。建立和规范我省的地质勘察和矿产开发资金管理，加强政府对基础性地质调查、优势矿产的开发利用、矿山生态环境、高新技术矿业发展的政策性融资。

对鼓励的矿产资源勘察、开发项目，对有利于矿产资源保护与合理利用以及提高资源利用率的研究开发和技术改造项目，对矿山生态环境恢复治理项目，在资金上给予补助，或提供信贷金融支持，或给予税收优惠。争取国家建设后备资源基地的各项投资，充分利用新一轮国土资源大调查资金，加快我省优势矿产的地质勘察。

探索并逐步建立矿业投资资本市场。鼓励国有矿山企业通过发行股票、债券、项目融资等多种形式筹集资金从事商业性勘查；鼓励发展非公有制矿业；贯彻《云南省外商投资勘查开采矿产资源条例》和抓住云南作为改善外商投资环境试点省的机遇，优化投资环境，采取更加灵活开放的政策，积极吸引国外、省外资金进行矿产资源风险勘查与开发。

大力培育和规范矿业权市场，认真落实资源有偿使用制度，根据云南实际情况，积极推行以招标、拍卖等方式出让矿业权，进一步规范矿业权流转。尽快开展"三江"中南段资源远景区探矿权招标试点工作，逐步实行资源产业化。

第四，实施"科技兴矿"战略，提高资源利用水平和管理水平。

制定并实施矿产资源科技发展规划，建立以资本和利益分配为纽带的产、学、研结合的矿业科研体系，逐步形成科技创新机制。加强矿产资源调查评价、勘查、开发利用与保护的新理论、新技术、新方法、新工艺的研究、开发与推广应用，整体提高矿产资源的勘查和开发的科技水平。

加强科技人才的培养和引进，强调矿业职工的技术教育和培训，提高队伍的整体素质。

建立全省矿产资源信息化管理系统，对矿产资源勘查、开发利用和保护进行动态监测，为矿产资源规划的科学管理打下基础。

第五，实施"矿电结合"方针，发挥资源优势。

矿产和电力同是云南的优势资源。要充分利用电力资源，大力发展低能耗、技术含量高的精深加工矿产品。通过实行差别电价，鼓励矿业企业与电力企业之间实行多种形式的合作、联营，共担风险，共享利润。实现电力与矿业相互结合，共同发展。

（四）乡村旅游业

随着现代旅游的发展，乡村旅游已成为人们回归自然、放逸身心、感受自然野趣、体验农村生活、进行休闲娱乐的主要方式之一。从云南的实践看，发展乡村旅游不仅丰富了旅游活动内容，扩大了旅游容量，而且带动了农业产业结构调整和农民增收致富，促进农村经济社会的发展。因此，在我国全面建设小康社会的过程中，大力发展乡村旅游，将对解决"三农"问题，促进社会主义新农村建设，发挥更加积极的作用，作出更大的贡献。

1. 云南省乡村旅游业产业优势

云南省由于其特殊的地理环境，独特的气候类型及特有的社会发展历史，壮美的山河，绮丽的风光，风格各异的民族风情，源远流长的历史文化，引人入胜的名胜古迹，形成了十分丰富而具鲜明特色的旅游资源。云南区位优势突出，"两种资源"（国内资源和国际资源）品位较高、互补性强，这为云南的旅游业发展提供了极为有利的条件。

从自然景观看，云南有许多旅游资源是世界罕见的。全省有106处自然保护区和57个风景名胜区，地形复杂、气候多样、山川挺拔、景色壮丽，从白雪皑皑的冰川世界到四季常青的热带风光。既有气温高达38℃极其丰富的亚热带、热带风光，植物花卉，珍稀动物；又有海拔4000米以上、北半球纬度最低、终年积雪的雪山群，以及由于终年积雪形成的蔚为壮观的冰川、冰塔、冰瀑等，特色明显，品位极高。特别是海拔1800米左右，以昆明为中心的广大地区，"天气常如二三月，花枝不断四时春"，是祖国的春城、世界的花都。还有被誉为"天下第一奇观"的石林；"世界之珠"的"三江并流"（金沙江、澜沧江、怒江）；高差 3900 米、世界最深的金沙江虎跳峡；有列入世界地质遗产候选名录的澄江动物化石群，以及引起国内外轰动的神奇美丽的香格里拉——迪庆，璀璨的高原名珠——滇池、洱海、抚仙湖等 30 余个湖泊，构成了云南旅游项目开发的独特优势。

从人文景观看，云南有 25 个少数民族，为全国多民族省区之最，各民族在长期的历史发展中，形成了自己独特的生活方式、社会结构、民风民俗、绚丽多彩的历史文化、多姿多彩的节庆活动，如纳西族的东巴文化、白族的南诏大理文化、彝族的虎文化及十月太阳历、摩梭人的阿注婚姻、傣族的"泼水节"、彝族的"火把节"、白族的"三月街"、景颇族的"目脑纵歌"等，构成了云南极为丰富、最具魅力的民族风情旅游资源。云南还是人类的摇篮之一，有再现悠久历史、人类历史发展各个阶段的大量文物古迹。有亚洲最早的、距今 170 万年的元谋猿人化石，有古滇文化及南诏国、大理国等众多的历史遗迹。全省国家级的重点文物 17 处，省级重点文物 102 处，国家级历史文化名城 5 座。省级历史文化名城 4 座。由此可以看出，云南人文旅游资源丰富且特色鲜明，具有明显的不可替代性，不仅在国内独树一帜，在国际上也占有重要地位，具有很强的吸引力。

进入 21 世纪，随着人们收入水平的提高和生活质量的改善，旅游不仅成为人们生活的重要组成部分，而且旅游活动的内容和形式也不断拓展，为乡村旅游的大发展带来广阔的空间。

针对新世纪旅游发展的新趋势，旅游者需求多样性变化的新特点，云南省早于 2000 年召开了全省乡村（民居）旅游发展大会，提出了发挥少数民族贫困地区的旅游资源优势，大力发展乡村（民居）旅游，丰富云南旅游内容，拓展旅游市场，在满足城乡居民日益增长的旅游需求，促进旅游业快速发展的同时，带动少数民族贫困地区脱贫致富，推动农业产业结构调整，促进农村经济社会发展。

通过几年来大力发展乡村旅游，全省逐渐形成了一批各具特色的乡村旅游类型。如以元阳梯田、罗平油菜花风光为代表的"田园风光旅游型"，以腾冲县和顺镇、丽江市束河镇为代表的"古镇休闲度假型"，以昆明市团结乡、丽江市黄山乡为代表的"农家乐休闲度假型"，以香格里拉县下给村、宁蒗县泸沽湖落水村、瑞丽市大等喊村为代表的"民族文化体验型"，以昆明市团结乡、福保文化村、玉溪市大营街为代表的"现代新农村休闲型"，以呈贡县斗南花卉基地、寻甸县钟灵山生态农业园为代表的"高科技生态农业观光型"，以鹤庆县新华村为代表的"旅游工艺品购物观光型"等不同风格、不同特色的乡村旅游类型，极大地促进了这些地区和全省旅游的发展。

但是由于各地旅游配套设施不完善，严重制约了乡村旅游发展。首先道路的通达条件、住宿设施的接待能力，甚至细化到厕所的卫生要求，都成为游客较为关注的问题。其次就是在对外促销方面，云南具备乡村旅游开发潜力的村镇并不少，但有的缺乏有效资金作支撑，从而制约了景区的发展，而有的又因为缺乏与旅行社的合作，因而丧失了批量游客进入的大市场。

2. 乡村旅游业对农业和农村经济发展带动作用的分析

云南省地处祖国西南边陲，山区面积大，少数民族多，"三农"问题突出。近十多年来，他们借助旅游产业优势，大力发展乡村旅游，实施"以旅助农"战略，有条件发展旅游的地区，农村面貌发生了明显变化。

第一，从事乡村旅游的农民富裕了。乡村旅游的发展，为农民找到了致富门路。目前，云南省凡是靠近城市和有旅游资源优势的农村，都不同程度地搞起了乡村旅游。随着人流、物流、信息流的流动，农民空闲的房屋、剩余的劳动力、自产蔬菜水果等，都派上了用场。城市周边的"农家乐"，客人吃一餐饭只收10元钱，但是源源不断的游客，日积月累的收入，使经营的农户很快富裕起来了。不少农民靠办"农家乐"盖起了小洋楼、购买了小汽车。丽江市有些乡镇旅游收入已占GDP的50%左右。过去，束河古镇一直靠种地为生，村民人均收入只有七八百元。开展束河茶马古镇旅游项目以来，收入迅速增加，2005年该镇旅游总收入达到2500万元，村民人均收入提高到4000多元。

第二，农村产业结构优化了。一是由种粮为主转向种植养殖业全面发展。由于蔬菜、水果、鸡、鱼、肉、蛋等农副产品以及花卉有了销路，农民瞄准市场，什么赚钱就生产什么，出现了许多直接与市场对接的种植养殖专业户、专业村。罗平县由于连年举办"油菜花旅游节"，带动该县成为"三黄"、"三白"的生产和加工基地（"三黄"是指菜油、生姜和蜂蜜，"三白"是指白薯、百合和白萝卜），经济效益显著提高。二是由务农为主转向农商并举。一般是当地有什么，游客买什么，村民就生产加工什么土特产品和工艺品。有的加工业已经形成村镇及县域产业经济。大理市新华村是一个白族村落，村民有加工银器传统工艺。在乡村旅游的带动下，形成了"家家有手艺、户户是作坊"的局面，手工艺品加工销售收入占全村总收入的70%。村民们说："小锤敲过一千年，一品富裕千万家。"在这里，农业已经成了农民的副业。三是由传统农业转向现代农业。为吸引游客观光游览和放心消费，农民大力发展观光农业、生态农业、精品农业，种植无公害蔬菜，建设绿色农业示范园。有些乡村为营造良好的生态环境，农民自愿退耕还林还草，治荒治污，出现田园风光与山水风光浑然一体的景象。

第三，富余劳动力就业离土不离乡。乡村旅游具有劳动密集型的特点，农村富余劳动力，无论男女老少都比较容易找到适合自己干的事情。凡是乡村旅游发展较好的农村地区，村民很少有人到外地打工的，在外学习的学生和复员军人也都愿意回到家乡工作。像大理、丽江一些村镇的农民，直接和间接从事旅游的比例已经达到50%以上，并且大量吸纳了附近村寨和外地劳动力。尤其值得称道的是，农村妇女劳动力在发展乡村旅游中发挥了主力军作用。无论是家庭作坊，还是"农家乐"餐馆，多数都是"老板娘"支撑门面，而工艺品加工和经营，以及店铺、餐饮服务人员大约70%是女性。

第四，村容村貌和生活环境改善了。农民发展乡村旅游有了钱，首先就是造房子，这使农村居住条件明显改善。特别是在当地政府规划的引导下，一些村容整洁、各具特色的旅游小城镇应运而生。不仅像束河古镇、和顺古镇等具有历史文化价值的古城古镇得到了很好的保护和修缮，还出现一批新建的民族村镇。发展乡村旅游，也调动了农民改善生产生活条件的积极性。农民主动配合政府修路、改水、改电、改厨、改厕，基础设施大为改善。有的还集资办教育、办医疗。丽江、大理的一些旅游村镇，适龄儿童入学率达到100%，农民参加合作医疗达到95%。

第五，农村文明程度提高了。一是农民素质显著提升。乡村旅游在给农民带来好处的同时，也对他们从业素质提出了新的要求。学文化、学技术成了一些农民的自觉行动，许多少数民族村民学起了普通话、外语和电脑。和顺古镇的百年图书馆焕发了青春，重新成为农民学习的场所。互联网也已进入一些农民家庭，成为他们收集和传递信息的重要手段。二是乡风民俗更加文明。乡村旅游的发展，按照一种新型的生产形式把村民联系起来，既有公平竞争又有相互合作，传统道德的约束和行政、行业组织的管理交互作用。农民遵纪守法、诚实守信、家庭和睦、邻里互助的观念和习惯得到强化。丽江古城、束河镇等地方，每天游人如织，但多年没有发生重大刑事案件。三是农民有了热爱家园的自豪感。人们珍惜资源、爱护环境、美化家园、传承文化的意识日益增强。在一些旅游村镇，流过乡间的水系都是清澈的，路边、庭院的花草树木都是经过精心呵护的，人与自然显得非常和谐。

3. 云南省发展乡村旅游的思考

第一，着眼全局，把乡村旅游纳入新农村建设的轨道。建设社会主义新农村是党中央、国务院做出的重大决策，涉农的各项工作都要以科学发展观和《中共中央国务院关于推进社会主义新农村建设的若干意见》为指导。乡村旅游也必须纳入社会主义新农村建设的轨道，这样才能在新的起点上发挥其功能和作用。要让新农村建设目标覆盖到乡村旅游。"生产发展、生活宽裕、乡风文明、村容整洁、管理民主"这五项新农村建设的目标要求，既是发展乡村旅游的根本目的，也是乡村旅游所具有的功能。各级党委、政府要把这项工作摆到新农村建设的议事日程，加强领导，提供服务，常抓不懈。要让新农村建设的政策惠及到乡村旅游。推动新农村建设，中央和地方都采取了一些政策性措施，乡村旅游要涵盖在大农业之中，使其享受必要的优惠政策。比如，有些扶持"三农"的资金，应允许用于发展乡村旅游；对促进生态、文化、环境保护的旅游项目，应制定鼓励政策，使农民切实能够得到政府支持，政策扶持，提高发展乡村旅游的信心和能力。要让新农村建设的规划兼顾到乡村旅游。各地制定新农村建设规划，要充分考虑到当地的自然和文化资源，可以把旅游型农村作为新农村建设一种模式，积极为发展乡村旅游创造条件、留有余地。这样做，有利于农村资源的利用和环境保护，有利于农村的综合发展和可持续发展。

第二，要重点解决发展乡村旅游的瓶颈性问题，下大力解决农村基础设施建设问题。这是发展乡村旅游普遍遇到的问题，很难靠基层组织和农民自身的力量去解决。从2008年起国家将基础设施建设的重点转移到农村，各级政府应帮助那些有旅游资源优势和产业基础的乡村，加快解决交通、通讯、供电、饮水等方面的问题。同时，要利用旅游项目的牵引，调动农民参与基础设施建设的积极性。着力解决农民创业资金的问题。适合发展乡村旅游的地区，多数是生态环境和文化特色较好的山区和少数民族地区，农民进入乡村旅游产业一般都需要有一定的投资。各级政府除实行政策扶持外，还要帮助农民疏通小额信贷渠道。对于一些较大开发项目，还要由政府帮助招商引资。重视解决从业人员培训的问题，旅游业对从业人员的素质要求比较高。农民尤其是经济落后地区的农民，从事旅游行业，无论是经营管理、接待服务、产品加工，都需要必要的技能培训和不断的学习提高。各级政府和有关部门，要想办法解决培训场所和渠道问题。

第三，分类指导，打造不同发展模式。云南省农村自然资源、人文环境、区位条件差异较大，发展乡村旅游的情况不尽相同。我们要根据生态性、民族性、地域性的差异，因地制宜、因势利导，打造乡村旅游的不同发展模式。大致有三种类型：一是依托客源市场发展"农家乐"，这种模式，主要是地处城市或景区周边的村镇，利用交通便利、客源稳定等条件，引导农户按照管理规范开展旅游食宿接待服务。这种投资少、风险小、经营活、见效快的形式，深受农民欢迎。二是依托资源优势发展乡村旅游。利用当地生态、民俗、建筑、人文等旅游资源，由政府主导，按市场化运作，用多种投资形式，依照政府规划开发建设旅游产品，有组织、有规范地进行旅游经营和服务，形成旅游景点。三是依托大型景区开展旅游服务。旅游产业关联度强、产业链条长。一般大型景区的服务都要辐射较大区域。景区周边的农民有的可以参与接待服务，有的可以加工旅游商品和农副产品。比如，丽江的石鼓镇、黄山镇，大理的新华村、周城村等，都是靠加工旅游商品发展起来的。

　　第四，规范管理，发挥典型示范作用。乡村旅游是对农民和基层组织有巨大吸引力的新生事物，很容易出现遍地开花、良莠不齐、资源破坏等问题。云南省在提出发展乡村旅游的同时，要着眼解决"农民不会干、干部不会管"的问题，把"发动起来、组织起来、管理起来"一并进行。要做到每个地区的乡村旅游，都有布局合理、开发适度的总体规划；每种乡村旅游的类型，都有建设、管理和服务的质量标准；每个资源开发的乡村旅游项目，都有生态、文化、环保等方面的把关部门。使乡村旅游逐步建立起规范化、专业化的管理机制。并且在对乡村旅游规范管理的过程中，重视培养、总结典型，通过典型的示范作用，为农民树标杆、教方法。把景区周边、城市近郊以及田园风光、民族风情、古村古镇等不同的乡村旅游活动，大致分成多种模式，鼓励省市（州）县共同培养一批示范点，组织干部和农民就近现场观摩，并在同一类型中开展评先创优活动。

　　第五，要形成推动乡村旅游发展的合力。乡村旅游是一个综合性很强的产业，需要各方面的支持。需要政府统一领导、部门分工负责、各种组织联手的办法，协调一致地助农兴旅，共同推动乡村旅游的发展。发展乡村旅游必须要强化政府的主导地位。实践证明，没有政府的组织领导，靠市场自然发育，靠农民自发行动，在现阶段是行不通的。各级政府要统筹规划，统筹协调，统一领导，完善机制，依法管理。发展乡村旅游也同其他"三农"工作一样，需要社会的广泛参与和支持。各级政府要在工业反哺农业、城市支援农村的战略中，为乡村旅游的发展创造机遇，动员和组织更多的社会力量参与到乡村旅游之中，并用良好的社会效益和经济效益，推动社会力量与乡村旅游良性互动。发展乡村旅游还必须重视农民自治组织的基础作用。各级政府对农民在发展乡村旅游中成立的新型组织，要加强引导，完善功能，规范管理，使这些组织真正起到开拓市场、行业自律、维护权益的作用，成为当地基层组织联系农民、指导工作的助手和纽带。

　　第六，要重视旅游小城镇的建设。旅游小城镇，是发展乡村旅游的重要载体和支撑点，也是新农村建设与城市化建设结合最紧密的一种形式。要加强小城镇建设一是要科学规划，有序推进。应以城镇体系规划为指导，根据经济社会发展状况，统筹考虑当地历史文化遗产、民族民俗文化和风景名胜区资源，合理安排旅游小城镇的布局。应着重处理好城镇规划与旅游规划的衔接，既要切实体现城镇建设的各项指标，又要使其具备旅游服务的各项功能，切实防止乱开发、乱建设，突出特色，提升魅力，这是建设旅游小城镇的灵魂。旅游小城镇与其他城镇的本质区别，就在于它不仅是一处民居，而且还是一个旅游产品，具有吸引游客的特色和魅力。二是强化保护，持续发展。发展旅游小城镇，并不是都要建新城，主要是对旅游资源较为富集和独特的村镇，进行改造完善。要把保护和建设放在同等重要的位置上，建设的目的是实现资源的利用性保护，使历史文脉得到延续，民族文化得到保护，生态环境得到改善，实现资源的永续利用。

四、加快直接惠农产业发展的对策建议

（一）发展龙头企业，实行千企带千村

建设社会主义新农村的关键是发展农村经济。可是由于农村缺乏资金、技术，信息不灵，农村劳动力整体素质较低，商品经济意识淡薄等，因而严重制约着农村经济的发展。因此，采取多种方式对农村进行帮扶是十分必要的。近年来，我国的扶贫开发事业帮助数千万农民摆脱了贫困，就是最有说服力的证明。然而我们还应该看到，以往的扶贫开发主要是政府、农业产业化龙头企业和贫困农民之间的事情，只有一小部分企业参与，大部分企业并没有广泛参与其中。在如今工业反哺农业、建设社会主义新农村的新形势下，除了政府要加大对新农村建设的支持以外，还应充分发挥企业在新农村建设中的主体作用。

企业在带动农业发展的过程中，不仅可以使工商企业反哺农业、支持农村、带动农民，彻底改变农业弱质、农村落后、农民弱势的状况，让广大农村和农民也能共享工业化、城市化带来的实惠。同时，也可以把民营企业的资金、信息、市场、管理、技术与农村的自然资源、劳动力资源结合起来，形成优势互补、利益共享的经济合作关系，促进企业的发展壮大，从而建立起以工促农、以城带乡的长效机制。

随着我省旅游业、加工业和矿产业的发展，许多农民就地、就近进入二、三产业，为农民就业和增收提供了有效途径。尤其是农产品加工业，延长了农业产业链条，拓展农业功能，实现农产品转化增值，增加农民就业机会，促进农民增收。龙头企业多以劳动力密集型为主，具有较强吸纳劳动力的能力，能够将大批农村剩余劳动力吸纳到企业中就业，拓宽其就业空间，逐渐成为转移农村剩余劳动力的主渠道。

村企结对扶贫，受益的并不仅仅是贫困村，企业在付出的同时，也会从中受益。我们应该鼓励企业深入农村，在带动农村经济的同时，实现村企双赢的局面。

一是共谋发展思路。鼓励企业家（部门负责人）以担任新农村建设顾问等形式，用新理念和新思路，帮助结对村理清发展思路，制订发展规划，谋划发展举措，传授先进管理经验，促使农村有新变化、新发展。

二是共兴农村经济。按照互惠互利的原则，鼓励企业（部门）与结对村联合开发有关产业。企业（部门）应充分利用自身经济、生产、经营、管理政策把握能力强等优势与结对村的资源优势相结合，投资发展旅游业、矿产业、水电业和农产品加工业。建立农特产业基地，参与观光农业、生态农业和休闲农业等建设；利用农村非农建设用地或农村集体闲置地建设标准厂房，发展适合当地条件的企业；参与现代商贸特色村、休闲旅游生态村等块状经济建设，促进农村经

济发展。

三是共建基础设施。鼓励企业（部门）参与实施农村道路硬化、村庄绿化、卫生洁化、水域净化、路灯亮化的"五化"工程，帮助开展道路、路灯、绿化、河道清理、管线和垃圾污水处理等基础设施建设。同时，鼓励企业按照有关政策合作投资旧村改造、村庄迁移等项目建设，加快农村新社区建设。

四是共办社会事业。鼓励企业（部门）捐助参与村办公楼、文化室、卫生室、老年活动室、公园等公共服务设施建设，促进农村社会事业发展。鼓励企业（部门）热心回报社会，以公益性专项募捐基金或结对帮困、困难救助、爱心援助等形式，积极捐资帮扶困难、弱势群众，共同建设和谐农村。

五是共促农民就业。鼓励企业（部门）参与农民培训和转移工程，结合企业用工需求，开展"订单式"、"定向式"等多种形式的职业技能培训，与结对村形成长期稳定的技能培训、就业合作关系，帮助结对村农民提高转移就业和充分就业能力，实现农民增收致富。

六是共育文明新风。鼓励企业（部门）通过文化设施共享、文体队伍联建、文化活动联欢等形式，活跃农村文化生活，让农民感受更多现代文化气息。同时，围绕"八荣八耻"教育和建设社会主义新农村主题教育等活动，积极开展公民道德建设，营造文明乡风。

七是要采取激励措施，研究制定鼓励企业加大对经济薄弱村投入的优惠政策，积极营造开展村企结对帮扶的浓厚氛围。要宣传那些结对帮扶成效突出的典型经验，激发更多企业参与结对帮扶的热情。要指导结对企业正确处理与农民的利益关系，确保农民的长远利益。

（二）政策支持

社会主义新农村建设是一项庞大的系统工程，在建设社会主义新农村过程中，要充分发挥党委领导的作用、政府主导的作用：

1. 政府要把产业发展作为新农村建设的必要条件。实践证明新农村建设总体目标的实现，第一要务就是要大力发展农村经济。只有通过发展农村经济，农民增收和农业综合生产能力的提高才有强大的产业支撑。只有发展好农村经济，才能保障全体人民共享经济社会发展成果，才能不断扩大内需和促进国民经济持续发展，怎么才能发展农村经济，首要条件就是要因地制宜的扶持产业发展。

2. 因地制宜，统筹规划产业发展。总体规划总揽新农村建设工作全局，其科学与否，直接影响农村经济发展、农业产业化进程和农民收入的提高。因此，行业部门要从实际出发，遵循产业发展的客观规律，合理布局产业发展。

3. 发挥行业优势，服务产业发展。行业部门要按照"高产、优质、高效、生态、安全"的要求，加快示范区产业发展。一是优化产业结构，加速传统产业改造升级，建设优势产品产业带，积极发展特色农业、绿色食品和生态农业。二是严格按照行业标准，建立健全本区域产业标准化生产规程，全程指导产品生产。三是提升农民素质，有组织的培训农民。四是狠抓投入，农民仍然是弱势群体，农业投入还很不足。因此，行业部门要筹措资金，同时也要动员全社会力量支持新农村发展，重点解决示范区产业发展的资金问题。五是加强示范区产业的综合管理，支持产业发展是一项复杂的长期的工作。行业部门应加强管理和行业自律，时刻掌握产业发展动态，规范产业健康有序发展。

4. 扶持产业化建设，积极打造产业品牌以部门优势扶持龙头企业发展。政府部门应挖掘产业潜能，着力打造优势产业品牌。龙头企业是引导农民发展现代农业的重要带动力量。政府部门要结合自身特点，有针对性的加强对龙头企业的指导和服务。

5. 构建信息平台。信息是非常重要的产业资源，政府要及时收集传递相关产业信息，建立收集和发布制度，建立完善产业信息库，分析信息科学性，使农民充分共享信息资源，真正把信息平台建设成调整产业结构、指导生产发展、加速产品流通和提高产品效益的指挥中心。

（三）财政扶持

建设社会主义新农村的每一项工作都与财政业务紧密相关，如何充分发挥财政职能，全力服务社会主义新农村建设，是财政工作面临的一项重大任务。财政部门作为政府经济综合部门，应以统筹城乡发展、"两个反哺"和"多予、少取、放活"的方针为指导，围绕农业增效、农村发展、农民增收，合理配置财政资源，全力服务新农村建设。

第一，解决思想认识问题，明确财政支农的落脚点。

增加农民收入，提高农民生活质量，是财政支农工作的永恒主题。只有农民增收了，新农村建设才有坚实的物质基础，全面建设小康社会才会有希望。必须把农民增收作为财政支农的根本出发点和落脚点。近几年，国家实施了一系列惠农政策促进农民增收，但受多种因素制约，农民增收依然困难。因此，要教育各级干部特别是财政部门干部增强支持新农村建设、促进农民增收的责任感和紧迫感。从大的方面来讲，要求我们各级干部从"三个代表"重要思想的高度，从贯彻落实科学发展观的高度，把大力支持社会主义新农村建设作为一项重要的历史使命，担负起应有的历史责任，把思想和行动统一到建设新农村的部署上来，充分认识农民增收的重要性，增强帮农民致富的自觉性和主动性。从具体的方面讲，要求我们各级财政部门干部紧密结合财政工作实际，应用好财政政策，围绕本职工作，抓好工作落实，促进农民增收。要按照工业反哺农业、城市支持农村的方针，进一步研究新农村建设的政策，细化新农村建设的目标，强化新农村建设的措施，落实新农村建设的投入，不断提高帮助农民致富的能力和本领，确保新农村建设开好头、起好步。

第二，抓好关键环节落实，选准财政支农的切入点。

新农村建设涵盖了农村经济社会发展的各个方面，需要财政从多方面予以支持，但也不可能一下子全面铺开，不可"包打天下"。当前，应当以发展农村经济为切入点，围绕生产发展、农民增收开展工作，搞好政策、资金、项目等方面的支持与保障。围绕我省农村工作实际，应着重抓好以下几点：

一是加大基础设施建设的支持力度，夯实经济发展基础。各级财政部门要发挥职能优势，积极向上级争取各类发展资金，重点抓好村村通油路、中小学布局、农村寄宿制学校建设、农村卫生医疗基础设施建设、远程教育网络建设、水利设施建设、生态环境建设等，改善农业生产条件和农民生活条件，逐步缩小城乡差距。二是加大农业内部调整的支持力度，推动农业产业化经营。从农村实际出发，以增加农民收入为核心，加快支持农业结构调整和特色农业发展。捆绑使用各种财政资金，支持广大农民大力发展土豆、烟叶、中药材、大棚菜、糯玉米等高效产业。以现有龙头企业为依托，搞好发展壮大，抓好农副产品深加工，提高农副产品附加值，逐步完善"公司＋基地＋农户"的产业化发展模式，走规模化、市场化的道路。三是加大对专业合作组织的支持力度，发展农民经纪人。财政每年都应安排一定规模的资金，引导农民、农技推广机构，农村经纪人、专业大户创办或领办各类专业合作组织，开展专业化、系列化服务，提高农民参与产业化经营的能力。也可以尝试通过财政贴息或预付政府储备金等形式，引导龙头企业与农户签订收购合同，向农户提供各种服务，建立最低保护价或联动价，把分散的农户组织起来，进行规模化生产，占领市场。四是加大对农民的培训力度，提高农民市场竞争力。要增加培训资金，县一级财政每年安排一定数量的资金用于农村劳动力转移培训，并积极争取中央财政的支持；要整合培训资源，充分利用各类职业技术学校、农村夜校、基层学校、中小学校、乡镇科技站、文化站等培训基地开展培训；要丰富培训内容。

第三，发挥公共财政作用，找准财政支农的着力点。

财政支持新农村建设，必须突出重点，抓住着力点，不断改变财政支农的管理方式，改革财政支农工作的体制，达到重点突破、整体推进的目的，真正把"公共财政的阳光普照农村"的要求落到实处。

1. 着力推进农村各项改革。一是支持推进乡镇机构改革。建立鼓励激励机制，鼓励精简机构，妥善安置分流人员，确保机构改革的平稳过渡；调整乡镇财政支出结构，引导乡镇政府转变职能。二是支持推进农村义务教育管理体制改革。建立和落实各级政府"责任明确，财政分级投入，经费稳定增长，管理以县为主"的新体制,完善以财政投入为主的农村义务教育经费保障机制;增加公用经费投入,增加人员经费安排。三是支持推进县乡财政体制改革。进一步调整和优化财政支出结构,把不应该由农民负担的公共支出列入财政支出范围,不断增加财政对农村基础设施建设和社会事业发展的投入。四是继续支持乡镇初中和中心小学建设,做好布局结构调整工作。

2. 着力创新财政支农机制。一是努力增加资金投入。用足用好省、市帮扶政策和国家产业政策,积极上报各类投资项目并尽可能挤入国家"十一五"规划和省"两区"开发范围之内,争取得到上级更多的资金投入。二是整合财政支农资金。以主导产业或重点建设项目为资金整合平台,积极探索农业综合开发与扶贫开发、农业生态建设、农村中小型基础设施等支农项目相配合、统筹安排的投入机制,集中财力办大事。三是强化支农资金监管。要完善项目立项管理,推行项目招投标制,以提高项目建设质量;要强化资金运行监管,推行国库集中支付、政府采购和财政支农资金县级报账制等管理办法。四是推行绩效评价机制。加强财政支农资金跟踪问效管理,对效益好的项目加大扶持力度,效益差的项目不再安排资金。五是加强支农资金检查。主动与审计、财政监督部门协作,加大联合检查审核的力度,增强资金使用单位的责任感。六是建立财政补偿机制。对一些相关项目,应根据建设规模实行以奖代补;充分发挥财政资金的杠杆作用和乘数效应,综合应用贷款贴息、配套投入、民办公助、以物抵资等激励手段,吸引民间资金对农村小型公益设施的投入,提高农业综合生产能力。七是着力增加投入,扩大公共财政覆盖农村范围,逐步建立财政支农资金稳定增长机制。支农支出预算高于上年预算安排,积极探索和完善利用补助、贴息、保险、担保等方面手段建立投入的激励机制,大力鼓励和引导社会各方面增加对农业农村的资金投入,逐步形成新农村建设稳定的资金来源。

3. 着力加强乡村财务管理。应将县级国库集中收付制度向乡镇延伸,推行"乡财县管乡用"改革模式。以乡镇为独立核算主体,对乡镇预算管理权、资金所有权、使用权、审批权、筹资渠道和债权债务管理实行"六个不变",在此基础上,采取预算统编、账户统设、工资统发、票据统管、采购统办、费用统付、网络统联、凭证统审的财政管理模式。同时,应推行"村账镇管",将村级财务纳入乡镇财政所"零户统管服务中心"集中管理。各村只设一名报账员,在保持村级资金所有权、使用权、审批权不变的前提下,实行"收入直达专户、支出集体会签、核定现金限额、定期集中结报、统一使用票据、档案集中管理"的办法。此外,要推行村级主要干部离任审计制度。凡村级主要干部离任时,纪检、财政部门应相互配合,进行离任联合审计,并将审计结果如实向村民公布。

4. 着力推进农村社会保障制度建设。一是整合现有的自然灾害救济、临时救济、特困定补、五保户供养等各项资金，探索建立农村特困群众最低生活保障制度，进而建立覆盖所有农村低收入居民的最低生活保障制度。二是进一步扩大新型农村合作医疗覆盖面，提高农村合作医疗保障水平，力争到 2010 年实现全面覆盖农村居民，使农民享有最基本的医疗保障。三是逐步推行以农村计划生育户和被征用土地而失地农户为主体的农村养老保险制度，让计划生育家庭和失地农户能够实现老有所养。四是进一步完善优抚制度。提高补助标准，让农村义务兵家属和优抚对象得到优待、抚恤和补助，转业和复退军人得到妥善安置和使用。

（四）培训、职业教育

"农村教育"是一个全方位的概念，它不仅仅是指常规意义上的基础教育、学历教育，还包括科学思想、科学精神普及，农村文化、意识领域阵地的构建，集体主义思想的重塑，文明乡风的打造，农村民主建设的推进等等。改善"农村教育"，是社会文明进步的重要因素，应该做好三方面工作：

1. 加强农村基础教育体系建设，把"有教无类"落在实处。基础教育是农民教育的基础。在教育投入上，要大力加强对农村基础教育的投入，在整合教育资源的基础上，对学校校舍、设施进行改造；农村中小学教师工资及必要的经费支出，应由中央和地方财政提供；在教学实施上，要实行集中规模办学与边远山区办教学点授课相结合的新管理模式，在条件成熟的地方，可以试点远程教育；在经费投入上，要鼓励民办学校；在配套政策上，要研究民营企业捐助教育的退税政策，让全社会参与、关心农村基础教育；在具体操作上，对基础教育要加强管理、分类指导，防止一些地方出现的因为农村可减免学费等，而出现的"非转农"现象，从而影响真正困难的农民的利益。

2. 重视农民的教育培训，全方位提高农民素质。在巩固和加强农村基础教育的基础上，重视对农民的教育培训工作，主要内容为科学思想、科学精神普及，农村文化的建设，中国传统思想和集体主义思想教育，民主法制意识的宣传等。另外，"名存实亡"的农技推广体系也必须恢复，这是一项十分巨大的系统工程，建议国家设立专项基金。地方各级党委、政府都应建设专门的"农民教育办公室"，协调宣传、教育部门的力量，根据分类指导的原则，从总体框架设计、教材编写、师资培训、教育方式等方面进行系统设计，内容应有科学文化知识、农业技术、职业技能的培训，有民族文化的传承，科学精神的普及等等。要根据青少年、中老年农民的特点，设计各类培训方案。各级地方行政部门也应该大力配合此项工作，争取用 5 至 10 年或更长的时间对所有农民进行培训。

3. 推进"交互教育"，建设和谐居住社区。农村教育不能就教育论教育，而是应该整体推进。农村现代化的道路不是全部城市化，而是应在规模较大的村镇，让"农民"与"居民"混居，促进农民素质的提高。在靠近大中城市的农村里，应有相当一部分人完全不从事农业，在城里工作，也有一部分农户实行"一家两制"，中老年的父母还在务农，年轻的子女虽然住在农村但在城里上班。建议在研究分析农村的社会阶级阶层结构的基础上，调整农村和农村社会结构，工业化、城市化、现代化、城乡一体化，"四管齐下"，用工业反哺农业。继续推进户籍制度改革的研究与实践，要逐步取消农村户口身份，在基础较好的村落建设小城镇。用这样的方式来推进"交互教育"，建设和谐居住社区。

（执笔：张德亮、李异菲、周德旺、张慧）

专题六　云南省农村基础设施建设

一、加强农村基础设施建设的重要性和紧迫性

党的十六届五中全会和《中共中央国务院关于推进社会主义新农村建设的若干意见》（中发〔2006〕1号文件）提出建设社会主义新农村，这是党中央统筹城乡发展的重大战略决策，是我国现代化进程中的重大历史任务。全面建设小康社会，重点在农村，难点在农村，关键在农村。建设社会主义新农村，既体现了统筹城乡发展的要求，也体现了农村全面发展的要求，对于在新的历史起点上实现全省经济社会又好又快发展，具有十分重要的意义。

建设社会主义新农村总的目标要求是：生产发展、生活宽裕、乡风文明、村容整洁、管理民主。要通过10～15年的不懈努力，使广大农村逐步达到"五新一好"目标：发展新产业，农业现代化水平明显提高，农民收入持续增长，实现生活宽裕；形成新机制，以农业产业化龙头企业、产业协会等为主体的农村合作经济组织充分发展，合作经济组织覆盖农户明显增加，农民组织化程度逐步提高，乡（镇）政府职能得到切实转变；建设新村镇，村镇建设纳入规划管理，农村生产生活设施和公共服务更加完善，村容镇貌显著改观；树立新风尚，加强农村民主政治建设和精神文明建设，加快社会事业发展，形成健康文明新风尚，促进社会和谐稳定；培育新农民，农村人力资源得到有效开发，农民整体素质不断提高，逐步成为守法纪、有文化、懂技术、会经营的新型农民；创建好班子，农村基层组织建设进一步加强，党组织的凝聚力、战斗力、创造力明显提高，基层政权真正做到科学执政、民主执政、依法执政，村党组织领导的充满活力的村民自治机制更加健全，基层干部真正成为农民群众的贴心人、组织农民创造幸福生活的带头人。

党的十七大对"三农"工作做出了新的部署，对农村发展提出了新的要求，明确提出"要加强农业基础地位，走中国特色农业现代化道路，建立以工促农、以城带乡长效机制，形成城乡经济社会发展一体化新格局"。走中国特色农业现代化道路，关键要加强农业基础建设和农村的各项基础性工作。

2008年中央1号文件《中共中央国务院关于切实加强农业基础建设进一步促进农业发展农民增收的若干意见》1月30日正式公布，文件共有八个部分，其中七个部分是讲农业基础建设和农村基础工作。其核心内容便是加大对农业基础设施的投入，改善以水利为重点的农业生产条件。文件指出加强以农田水利为

重点的农业基础设施建设是强化农业基础的紧迫任务。必须切实加大投入力度，加快建设步伐，努力提高农业综合生产能力，尽快改变农业基础设施长期薄弱的局面。提出了六个方面的内容：（1）狠抓小型农田水利建设；（2）大力发展节水灌溉；（3）抓紧实施病险水库除险加固；（4）加强耕地保护和土壤改良；（5）加快推进农业机械化；（6）继续加强生态建设。

近年来，国家不断加大对农田水利、交通等农村基础设施的投入。从2003年到2007年，中央财政安排用于"三农"的支出累计约1.6万亿元，其中中央预算内和国债投资用于农村基础设施建设的资金近3000亿元。

2008年中央支农投入重点投向四个领域：一是加强农业基础设施建设，尤其以水利建设为重点，大幅度增加对小型农田水利建设的专项资金，大幅度增加对病险水库的除险加固的投入力度。二是加强农业科技和生产性服务体系建设，根据当前的市场供求状况和价格的波动状况，对农民的生产性经营给予更多的补贴。三是加强农村水、电、路、气这样一些和生产生活有关的基础设施的建设。四是加强政府对农村的公共服务，比如加强农村义务教育，增加对新型农村合作医疗制度的补贴，进一步加大对于农村最低生活保障制度的转移支付。在1号文件中提出了"三个大幅度"，就是大幅度增加中央和省级小型农田水利工程补助专项资金，大幅度增加病险水库除险加固资金投入，大幅度增加中央和省级财政对地方化解农村义务教育历史债务的支持投入。表明了中央在加强农业基础设施建设方面的决心。

云南省同全国一样，经过多年的改革与发展，农业和农村经济社会发生了巨大变化：粮食综合生产能力连续迈上几个大台阶，实现了由长期供应短缺到基本自求平衡、丰年有余的历史性转变；农村产业结构由长期以农业为主的单一状况，向以乡镇企业为主体的二、三产业快速发展转变；农村城镇化建设进程和农村工业化步伐加快，农村劳动力就业逐步由农业向非农业并重转变；农业发展由受资源约束变为受资源和市场双重约束，农产品市场由卖方市场向买方市场转变。这些变化标志着我省农村经济社会开始进入"以城带乡、以工促农"发展的新阶段，但这还只是低水平时期。要改变这种状况，必须提高农业综合生产能力，而加强农业综合生产能力建设，是促进粮食增产和农民增收的结合点，是推进农业现代化建设的重要内容。提高农业综合生产能力的一项重要工作就是加强农业和农村基础设施建设。

（一）农村基础设施的内涵

基础设施是指为社会生产和居民生活提供公共服务的物质工程设施，是用于保证国家或地区社会经济活动正常进行的公共服务系统。它是社会赖以生存发展的一般物质条件。狭义的基础设施包括水利、道路交通、通讯、能源、环保等公共设施，而广义的基础设施还包括教育、科技、医疗卫生、体育、文化等社会事业社会性基础设施。它们是国民经济各项事业发展的基础。在现代社会中，经济越发展，对基础设施的要求越高；完善的基础设施对加速社会经济活动，促进其空间分布形态演变起着巨大的推动作用。建立完善的基础设施往往需要较长时间和巨额投资。对新建、扩建项目，特别是远离城市的重大项目和基地建设，更需优先发展基础设施，以便项目建成后尽快发挥效益。

农业基础设施是指从事农业生产的全过程中所必须的物质条件和社会条件，是在农业生产完成的各个环节所使用的劳动材料、劳动对象等生产力要素的总和，按其内容可分为物质基础设施和社会基础设施两大类型。前者包括供应生产资料的产前环节的基础设施、生产农业初级产品的农业产中环节的基础设施、加速农产品流通的农业产后环节的基础设施；后者包括农业综合教育方面的基础设施、农业科研方面的基础设施、农业推广方面的基础设施、农业政策及法规方面的基础设施、农业信息方面的基础设施。不论是物质基础设施还是社会基础设施，其作用都是为了扩大和提高农业综合生产能力和生产水平，二者互为条件，互相补充，只有各方面基础建设综合发展，协调配套，相互促进，农业基础设施建设才可能有所发展、有所提高。

（二）加强农村基础设施建设的意义

农业基础设施是农业发展的基础，更是社会主义新农村建设中亟待解决和加强的薄弱环节。基础设施被一些发展经济学专家称之为"社会先行资本"，认为它是"生产活动中不可缺少的基础性资本"。建设新农村一个重要任务就是如何完善和加强农业基础设施建设，没有过硬的农业基础建设，新农村建设就不可能得到健康持续的发展。当前，云南农村落后、农业徘徊、农民贫困，其中一个主要原因就在于农业基础设施还比较落后。搞好农村基础设施建设，目的就是要改善农村生产条件，夯实农村和农业发展的基础，增强农村发展的后劲，提高农业综合生产能力。为此，必须大力调整国民经济收入分配格局，强化投入机制，使国家建设资金能够更多地投向农村，尤其是经济落后地区。要重视建立多元化的投资体系，按照市场化运作方式，把新农村建设中的公共基础设施建设推向市场，吸引民营企业和富裕农民投资新农村的基础设施建设。着力加强落后农村"六小工程"建设，各级政府要把这"六小工程"作为带动农民增收的中小型基础设施，不断增加"六小工程"的投资规模，充实建设内容，扩大建设范围，使更多的贫困农民从中获益，逐步改变这些地区靠天吃饭的落后状况。

如果中国的农户，家家都能看上电视、听上广播，那么，农民的思想观念就可以逐步与现代接轨。如果中国的乡村都能通公路，那么，农村就可以和市场对接，农民就可以融入现代市场经济体系中。然而，如果没有水、电、路等基础设施，或者相关设施简陋，长期得不到改善，那么城乡之间就不仅是收入差距大，生活差距也很大，这种格局持续下去，就不可能有和谐的社会，新农村建设也不可能成功。

二、云南省农村基础设施的现状及存在问题

到 2007 年底，云南省拥有 1201 个乡镇（其中镇 429 个），13120 个村委会，耕地总资源 6077.8 千公顷，常用耕地 4200.18 千公顷，水田 1338.44 千公顷，有效灌溉面积达到 1502.4 千公顷；2007 年粮食总产量达 1546.68 万吨，人均 344 公斤；全省农民人均纯收入 2634 元。

农业基础设施依然薄弱：（1）耕地面积减少。据有关资料表明，全省"十五"时期耕地面积以 1.1% 的速度递减，年平均净减少 30 万亩，其规模相当于一个中等县的耕地面积。同时，耕地生产能力不高，全省粮食亩产不到 250 公斤，远低于全国 348 公斤的水平。（2）水利设施不足。目前，我省人均库容 232 立方米，仅相当于全国平均水平的一半，人均供水能力和用水量分别比全国平均水平低 121 立方米和 130 立方米，致使全省农田有效灌溉面积仅占耕地总面积的 35.8%，低于全国平均水平 8 个百分点；三分之二的耕地因缺水处于中低产状态，旱涝保收面积仅占耕地总面积的 21%，低于全国平均水平 10 个百分点。（3）局部地区生态环境恶化。随着资源的开发和少数群众的乱砍滥伐，一些地方森林资源遭到破坏，水资源污染日益加重，生态环境受到严重影响。具体如下：

（一）水利方面

1. 农田水利设施建设

目前，云南省农业用水大约占总用水量的 80%，是第一用水大户。虽然云南省水资源径流量位居全国第三，但水资源分布在区域上和时间上极不均匀，由于复杂的地形地貌，水资源利用难度大，有效灌溉面积低。从全省多数地区水资源农业利用来看，通常是由于季节性降水丰枯不均，雨季水多，夏末秋后利用不完，白白流失，且易造成洪涝；枯水季节，降水特少，冬春夏初常受干旱，对农业生产影响很大。

云南省地处世界屋脊喜马拉雅山东南面的云贵高原上，高山峡谷纵横全境，农耕地块支离破碎，坡度大，水利工程造价高而受益面积有限。因此，有效水资源相对短缺已成为制约农业发展的主要因素。同时，农业用水浪费严重，有效利用率低。农用水有效利用率只达 30% 多一点，而世界发达国家达到 70% ~ 80%。传统的土渠输水，近 50% 的水被渗漏、蒸发掉；田间灌溉方式落后，仍然普遍采用淹灌或"大水漫灌"，每亩地实际灌水量要比需要量多出 1 倍甚至 2 倍以上。

云南省历届省委、省政府带领全省各族群众开展了大规模的水利建设，建设了一批骨干水利工程，完善配套了一批水利设施，广泛发动群众建设"五小水利"工程，水利工作成效显著。截至 2007 年，全省已建成 5399 座大中小型水库，蓄水库容达到 105 亿立方米，有 8000 多公里堤防以及遍布全省的各类水利水电工程，水利支撑和保障经济社会发展的能力不断增强，水利在保证全省生活、生产和生态用水，抵御自然灾害等方面发挥了不可替代的重要作用。但是在云南，水的问题非常突出，水资源短缺、旱涝灾害频繁、水土流失、水质污染，成为全省发展的重要制约因素。预计到 2010 年，全省总需水量将增加到 223 亿立方米，而目前全省水利工程的年供水能力仅有 141 亿立方米。

"十一五"云南水利发展总体目标：一是增加供水能力。水利工程新增蓄水库容 12 亿立方米，人均库容达到 240 立方米，为全国平均水平的 54.5%；新增年供水能力 14 亿立方米，人均供水量达到 340 立方米，为全国平均水平的 77.3%；水资源开发利用率超过 7%，增幅大于全国平均水平。二是增加有效灌溉面积、节水灌溉面积、高稳农田和基本农田。新增灌溉面积 200 万亩、节水灌溉面积 250 万亩，建成高稳产农田 500 万亩、基本农田 500 万亩。力争有效灌溉率达到 40%，接近全国平均水平；灌溉水有效利用系数达到 0.5，高于全国平均水平。三是降低水土流失面积比例。新增治理水土流失面积 1.2 万平方公里，使水土流失面积占国土面积的比例降低至 33%，低于全国平均水平。四是减少农村饮水不安全人口。解决 750 万农村人口饮水安全问题，使全省农村饮水不安全人口与全国同步减少一半。

全省水利化程度为 35.8%；过去五年全省共完成水利水电建设投资达 350 亿元，相当于新中国成立 50 多年来累计完成投资的一半多；"润滇工程"相继开工建设了 2 座大（二）型水库和 20 座中型水库，部分工程已开始蓄水发挥效益，并完成了 61 座中型和 42 座重点小（一）型水库建设任务；新增大中型水库 165 座，水库库容增加 12 亿立方米，总库容达到 105 亿立方米；完成了 1000 公里干支渠建设任务，2007 年建成高稳产农田 100 万亩，基本农田 100 万亩，目前高稳产农田已达 3035 万亩。

云南省山区半山区占 94%，水土资源开发利用条件和生存环境差，少数民族聚居，贫困面大，云南能否与全国同步实现小康社会奋斗目标的关键在于广大农村。水资源发展战略要围绕改善农村的生存和生产条件，要解决"三农"问题，水利是重要基础条件之一，应进一步加大人畜饮水解困、乡镇供水、灌区节水改造、牧区水利、农村水电、水土流失治理等工作力度，改善生活、生产条件，促进农村经济发展，特别要做好粮食主产区的水资源保障工作，切实为农民增收、保障粮食安全、保持边疆稳定、维护民族团结服务。

云南省"十五"期间：水利投资 103.1 亿元，投入中低产田改造资金 24.4 亿元，2006 年安排"五小水利"建设资金 4000 万元，抗旱配套设施建设 3000 万元，人畜饮水 6500 万元，病险水库加固 500 万元。而从 2007 年开始，每年新增 10 亿元资金用于"润滇工程"、病险水库除险加固工程，重点小（一）型水库工程和干支渠防渗工程。

云南省处于中国和东南亚各大河流上游区，横断山脉、云贵高原等复杂地形地质条件，及独特的水资源时空分布特点，主要经济区和居民区都处于河流源头的山间盆地或山区，水资源开发利用难度逐渐加大。解决缺水问题只能采取各个突破、分散解决的策略，润滇工程是根据云南的地形、地质、水资源及社会经济特点提出的捆绑式大型水利工程。润滇工程是将"十五"已开工的润滇一期21座大中型水库工程建成并使用，有计划地安排润滇二期30座大中型水库开工，推进润滇三期33座大中型水库前期工作，力争2010年前后逐步开工。

近期通过规划兴建遍布各地的大中型水库工程，基本解决相对连片农业经济区的缺水，也是解决"三农"问题的基础性工程。润滇一、二、三期工程84项大中型水库项目总投资165.2亿元，新增供水量23.6亿立方米，新增灌溉面积18.2万公顷，改善灌溉418万公顷，增加生活供水118立方米，供水人口87万人，分摊投资7.10元/立方米。

2. 农村饮水安全工程

截至2006年底，全省累计农村改水受益人口为3000万人，改水受益人口占农村总人口85%，自来水受益村数11732个；农村自来水普及率为61%；自2002年至今，建成山区"五小水利"工程110多万件，共解决582万人的安全饮水问题。

云南省少数民族占全省总人口的36.16%，许多少数民族都属于高山民族，如苗、佤、哈尼、藏、傈僳、怒、独龙等，形成独具特色的高山民族文化，但这些兄弟民族的居住地常常是水源条件差、生存环境恶劣的地区。受降水时空分布不均匀、水利设施建设滞后等因素影响，饮水困难和饮水安全问题在云南农村较为突出。在云南一些山区村寨，村民饮水长期依靠到几公里甚至十多公里外的水源地挑水，被形容为"十里八里挑一担，全家老少喝三天"。全省73个国家级重点扶持县都存在农村人畜饮水困难，党中央、国务院提出重点解决困扰农村生存和发展的"三农"问题，农村饮水安全就是云南第一要务，贫困落后山区饮水解困、提高预防各种疾病能力，是国家新时期民族政策的体现。从维护民族团结、发展民族经济、巩固边疆稳定、彻底解决"三农"问题的战略高度，云南的农村饮水安全工程也是体现党中央民族工作方针政策的民心工程，工程总投资35.2亿元，新增供水约2.3亿立方米，分摊投资15.3元/立方米，争取解决944万人的饮水困难，逐步提高饮水质量，对生存条件恶劣、人畜饮水极度困难、失去生存条件的100万人实行异地开发扶贫，解决生存和饮水困难。

近年来，解决农村人口饮水困难和饮水安全问题，每年均被列入云南省政府为民办理"十件实事"之一。如2007年，云南省级财政筹集资金4.88亿元，解决了134万农村人口的饮水困难和饮水安全问题，完成年初承诺目标的167.5%。

在许多农村山区，村民房前屋后建起了一座座2米见方的"小水窖"。它们集雨水和自流引水为一体，基本能满足一户人家全年生活用水，成为村民告别饮水难的"聚宝盆"。

3. 病险水库除险问题

中央在 2008 年 1 号文件中提出抓紧实施病险水库除险加固。大幅度增加病险水库除险加固资金投入，健全责任制，加快完成大中型和重点小型病险水库除险加固任务。并且做出了三年基本解决全国病险水库除险加固的决定。新中国成立以来，云南省建成大中小型水库 5399 座，这些水库为全省经济社会的发展，为城乡供水和农业灌溉提供了有效保障。但由于多数水库兴建于 20 世纪 50 年代至 70 年代，受经济技术条件的制约，许多水库存在着病险，不仅制约了水库效能的发挥，也威胁着人民的生命财产。病险水库除险加固势在必行。

受当时技术、经济条件限制，有相当一部分水库在设计、施工、运行等方面不同程度地存在着防洪标准低、大坝稳定性差、坝体坝基渗漏、建筑物老化损毁、金属结构和机电设备不能正常运转等突出问题，加之地震、山洪等自然灾害频发，对水库损害严重，致使这些水库不但不能正常发挥效益，而且成为重大安全隐患，严重威胁下游人民群众生命财产安全。在中央的关心支持下，"十五"以来，全省已累计投入 22.37 亿元实施了 70 件中型和 58 件重点小（一）型病险水库除险加固，有效地消除了工程安全隐患，确保了下游防洪安全，取得了显著的经济、社会和生态效益。但是，为数众多的病险水库目前尚未进行除险改造，安全隐患仍然十分突出，险情时有发生。例如 2006 年底，昭通永善县云荞水库大坝坝脚出现异常渗漏险情，严重威胁着下游 7 个村 600 户 2400 人的生命财产安全。

党中央、国务院高度重视病险水库除险加固工作，胡锦涛总书记、温家宝总理多次作出重要指示，2007 年中央经济工作会议、中央农村工作会议和 2008 年的中央 1 号文件，都强调要把病险水库除险加固作为农业基础设施建设的重点，作为利用财政增收形势较好的有利时机，集中力量办好的一件大事，中央决定大幅度增加投入，确保用 3 年时间完成大中型和重点小型病险水库除险加固的目标任务。

病险水库除险加固是完善综合防洪减灾体系、保障人民群众生命财产安全的迫切需要，也是破解我省水资源瓶颈制约、有效应对干旱缺水的迫切需要。

国务院副总理回良玉在 2007 年 11 月 16 日全国冬春农田水利基本建设电视电话会议上讲话指出"全国 8 万多座水库中有 3.7 万座是病险库，汛期随时都有可能发生严重事故，是悬在我们头上的一把利剑，严重威胁着人民群众的生命财产安全"。农村有近 3 亿人饮水不安全，特别是高氟水、高砷水、苦咸水等，严重威胁着广大农民的身心健康。在 2008 年 1 月 15 日全国病险水库除险加固工作电视电话会议上指出："从任务量看，1998 年到 2006 年的 9 年间，全国共实施了

2000 座病险水库除险加固，现在要用 3 年集中完成 6240 座大中型和重点小型病险水库改造，工作任务成倍增长。从中央投资看，1998 年到 2006 年的 9 年间，中央用于病险水库除险加固投资共 244 亿元、年均 27 亿元，现在 3 年完成除险加固任务需要安排中央投入共 277 亿元、年均 90 多亿元。"

全省需要开展除险加固的大中小型病险水库还有 2500 多座，其中列入国家除险加固专项规划的大中型和重点小（一）型病险水库 443 座，其他中型、小（一）型和小（二）型病险水库 2000 多座，除险加固工程数量庞大。这些病险水库除险加固建设估算总投资近 90 亿元，其中列入国家除险加固专项规划的病险水库建设项目总投资 26 亿多元，需要按地方配套 1/3 筹措资金近 9 亿元；国家规划外的大量病险水库除险加固建设还需要筹集 60 多亿元资金，建设资金筹措压力巨大。

建设任务的计划安排是：对 500 件大中型和小（一）型病险水库除险加固项目，2007 年已开展了 7 件中型和 118 件重点小（一）型病险水库除险，今年要实施 1 件大型、31 件中型和 200 件重点小（一）型水库除险加固，明年要实施 143 件重点小（一）型水库除险加固，确保在 2009 年底前如期完成纳入全国专项规划的项目建设、其他规划外中型和小（一）型项目到 2010 年底前完成除险加固任务；对 2000 件小（二）型病险水库除险加固建设，力争在 2008～2009 年两年完成 500 件，剩下 1500 件左右要保证在 2012 年以前全部完成。

全省"十五"以来共实施了 128 座病险水库除险加固，现在要用 3 年集中完成 500 座大中型和重点小型病险水库改造，工作任务成倍增长，难度可想而知！

（二）电力通讯设施建设

农村用电量为 43.15 亿千瓦小时，农村水电站建设累计装机容量达 736 万千瓦；已建成 36 个水电农村电气化县，解决了 47 万无电人口的用电问题。

1. 无电人口分布情况

云南省剩余的 4.1% 无电地区分布在偏僻、边远的山寨。这些山寨远离行政中心，远离电网，坐落在崇山峻岭中，山高坡陡，许多地方不通公路。不少地区电网线路长，远远超出经济供电距离，线路损耗大于农户用电，运输全靠人背马驮的原始方式，运输费用高，工程的建设条件异常困难。由于少数民族的特殊居住习惯，有的 3～5 户成群或独户居住，使山寨的居住状况极其分散。有相当多的农户虽然离已通电的行政村不太远，但该距离大部分超过 220 伏低压电网的供电半径，加上居住分散，也导致不可能采用低压电网来覆盖这部分农户。上述原因使得用电网延伸供电方式解决这些偏僻山寨的通电问题在技术上不可行而且成本很高。

在 25 个边境县中有 19 个县的 100735 户农户，399295 人属于无电人口。这些边境县分布在 4061 千米的国境线上，与 3 个国家的 6 个省（邦）32 个县

（市、镇）接壤，其中 11 个县与邻国隔江（界）相望。通电通路通水等基础设施的滞后建设，严重阻碍边境县的经济发展，影响当地人民脱贫致富，已成为稳定边疆、社会和谐的严重隐患。

云南省地形地貌复杂，山区面积高达 94%，农户居住分散，农民收入低，农村贫困面大。全省 129 个县市中有 80 个贫困县，其中国家级贫困县达 73 个，不通电是其贫困的主要原因之一。在全国已有 18 个省份已实现农村"户户通电"之际，仍有占农户数约为 3.72% 的 42.7 万户农户，178.3 万多人至今仍在忍受无电之苦，占全国无电人口的近 1/10。

2. 农网改造

自 2004 年开始实施的完善西部农网工作成效显著，大批农网供电设施的建成投产，构建了坚强的农村供电网络，使农网供电可靠性、供电质量大大提高，线损大幅度降低。有效规范了农村用电秩序，农网改造取得显著成效。云南电网负责 95 个县，代管 5 个县，由云南省水利水电有限公司负责 29 个县，到 2007年底，云南电网完成较好，已近收尾；电力公司负责部分完成了 60%。然而仍然有一部分人口处于无电状态。

云南电网公司负责农网建设与改造的 95 个县约有总人口 3055 万人，总农业人口约 2436 万人，总农户约 652 万户，由云南电网负责和代管的县中有 87 个无电行政村，8086 个无电自然村。其中尚未通电户数主要集中在昭通、思茅、红河、临沧地区。

农网建设的方式有三种：（1）通常采用电网延伸方式，即新建输变电设施供应无电户，常规的电网延伸方式可获取最大供电能力和提升通电率的速度，然而，对偏僻、边远的村寨成本非常高；（2）孤立微型电网方式，利用当地的发电机组如小水电、柴油发电机等微型电网对附近用户进行供电；（3）光伏发电方式，云南地处云贵高原，空气稀薄，大气层密度小，阳光透过率高，终年日照时数长，适合发展光伏发电，然而太阳能——光伏发电的缺点是成本过高；如一家一户式，一次性投入需 1.8 万~2.3 万元，维护费用也高，5 年左右需更换蓄电池，更换费用达每个 3000 元，功率只能达 160W，可解决照明和 19 英寸电视的放映问题。应进一步完善和优化无电地区通电规划，根据通电的目标，分析无电人口的分布，结合通电的途径，充分考虑新能源的利用，对县级供电企业新增的运行维护费用，应建立普遍服务补偿机制。

3. 云南农网建设中存在的问题

由于云南地形地貌复杂，山区面积高达 94%，农户居住分散，加大了电力企业的运营成本。农村地区的用电低需求和农户的支付能力，导致售电量少和无投资回报，运行维护费高，缺乏投资来源和补偿机制，工程建设条件和环境恶劣。

4. 文化、通讯设施建设情况

有 12137 个村通电话，近三分之一的乡镇建设了文化站，实现了行政村村村通广播电视和 50 户以上通电自然村村村通广播电视目标，全省广播人口覆盖率 92%，电视人口覆盖率 93%。

（三）乡村公路建设

云南地处我国西南要塞，特殊的地理位置使得交通相对内陆一些省份更加发达。随着近些年来经济的发展，云南公路事业发展迅速，公路网络贯穿城乡、遍及全省，现已形成以昆明为中心，辐射全省，连接四川、贵州、广西、西藏和周边国家的公路交通网。有七条国道贯穿云南东西南北，它们是国道 108、213、214、320、323、324、326。云南多纵谷高山，境内的公路大多盘山而行，路况复杂、危险，每个州县之间都有班车往来，一些旅游胜地班车车次较多。

到 2007 年底：12914 个村通汽车，全省公路通车里程为 200333 公里，其中二级及以上公路 7260 公里，三、四级公路 97120 公里。

经过多年的发展，群众出行难问题得到缓解。2003～2007 年全省改建农村公路 3.48 万公里，2007 年建成 117 个农村客运站，乡村、行政村公路通达率达到 92.7% 和 60.71%。云南农村公路建设的快速发展，使农村公路的通达能力整体水平得到了有力提升。

我省的公路建设虽然取得很大成绩，但从总体上看，我省公路特别是农村公路的整体服务水平仍不能满足社会经济发展和人民生活改善与提高的需要，仍是制约国民经济发展的"瓶颈"行业和薄弱环节，主要表现在：（1）农村公路路面标准低、路况差，全省县乡公路中，三、四级路面 97120 公里，占全省公路总里程的 48.56%，等外公路有 95562 公里，占全省公路总里程的 47.7%；（2）首先，农村公路服务水平低，抵御自然灾害能力弱。等外公路占全省公路总里程的近一半，农村公路的整体服务水平低，晴通雨阻。其次，20 世纪 60～70 年代修建的公路桥涵工程标准低。最后，还有一些行政村不通公路，行政村之间还有 39.29% 不通达，更不要说众多的分散的自然村了。

交通不畅通对农村经济的发展非常不利：（1）农村丰富的资源得不到有效的开发，乡村引进技术、引进人才、引进资金受到严重影响，偏远地区、贫困地区的群众难以真正参与市场流通，当地经济也难以真正地融入县、市乃至全省或国家的大循环之中，不仅经济发展缓慢，人民生活水平难以提高，人们的思想观念、价值观念和文化素质也受到很大影响；（2）群众出行难，运输难，基础条件滞后，群众思想闭塞，许多农产品不能及时进入市场占据优势价位，农用生产资料的运输成本上升；（3）不能有效地整合农产品、矿产品、劳动力等资源。

县乡、村级公路是造福广大农民的致富路、小康路、民心路，加快农村公路发展步伐，提高路况质量，是全面建设小康社会的必然要求。胡锦涛同志在中央农村工作会议上提出："为全面建设小康社会的宏伟目标，必须统筹城乡经济社会的发展，更多地关注农村、关心农民、支持农业，把解决好农业、农村、农民问题作为全党工作的重中之重，放在更加突出位置。"农村公路作为农业和农村经济赖以发展的重要基础设施，也作为国家公路网的重要组成部分，必将成为今后交通工作的重点。最近，交通部已经对农村公路建设工作的思路做了重大的调整，要继续加大农村公路建设的投资力度，引导地方更多地建设和改造农村公路，把修建农村公路作为回报农民兄弟的实际行动和增加、促进农民收入的有效途径，并提出加快农村公路建设的总体目标是："修好农村路，服务城镇化，让农民兄弟走上油路和水泥路。"省政府、省交通厅主要领导对农村公路建设十分重视，多次提出了具体的要求。我们应按照国家、省政府的总体部署，"抓住机遇，珍惜机遇，不辱使命，造福人民"。

加强农村公路建设，"十一五"期间将安排专项资金 38.5 亿元用于农村公路建设，到 2010 年基本实现所有具备条件的乡镇、建制村通一条公路，设计标准是通乡镇路面硬化（油路、水泥路、弹石路，大方向是油路）；具备条件的村通一条公路（原则上四级，沙石路面），不能成网，有些地方还要走一段回头路。要是形成网络，那投资还得更多。

主要问题：

（1）建设资金不足。我省贫困县多，各级财政紧张，筹、融资能力差，许多农民尚未脱贫，这是制约我省农村公路发展的最主要因素；虽然最近几年国家投入巨资进行交通建设，但是大部分资金主要用于高速公路高等级公路等等级公路的建设和改造，实际投资于农村公路建设非常少，以至于农村公路建设发展缓慢，农村要发展，农业产业结构要调整，农民出行要便利，在很大程度上都依赖农村公路。供给与需求之间的突出矛盾影响了农村发展。

通乡油路的建设总里程为 2.4 万公里，其中 10000 公里已于 2006 年始纳入国家的"十一五"计划，5 年 1 万公里，每年 2000 公里，国家给予补助 40 万元／公里，省里配套 10 万元／公里，而通乡油路的平均造价是 65 万元／公里。2006、2007 年完成了 4000 公里，2008 年经过交通厅的努力，新增 5270 公里的建设任务，连同计划中的 2000 公里，2008 年的建设任务是 7270 公里，到 2008 年末，将完成 1.1 万公里，还有 1.3 万公里；通村公路的平均造价是 15 万元／公里，国家给予的补助资金是 10 万元／公里，其余部分要靠受益乡村投工投劳解决。资金缺口较大。2008 年云南省计划新改建农村公路 2.5 万公里，2008 年国家给予的补助资金是 29.08 亿元。

（2）自然条件恶劣修路成本很高。我省农村地域人烟相对稀少，村庄分散，地形多为山区、高原、丘陵、山高路陡，沟壑纵横，且石灰岩、砂岩等硬质地貌分布，增加了修路难度。

（3）审批手术繁琐。目前乡村公路建设也要由有资质的甲级单位做可行性研究报告，之后由发改委请专家论证，对于基层来说时间紧，人力不足，建议简化手续。乡村公路的建设审批只是起到一个核实的作用，不重新占地，土地、林业、环保方面问题不大，不像高速公路的建设。

（4）管理难度大。农村公路点多、线长，项目小，数量多，技术和管理人员匮乏，很难做到管理到位。

（5）施工力量薄弱。农村公路的建设主体是县、乡镇政府，都没有专业化的施工队伍，机械化程度低，基础管理较差。

为此，需要认真做好宣传发动工作。以农村路网为主的公路建设是一项造福一方、有利后人的民心工程、德政工程、富民工作，必须把群众发动起来，积极性调动起来，才能实现我们的目标。应该说农村公路建设与高速公路建设在老百姓心目中是有区别的，农民对修高速公路不太注重，因为他们不能从中直接受益，反而还占用了不少耕地，而修农村公路则不同，它直接改善了农民的生产生活环境。所以农民群众出点钱、投点工，他们是乐意的。因此，各级各有关单位应紧紧抓住这一有利时机，深入宣传，广泛发动，利用宣传车、宣传栏、标语、广播、电视等各种形式，把村村通公路工作的重要意义、政策、任务和要求宣传到村、到户、到人，达到家喻户晓，人人皆知。各乡镇应组织各村支部村委召开各种形式的议事会，统一广大农民群众的思想，发动他们积极参与到农村公路建设中来，形成人人关心、支持和参与农村路网工程建设的良好局面。

（四）农村能源建设

农村能源是指农业生产、乡镇企业和农村居民所用能源的供应和消费，包括煤、电、油、气等商品资源、传统可再生能源与现代高效可再生能源。

我省有3600万人口居住在农村，占全省人口的79.78%，经济发达程度和居民生活水平较低。2007年，全国农民人均纯收入达到4100元，而云南省农民人均纯收入只达到2634元，收入水平低。农村居民生活用能的61%仍靠传统生物质能源，每人每年能源消费量相当于369.8公斤标准煤。

《国家能源政策问题研究报告》表明我国农村利用能源是以秸秆、薪柴和畜粪的直接燃烧为主，它们占农村能源消耗量的67.75%，折合2亿~3亿吨标准煤。我国农村能源特别是农村生活用能利用率低，浪费严重。在我国农村生活用能中，薪柴和秸秆等传统的生物质能约占2/3，而且其中绝大部分采取直接燃烧的利用方式，能源的有效转换率仅为10%~20%。云南是全国四大林区省份之一，森林资源丰富。据云南省森林资源第三次复查成果：林木年生长量5873.89万立方米，年消耗量5425.93万立方米，森林覆盖率50%，森林资源利用主要是以烧材为主，烧材消耗量占利用总量的51.2%~59.2%，而商品材消耗量只占总量的13.3%~22.7%，"十五"期间，云南省商品材总量只占全国的3%，相反烧材的消耗量占全国烧材总量的 1/3。

云南省"长治"、"珠治"的任务很重，合理开发利用可再生能源，不仅可以减缓我国的能源紧张局面，减轻生态保护和环境污染的压力，而且还可以满足农民对电、热、水等的需求，改善他们的生存环境，提高他们的生活质量，促进城乡协调，实现社会经济的可持续发展。

在能源建设方面，可以通过农网改造，发展山区小水电，大力发展沼气等措施实现。

1. 农村沼气工程

云南省沼气资源十分丰富，经过几年的建设，已取得较大成就，据云南省林业厅统计，"九五"前云南省累计建农村户用沼气池 13.8 万户，2003～2007 年，新建农村沼气池 117 万口，全省累计达 192 万口，完成农村节能改灶 47.2 万户，沼气池拥有量居全国前列。农村受益人口居全国第二位。

据抽样调查，建一户沼气池，每户年可节柴 2～3 吨，同时还可以提供 3 吨以上的优质有机肥；农村改灶，每户年可节柴 1 吨。以此测算，全省建成的 192 万户沼气池，年可节约 576 万吨薪柴；农村改灶节约的薪柴，按每亩中幼林地薪柴量 4 吨计，仅农村沼气池的效益，就相当于保护了 144 万亩林地。按每户沼气年平均产气 500 立方米计，则全省农村每年相当于增加了 70 万吨标煤的优质能源。云南林业"十五"实现了可持续发展的"双增长"，云南森林覆盖率每年提高 1 个百分点，目前已达到 49.91%，这其中就有农村能源建设作出的积极贡献。开展农村沼气建设，有力保护了森林资源，促进了养殖业的发展，有利于改良土壤和培肥地力，有利于增加农民的收入，有利于发展生态农业，有利于改善家庭和环境卫生，有利于解放妇女和转移农村劳动力，有利于推动农村精神文明建设。通过发展沼气，农户每年可节约薪柴、煤炭、液化气和电费等能源消耗的支出 500～800 元，促进养殖（猪、鸡）增收 100 元以上，施用有机肥有利于农业生产改善产品质量和提高产量，同时减少了购买化肥、农药和节约电费等项的支出，平均创经济效益约千元。按此推算，全省沼气建设年创经济效益已经超过 12 亿元。此外，农村能源建设累计完成农村改灶，推广太阳能热水器，建设秸秆气化供气站，以及在山区推广微水电和在农村开展"三窑四坊"节能工作等方面取得积极成效。农村能源建设已经在开发和节约两个方面，形成年相当于开发和节约 400 多万吨标煤的能力，创综合经济效益约 24 亿元。

近年来，云南省把在农村发展以沼气为主的可再生清洁能源，作为科学发展、建设社会主义新农村的重要举措来抓，工作中，一方面积极争取国家资金支持，另一方面财政加大对农村能源建设的投入力度，财政连续几年每年投入上亿元资金，扶持农户建沼气池，农民每建一口沼气池政府补助 500～1000 元，调动了农民发展沼气的积极性。（省级项目原来每池补贴 500 元，自 2007 年开始提到了 1000 元）有关职能部门积极做好规划，举办沼气技工培训班，培养出了大批沼气池建设的能工巧匠，使沼气建设水平迅速提高。随着沼气建设的深入，各地还摒弃"就沼气抓沼气"的单一思路，探索沼气综合利用新路子。从大产业、大生态的角度，拉长功能链、利用沼液、沼渣发展种养业，形成了"猪—沼—菜—果"、"鱼—沼—菜—果"等循环生态农业经营模式，收到了节约能源、保护生态、种养增收等"一石数鸟"效应。

目前，云南省已有 192 万农户 790 万人告别烟熏火燎，使用可再生清洁能源烧水、做饭、照明，每年可节约 576 万吨薪柴，相当于每年为全省农村增加 70 万吨标准煤供应量。

农村能源建设存在的主要问题。（1）有的地方对农村能源建设工作认识不够。还不能从保护森林、降低资源消耗，从而改善生态环境的高度，切实加强农村能源工作。（2）投入不足。我省农村能源专项资金的投入在全国居前列，但由于贫困面和贫困人口比例较大，投入不足仍然是制约发展的主要因素之一。（3）发展不平衡，各地农村能源工作发展的差距很大，一些县（市）迟迟不能起步，与形势发展的要求很不适应。（4）一些地方特别是边远山区，建池不规范，存在安全隐患；技术服务、技术指导跟不上；对沼液、沼渣利用方式不多，综合利用率低等，还有少数地方重数量、轻质量，重建设、轻管理，有个别村寨的农户建池后长期闲置等。

2. 农村电气化县和小水电代燃料县建设

"十五"以前以及"十五"期间建成了第一批初级电气化县，"十一五"期间还将进一步提高水平。各地通过招商引资、多渠道融资，政府对县域内电源工程建设、输变电项目等进行补助，解决农民用得上电和用得起电的问题。就全国范围而言，"十一五"期间，国家每年安排 1 个亿的资金补助实施小水电代燃料项目，安排 3 亿元的资金补助实施电气化县建设项目。国家补助资金属于导向性投资，发改委申报时是按政府投资占投资计划的 10% 申报的，安排下来的比例不到 10%，其余资金需要靠多方面的渠道筹集。

云南省小水电资源极为丰富，可开发量 1900 万千瓦，目前已开发的不到 20%。水电资源的开发不仅可惠及省内人民，还可以满足云电外送的需要。

农村电气化县项目涉及四川、湖南、云南等 23 个省的 400 个县，云南省有 34 个县，2008 年国家投资计划已下，批准了云南省 31 个县的建设项目，国家投资额 3100 多万元。

小水电代燃料项目：2001 年云南省作的规划是：2001～2020 年间有 68 个县实施，国家原则上已批复。自 2003 年启动，到 2006 年已在大姚、勐海、玉龙、剑川、腾冲、潞西 6 个县完成。在项目区核定代燃料量、森林保护的面积等，合同期内到户电价 0.2～0.24 元/度。一般约定 3～5 年的期限。实施效果显著，可实现多能互补，产生了良好的生态效益，村民的生活环境得到改善，村民从砍柴劳动中解放出来可以做别的工作。2006~2008 年国家每年只安排给云南 2 个县，投资补助 80 万元/个，一般大致不超过项目总投资的 20%；临沧的一个项目国家 2006、2007 年给予了 250 万元，今年又安排了 550 万元，占到了 25%；省里从电力扶贫方面有部分配套，发改委由于国债项目和一些重大基础设施建设项目多，资金不足，无法安排。

以上两方面的建设首先要有水能资源，其次是在大电网难以覆盖的地区。目前在开发中主要存在问题是水电开发秩序混乱，由于环评不够充分带来一些地方水土流失加剧，水权分配上存在随意性。

（五）村容村貌改善方面

2005 年，有关部门对全国部分村庄进行实地调查显示：96% 的村庄没有排水沟渠和污水处理系统；89% 的村庄将垃圾堆放在房前屋后、坑边路旁甚至水源地、泄洪道、村内外池塘，无人负责垃圾收集与处理。

在村容村貌方面，农村建房缺乏规划，在住宅周围乱搭乱建现象普遍存在，房屋分布无序、杂乱无章，有的还出现"空心村"现象；村道狭窄，房屋前后咬紧，采光不畅，气流堵塞，植树空间较少，无法合理绿化。绝大多数农村环境脏、乱、差、散，农民人居环境不尽如人意。

污水、垃圾治理是实现"村容整洁"、改善农村环境卫生条件的有效途径。各地应在政府提供必要支持的同时，广泛动员农民自主参与，投工投劳整治排水沟渠、修建垃圾池、改建栅格式化粪池以及参与相关的维护管理工作，进行宅前院后排水边沟整治与垃圾清理，使污水能够由农户汇集到主要沟渠、垃圾能够由农户集中到垃圾池。

云南省 2007 年开展了 1 万个自然村的村容村貌整治。

根据省统计局综合处提供的资料，2007 年农村卫生厕所普及率为 51%，粪便无害化处理率为 59%。

三、对策措施

（一）工程措施方面

农村基础设施建设必须坚持从实际出发，实行因地制宜、分类指导，积极探索符合自身特点的农村基础设施建设路子。

1. 重视水利建设，提升地力，寻求农业可持续发展

我国农田水利建设机制将发生重大调整，由国家发展改革委员会、财政部、水利部、农业部、国土资源部等部门提出的新机制的主要思路是：以政府安排补助资金为引导，以农民自愿出资出劳为主体，以农田水利规划为依托，以加强组织动员为纽带，以加快农田水利管理体制改革为动力，逐步建立起保障农田水利建设健康发展的长效机制。

2. 加大农田水利设施建设，争取新开工建设一批大项目

已开工的要加快建设，继续加大山区"五小水利工程"、中低产田改造、烟水配套工程、优势农产品基地水利配套设施、坡改梯及农村中小河流治理工程建设任务。抓好"四大水利"建设：在自然条件恶劣、水资源开发难度大的高寒特困山区，要突出抓好人饮解困、"五小水利"和水土保持工程为主要内容的生存水利建设；在经济条件较差、水资源开发程度较低的贫困山区、半山区，要突出抓好饮水安全、农村水电和人均1亩以上的基本农田为主要内容的温饱水利建设；在经济发展有一定基础，但水资源供需矛盾较为严重的坝区，要突出抓好大中型水源工程、灌区续建配套与节水改造、干支渠防渗工程为主要内容的小康水利建设；在经济相对发达、水资源紧缺、水污染严重的城市及周边地区，要突出抓好大中型水源工程、调水工程、城市防洪工程、城市节水防污治污工程和农业节水灌溉工程为主要内容的现代水利建设。

3. 重视农村供水、供电与沼气建设

目前农村供水工作重点已从解决饮水困难转向解决饮水安全。今后将按照"先急后缓、先重后轻、突出重点、分步实施"的原则，加大中央财政投入力度，优先解决对人民群众生活和身体健康影响较大的饮水安全问题。进一步加强农网改造和沼气建设，注重解决技术方面的问题。

4. 加强规划，改善环境，推进村庄治理

各级政府要切实加强村庄规划工作，安排资金支持编制村庄规划和开展村庄治理试点。

在新农村的建设中，要因地制宜——全省现有村庄19000多个，自然条件、经济发展、生活习俗等情况千差万别，东、中、西部地区有差别，同一个地区也有较大差别，村庄整治需要因地制宜，不断创新和完善。立足已有条件开展村庄整治，凡是能用的或者经改造后能用的房屋和设施，都要加以充分利用。农民急需的是配套道路、供水、排水等设施，改变村容村貌。

量力而行——农村居民收入水平不高，政府财力有限，尽管中央已经和正在采取一系列措施逐步增加财政向"三农"的投入，但短期内不可能增加大量投入，新农村建设只能立足已有的基础，解决农村发展中急需解决的紧迫问题。

突出特色——改善农村人居环境的同时，要把是否能尽量保留原有房屋、原有风格、原有绿化，突出农村特色，作为一项基本要求。

5. 积极推进农业信息化建设

充分利用和整合涉农信息资源，强化面向农村的广播电视电信等信息服务。在农业信息化建设过程中，要通过政策规范和市场调节，整合全国农业信息资源，逐步建立具有开放性、实用性和权威性的农业信息系统。针对广大农村消费群体的特点，增加有针对性、高质量的信息服务。启动"金农"工程，利用农业系统已有的信息体系，建设覆盖全国县乡的农村信息服务网络。

（二）管理体制

1. 转变观念，明确政府的定位

充分认识农业和农村基础建设，加强及稳定提高我国农业生产综合能力的根本措施，认识到农村基础设施建设是一项"功在当代，利在千秋"的伟业。

2. 科学制订总体规划

（1）规划要先行，编制出一部科学的新农村建设整体规划是搞好新农村建设工作的先决条件。在加强基础设施建设中，本着"循序渐进，节约土地，集约发展，合理布局"的原则，适应各地农村人口增长和村庄质量逐步提高的趋势。结合各职能部门的"十一五"规划，完成基础设施建设的规划，合理确定各个项目的规模，推出具体实施方案和要求，规范运作程序，明确监督检查的内容和形式，为提升社会主义新农村建设提供一个基础条件。

（2）动员各方力量积极参与。坚持加强以加快农村基础配套设施建设工作为重点，政府投入为主，农村积极参与，社会广泛参与的原则，全力加强农村基础设施建设。

（3）按照因地制宜，适度超前，一步到位的原则，科学规划，分步建设，逐步完善；高标准改造并完善乡镇内供水、排水、电力、交通、农村市场等配套设施建设。

3. 抓好建设管理

（1）坚持农村基础设施建设的项目管理，实行层层负责制。进一步明确责任，落实"县里统筹，乡镇主抓，村组实施"的工作运行机制。

（2）抓好各类物资的管理，实施农村基础设施建设资金十分有限，对各类管理人员基础设施建设知识的学习，做管理的行家能手，对于每一批物资的调运都要合理安排人员进行管理，做到公开、公平、公正。

（3）实施"三通四建五保"工程，从农民最关心，最急需，最容易解决的问题着手，加强农村基础设施建设、农民社会事业建设和农村民主建设，全面推进新农村建设。保证农民群众对村务、财务、政务的知情权、参与权、决策权。

4. 改善投融资方式

关于资金来源，据估计，农村公共基础设施建设的资金投入总共需要 4 万亿元人民币，到 2020 年平均每年需要 2700 亿元。这部分不可能完全依靠政府投入，应该发动社会各方面共同投入。就政府投资而言，温家宝总理在 2006 年政府工作报告中提出要下决心调整投资方向，把国家对基础设施建设的投入重点转向农村，然而政府的投入是有限的。如 2005 年，中央政府对农村公共基础设施的投入是 293 亿元，2006、2007 年中央政府对三农的投入有所增加，然而并非全都用于基础设施投入上。事实上，政府投入固然重要，但毕竟不够。只有动员起全社会的力量，新农村建设的目标才能实现。有些有回报的项目可以动员社会资金、银行贷款，那些具有私人物品性质的项目则可以采取政府补贴、农民资金投入为主的方式。另外，农村公共基础设施项目小而分散，鼓励农民投资、投劳，将更有利于项目的监督、施工和质量的保障，以及"民主管理"目标的实现。

建设社会主义新农村，投入是关键，政府是主导，农民是主体。农民要在"财政投一点、涉农资金捆绑使用倾斜一点、包扶单位助一点、受益群众集一点、社会各界捐一点、政策优惠减一点"的多元化筹资机制下，政府要充分发挥政策导向和示范作用，解决单家独户不好办也办不了的事情，引导农民自觉自愿参与新农村建设，主动投入必要的人力和物力，搞好公共配套设施建设，发挥农民的主体作用。

（1）应用新型财政资源资金运作方式，积极探索"政府出资、市场运作"的新型资金运作模式，更多地依法、依照规定采用补贴、贴息、奖励、物资援助、风险补偿、减免税费、购买服务等政策和激励措施，把资金、物资用到农民直接受益的项目上。

（2）整合资金，捆绑使用。现有的涉农资金分散于不同部门，各部门有各自的投入目标和资金使用管理办法，政府要将整合资金捆绑使用，统筹安排和集约投放，如果没有一个有效的协调机制，整合资金无法走向制度化、规范化。

（3）政府补助资金实行倾斜。对具有开发价值的古村应重点扶持发展，对地域偏僻，人员少，经济条件差而农民积极性很高的村，农村基础设施建设补助应予以倾斜。

（4）农村信用社要进一步健全公共财政体制和发挥政策性银行的职能，提高履行公共服务的能力，特别对农村"两水"（饮水和灌溉用水）、"三网"（电、路、通讯网）、"两气"（沼气、液化气）、"两个市场"（境内外销售市场）等基础设施建设等带有政策性的领域要加大投入。

（5）各地要因地制宜尽快制定一些可操作性的方案和优惠办法，比如：实物补贴要"统一扶持标准，优选扶持对象，补助以物代资，调动农户投入"的政府支持原则，改变过去政府资金拨付办法，积极推广实物补助的方式；资金补助要公开补助标准，提高政策透明度，通过各种途径的补助方式，充分发挥群众的积极性。

5. 完善农村基础设施建设机制

农业基础设施涉及农业、林业、牧业、水利、国土资源、交通、通讯、电力、计划、财政、扶贫开发、教育、文化、卫生等众多部门，是一项复杂的系统工程，抓好农村基础设施建设，必须完善农村基础设施建设运行机制。

（1）除了国家性和涉及国家长远利益的项目外，根据农村经济发展的不平衡性，采取问卷调查等统计手段，广泛地听取广大农民的意见，对农民急需的公共制品优先供给，避免脱离农村实际和要求的"面子工程"、"形象工程"和"政绩工程"。

（2）开放基础设施建设权，加强管护。把对基础设施的管护放在与建设同等重要的位置，切实解决农村基础设施长期存在的"有人建、有人用、无人管"的问题，充分发挥使用效益。在服从乡村统一规划的前提下，允许农民投资兴办各类基础设施建设，以公开拍卖等方式将原有的集体财产的管理权、使用权卖给农民，允许其自主经营，有偿服务，在基础设施建设上，实施市场准入，谁投资、谁建设、谁受益的建设权，放开、吸引民间资金介入，弥补政府投资不足，改革产权制度，降低管理水平，对个人投资实行政府补贴、调动广大农民投资的积极性。

（3）完善"一事一议"制度，改变目前的议事制度，把所议事项分为涉及全体村民利益的和涉及部分村民利益的两个模块，涉及全体村民利益的，可以按照原来的规定来执行；涉及部分村民利益的，不危害全体村民利益的，如局部调整改建，防护林建设，乡镇道路建设等，只要受益范围内的农户通过由其筹资筹劳，就可以付诸实施。

（4）对自然村基础设施建设适当扶持。具体是"两补两免一简化"：对改善自然村通村委会所在中心村和自然村内道路通行条件，给予水泥等实物补助；对农户改水、改厕、建沼气池，给予适当的资金或实物补助。免除自然村和农户改建生产生活基础设施的各种规费；免费向自然村提供规划图纸和向农户提供房型设计图纸。

（执笔人：马翡玉、张兴校、徐乾坤）

专题七　云南省农村公共服务体系建设

农村公共服务水平的高低是衡量一个国家和地区农村经济社会发展、城乡协调发展水平的重要标志，也是全面推进社会主义新农村建设的关键所在。近年来，云南省各级政府高度重视社会发展和改善民生问题，采取了一系列有效的政策措施，扩大了公共财政覆盖农村的范围，增加了财政对农业和农村发展的投入，把对农业科技服务、文化教育、医疗卫生和社会保障等公共产品的供给，作为社会主义新农村建设的重要内容，有效地推动了新农村建设和农村公共服务体系建设。

一、云南农业科技创新和农业科技推广

根据云南农业科技大会精神和省政府关于贯彻国家《农业科技发展纲要》的实施意见，云南省农业科技以推进新的农业技术革命为主题，以体制创新、机制创新为动力，以促进农业、农村经济结构的战略调整和培植生物资源、开发创新产业为主线，以增加农民收入为目的，紧紧围绕农业增效、农民增收和推进农业现代化、产业化，加大农业科技化、标准化和信息化的力度。通过农业科技攻关计划、农村科技星火燎原计划、滇中农业现代化示范工程、高产稳产基本农田工程、重大农业科技成果推广计划、科技扶贫示范工程等科技计划的实施，加强农业高新技术研究。在种子创新工程、现代农业装备科技、生态农业科技、农业科技推广以及现代农业科技示范园区建设等方面开展技术创新和科技攻关，使云南农业科技竞争力得到了明显的提高。

（一）农业科技创新和农业科技推广状况

1. 建立和完善了全省农业科技体系

云南省经过多年的努力，已建立了较为完善的农业科技体系，形成了中央、省、地、县、乡农业科研、教学、推广的科技网络系统。目前，全省已经建立了学科门类较为齐全的农业科技研发机构，县、乡（镇）建立有农业技术推广站（所）。据统计资料显示，全省现有独立的自然科学研究机构130个，其中：中国科学院系统3个、国家部委8个、云南省直属55个和地州市直属64个，拥有各类科研人员6573人。全省拥有农、林、牧、渔独立研究机构70个，农业科研人员3033人，在这些机构中，以云南省农业科学院、云南省林业科学院、云南农业大学、西南林学院、中国科学院昆明植物研究所和中国科学院昆明动物研究所、云南省农业科学院畜牧兽医研究所、云南水产研究所为中心、省政府农厅局、市（州）农科研究所、高等院校和部分地、州、市、县农业科技人员，以及涉农企业科研所为支撑。

2. 科技基础设施有所改善

近年来，云南省已建立起一批农业科技创新基地，并研究开发出一批成果。目前，全省拥有国家级重点实验室1个，省、部级共建国家重点实验室培育基地1个，国家级工程中心3个，国家认定的企业中心6个，已建设和认定的省级重点实验室20个，工程中心、种圃（场）共8个。其中，云南农业大学建立了国家农业生物多样性应用技术工程研究中心，省植物病理重点实验室和动物营养与饲料重点实验室；云南省农业科学院建立了国家水稻改良中心、国家甘蔗改良中心、云南蔬菜良种繁育基地、国家级甘蔗资源圃、温带果树砧木和大叶茶两个国家资源圃、省级农作物品种资源站、热区经济作物资源圃、省农业生物技术重点实验室和省家蚕原种场、省农作物良种繁育中心等；省林业科学院建立了云南森林植物培育和开发利用重点实验室；省农业科学院畜牧兽医研究所建立了省热带、亚热带动物病毒重点实验室。这些农业科技创新基地的建立，大大提高了云南省农业科技创新能力。

全省公共科技服务网络已初具规模。全省拥有13类各种大型科研仪器设备1300多台（套），价值8亿多元；省科技文献馆收藏总量已达7500万件（册、卷），建成开通了国家科技图书文献中心昆明镜像站，建成了一批种质资源数据库和50多个具有地方特色的专业科技数据库。

3. 农业科技成果推广应用成效显著

在种植业方面，主要农作物的良种覆盖率逐年提高，其中水稻达91.7%、玉米达67.4%、小麦达81.2%、油菜达80%。目前全省发展优质稻600万亩，优质专用小麦460万亩、优质专用玉米280万亩、优质加工马铃薯300万亩、优质小杂粮320万亩，优质烤烟60多万亩、高产高糖甘蔗99万亩、有机生态茶4万亩、优质水果基地100多万亩；有33家企业的56个产品获得绿色食品认证，73家企业90个产品获得云南省无公害农产品证书，无公害蔬菜基地种植面积达36万亩。1998～2002年云南省科技成果示范推广面积1.7亿亩，新增产量12亿多公斤，新增产值14亿元以上。

在养殖业方面，全省实施良种、草场保护、动物保护建设、畜禽商品基地建设、畜牧扶贫、名优新特、科学养畜、市场信息等"八大科技工程"，完善了服务体系，增强了畜牧业发展的后劲，使规模化养鸡的良种覆盖率达到100%、猪为75%，牛冻精改良每年6万～10万头，牛、羊胚胎移植力度加大，为产业化创造了条件。

在林业方面，生态林业工程技术研究在林种结构和林分结构调整技术上有所突破和创新，为高原山地防护林体系建设提供了实用技术和综合配套技术。优质工业原料林定向培育与高效利用技术研究和重要经济林良种选育及集约化栽培技术的研究取得重要进展，为云南生态建设、林产业发展、山区经济发展和农民脱贫致富作出了贡献。

在渔业方面，挖掘资源优势，依靠技术进步，以增强水产品市场竞争力和促进渔业产业升级为重点，大力推进渔业产业结构调整，深化渔业经济体制改革，加强社会化服务体系建设，推广先进适用技术，推进渔业产业化经营，增进渔业法制建设，强化渔业资源与环境保护，渔业保持了持续、健康发展的良好势头。

4. 科技竞争力有所增强

科技对农业和农村经济发展的支撑作用进一步增强。2004 年，全省科技进步对农业增长的贡献率由 1997 年的 35.9% 提高到了 46.5%。科技竞争力是科技总量、科技实力及科学技术水平与潜力的综合体现，2002 年科技部组织有关专家，选取八大类评估指标，对全国 31 个省、自治区和直辖市的农林科研机构科技综合能力进行评估，其中前十位依次为：北京、山东、广东、江苏、天津、新疆、浙江、云南、吉林、辽宁。云南省农林科技机构科技综合能力在全国排名第八位。

（二）存在的主要问题

进入 21 世纪，在全国农业发展进入新的历史阶段、我国加入 WTO、国家实施西部大开发、农业产业结构战略调整、云南省建设绿色经济强省和全面建设小康社会这样一个特定历史背景下，不仅要看到云南农业取得的巨大成就，还应该看到，云南省农业进一步发展中也存在很多的不足和亟待解决的深层次问题，农业科技在推动云南省农业发展方面还存在不足，整个农业科技的发展、推广应用水平和对农业的促进力度还远远适应不了云南省新时期农业和农村经济发展的要求。这些不足主要有以下几个方面：

1. 符合市场经济条件下的农业科技创新体系还没有完全建立起来

在农业增长方式由数量型向质量效益型转变的形势下，农业科研开发的效率不高，研究水平总体偏低，育成品种和技术成果跟不上农业发展的需求，满足不了云南省农业产业结构战略调整和农业现代化发展的需要，农业科研机构和学科结构现状不能适应新时期云南省农业发展的需要。要建立新型农业科技创新体系，一方面必须深化科技体制改革，按照科技自身发展规律，按照形成农业科技产业链发展的要求，加强和推进新的农业科技革命，建立机构设置与布局科学、学科设置合理、队伍精干、管理有序的新型农业科技创新体系，形成"开放、流动、竞争、协作"的运行机制；另一方面要大力加强农业基础研究、高新技术研究，突出农业科技成果的原始创新，强化重大关键技术的科技攻关，加速农业科技成果转化与产业化；加强农业生产一线的科技工作；强化农业科技中介服务功能等。

2. 政府的农业科技推广体制转轨滞后，推广主体间缺乏有效的协调和沟通

在传统计划经济体制下发展起来的农技推广体系，其运行机制都是按照计划的模式建立起来的，选择什么项目推广，推广范围多大，主要表现为政府行为，不能适应市场化发展要求。在市场经济体制下，农户作为农业生产的微观主体，生产经营什么，选择什么技术，理应成为农户自己的权利，而行政式推广方式，剥夺了农户作为市场主体的权利，使农民只能被动地接受推广技术，造成推广效率低下。由于科技供给系统与应用系统之间缺乏足够的信息交流，农业科研成果与农业生产者实际经济利益脱节问题突出，使农业科技研究、推广和应用主体都缺乏积极性。其表现：一是农业科研教育推广部门联系松散，政出多门，形不成强大的合力，科研单位长期处在传统的科研管理模式中，立题、科研、试验、鉴定、申报成果，这种管理模式，与推广部门没有直接联系，使一大部分科研项目变成了以获奖为研究目的，不能适应农村经济发展之需要，真正先进实用的科技成果不多，造成大量农业科研成果的无效供给。而对于农业推广部门来说，不了解农业科研进展情况，所需要解决的技术难题没有列入科研计划的正规途径，由于没有顺畅的技术来源，对于作为市场主体的农户而言，往往需要的技术得不到，得到的技术又不需要，造成供求矛盾。二是农协组织、企业与农业科研、教育、推广部门的关系问题，目前农协组织及一些农业产业化的龙头企业，已经成为农业技术推广的生力军，由于缺乏有效的技术指导服务，在档次、规模上很难适应农户的需求。

3. 科技成果推广转化周期长、规模小、到位率低、效果不太显著

云南农业科技应用水平远远低于全国平均水平，成果转化率不到30%。现有农业科技成果没有得到充分应用，技术应用的效果也没有充分显现。在农业科技应用水平的几个具体指标上，除地膜覆盖的比率高于全国平均数外，化肥、农药的施用，机耕、机播面积等科技应用水平以及主要农作物、畜牧和水产的良种覆盖率均低于全国的平均水平。

农业科技成果创新和转化的载体较弱，农业企业的规模小，经济和科技实力弱，农业骨干龙头企业和农业科技企业缺乏。全省20891个农业企业，仅占全国农业企业总数的0.24%，平均每个企业的规模只有14.9人，企业拥有专业技术人员只占企业人员的3.3%。农业生产仍以手工操作为主，规模小而分散，集约化程度低，农业产业化、现代化进程缓慢，处于较低层次。发挥云南省特色农业优势的农产品区域化布局、规模化生产、产业化开发方面，与许多省区相比具有较大的差距，农业生产总体科技水平低。

4. 农业科技人才总量不足

农业科技队伍不稳，高层次人才缺乏，结构不合理，不适应农业科技创新及成果示范推广的需要。基层农技推广部门技术力量单薄，机构不完善，机制不

活，有的地方出现了基层农科站（所）"网破、线断"的现象，难以适应农业科研、教学、推广和科技成果转化的客观需要。

5. 农村劳动力文化素质不高，科技意识不强，农业科技成果推广难度大

云南是一个边疆省份，是少数民族地区。由于地理环境、历史因素及地域文化等原因，农村劳动力素质不高，职业教育和成人教育薄弱，全省农村劳动力文盲、半文盲占1/3以上，青壮年文盲率达17%，少数民族成年人文盲、半文盲率达40%以上，苗、瑶、哈尼、傈僳、拉祜、布朗、德昂等少数民族成年人文盲率占70%以上。尤其农村科技推广不力成为农业技术进步缓慢的重要原因，与全国和发达国家相比，差距很大。

6. 农业科技发展的投入严重不足

按国际上有关专家分析，20世纪50~80年代，世界农业发展的这30年中，科技对提高土地生产率的贡献率为80%，对劳动生产率的贡献为73%。农业科技投资水平直接关系到一个地区或国家的农业科技进步。有关统计资料表明，世界各国平均农业科技投资占农业总产值的比重一般为1%左右，一些发达国家超过5%，发展中国家为0.5%左右。而我国仅仅为0.12%~0.27%，是世界上农业科技投资最低的国家之一。云南省农业科技投资只占农业总产值的0.15%。

（三）农村科技服务体系创新与发展的对策

1. 健全科技服务体系

一是深化农业科研机构改革。支持和鼓励农业类科研机构整体或部分改制为科技型的龙头企业，加速科技成果转化。具有面向市场能力部分，逐步转制为企业或进入企业；科技服务部分，可转为实行企业化管理的中介服务机构；基础性、公益类部分，可按非营利研究机构管理和运行，政府继续给予支持。二是健全农业科技推广体系。按照"改革省市级、稳定县级、充实乡级、发展村级"的原则，逐步建立由国家、集体、企业、个人广泛参与的新型农业科技推广网络体系。制定优惠政策，鼓励农业科技人员深入农业生产第一线，创办或领办实体；支持农业产业化龙头企业根据市场和自身经营活动的需要，从事相关农业技术的示范推广工作；积极引导和发展各种形式的农民专业技术协会、专业合作社、技术中介机构等民间组织，使之成为基层农业科技推广体系的重要组成部分。三是加强科技服务载体推广方式。推广队伍多元化，做到专业队伍与农民组织相结合，大力发展农民和企业的技术推广服务组织，形成一支宏大的农业技术推广队伍；推广行为社会化，做到政府主导与市场引导相结合，鼓励和支持企业和农民参加农业科技推广工作；推广形式多样化，做到无偿服务与有偿服务相结合，鼓励科技推广机构、科研院所、大中专院校、学会、企业和农民，采取技术开发、技术咨询、技术服务和技术转让等多种形式，从事农业科技推广与服务工作。加快技术市场建设，鼓励多层次、多渠道、多形式的农业技术交易活动，繁

荣技术市场，完善技术合同登记，规范技术交易活动，优化技术交易环境。四是打造科技服务平台。立足各级农业科技园区和农业科技示范基地区域特色，集中引进一批农业高新技术项目，提升自主培育水平，以此形成符合新阶段农业发展要求的科技创新载体，带动周边农业经济结构调整，最终形成具有当地特色的农业支柱产业。同时，要实行新的管理体制和运行机制，把园区和基地办成现代效益型农业的示范园、现代农业科技企业的孵化园、现代农业科技与信息的辐射园和现代农业科技人才与新型农民的培训基地。五是改革科技管理体制。改革农业科技项目立项制度，对重大项目试行论证制、招标制；农业科技经费投入推行课题制、首席专家负责制及不定期审计制；在经费使用方式上，采取全额资助、差额补助、贷款贴息、资本金注入等形式予以资助。

　2. 营造科技服务环境

　　一是完善领导体制，形成推进合力。各级政府每年须抓好几项关键性农业技术的推广、攻关工作，使农业科技创新体系建设实现良性发展；充分发挥科技副县（市、区）长、科技副镇（乡）长作用，提高他们驾驭农业科技工作的整体水平；建立由科技、农业、计划、财政等部门参加的农业科技协调机制，努力在工作安排、资金投向、项目开发、力量组织等方面形成协调联动的创新机制。二是加强农业科技人才队伍建设。优选一批高素质农业科技专业人才，采用输送域外"充电"、学历教育等形式，培养自己的专业化农业科技人才队伍；立足省情，加强农业科技专业培训，刷新农业科技文化知识，不断提高农业科技人员综合素质；加大农业科技人才引进力度，制定切实可行的优惠政策，引进一批紧缺、急需的域外高层次人才为我所用，提升、优化现有科技干部队伍结构。三是营造社会环境，形成共促农业科技创新发展的"沃土"。培养树立宣传农业科技典型，报社、电台、电视台举办农业科技专栏，加大舆论宣传力度，使农业科技创新深入人心，成为全社会的普遍共识，提高全社会农业科技创新意识，把思想进一步统一到以科技创新推进农业发展上来。加大农业科技投入社会化步伐，建立全社会广泛参与的多元化农业科技投入体系，从根本上改变农业科技投入长期严重不足的状况。

　3. 实施科技服务专项工作

　　一是抓好龙头企业创新服务中心培育工程。以提高龙头企业科技创新能力和服务农民的能力、推进农业产业化经营和农村新型工业化进程为目标，以星火科技型龙头企业、星火外向型龙头企业、规模以上乡镇企业和农村科技型中小企业为主要对象，支持建立科技创新服务中心。二是抓好农村专业技术经济协会培育工程。立足于适应政府职能转变、农村经济市场化和专业化的需要，以增强行业自我约束、自我管理、自我发展能力、提高服务水平为目标，在确立农村专业技术经济协会法律地位、规范其服务功能的基础上，严格按照政策的要求予以引导发展。特别要加强对已有农村专业技术经济协会的支持和规范，引导有条件的地方建立主要农产品专业技术经济协会。三是抓好农村区域科技成果转化中心培育工程。以提高农村区域科技服务水平、促进区域科技创新体系建设和区域经济发展为目标，培育并扶持各类集聚产业科技服务组织，并形成主要农产品科技成果转化中心。农村区域科技成果转化中心实行政府指导、自主经营的运行模式，科技部门要通过科技计划立项、营造政策环境等途径，支持其广泛开展成果转化、标准研究与应用、技术评估和咨询、农民培训等服务。四是抓好农村科技服务能力建设工程。建立健全农民科技培训网络，广泛开展农民培训服务活动。以提高农村科技服务组织从业人员的服务能力为目标，以农村科技服务的信用监督、技能和管理为主要内容，结合星火科技培训专项行动，提高农村科技服务组织从业人员的整体素质。结合农村信息化工作，大力实施"村村通"工程，建成通达农村基层的服务信息网络。整合并集成有关信息资源，加强农村科技服务体系信息支撑平台建设，在试点区内建成连接主要农村科技服务组织的互动式信息终端。建立农村科技信息基础数据库和专家数据库，实现资源共享。

二、农村教育与农民培训服务体系

建设社会主义新农村是新时期党中央提出的解决我国"三农"问题的战略举措，它涉及亿万农民切身利益，农民是建设社会主义新农村的主体，是新农村建设的直接参与者、主要受益者。没有农民科技文化素质的提高，就没有农业和农村经济的发展，社会主义新农村建设就缺乏根本支撑。

因此，农村教育和农民培训成为最核心的问题。这一教育培训体系应该是为从新农村建设需要出发，优化整合农村教育资源，形成满足农民终身学习需要的，包括普通教育、职业教育、高等教育、成人教育一体化的农村教育体系，从类别上讲除了农村义务教育之外还应包括两个方面，一是从事非农产业的农民技能培训，特别是针对农村富余劳动力转移就业的培训，主要是培养适应工业化、城镇化的产业工人。二是与建设现代农业相适应，培养留得住、用得上的新型农民。

（一）云南省农村教育与农民培训服务体系现状

1. 农村"两基"攻坚稳步推进，农村义务教育得到加强

为了推进"两基"攻坚（基本普及九年义务教育和基本扫除青壮年文盲，简称"两基"）云南省各地各部门，按照省委、省政府的部署，年年召开"两基"工作专题会议，签订目标责任书，层层落实工作任务。省政府还成立了以徐荣凯省长为组长的云南省"两基"攻坚领导小组，州、县两级也成立由党委或政府"一把手"任组长的领导小组，加强领导，强化统筹，在全省上下形成了"一把手"亲自抓、负总责，分管领导具体抓、督促落实，各部门各尽其责、齐心协力推进"两基"攻坚的工作格局。实施了"贫困地区义务教育工程"、"农

村中小学危房改造工程"、"农村寄宿制学校建设工程"、"农村中小学现代远程教育工程"、"边境学校建设工程"、邵逸夫先生赠款等一系列重大工程项目。从2000年以来，改造中小学危房337.6万平方米，新建校舍71.7万平方米。农村各级各类学校办学条件明显改善，办学规模和效益显著提高，促进了义务教育的均衡发展，推动了义务教育的普及与巩固。到2005年，全省有112个县实现"普九"，"普九"人口覆盖率达到86%，比2000年提高14.4个百分点，超额完成"十五"计划目标；127个县实现"扫盲"，青壮年文盲率降至5%以下，提前两年实现国务院提出的西部"两基"目标。普及实验教学工作稳步推进，2005年87个县实现"普实"，比2000年增加47个。

为了实现这一目标，云南省主要从以下几个方面作了安排：

（1）解决农村中小学危房问题。由于云南省山区面积大，贫困程度深，农村中小学危房问题突出，到2004年底，全省还有39个县的小学危房率超过10%，有近40个县的危房率超过20%以上，"普九"县中有71个县的危房率超过验收标准要求。尤其是在少数民族地区、贫困山区和边境一线，农村中小学校危房改造的任务比较艰巨。为加大中小学危房改造力度，在财力十分困难的情况下，云南省还积极调整财政支出结构，2002年，省政府把农村中小学危房改造列为"民心工程"来安排部署，当年就投入了6.4亿元，排除危房91万平方米；2003年又筹措资金5亿多元，排除危房80万平方米。从2004年起，在省级财政支出中，教育经费增长的比例每年提高一个百分点，大幅度增加了"两基"的经费投入。2007年又下达农村中小学危房改造资金2.6亿元，在这笔资金中，中央资金1.3亿元，省级配套1.3亿元。资金将逐级安排到位，专项用于44所中小学危房改造，规划建设面积71.72万平方米。

（2）农村贫困学生享受到"两免一补"。"十五"以来，省委、省政府采取积极措施，全力救助农村义务教育阶段贫困家庭学生完成学业，2000年以来，全省先后共有372万人（次）农村义务教育阶段贫困家庭的学生和特殊教育学校学生享受到国家免费提供的教科书。州、县两级财政也积极调整支出结构，2004年，投入9000万元专项资金开展救助，其中州市级财政4100万元，县级财政4900万元。

2005年，国家下达云南省的春秋两季免费教科书专项经费共计21780万元，通过省级统一采购，使全省享受免费教科书学生人数达到了257万人。2006年、2007年，全省享受免费教科书的学生人数按不低于2005年的享受人数安排。从2007春季学期开始，对73个国家扶贫开发工作重点县、7个省级扶贫开发工作重点县共80个县农村义务教育阶段贫困家庭学生、原享受"三免费"教育学生和全省特教学生共217万人实行免杂费，免杂费后的办学经费缺口由省、市级财政筹措专项资金1亿元，按免杂费学生人数和免除标准（小学生每生每学年40元、初中生60

元、特教学校学生 60 元）补助到学校，用于补充学校公用经费。2006 年，免杂费补助范围扩大到边境县中的 8 个非扶贫开发工作重点县和 2 个未"普九"的非扶贫开发工作重点县农村义务教育阶段贫困家庭学生。2007 年，免杂费范围扩大到全省农村义务教育阶段贫困家庭学生。从 2007 年起，省财政每年还将安排 8000 万元专款，负责补助原享受"三免费"教育的学生和寄宿制半寄宿制学生的生活费。其余享受免费教科书和免杂费的寄宿生的生活补助，由州、县两级财政承担。补助标准由各州、县根据学生的贫困程度和当地的生活水平具体确定。省里提出的寄宿制学生生活补助指导标准是：小学生每年 150 元，初中生 250 元。州、县两级政府应明确工作目标、统筹规划，到 2007 年，使所有享受免费教科书和免杂费的农村义务教育阶段贫困家庭学生都得到寄宿生生活补助，实现"两免一补"目标。

（3）开展勤工俭学自助自救。针对云南省贫困面大，贫困程度深的问题，云南省在农村中小学大力开展"建好一个基地，办好一个食堂，救助一批贫困学生"的"三个一"活动；鼓励学校积极发展校园经济，努力降低学生在校期间的学习、生活费用，大量贫困学生通过勤工俭学开展自助自救活动，取得了显著的教育、经济和社会效益。省财政每年安排勤工俭学贷款贴息专项资金，支持各地开展勤工俭学活动。如楚雄州农村学校坚持开展勤工俭学，州委、州政府在政策、土地、技术等方面给予倾斜，实施了勤工俭学。目前，楚雄州开展勤工俭学学校达 1411 所，勤工俭学基地 1233 个，总面积 1192 公顷，有效地解决了家庭贫困学生的生活和学习问题。2007 年，全州勤工俭学实现产值 2977 万元，每生平均收入 48.36 元，勤工俭学收入用于补助教育事业的经费达 1584 万元，用于家庭困难学生的补助 250 万元。

（4）社会各界广泛参与帮扶农村义务教育。云南省已形成了滇沪对口支援、国家有关部门对口支援云南省民族贫困地区、省内发达地区与欠发达地区对口支援、各州市县学校间结对支援、县属学校对口帮扶边远薄弱学校、高校对口支援中小学等 6 个层次的对口支援体系，并做到帮扶对象、协议项目、帮扶内容和形式、组织管理等"四个落实"，随着对口支援工作的不断创新，对口救助贫困学生，成为教育对口支援工作的主要形式之一，一大批农村义务教育阶段贫困家庭子女通过对口支援顺利完成学业。"希望工程"、"爱心成就未来特别助学行动"、"春蕾计划"等救助活动，使大量的贫困家庭的孩子重返校园，接受义务教育。还有许多社会团体、企事业单位和公民个人以建立基金、设立奖（助）学金等形式捐资救助了一批贫困学生。全省各地还广泛开展了干部职工与贫困学生"1对1"的帮扶活动。

2. 农村职业教育有了发展，学历教育与非学历教育、职业教育与农民培训并举

云南省非常重视农村职业教育。2004 年 12 月，省委、省政府专门召开了职

业教育工作会议，全面贯彻全国职业教育工作会议精神，对进一步深化全省职业教育改革作出了部署，出台了《关于大力推进职业教育改革与发展的意见》。以这次会议为标志，云南职业教育进入了又一个快速发展的时期。

目前，云南省农村职业教育主要由两大部分组成：一部分主要通过农业学校、农业广播学校、农业机械化学校等开展学历教育和非学历教育。仅2006年，全省农业广播电视学校开展农业实用技术培训农民105万人次，绿色证书培训学员180651人，52223人获证；农村劳动力转移培训217641人，转移输出162046人；农业科技入户直通车培训236000人，职业技能鉴定514人，实施农村实用人才培养"百万中专生计划"招生1563人；与高等院校联合开展多层次网络办学招生1474人，建卫星小站10个，改建小站3个，开展农民教育培训基本情况调研拓展培训方式。2006年还新组建了以昆明市农业学校为龙头的职业教育办学联合体——昆明农业职业教育集团，在探索职业教育办学集团化、连锁化模式方面迈出了积极的一步。

另一部分是依托市农业局、科技局、扶贫办等职能部门和工会、妇联、共青团、科协等群团组织，以及农业技术推广站、土壤肥料工作站等农技推广机构，开展职业教育、继续教育和农民培训，每年进行农民实用技术培训45万人次、绿证培训1万多人次。云南省教育厅结合云南实际，从省外及省内各行业积极引进和开展农村实用技术项目，如烤烟节能炉、果树栽培管理、花卉栽培、生态农业等，每年举办两至三期实用技术师资培训班，各地根据当地社会经济发展情况及农民的需求，在做好常规培训的同时，筛选出周期短、见效快、易掌握的重点项目，广泛开展培训，取得了明显的经济效益和社会效益。

3. 农村远程教育兴起

当今世界，现代远程教育已经成为许多国家普遍采用的教育形式，远程教育对于普遍提高广大农村劳动力素质，加快农村经济和社会发展，传播先进文化都具有十分重要的意义。2003年国务院《关于进一步加强农村教育工作的决定》，明确提出用5年左右的时间，根据不同类型的学校，用三种模式发展和普及我国的现代远程教育。在农村办学点配备光盘播放设备及教学光盘（称为模式一），在农村完小以上学校配备卫星远程教育收视设备，含模式一设备（称为模式二），在农村初中以上学校配备计算机教室，含模式二设备（称为模式三）。以促进城乡优质资源的共享，提高农村教育教学质量。按教育部的总体要求，云南省大力推进现代远程教育在农村教育中的应用，重点是面向学生，关键是教师，突破口是教育教学质量，同时，要发挥它的综合功能，促进"三教统筹"，"农科教结合"，提高为农服务的能力。现已建成各类卫星教学收视点15286个、教学光盘播放点13237个、计算机教室1095个，初步构建了"云南省远程教育体系"。通过远程教育各工程项目的实施以及各地各学校的积极投入，全省 52% 的中小学都能共享国家和省的优质教育教学资源，中小学计算机数与学生人数的比例已从 2000 年的 186∶1 提高到 2005 年的 55∶1。初步建成了远程教育资源中心、基础教育资源库、高等教育精品课程资源库、国家职业教育资源库。逐步建立了以省、地、县、乡和学校电化教育部门为主的教育信息化支撑服务体系。

4. 农村劳动力转移培训步伐加快

2005 年 1 月，中共中央、国务院就"三农"问题出台了《关于进一步加强农村工作，提高农业综合生产能力若干政策的意见》，要求"提高农村劳动者素质，促进农民和农村社会全面发展，全面开展农民职业技能培训工作，进一步搞好农民转业转岗培训工作，扩大'农村劳动力转移培训阳光工程'实施规模，加快农村劳动力转移"。根据中共中央精神，中共云南省委、省政府先后出台了一系列政策和措施，加强对云南省农村富余劳动力的转移输出工作，加大了培训的力度和培训的数量，特别是加强了对外输出人员的培训。结合 2004 年中央启动的农村劳动力转移培训"阳光工程"，中共云南省委、省政府提出了"百万民工培训工程"，由省级财政拨出 3000 万元经费，并向中央争取了"阳光工程"800 万专项资金，对进城务工就业的农民进行培训，2004 年全省农村劳动力累计转移 415 万人，新增转移 63 万人，超额完成 50 万计划任务的 126%。其中，"阳光工程"培训 106622 人，实现转移就业 93252 人，形成了"输出一批，带动一批，致富一方"的良好发展态势。

同时还健全了组织，全省 16 个州市均成立了由农业、人事、劳动、教育、扶贫、妇联等相关部门为成员的劳务输出领导小组。93 个县和部分乡镇成立了劳动力转移就业工作领导机构，初步形成了省、州、县、乡、村五级劳务输出管理体系。

（二）云南省农村教育与农民培训服务体系存在的困难和问题

1. 基础教育仍然落后

2000 年人均受教育年限全国 7.56 年，云南 6.32 年，排在全国第 27 位；2000 年，文盲半文盲人口占总人口的比重全国为 6.72%，云南为 11.39%，在全国排第 6 位。2005 年全省已有 112 个县实现"普九"，"普九"人口覆盖率达 86%，比全国平均水平低 9 个百分点；"十一五"期间，全省尚有 17 个县需要实现"普九"，这 17 个县均是民族、边疆、贫困县，攻坚难度很大。与教育发展先进地区相比，云南义务教育仍然存在较大差距，主要表现在以下几个方面：

一是区域教育发展极不平衡。全省 129 个县（市、区）中，有国家扶贫开发工作重点县 73 个，农村人均收入偏低，贫困中小学生达 260 万人。云南省内各地区之间，各民族之间的经济、社会发展水平和教育基础都存在极大差距。大面积和深程度的贫困，是云南义务教育发展不平衡的根本原因。

二是少数民族教育是义务教育发展中的薄弱环节。云南少数民族人口中约600万人不通汉语。14个少数民族用20种文字或拼音扫盲，有11个少数民族的小学生使用14种文字，教师授课采用双语教学。25个边境县中尚有8个县未"普九"。其中绝大多数是民族自治县，7个云南特有、人口在10万人以下的少数民族受教育程度较低。少数民族教育总体滞后，是云南义务教育发展滞后的特殊原因。

三是特殊的办学形式和较高的教育成本制约了教育质量和办学效益的提高。云南山高谷深，群众居住分散，交通和通讯不便，有5个州市人口密度不足55人/平方公里。经过多年调整之后，农村学校教学点还多达16141个，一师一校点多达12364个，不得不采取复式教学，导致办学成本偏高，加之师资水平偏低，质量难以保证，教育投资效益低。教育投资的效益和期望存在很大差距。校点分散、办学成本过高，是云南义务教育发展困难较大的直接原因。

在云南，"普九"攻坚及巩固提高的任务艰巨。至2006年底，云南省还有13个未"普九"县需要在2009年前实现"普九"，这13个县有1个属于边境县、12个属于国家扶贫开发工作重点县，困难多，任务重，压力大。已经"普九"的116个县中，有部分县（市）是在2000年以后通过攻坚，以低水平普及的，基础脆弱，控辍保学、巩固普及程度、提高普及质量的任务较重。"普九"水平不高，是云南义务教育总体水平不高的重要原因。

2. 农村职业教育问题明显

农村职业教育担负着双重任务，一是用先进的农业生产、科技知识和经营知识培养现代农民，二是用专业技能、政策法规知识和公民道德规范等培训务工农民，以适应新形势下农村劳动力向非农产业转移的需要。

当前农村职业教育存在的问题突出表现在以下几个方面：

（1）体制未理顺、资源整合不力。目前，农村职业培训缺乏统一规划，各自为政。农村劳动力培训工作的主管部门主要是农业、科协、教育、劳动四个部门，其他如财政、妇联、共青团等部门也有所涉及，地方主要是乡镇政府。农村职业培训工作多头管理，盲目性、无序性非常突出，内容雷同和空白点多的情形同时存在。教育培训工作的选项、资金、师资、教材、场地、证书等无法统筹安排、共享利用，导致教学水平有限，整体效果不佳。

（2）投入不足。长期以来我们不重视农村职业技术教育和成人教育，教育与农业生产、农村经济发展相脱离。《职业教育法》和国家规定的发展职业教育的许多政策措施在一些地方还没有得到很好的落实，政府和全社会重视支持职业教育的局面尚未形成，存在着职业教育由教育部门独家经营的现状。职教经费投入少，办学条件改善十分缓慢，许多地方职教专项经费没有落实，教育附加费也不能按规定提取一定比例用于职业教育。一些学校除了保证正常的工资外，公用经费基本没有。一些县对中等职业教育统筹不够，各部门重复办学现象严重，办学效益不高。不少农村职业学校，实验实习设备大多是生产一线淘汰下来的旧次设备，有的缺乏起码的教学、实习、实训设备，更谈不上教学设施和教学手段的现代化。不少地方职业学校教师合格率明显低于当地的普通中学，特别是专业课教师短缺和不合格现象更为严重。职业学校实验室、图书、仪器达标率与当地普通高中相比差距也较大。

（3）供求矛盾突出。农村职业教育严重不适应农民需求。一方面是农民迫切需要提高驾驭现代农业的知识和技能，外出务工农民迫切需要加强职业技能培训；而另一方面却是大多农村职业学校"等米下锅"。在楚雄州，2005年农村职业学校的新生报到率平均低于50%，有的农村职业高中2008年招生只有几十人报考。农村职业教育脱离农民生活，脱离农村经济状况，不能为农村学生带来很好的就业出路，致使许多农家子弟面临"升学无望、就业无门、致富无术"的尴尬处境。

3. 农村富余劳动力的培训仍处于起步阶段，农村劳动力转移素质较低，缺乏专业技能

近年云南省农村富余劳动力输出有长足的进步，但与四川等劳务输出大省还有不少的差距，究其原因主要是因为农村劳动力素质较低，缺乏专业技能，这样素质的人员只能从事较为低级的劳动，很难找到理想的工作，收入较低。因此，加紧抓好对农民的教育和劳务培训，高质量、高效果地输出农村富余劳动力，将是一项长期的艰巨任务。

（1）认识不到位。一是有关政府部门及个别领导的认识问题。虽然中央和中共云南省委、省政府对农村劳务输出转移工作高度重视，但长期以来，一些地方的一些领导守旧思想严重，墨守成规，缺乏开拓创新精神，对农民进行培训和再教育对劳务输出质量和数量的重要影响力认识不够，存在畏难情绪和"多一事不如少一事"的思想，工作积极性不高。

二是农民自身的认识问题。不少农民素质低，文化程度低，造成自我发展能力低，往往只顾眼前利益，看不到参加培训的紧迫性，看不到智力投资的必要性，舍不得自己拿出钱来进行培训。只把培训当成政府要求参加的行为，寻甸县农业局一次向广东东莞有序输出劳务人员，经多方动员仅有140人报名，而最后去的才有40多人。被动接受培训，对劳务培训的积极性不高，培训效果不佳。

（2）经费投入严重不足。云南省的农村基础教育本来就比较薄弱，对农民教育培训的投入就更显其不足了。2004～2010年，云南省累计要转移和输出农村劳动力700万人，按进行引导性培训每人约需100元，开展技能培训至少每人要400元至500元以上的费用。2004年云南省实施的农村劳动力转移培训"阳光工程"，筹集资金3800万元，培训教育经费太少，严重制约着对农村富余劳动力

的培训，影响着云南省"百万民工培训计划"的落实。

（3）缺乏统一的管理和协调的机制。农村富余劳动力的培训是一项长期的、系统的工程，单靠某一部门、某一机构努力是不够的，协调机制非常重要。如旨在安排劳动力转移培训的"阳光工程"在运行时，由于相关的教育部门、劳动部门和农业部门协商不够，同时技工学校、普通中学、农业广播电视学校等各种学校分属不同部门管辖，导致上述部门在某些问题上经常产生分歧。培训经费管理的不统一，培训教材的不统一，师资的不统一，大大降低了培训资金的使用效率和培训的质量。

4. 农村远程教育难题凸显

应用现代远程教育开展农民教育与培训是新阶段农村教育与农民培训的战略选择，同时也是教学改革的新要求。云南省农村远程教育工作在大力推进的过程中，存在的难题凸显。

（1）农村远程教育支撑服务体系建设滞后。众所周知，构建"远程教育体系"时必须完成好建设远程教育网络中心、支撑服务体系和众多远端接收站点这三大任务。国家远程教育的"天罗地网"平台和国家基础教育资源库建设已经基本完成，工作中，由于云南省的人、财、物投入都向完成国家项目（仅重视了众多远端接入站点的建设）倾斜，因此，目前这些远程教育工程项目完成后，云南省各级各类学校的众多远端接收站点建设将基本完成。但是，项目建设工作中却忽视了远程教育本身的其他环节的建设，尤其是云南省以电教系统为主的远程教育支撑服务体系（队伍加平台式的支撑服务体系）建设因被忽视而严重滞后。如，省级远程教育中心平台建设和州、县、乡各级支撑平台建设投入很少，造成远程教育三个主要环节建设缺了两个的问题，使全省远程教育设施、设备不能成龙配套，形不成"网络"，无法发挥远程教育网络体系的整体作用。造成远程教育网络体系未成"网"，远程教育不能"远"的局面。严重影响了整个体系的正常运转。另外，配套设施投入不足，远程教育设备使用不起来，存在着投入越大，浪费也越大的风险。

（2）农村远程教育程度还较低。到目前，云南省的教育信息化建设虽然取得了一定的成绩，但是全省的教育信息化程度还较低，与东部先进省区的数字差距进一步拉大，存在数字鸿沟。如："十五"期间，云南省教育信息化总投入为6亿元左右，而与云南省人口数相当的广东省却已投入36个亿，云南省仅为广东省投入的1/6；中小学校的生、机比云南省为55∶1，而广东为16∶1，不到广东省的1/4，差距是相当明显的。

（3）运行维护经费无着。运行维护经费已成为制约云南省远程教育进一步可持续发展的关键。"十五"期间，远程教育的投入大量是靠国家的扶持，完成了设施、设备的"校校通"，而当前需要"校校通"向"校校用"和"人人用"

的转变，但是，远程教育设备维护、人员工资、日常办公经费支出，设备损耗、升级等运行维护经费却还没有着落。

（4）教育信息化队伍建设严重滞后。远程教育资源应用水平要求越来越高，但云南省农村教师队伍素质跟不上，尤其是教育技术能力面临严峻挑战。基础设施建设通过简单的培训还能适应，但是远程教育资源重在应用，而在应用时云南省农村教师队伍的教育技术能力，尤其是对远程教育技术的掌握令人担忧。

（三）农村教育与农民培训服务体系建设的重点及难点

1. 思想上要从战略上重视农村教育与农民培训问题

发展经济学认为，对发展中国家来说，向农民进行中小学教育及文化投资是最有利的人力资本投资，只有对农民首先进行文化教育，才能使其掌握科学技术。

首先，各级政府和领导应高度重视农村教育与培训的战略地位，应该认识到社会发展的关键、经济持续发展的内在动力，是人的素质的提高，而人的素质的提高需要通过教育以获得知识和能力。全面振兴农村教育是提高全民族素质的基础，是农民学科学、学技术，实现职业转化的必要基础。各级政府和领导应将农村教育与农民培训视为振兴农村经济，帮助农民致富的希望工程，纳入结构调整的内容之中，只有这样才会改变过去重物质投入轻人力资源开发的传统观念，才会认识到农村人才培养的极端重要性，增强紧迫感、责任感和主动性，有了这样的思想才有可能加大对农村教育与农民培训的投资力度与支持力度。

其次，作为农民个人，也要转变观念，不能只顾眼前利益，看不到学习、培训的紧迫性，看不到智力投资的必要性，不愿花时间学习，舍不得自己拿出钱来学习和培训。

2. 经费保证

长期以来，由于城乡二元社会结构形成的鸿沟，造成了在城乡基础教育经费投入上的极大差距，云南是教育相对落后的省份，云南省的农村基础教育本来就比较薄弱，对农民教育培训的投入就更显其不足了。

仅义务教育方面来讲，尽管云南省2004年投入教育的经费达到112亿元，比2003年增加了20%，占全省财政支出的16.8%，远远高于全国的平均水平5个百分点（11.9%）。尽管省委、省政府竭尽全力办寄宿制学校、实施"三免费"和对贫困学生进行救助，但由于贫困人口多，贫困面大，教育经费的80%用在发工资上，真正用到发展教育事业上的钱很有限。到2004年底，全省仍有140万贫困生尚未得到救助。另外，100万已享受"两免一补"的贫困生，地方政府还得承担相当数量的补贴费用，对于云南这个85%的县级财政不能自给的省份，要维持下去也是十分困难的。在"十一五"期间，云南省还要实施"四项工程"，即"农村中小学寄宿制学校建设工程"，"农村义务教育阶段校舍维修改造工程", "西部农村初中校舍改造工程"和"农村中小学现代远程教育工程"。这一切，都需要经费的保证。

（四）加强农村教育与农民培训服务体系建设的对策与措施

1. 实施国家"两基"攻坚计划，努力提高普及九年义务教育的水平和质量

（1）认真落实"两免一补"惠民政策，促进教育公平。国家对西部地区投入大量资金实行"两免一补"政策，目的在于让农村贫困家庭学生都能接受义务教育，这是一项切实减轻农民负担的惠民工程。作为全国首批实施农村义务教育经费保障机制改革的15个省区之一，云南省应认真实施农村义务教育经费保障机制改革，认真落实"两免一补"惠民政策，让广大农村义务教育阶段的学生确实享受到国家的优惠政策。

（2）实施好"四项工程"，努力改善农村中小学办学条件。

农村中小学寄宿制学校建设工程是边远山区居住分散学生的就学问题的保障，对于云南这样一个山高谷深，群众居住分散的省份至关重要，今后还要不断争取中央投入，云南省再配套，用以新建、改扩建以农村初中为主的寄宿制学校。

农村中小学危房问题，省教育厅高度重视该项工作，应进一步筹措资金，规范工作程序，全力组织实施好农村义务教育阶段校舍维修改造工程。

作为全国20个试点省之一，云南省参加了农村中小学现代远程教育工程试点工作。这一工程对云南省这样一个农村地域广大，居住分散，经费不足等困难显著的省份很重要。它可以打破时空的阻隔，使不同地区的学生都能共享优质教育资源。今后要注意提高工程在全省农村中小学的覆盖率，在农村完小建立卫星教学接收点，配备教学点教学光盘播放系统。加强农村中小学现代远程教育工程，不但可以向农村中小学提供优质教育教学资源，不断加强教师培训，还可以整合农村各种资源，发挥农村学校作为当地文化中心和信息传播中心的作用，为"三教统筹"、农村科技推广和农村党员干部现代远程教育服务。

（3）落实农村义务教育"以县为主"管理体制的要求，加大投入，完善经费保障机制。这首先要明确各级政府保障农村义务教育投入的责任。各级政府要进一步加大投入，共同保障农村义务教育的基本需求。落实"在国务院领导下，由地方政府负责、分级管理、以县为主"（简称"以县为主"）的农村义务教育管理体制，县级政府要切实担负起对本地教育发展规划、经费安排使用、校长和教师人事等方面进行统筹管理的责任。中央、省和地（市）级政府要通过增加转移支付，增强财政困难县义务教育经费的保障能力。特别是省级政府要切实均衡本行政区域内各县财力，逐县核定并加大对财政困难县的转移支付力度；县级政府要增加对义务教育的投入，将农村义务教育经费全额纳入预算，依法向同级人民代表大会或其常委会专题报告，并接受其监督和检查。乡镇政府要积极筹措

资金，改善农村中小学办学条件。

（4）抓住教师这个关键，夯实义务教育发展基础。"振兴教育的关键在教师。"为了提高农村义务教育，在教师方面要严格把关，要加强农村中小学编制管理，严格执行国家颁布的中小学教职工编制标准，全面推行教师聘任制。严格掌握教师资格认定条件，对新聘小学教师和初中教师，原则上应分别具有大专和本科文凭，对不具备教师资格的在任教师，要坚决淘汰。严禁聘用不具备教师资格的人员担任教师。教师聘任实行按需设岗、公开招聘、平等竞争、择优聘任、科学考核、合同管理。坚持依法从严治教，加强教师队伍管理，对严重违反教师职业道德、严重失职的人员，坚决清除出教师队伍。

农村教师在生活条件、工作、子女学习就业等方面都不能与城市教师相比，农村教师通常还要承担更繁重的教学任务，所以更应在各个方面保障教师权利，满足教师各方面的正当需求。第一，要建立和完善农村中小学教职工工资保障机制。根据农村中小学教职工编制和国家有关工资标准的规定，省级人民政府要统筹安排，确保农村中小学教职工工资按时足额发放，安排使用中央下达的工资性转移支付资金，省、地（市）不得留用，全部补助到县，主要补助经过努力仍有困难的县用于工资发放，各地要抓紧清理补发历年拖欠的农村中小学教职工工资。对发生新欠农村中小学教职工工资的情况要按省（自治区、直辖市）予以通报。第二，要加强农村教师的教育培训工作。构建农村教师终身教育体系，实施"农村教师素质提高工程"，开展以新课程、新知识、新技术、新方法为重点的新一轮教师全员培训和继续教育。每年安排一定数量农村教师脱产进修，以满足教师自我发展和学校发展的需求。这里特别要注意的是要加强双语教师培训工作，云南省是个边疆民族大省，民族自治地方最多，特有民族最多，人口较少民族最多，跨境民族最多。可以应用信息技术教育手段提高双语教学。对于少数民族地区教学语言使用的特殊情况，建议当地大学附设或由政府特殊批准成立少数民族地区教师语言教育学院，专门培养当地急需的双语和三语（民语、汉语、英语）教师，从根本上保证当地的教师资源数量和素质。第三，大力推先评优，充分发挥先进模范的示范带头作用，增强农村广大教育工作者的职业自豪感和使命感，要在全社会做好宣传，特别选择那些长期扎根艰苦农村地区，甘于奉献的优秀、先进农村教师典型加以宣传，营造一种全社会关注、尊重农村老师的氛围，来满足教师被尊重、自我实现的需要。

云南省已实施的支援农村教育的做法要继续坚持。第一，农村义务教育阶段学校教师特设岗位计划要坚持，云南省2006、2007年招聘并到岗任教的特岗教师有8480名，分布在全省16个州市、60个县（市、区）的757所农村学校（402所初中，355所小学）。这个计划通过公开招聘高校毕业生到农村学校任教，创新农村学校教师的补充机制，从而逐步解决农村学校师资总量不足和结构不合理等问题，提高农村教师队伍的整体素质。第二，继续开展高校新聘教师赴"三区一线"支教活动，云南省教育厅 2003 年 5 月印发执行了《关于高等学校和城镇学校新录用教师到"三区一线"支教锻炼工作的意见》（云教人〔2003〕22号）规定："今后凡是高等学校和城镇中小学校新录用教师，一律要先选派到少数民族地区、贫困地区、山区和边境一线（即'三区一线'）任教，支援边远贫困地区发展基础教育。"4 年来，全省共下派了 1500 余名高校新聘教师赴"三区一线"支援农村教育。对农村教育起到了很好的帮助效果。第三，继续选派高校优秀毕业生到农村基层任教。从 2003～2005 年，由省委组织部牵头，省教育厅承办，按照"各地报送用人计划、毕业生报名和资格审查、组织考试、体检、安排工作"的程序，三年来共选派了 550 余名优秀大学毕业生赴农村基层任教，为当地经济社会发展提供了强有力的人才保障。第四，继续开展城镇教师与农村教师对口支援活动。从 2003 年以来，云南省实施了《关于进一步做好教育对口支援工作的意见》，提出滇沪、省内先进地区与欠发达地区、各州市县学校间结对、县属学校对口帮扶边远薄弱学校、高校与农村中小学等 5 个层次的对口支援。4年来，各级城镇累计有小学教师 55660 人次、初中教师 63230 人次、高中教师52650 人次开展了支教期在半年以上的支援农村教育工作，这在一定程度上提高了农村教育水平。

（5）要广泛动员和鼓励机关、团体、企事业单位和公民捐资助学。进一步落实对捐资助学单位和个人的税收优惠政策，对纳税人通过非营利的社会团体和国家机关向农村义务教育的捐赠，在应纳税所得额中全额扣除。充分发挥社会团体在捐资助学中的作用。鼓励"希望工程"、"春蕾计划"等继续做好资助家庭经济困难学生就学工作。中央和地方各级人民政府对捐资助学贡献突出的单位和个人，给予表彰和奖励。

2. 整合资源、优化结构，大力发展农村职业技术教育

我国职业教育的先驱者黄炎培先生说，职业教育应是面向人人的教育，目的是"使无业者有业，使有业者乐业"。在云南，这句话具有现实意义。云南劳动力素质普遍偏低，严重制约经济社会快速健康发展。同时，大量劳动力无法就业，农村孩子接受义务教育后，有 60% 回乡务农，"种地不如老子、做饭不如嫂子"。无一技之长，难找工作，难谋生活，难以脱贫。这就需要大力发展农村职业技术教育，适应农村发展、农民转岗就业的需要，造就新农村建设的各类人才。这里包含两个方面：首先，要围绕现代农业建设，对农民进行先进适用的农业新知识、新品种、新技术培训，提高农民现代农艺技术和标准化生产知识，开展灵活多样、不同形式的专业技术培训，使农民一看就懂，一学就会，学了能用，用能致富。其次，要面向城乡劳动力市场需求，围绕农民转岗就业，对基层干部、青壮年农民、农村妇女以及农民企业家等不同对象进行培训，提高农民市

场经济知识与专业技术技能，提高农民经营管理水平，提高农民职业道德、法律意识。

（1）发展规模上，中等职业学校要进一步扩大招生规模，争取每年以7%的速度增长，到"十一五"末达到中等职业教育在校生46万人的规模，实现普通高中和中等职业学校在校生规模大体相当的目标。这需要加快县级职教中心（职业高中）建设，目前，在国家支持建设的1000所职教中心中，云南省已有28个县被列入计划，今后，国家和省政府还需要进一步加大投入，改善办学条件，推动农村中等职业教育发展迈上一个新的水平。

（2）在培养目标上，既要根据本地经济特点培养地方经济的建设者和在当地从事农业生产、家庭经营的"新农民"，也要兼顾劳动力向省外、境外、国外输出，根据劳务输入地的需求培养进城务工经商的创业者和"新公民"。

（3）在发展方法上，要整合教育资源，构建职教新体系。这里最重要的是要继续做好农科教结合和"三教"统筹工作，重构县、乡、村三级农村职业教育网络，扩大农村地方办学的自主权。要充分利用农业院校、农业广播学校、农村中小学、中等农业学校、农业技术推广中心和培训中心等各类学校及培训机构现有的培训场所、设备、师资等资源，开展包括学历教育、远程教育、短期培训、专题讲座等形式的农村职业教育。努力形成以农业院校为科技源头，以县级职教中心为骨干，以乡村成人文化技术学校为基础的覆盖县、乡、村的实用型和开放型的农民实用技术教育培训和劳动力转移培训网络，使广大农民能够就近学习先进的实用技术和科学文化知识。其中要重点培植农村职业中专，使其重心由职业技术培训向劳动力全面素质培训和适应劳动力转移培训转移。

（4）从教学上看，要努力改变农村职业教育专业设置、教材建设和教学内容等与农业科技结合不紧的现状，增强专业的适用性。要改革教学内容和方法，提高教学和培训质量，要根据当地发展特色农业和生产实际需要及劳动力转移目的的需要，确定教学内容和项目，开展针对性强、务实有效、通俗易懂的实用技术培训。加强与大专院校、科研院所的联系，以多种合作方式，引进适合当地需要的新技术和新品种，进行实验、示范、培训和推广。充分利用卫星电视、计算机网络、多媒体等现代教学手段，利用农村中小学远程教育平台，扩大培训规模，提高培训质量和效益，努力做到培训一批农民，推广一批技术，发展一项产业，送出一批人员，振兴一方经济。

（5）在师资力量上，要加强农村职业成人教育专职、兼职师资队伍建设。加强对农村职业教育和普通中小学农村实用技术培训教师的培训工作，并给予职业成人教育初等、中等教育机构的教师在职务评聘、专业技术考核、福利、评选先进等方面与普通中小学教师同等待遇。加快师资队伍建设时要注重培养"双师型"教师，注意聘请有实际经验的专业技术人员和能工巧匠作为兼职教师，加强农科教结合，发挥农业科技部门专业技术人员的优势。

（6）在经费上，要多渠道筹措农村职业教育和实用技术培训经费。建议有效应用 WTO 所规定的"绿箱政策"。加大对农村劳动力培训的投入，是世界贸易组织框架下各国政府支持和保护农业的通常做法，是一项重要的"绿箱政策"。所以，各级政府应把加大财政支持的强度作为义不容辞的责任，逐步建立起以政府投入为主导，社会和企业共同参与的多元化投入机制。这里的重点是政府不能在农村职业教育领域撒手，把其作为"非义务教育"进行所谓的"产业化"、"公司化"、"社会化"改革，进行其办学经费的减免，反而应该大力加强财政投入，力争通过财政转移支付实现就读学生少交费或不交费。从 2006 年起，云南省财政每年安排农村职业教育专项资金 500 万元。州市、县财政要按照"州市县为主"管理体制的要求，切实履行投入责任。各地城市教育费附加用于职业教育的比例不低于 20%，已经普及九年义务教育的地区不低于 30%。企事业用人单位可以通过采取设立职业教育发展专项资金，或者与职业学校实行联合培养等多种方式，积极增加对职业教育发展的投入。

（7）在学生学习保障上，要建立健全中等职业学校贫困生救助制度。云南省从 2006 年起，开始将中等职业学生纳入国家贷款资助范围，同时拨专款资助农村贫困家庭子女接受中等职业教育。并安排学生参加勤工俭学和半工半读作为助学的重要方法，帮助经济困难学生上学和完成学业。此外，还将积极探索采用奖学金、助学金、教育券及金融机构受理中职学生助学贷款的办法，帮助贫困学生完成学业。

（8）在舆论宣传上，要营造有利于加快农村职业教育发展的良好舆论环境。要大力宣传职业教育对于经济和社会发展，对于解决"三农"问题，对于广大人民群众子女成才的重要作用。大力宣传和推广中等职业教育发展的典型事例，形成社会各界支持农村职业教育发展的良好氛围。农村学生和家长"读书就是要跳出农门"的传统观念才能改变。

3. 进一步搞好农民转移培训

抓好农民培训是促进农村劳动力转移、增加就业的必然选择。农村人口资源是最丰富的，也是一个沉重的负担，加强对外出农民的培训，让他们掌握一技之长和适应城市生活的基本能力，熟悉相关的法律法规，增强获取知识和信息的能力，从而顺利实现转移就业，就能使农村丰富的劳动力资源转变为巨大的人才资本，创造巨大的经济效益。

（1）提高认识，加强领导。各级政府、各部门要充分认识对农民劳动力转移培训是一件十分重要的大事，是让农民终身受益的一项事业，是"输出一人，帮扶一家，带动一片，致富一方"的高效工程。要明确各级政府、各部门在农村富余劳动力转移中的任务、职责，把对农村富余劳动力的教育培训工作作为各级政府、各相关部门领导干部的工作考核内容范畴，出台工作奖惩制度，鼓励各级政府和各部门领导干部积极参与农村富余劳动力转移的教育培训工作。

要利用各种渠道，加强对农村富余劳动力转移培训重要性的学习、宣传力度。积极发挥舆论宣传导向作用，以点促面，树立农民"走出去"的意识教育。充分利用各种形式，让农民了解相关政策、措施，对农民进行引导教育，比如，利用乡村集市人员密集的特点，开展广泛的宣传动员；通过报纸、杂志、宣传画册、图片，通过广播、电视、网络，把"外面的世界"介绍给农民。还可以通过经培训转移出去而脱贫致富的典型事例教育农民。

（2）机构保障，统筹协调。建立全省统一、上下联动、机构名称统一的省、州、市县农村劳动力转移办公室，并将其设定为固定机构，由主要领导挂帅，抽调、配备专职管理人员，并由财政给予相应的工作经费支持，确保工作的正常开展。还要明确该机构的职、责、权，比如要摸清本地农村富余劳动力的情况，建立统一的农村富余劳动力资源台账。

同时要统筹调动农业、劳动、扶贫办、教育等部门的优势；协调全省的农村富余劳动力资源、教育培训资源及培训经费，使其成为领导、协调管理全省农村劳动力转移和培训工作的领导机构。

（3）要增加财政对培训专项经费的投入。云南省农村富余劳动力转移培训工作任务艰巨，仍处于起步阶段，工作难度大，很大程度上需要依赖于各级政府的扶持，来填补培训经费的不足。培训费用最好能够争取做到政府、用人单位多承担一些，教育部门减免一些，输出人员少承担一些。必要时把对农民的教育培训纳入国民教育的"十一五"总体规划中，这样就可以通过法制化、制度化和规范化的建设，加大对农村富余劳动力教育培训的投入力度。

（4）要建立科学规范的培训体系。首先要开展普及性的引导性培训，使农民具备城镇工作与生活所需要的各种基本能力，减少损害他们合法权益事件的发生率，提高他们的生存能力与自我保护能力。内容以法律法规、社会知识、诚信教育、交通常识、安全知识、普通话、预防艾滋病等，旨在通过培训，提高外出务工农民的思想道德和守法、维权的法律意识，增强沟通能力。

其次要以市场为导向，有选择、有侧重地进行技能培训。扩大农村劳动力转移培训"阳光工程"的实施规模和力度。积极探索农村劳动力培训的有效机制，做到培训与市场需求相结合，与用工单位相结合，与就业服务相结合，努力形成"培训—就业—创业"三位一体的农村人力资源开发格局。应该多渠道加强与用工企业、部门或单位的劳务供需联系，建立用工订单。要根据用工订单需求，按照国家职业标准和对不同行业、工种、岗位的要求，做好订单培训，这样可以根据用人单位需求进行基本技能培训。形成了走出去订劳务合同——有针对性地培训——定向有序输出的输出模式。如寻甸县河口乡与上海、广东、昆明等地积极联系，对输出人员进行 1 至 3 天的引导性培训后，由用人单位进行岗位技能培训后上岗，劳务输出效果显著。这个经验值得学习。还可以开展各种特色培训。云南是多民族省份，地域差异比较大，因此可以摸清本地实际情况，针对市场需求，根据云南各地地域、民俗、文化特色开展传统工艺培训、传统技能培训、民族特色技艺培训、品牌保姆培训等。如临沧市劳动就业局下属的桑嘎艺术培训中心，开展以佤族青年为主的劳务输出，为具有民族技艺的青年找到了一条很好的就业途径。目前已与山东、浙江、福建、广东、海南等国家 4A 级风景区培训订单，建立长期演艺人才供求协作机制，成功地为深圳锦绣中华民俗文化村、烟台市中华历史文化园、云南映象剧组等输送了 800 多名以佤族为主的少数民族舞蹈演艺人才，学员就业率达 95%。凤庆县积极抓好"订单保姆"工作，与省妇联妇女儿童生活服务中心签订保姆合同，通过对初中毕业的女孩进行基本培训和家政培训后输出。这些都是值得借鉴的成功经验。

（5）整合教育培训资源，提高培训效率。目前，农村普通初中教育与农民的实际需求相脱节，一大批农村初高中毕业生未经过职业教育和劳务培训就直接进入劳动力市场，造成农村劳动力的巨大浪费和盲目流动。可以充分发挥农业广播学校信息量大、覆盖面广，投入低的优势，创造条件切实加强对农村富余劳动力的就业培训、指导，提高他们的就业质量和就业发展空间。还应该积极发挥农村成人教育快捷、形式多样，灵活性大的特点，开展对即将转移出去的青年农民的教育培训和农民工的培训，根据云南省各地实际情况和市场需求，有效地对农村富余劳动力开展分层次、分专业、分类型的一体化培训，给更多的人创造就业条件。

4. 进一步建设和完善云南省农村远程教育体系

农村远程教育，巩固了农村两基成果，实现优质教育资源的共享，信息网络的应用，让农村特别是山区的农家孩子，了解和看到精彩纷呈的世界，拓宽了孩子们的视野，缩短了城乡教育的差距，进一步促进了基础教育的公平协调发展。同时还促进"三教统筹"，"农科教结合"。对云南这样一个集边疆、高原、欠发达、多民族的省份至关重要。针对云南的具体情况，应从以下几个方面进一步建设和完善云南省农村远程教育体系：

（1）进一步巩固完善已建站（点），加大投入，使分散的站点形成网络化的体系。

（2）在全省推广"一站九点"的典型，实现区域整体推进。2003 年，楚雄市东华镇中心学校利用全乡仅有的一套卫星远程教育设备，建成乡（镇）中心学校远程教育信息中心，下载"天网"和"地网"优秀教育节目资源，整理、刻录成 VCD 光盘，做好中心学校信息资源库建设，并及时发放到其下属的九个完小光盘播放点进行播放，使优质教育资源在本镇九个完小实现共享。同时，利用学校有利的环境条件和学校点多面广的优势，使优质教育资源有效辐射"三农"工作，开展系列农村实用科技培训，党员电化教育工作，形成具有代表性的"一站九点"远程教育工作模式。"一站九点"远程教育工作模式具有投资省、效益高、资源易扩散、辐射功能强的特点，符合云南的实际情况，应加以推广。

（3）加强人员培训。首先，进一步抓好"中小学教师教育技术能力建设计划项目"的实施；其次，要抓好教育行政部门和学校领导的培训工作，着重提高对远程教育工作重要性的认识和管理水平；最后，要抓好远程教育工作专业队伍的培训和建设。

（4）加强领导，解决好政策、经费等电教的关键环节，建立可持续发展的长效机制。首先，各州市教育行政部门要建章立制，加强对远程教育工作的管理。远程教育涉及范围广，技术要求高，政策性强，需要建立健全各种规章制度，加强对工作的管理。主要是：制定相关标准及行政许可的要求，制定收费政策等。目前，要严格执行国家关于远程教育准入制度和远程教育标准化建设的要求，出台经物价部门批准的收费政策等。其次，各州市教育行政部门要建立远程教育支持资金保障渠道，实现远程教育工作的可持续发展。

远程教育涉及运行、维护、更新升级、教师培训、资源建设、技术进步等内容，必须建立正常的资金保障渠道，在落实农村义务教育经费的保障机制中，明确安排学校远程教育专项经费的比例，还要不断增强对远程教育运转的支持力度，尤其要建立县一级的应急反应机制，能够及时解决问题。

总之，云南省的农村教育与农民培训要研究和解决社会发展新形势、新特点和新问题、实事求是，实行基础教育、职业教育、成人教育"三教统筹"。在各级政府的统筹协调下，把隶属不同行业部门管理的农业、科技和教育事业有机地结合起来，使农村教育事业的发展同农业和农村经济、社会发展目标紧密衔接、相互促进，更好地为农村社会的全面发展服务。

三、农村医疗卫生服务体系

加快云南卫生事业发展，突出公共卫生、农村卫生和社区卫生三个重点，要继续坚持中西医并重、优化资源配置、建立高效、经济的卫生服务体系，实施区域规划、加强行业监管、不断提高卫生服务水平和质量，切实保障医疗安全、进一步缩小城乡、地区和不同人群的差距。要以初级卫生保健为龙头，加快建立新型农村合作医疗制度和医疗救助制度，继续深化医疗改革，调整城市医疗卫生服务机构，采取政府为主导、市场机制结合，鼓励社会投入等多种渠道加大投入农村卫生基础设施建设，促进云南卫生事业协调发展。

（一）云南省农村医疗卫生服务体系现状

1. 医疗卫生服务机构和人员

2006年，全省卫生机构总数为10020个，比2002年增加1215个，增长

13.80%。卫生机构中，其中：医院 649 个，比 2002 年增加 112 个，卫生院 1410 个，比 2002 年减少 90 个，社区卫生服务中心（站）由 2002 年的 109 个发展到 2006 年的 390 个，4 年中增加了 2.58 倍。2006 年，全省卫生医疗机构床位数为 10.99 万张，比 2002 年增加了 1.61 万张，增长 14.64%，其中：医院床位 7.74 万张，卫生院床位 2.45 万张，分别比 2002 年增加 1.18 万张和 0.11 万张。每千人口医院和卫生院床位数，2006 年为 2.28 张，比 2002 年增加了 0.22 张。2006 年，全省有卫生人员 14.56 万人，比 2002 年增加 1.19 万人，增长 8.91%。其中：卫生技术人员 12.14 万人，比 2002 年增加 1.15 万人，增长 10.49%，卫生技术人员中，执业医师和执业助理医师 5.65 万人，比 2002 年增加 0.46 万人，增长 8.94%，注册护士 3.98 万人，比 2002 年增加 0.50 万人，增长 14.51%。每千人口卫生技术人员 2.71 人，其中：执业医师及执业助理医师 1.26 人、注册护士 0.87 人，分别比 2002 年都有了一定的增加。

2. 疾病预防控制及妇幼保健情况

云南处于特殊的地理环境位置，预防控制特殊传染病的任务更为艰巨。近年来，云南省加大农村卫生工作的投入力度，以实施好农村疾病预防保健工程。从 2003 年到 2010 年，云南省、地、县三级人民政府每年增加的卫生事业经费将主要用于发展农村卫生事业，包括卫生监督、疾病控制、妇幼保健和健康教育等公共卫生经费、农村卫生服务网络建设资金等。省、地州市两级财政要对县、乡开展公共卫生工作给予必要的业务经费补助；省级财政承担购买全省计划免疫疫苗和相关的运输费用。随着云南医疗、保健体制的不断完善、卫生服务质量的不断提高和广大人民群众保健意识的不断增强，云南妇幼保健工作取得了显著的成绩。2006 年，全省孕产妇死亡率为 64.03/10 万，比 2001 年的 71.98/10 万下降了 7.95 个百分点；新生儿死亡率和婴儿死亡率为 10.13‰和 16.82‰，同 2001 年相比，分别下降 7.02 个百分点和 10.06 个百分点，5 岁以下儿童死亡率为 20.56‰，比 2001 年下降 12.69 个百分点。

3. 卫生基础设施建设情况

据 2006 年统计，云南省共有 1.32 万个村卫生室，全省无业务用房的村卫生室尚有近 6000 所，占村卫生室总数的 45%，无业务用房村卫生室中有 84% 分布在 88 个贫困县、边境县、少数民族县。2007 年，云南省进一步把解决行政村卫生室没有业务用房问题，作为解决农民健康保障问题的大事来抓，村卫生室建设全面提速。省财政 2007 年安排专项资金 19380 万元，用于建设全省近 6000 所无业务用房村卫生室。全省所有村卫生室都有 60 平方米的业务用房，并能做到诊断室、治疗室、药房分开，让农民公平享有公共卫生和基本医疗服务。这是云南省农村卫生基础设施建设中资金投入和建设规模最大的一次。

村卫生室是农村三级医疗预防保健网的网底，在农村卫生服务体系中发挥着重要的作用。村卫生室承担着农民群众计划免疫接种、传染病筛查报告、妇女儿童保健、健康教育等农村公共卫生服务和农村居民常见病、多发病的基本医疗服务工作，是农村基本医疗服务的提供者和公共卫生服务的具体责任人。由于云南省贫困面广、贫困程度深，地方财力不足，村卫生室的基础设施条件还比较差。省委、省政府高度重视农民健康保障工作，把加强村卫生室建设，完善农村卫生服务网络，作为解决农民健康保障问题的重要举措。从 2003 年起，省委、省政府连续 4 年将"建设 500 所边疆民族贫困村无业务用房的村卫生室"纳入省政府承诺办理实事中，2003 年至 2006 年省级共投入 6300 万元，安排 2100 个村卫生室建设项目。目前，这些新建的村卫生室已全部投入使用。根据中央领导同志的指示，为尽快解决农民健康保障问题，省委、省政府决定 2007 年一次性全面解决近 6000 行政村卫生室没有业务用房的问题。据统计，2004 年至 2007 年，云南省共安排村卫生室建设项目 7913 个，投资逾 2.5 亿元。

4. 新型农村合作医疗制度

2002 年，党中央、国务院决定在全国开展新型农村合作医疗制度试点，2003 年云南省被国务院确定为全国新型农村合作医疗试点省，由政府组织、引导，农民自愿参加，个人、社会、政府多方筹资，以大病统筹为主的新型农村合作医疗制度在云南省展开试点。当年启动 20 个县的试点工作。2006 年新型农村合作医疗筹资总额达到 6.46 亿元，比 2005 年的 1.70 亿元增加了 4.76 亿元。截止到 2006 年底，全省已有 52 个新型农村合作医疗试点县（市、区），比 2005 年的 20 个试点县（市、区）增加了 32 个。试点县（市、区）覆盖人口 1666.71 万人，农民参加合作医疗人数达到 1419.27 万人，比 2005 年增加 84.68 万人，参合率由 2005 年的 81.4% 提高到 85.15%。

2006 年，云南省新农合工作取得六方面明显成效：一是参合农民普遍受益。门诊减免 2652 万人次、1.8085 亿元，次均门诊减免 6.8 元；住院补助 116 万人次、5.7345 亿元，次均住院补助 496 元；补助水平约占病人费用总支出的 30%。二是初步遏制了医药费用的过快增长。2005 年与 2004 年相比，平均住院费用由 1479 元降到 1362 元、降幅为 8%，乡级由 663 元降到 587 元、降幅为 11%，县级由 1936 元降到 1708 元、降幅为 12%。三是就诊流向趋于合理。村卫生室就诊率由 48% 提高到 76%，乡镇卫生院住院率由 31% 提高到 53%，县级医院住院率由 31% 提高到 34%，县级以上医院住院率由 29% 下降为 12%，减少了"小病拖、大病抗"现象，初步实现了"小病不出村、大病不出县"目标。四是经济社会效益明显增强。试点前后比，村卫生室门诊病人增加了 28%，乡镇卫生院门诊病人增加了 20%、住院病人增加了 22%，县医院住院病人增加了 19%，患者对定点医疗机构的满意率测评均达 90% 以上。五是参合率保持在 85% 以上。2003 年 20 个县参合人数 648 万人、参合率为 88%、全国为 73%，2006 年 52 个县参合人数 1419 万人、参合率为 85%、全国为 75%，特困人群参合率达 97%。六是基金筹集足额到位。落实了地方补助资金 4.2 亿元，农民自筹 2.7 亿元，中央补助 3.5 亿元，共 10.4 亿元。

为加快建设覆盖全省农村居民的基本卫生保健制度，解决人民群众最关心、最直接、最现实的利益问题，云南省委、省政府决定 2007 年在全省 129 个县（市、区）全面开展新型农村合作医疗工作，参合农民达到了 3100 万人，参合率为 86.14%，提前三年实现既定目标。

（二）存在的主要问题及分析

多年来，省委省政府高度重视农村卫生事业，认真落实国家关于发展农村卫生事业的方针政策，采取各种措施，推进农村卫生事业的发展，取得了明显成绩。但是，农村公共卫生服务体系仍是我省公共卫生事业发展的薄弱环节，还存在着一些突出的问题和困难，主要有：

1. 对农村公共卫生工作认识不到位

尽管《中共中央国务院关于进一步加强农村卫生工作的决定》明确了农村卫生工作的地位、性质和发展方向，但仍有少数领导对农村卫生工作认识不足、重视不够，贯彻措施不力。有的县借口财政困难，把政府维护人民健康的责任推向市场，推给社会和农民。有少数县市对乡镇卫生院管理体制改革的政策把握不准，简单地把卫生院拍卖或将乡镇卫生院医疗和防保职能分离，政府只承担从事防保人员的工资，基本医疗服务功能市场化，背离了乡镇卫生院公益性和农村卫生综合管理职责，农民群众因病致贫、因病返贫突出。

2. 农村卫生事业投入不足

目前，我省乡镇卫生院尚有 37.82 万平方米危房，超过 40% 的卫生院设备简陋，没有配备小型 X 光机、B 超、心电图机和常规检验设备，无法开展相关项目检查治疗，难以满足农民群众的基本医疗需求。大部分村卫生室仅有血压计、听诊器、体温表等基本设备，开展农村公共卫生服务的基本设备如：小型冷藏箱、新生儿体重秤等严重不足。大部分乡镇卫生院急救和应急转诊能力低下。农村公共卫生事业债务负担重，病人欠费，乡镇卫生院拖欠工程款、药款等普遍存在，严重影响了卫生院的发展。乡村医生待遇低，队伍不稳定。据调查，我省乡村医生每人每月补助平均仅 88 元，远低于全国欠发达地区平均每人每月 200 元的水平。农村疾病预防、妇幼保健和健康教育工作经费得不到保障，工作难以落实。我省 60% ~70% 的传染病疫情在农村，而农村疾控和预防保健工作又长期处于从属地位，甚至在部分农村处于停滞状态，一旦疫情爆发，后果不堪设想。部分农村地区艾滋病、结核病、血吸虫病等恶性传染性疾病流行呈上升趋势，疾控形势十分严峻。农村孕产妇产前检查率和住院分娩率低，农村健康教育工作基本属空白。

　　由于财政投入不足，农村医疗卫生机构运行主要靠向群众收就诊费维持。
1997年省委、省政府《贯彻落实〈中共中央国务院关于卫生改革与发展的决定〉
的实施意见》提出：各医疗机构人员经费的补助水平，乡（镇）卫生院不低于
80%，乡镇卫生院防疫保健组和贫困乡（镇）卫生院的人员经费全部由财政预
算给予保证。但长期以来，这一政策未得到落实。目前，财政对乡镇卫生院人员
工资平均补助水平只有30.67%。农村卫生机构重医疗、轻防保和盲目追求收入，
增加了农民医疗费用负担。

　　3. 初级卫生保健服务极度缺乏

　　尽管经过多年努力，农村基本上改变了缺医少药的局面。但是，农村居民的
初级医疗需要并未得到满足。农民绝大多数是在出现明显症状甚至是痛苦症状时
才去就医。与医疗相关的咨询服务、农村慢性病、出院病人后续治疗仍为空白。
预防保健仅仅进行了儿童和妇幼保健的规定动作，即打预防针和孕、产妇定期检
查，而慢性病、常见病如高血压、心脏病、糖尿病等的预防、对于人群的定期健
康检查、社区康复尤其是残疾人的康复服务等等基本的卫生服务工作都还没有
进行。

　　在农村，慢性病人缺乏经常的、系统的医学干预，对后续治疗，用药调整，
病情发展，辅助治疗，康复缺乏来自医生主动制定的干预方案，而完全由病人及
家属自己掌握。慢性病人没有唯一的、连续记录的健康档案。在不同的医生求
诊，只关注时点病情和治疗方案，缺乏病情跟踪，后续治病难以保证落实。住院
医疗与初级医疗服务脱节。对于病人出院后的后续治理，或者由住院医院安排，
或者放任病人及家属自流。其中有的要定期到医院复诊，有的则不安排。对于病
人出院后的康复，医院往往注重治疗，忽视康复，更不会综合病人的具体情况制
定康复方案。

　　4. 农村卫生人才缺乏

　　由于大专以上医学人才不愿到农村，农村卫生机构原有的业务骨干也纷纷流
向城市，乡镇医疗卫生机构医护人员业务素质偏低、人员老化、人才缺乏，严重
制约农村公共卫生事业发展。据调查，全省乡镇卫生院卫生技术人员中具有大专
以上学历的仅占28.17%。全省还有6424名乡村医生尚未达到执业注册条件。取
得执业资格和有一定医技的医务人员主要集中在县城周边的乡镇和经济、交通条
件较好的坝区乡镇卫生院，边远、半山区和山区乡镇卫生院医技人员严重缺乏。
有的县近十多年来没有医科大学生回县乡工作。部分村卫生室女村医缺乏，农村
妇幼保健工作难开展；农村公共卫生和执法缺位，乡镇以下基本没有专职公共卫
生监管机构和工作人员，广大农村地区公共卫生执法监管大多流于形式。

　　在农村基层，农民经常依靠和利用的卫生资源是村卫生室和个体乡村医生，
大多数乡村医生或卫生员虽然或多或少参加过一些业务培训，但由于缺少专门的

业务训练而难以满足广大农民的保健医疗需要。此外，一些自费学医的中专毕业生理论基础薄弱，从医时间短，经验不足，动手能力较差，也难以满足农民对医疗服务技术的要求。

5. 农村新型合作医疗仍需进一步发展和完善

在各级党政领导及有关部门的重视、支持下，云南省的新型农村合作医疗宣传工作扎实到位，确保了试点县（市）的每位应参合人员都知道、了解此项工作，为试点工作的顺利开展奠定了基础。但从近几年的试点情况看，云南省新型农村合作医疗主要面临着以下几个突出问题：

（1）管理手段落后，信息化建设迫在眉睫。面对庞大的参合农民群体，靠几个人手工登记农民收支账本、汇总数据显然不能保证资料的准确、规范。各级合作医疗经办机构必须要配备计算机，实现县、乡合管办联网，实现农民缴费、就诊、报销审核、资金运行情况等基本信息通过网络动态管理。这虽是降低管理成本，提高管理效率和质量的有效途径，但是目前的问题是这一笔数目不小的费用从何而来？将来计算机设备及网络的使用、维护费用又如何处理？各级合管办难以承担这笔费用，若要各县甚至各乡集资，县乡本来就紧张的财政将更加雪上加霜。

（2）机构还有待进一步健全。目前，省、市（州）两级新型农村合作医疗机构和工作人员大部分是从各级卫生行政和事业单位中临时抽调，乡村新型农村合作医疗的管理工作人员全部是临时借调，人员变动很频繁。兼职人员往往因为有其他工作而影响了工作的效率和质量，形成了长期任务与临时工作人员矛盾突出的局面。

（3）定点医疗机构基础条件较差，医疗服务水平和质量有待提高。由于财政困难，云南省很多乡镇卫生院医疗设备投入不足，药品周转资金短缺，村级卫生所医疗设备简陋，加上各种原因造成的卫生员素质偏低，无法对病人及时做出诊断，难以满足群众的需要，使得"小病不出村，大病不出乡"的良好愿望难以实现。

（4）县、乡两级合管办工作经费不足。大量医疗本、医疗证、报表、台账的印制建立，以及由于交通不便（有的村甚至不通公路）造成的车旅费升高使合管办工作经费显得捉襟见肘。而且每年的缴费工作，各级合管办工作人员是走街串巷挨家挨户到农户家收费，还常有一户人家要去几次的情况，贫困县的自然条件更加剧了工作的难度，高成本的运作方式使得业务经费更为紧张。

（5）贫困农民筹资困难。由于贫困面大，贫困程度深，农民收入低，可支配现金少，贫困地区农民筹资困难，尤其是贫困农民，虽然安排了贫困医疗救助资金，但远远不能解决贫困人群参加合作医疗的问题。

（三）农村卫生服务体系建设的重点及难点

由于长期经济结构的二元性，我国形成了城乡分割的医疗保障和医疗服务体制，占71%的农村人口只拥有20%的医疗资源。城市居民的医疗设施主要由国家供给，而农村主要靠农民自筹解决，卫生资源布局"重城轻乡"，政府对农村卫生长期投入不足，造成农村卫生服务体系不健全，功能不完整，服务能力低下，难以保证农民的公共卫生、基本医疗需求，城乡居民的健康水平差距较大。按照建设社会主义新农村、构建和谐社会的要求，统筹解决好农村公共卫生和基本医疗服务问题，必须在指导思想上把加快发展农村卫生作为解决"三农"问题、统筹城乡发展和促进社会公平的重要途径。在发展目标上，要把尽快实现人人享有基本公共服务和人人享有卫生保健作为努力方向。在发展政策上，要把发展农村卫生作为整个卫生事业发展的重中之重，坚持政府主导，以公共财政为主要支撑，把加快农村卫生服务体系作为着力点。当前，应突出抓好三项任务：

1. 加强农村卫生服务体系设施建设

针对目前农村卫生房屋陈旧、设备短缺的薄弱环节，应按照统一规划、分级负责、整合资源、填平补齐、整体筹划、分步实施的原则，加大财政的投入，对县、乡、村三级医疗卫生机构（重点是乡镇卫生院）的业务危房进行改造和扩建以及装备基本医疗设备，使其尽快达到开展基本医疗和公共卫生服务的条件。

农村卫生服务体系设施建设要以乡镇卫生院为核心，同步加强县医院、县中医（民族医）医院、县妇幼保健院（所）和村卫生室建设，以形成县级卫生机构为龙头，乡镇卫生院为中心，村卫生室为基础的服务网络。在建设重点上，要把当前危害农民群众最突出的艾滋病、血防、结核病重点地区的设施建设好，并同时按照新型农村合作医疗制度覆盖进度要求，相应推进基础设施建设，"先难后易，雪中送炭"，优先解决最为紧迫、条件最困难的卫生院建设问题。在建设步骤上，首先全面推开乡镇卫生院建设，对县医院、妇幼保健院所、县中医院（民族医院）等建设项目逐步启动，逐年推开。力争到2010年全国农村卫生服务体系基本改变房屋破旧、设备短缺的面貌，基础设施条件得到全面改善，服务能力和水平得到全面提高。

2. 加快建立和完善新型农村合作医疗制度

切实把建立新型农村合作医疗制度作为为农民提供基本医疗服务和保障农村卫生机构运行的一项根本性制度建设抓好。今后要视财力可能逐步提高补助标准。要完善管理运行机制，落实配套政策。建立完整的组织管理体系，实行科学的基金管理模式，采取多种形式的补偿方式和简便合理的报销结算办法，深入研究探索解决农民个人费用收缴、审核报销、医疗救助、医药服务监管、经办能力建设等方面的突出问题。

3. 推进农村卫生管理体制和运行机制改革

加快推进区域卫生规划的制定实施，合理规划布局、整合农村卫生资源。政府在每个乡镇办好一所公立卫生院，明确功能、职责，人员、业务、经费划归县级管理，实行收支两条线管理。积极推进人事分配制度改革，实行乡镇卫生院院长招聘制度，其他人员要定岗定编、竞争上岗，实行岗位工资制，提高整体服务水平和运行效率。同时，要推进医疗机构分类管理制度，打破部门和所有制限制，探索多种办医形式，建立社会投资和捐资举办农村卫生的有效激励机制。加快县级公立医疗机构内部运行机制改革。加大政府对农村医药卫生领域的调控和监管力度，规范药品市场和医疗行为，合理控制医药价格，建立适应农民收入水平的农村医药价格管理体系和农村医疗服务规范。

（四）农村卫生服务体系建设的对策措施

1. 继续加大农村卫生投入力度

进一步加大投入，把乡镇卫生院建设成集疾病预防控制、基本医疗服务、妇幼保健和健康教育为一体的基层卫生服务机构。要合理设置中心卫生院，提高其为辐射区域内人群提供较好服务水平的能力。积极争取中央支持，力争"十一五"期间完成对乡镇卫生院的危房、业务用房改造和基本设备购置。各县要认真落实乡镇卫生院财政补助政策，确保乡镇卫生院的公益性质。建议省级财政继续加大村卫生室建设投入，力争"十一五"期间完成无业务用房村卫生室和危房村卫生室的建设改造工作。加大农村健康教育、计划免疫、妇幼保健、疾病防控业务经费投入，配备乡镇级公共卫生执法人员，完善农村公共卫生执法监管。县级公立医疗卫生机构应在农村公共卫生和基本医疗服务中发挥作用。全面推行"州市县乡村卫生服务一体化"管理。因地制宜地建设好农村药品供应和监管网络，确保农民群众享受到安全、质优、价廉的医疗卫生服务。

2. 规划和完善农村三级医疗卫生服务网络

农村医疗卫生服务网络由政府、民间团体和个人举办的医疗卫生机构组成，其中网络主体是县级公立医院、乡镇卫生院以及政府指定的村卫生室三级医疗卫生机构。

一是统一规划，优化农村医疗卫生资源配置。在区域卫生规划的基础上，制定新型农村医疗卫生服务体系建设规划，明确农村各类型医疗卫生机构的数量，确定其规模、职能和布局，以及重要改造建设项目和投资规模。规划必须充分体现农村医疗卫生服务需求，支持公立医疗机构加快发展，鼓励民办医疗机构参与农村医疗卫生服务，加强县、乡镇、村三级农村医疗卫生服务机构的职能分工和协作。

二是强化乡村医生责任制和乡村医生认证制度。责任医生制度是解决农民初级卫生保健问题、建立农村公共卫生预警监控机制的有效途径。责任医生实行公示制，进行岗前业务培训和考核，具有上岗资格。贯彻实施《乡村医生从业管理条例》，强化乡村医生队伍管理和培训。乡村医生要经过培训和考核，并依法注册。

三是发挥志愿者队伍的作用。农村三级医疗卫生服务网络，要发挥城乡志愿者的作用。组织和鼓励具有医疗卫生专业知识的志愿者队伍到农村去，提供医疗卫生的义务服务。大力提倡医疗卫生机构和医学院校人员加入志愿者队伍，为农民提供医疗卫生服务。对于志愿者队伍，要有稳定的机构和定期的活动安排。

3. 加快农村卫生人才培养

一是要重点研究制定有利于医卫人员向下流动的政策，吸引更多的医卫人员到农村工作，推动医卫人员向农村合理流动。二是要依托我省现有医学教育资源，多形式培养"下得去，留得住，用得上"的农村公共卫生人才。加强面向农村初中起点五年制或高中起点三年制定向医学大专教育。加强乡村两级卫生人员在岗学历教育或培训工作，制定"乡村医生振兴计划"，建议设立专项资金，有计划分期分批对乡村两级卫生人员进行全科医学、疾病预防、中医中药、健康教育及农村公共卫生管理等知识培训，特别要加大对女村医的培养力度。有计划地逐步实现乡村医生执业医师或执业助理医师化。三是州市县区级医疗卫生机构组织专业人员分期分批到乡村卫生机构巡回指导、集中培训或工作，进行传帮带。乡村卫生机构要选派专业人员到上级医疗机构进修学习，不断提高农村医务人员的业务素质。要建立乡村医生公共卫生服务补助制度，逐步提高乡村医生待遇，提高各级财政对乡村医生的补助水平，将乡村医生纳入当地社会养老保障范围，以稳定乡村医生队伍。

4. 积极完善新型农村合作医疗制度

（1）进一步加强领导，探索建立可持续发展机制。一是从社会保障角度，明确界定新型农村合作医疗制度的性质，强化政府责任、突出社会管理、强调个人自主参与，明晰各自的权利和义务；二是出台中长期的发展规划和阶段性的指导意见，处理好制度近期目标与远期目标，手段与目的，稳定与发展的关系，加强对基层的指导，宏观把握发展方向，建立可持续发展机制；三是积极探索新的个人筹资模式，科学引导农民群众主动地自愿地缴费，减轻基层干部工作压力；四是有关业务部门、相关学术机构加强理论和实践的研究，在制度设计和实践相对成熟的基础上，酝酿相关的地方性法规，从法治的角度加以规范。

（2）进一步加强宣传，提高农村群众参保积极性。一是通过报纸、电视、网络等各种渠道，广泛深入地开展政策制度宣传，把参保办法、参保人的权利和义务以及审核结算流程等宣传到千家万户，使广大群众真正了解、熟悉这一制度；二是针对性地开展具体、形象、生动的典型事例宣传，现身说法，弘扬讲奉献、献爱心，互助共济的传统美德，使群众切实感受到制度的意义和好处，增强制度的吸引力，进一步提高自觉参保意识；三是积极争取人大、政协和社会各界对新型农村合作医疗工作的关注和支持，营造良好的工作氛围。

（3）抓好巩固完善，增强制度的合理性和科学性。一是切实巩固实施成果。总结经验，科学测算，充分论证，合理确定基金收支方案，防止基金过多沉淀或透支，保持政策的稳定性和延续性，根据农村社会经济的发展和农村居民收入水平，对筹资标准和补助标准作适当调整；二是努力扩大筹资渠道，增强基金实力，逐年提高补偿水平。各级政府根据财力，合理增加财政投入，个人筹资根据农村居民人均收入和对制度的认同程度，稳妥地提高，村（社区）自治组织要根据集体经济状况给予一定投入，积极争取社会捐助，多渠道地增强基金实力，逐步提高参保病人的补偿水平。三是加强信息化建设，简化审核结算手续，减少不合理的中间环节，努力方便群众就医结算报销，提高服务水平和效率。四是认真调研，会同有关部门探索解决非农非城镇医保对象的医疗保障问题。同时，有条件的地方可根据群众对农村医保的不同需求，探索设置不同个人筹资档次和不同补偿水平的补偿机制。

（4）健全管理监督机制，真正做到取信于民。一是充分发挥新型农村合作医疗协调小组或管理委员会职责，切实履行组织、协调、管理和指导等工作，定期向同级人大汇报，主动接受监督；二是加强经办机构建设，按规定落实人员编制、工作经费，完善工作制度，加强规范管理；三是完善基金监管机制，制定监督管理规定，形成定期审计监督制度，确保基金运作规范、透明、高效，保证制度的公平公正；四是加强医疗服务，规范定点医疗机构管理，合理分流病源，合理诊治，有效控制医疗费用和非有效医疗费用比，减少不合理的医疗支出。

（5）切实加强医疗救助体系建设，提高弱势群体医疗救助力度。一是会同有关部门制定出台医疗救助实施办法，适当扩大救助对象，提高救助标准，降低救助门槛，增加救助受益面；二是新型农村合作医疗制度的医疗救助，与民政部门的医疗救助并轨，并统一实施，建议加大财政资助力度，积极争取社会捐助，建立医疗救助专项基金；三是建立与新型农村合作医疗的结合机制，把参加新型农村合作医疗作为享受医疗救助的前置义务，对低保户、五保户、重点优抚等弱势群体对象参加新型农村合作医疗的个人出资部分由医疗救助基金给予补助；四是有条件的地区，建立弱势群体门诊费用补偿机制，对患恶性肿瘤、器官移植、尿毒症等慢恶性特殊疾病的弱势群体，实施门诊补偿，着力提高医疗救助力度。

四、农村社会保障服务体系

农村社会保障服务体系是农村公共服务体系的重要组成部分。建立和健全农村社会保障服务体系，是保障农民切身利益，实现社会稳定、促进社会公平的重要措施，是解决"三农"问题的关键所在，也是建设社会主义新农村和构建和谐社会的重要内容。

（一）云南省农村社会保障现状

经过多年的改革和发展，云南省农村社会保障服务体系建设取得了明显的成绩，有了较大的发展。

1. 农村社会保障制度体系初步形成

社会保障制度作为社会稳定的"安全网"、经济运行的"减震器"和社会公平的"调节器"，是一项由若干子系统组成的系统工程。目前，云南省已初步建立了较为成型的农村社会保障制度体系，主要包括社会保险、社会救助、社会福利和社会优抚等四部分，涵盖了农村人口的基本生存、生产发展、医疗、养老等各个方面，以农村社会养老保险制度、农村合作医疗制度、农村最低生活保障制度、农村医疗救助制度、农村五保供养等为重点内容。

（1）云南省农村养老保险制度建设。云南省农村养老保险体系的建设始于1992年。当时在部分县（市）开展了农村社会养老保险试点工作，积极探索建立农村社会养老保险制度。经过两年试点，农村社会养老保险于1995年在云南省全面推广。然而，由于1998年机构改革对农村社会养老保险职能作出了调整以及1999年开始的对农村社会养老保险进行清理整顿，云南省的农村社会养老保险工作在较长一段时期内处于基本停滞状态。2005年，云南省农村社会养老保险工作在经历多年停滞后重新启动，截至2006年末，全省参加农村社会养老保险人数为139.25万人，比上年增加1.45万人。有5.5万人领取了养老金，比上年增加0.2万人。农村社会养老保险费收入0.32亿元，农村社会养老保险资金支出0.12亿元。

（2）云南省农村合作医疗制度建设。1997年，云南省提出大力推进合作医疗制度，要求各州市进行合作医疗试点工作。到新型合作医疗实施之前，云南省已经有30%的村庄普及了合作医疗。

2002年，云南和浙江、湖北、吉林3省一起，被国务院确定为全国新型农村合作医疗试点省。2003年，云南省在全省16个州市20个县（市）启动了试点工作。为了加快建设覆盖全省农村居民的基本卫生保健制度，解决人民群众最关心、最直接、最现实的利益问题，2007年，云南省在全省129个县（市、区）全面开展了新型农村合作医疗工作，比全国提前一年。截至2007年1月31日，全省参合农民人数达到3100万，参合率86.14%，高于全国76%的水平。

云南省新型农村合作医疗工作，无论从范围还是推进速度上来看，都领先于全国。参合农民普遍受益，越来越多的农民得到了实实在在的好处，农村"看病难、看病贵"问题得到明显缓解，"小病不出村、大病不出县"的目标正在实现。

（3）农村居民最低生活保障制度。建立农村居民最低生活保障制度是维护农民作为公民应当享有的生存权利的需要，是改革和完善传统农村社会救济制度的需要，也是健全农村社会保障体系的需要。

云南省于 1997 年在玉溪的江川县、曲靖的麒麟区、红河州弥勒县开展了农村居民最低生活保障工作的试点。试点结束后，玉溪市从 1998 年起在全市开展和建立了农村低保制度，其余县市因资金问题而停止了开展。2005 年，大理州开始建立和实施了农村低保制度。2006 年，楚雄州、丽江市和昆明的部分县区也建立了农村低保制度。截至 2006 年底，云南全省享受农村最低生活保障的农民为 7.8 万人。

2007 年，按照中央和省委、省政府的要求，云南省全面建立和实施了农村最低生活保障制度，农村困难群众的基本生活保障逐步制度化、法制化。

（4）农村五保供养制度建设。云南省按照民政部《农村五保供养工作条例》的要求，坚持应保尽保、按标施保的原则，将新增五保对象纳入供养范围，并努力加大资金投入、提高已纳入供养范围的五保对象供养水平。

此外，云南省逐步启动了农村敬老院建设规划工作，进一步完善敬老院建设管理。

（5）农村医疗救助制度建设。农村医疗救助制度是通过农村贫困医疗救助资金对农村特困群众实施的医疗资助，是新型农村合作医疗的补充。目前，云南省已初步建立了农村医疗救助制度，农村医疗救助工作稳步推进。云南省农村医疗救助工作主要包括：对农村特困群众实施重大疾病救助，资助农村特困群众参加新农合，对贫困地区参加新农合的农村群众予以补助。

据云南省民政部门统计，2007 年 1～9 月云南全省资助 1400635 人参加新农合，救助未参加新农合人员 9020 人次，参加新农合后二次救助 29883 人次；支出医疗救助资金 3656.42 万元，其中，资助参加新农合医疗支出 1400.6 万元，直接救助未参加新农合人员 256.56 万元，参加新农合后二次救助 1999.26 万元。

目前，云南省财政对全省 88 个国家级扶贫攻坚重点县、省扶贫攻坚重点县和边境县的参合农民给以每人每年 20 元补助。此外，云南省还通过中央、省财政资金，对农村低保对象、五保户个人缴纳的参合资金给以全额资助，并在全省逐步统一补偿标准，建立与省情相适应的新型农村合作医疗补偿模式。

2. 农村社会保障组织机构基本健全，管理体制逐渐理顺

云南省已逐步确立适度统管的社会保障管理体制，建立了健全的省、市、县级农村社会保障组织管理机构。劳动和社会保障厅统一管理全省农村社会养老保险事务，卫生厅统一管理全省新型农村合作医疗事务，民政厅统一管理农村最低生活保障、农村五保户供养、农村医疗救助等事务。同一项目政出多门、争利诿责的现象得到抑制。

3. 农村社会保障服务网络初步建立

目前，云南县乡村三级农村卫生服务机构已基本建成，每个县都有县医院、

妇幼保健医院、疾病控制中心、监督机构，1400多个乡镇都设有卫生院，13000多个行政村都有卫生室，乡村医生和卫生员近4万人。

（二）存在的主要问题

伴随着社会主义新农村建设事业的推进，云南省农村社会保障服务体系建设引起了社会的广泛关注，云南省社会经济发展的各项政策逐步向农村社会保障服务体系建设倾斜，其建设已经取得了较为显著的成效，但由于诸多原因，云南省农村社会保障服务体系建设仍面临许多问题。

1. 农村社会保障覆盖范围窄，难以满足农村社会发展的需要

按照我国法律和政策的规定，凡是符合条件的农民均可参加农村社会保障，但目前云南省农村社会保障覆盖面仍较窄，农村社会保障仅在小范围内实行，不少地区农村保障项目主要是社会救济和社会优抚，社会养老和医疗保险几乎是空白，农民在社会养老、公共医疗等方面的基本需求没有得到全面有效的满足。

2. 农村社会保障标准低，保障功能差

农村社会保障的各项保障的标准均不高，且没有建立保障标准的正常增长机制。在农村经济不发达的地区，农民收入较低，要求农民交纳养老保险金，有一定的困难。县乡财政用于农村社会保障的支出均有不同程度的不足现象，使得不少农民仍然依靠土地养老和家庭养老的养老保障方式，遇到自然灾害、疾病或事故，解决途径依然主要是靠自己想办法。不少农村地区的贫困人群因付不起费用而无法得到及时的治疗，农民因病致贫或返贫仍较为严重。

（三）建设重点

党的十七大把着力保障和改善民生，扩大公共服务，促进社会公平正义，推动建设和谐社会提到了重要的位置。明确提出了应以基本养老、基本医疗、最低生活保障制度为重点内容，加快建立覆盖城乡居民的社会保障体系建设，保障人民基本生活的要求。

1. 制度创新

完善农村社会保障服务体系，为农民、农村提供有效的、有保障的、均等化的公共服务，就必须要进行制度创新。云南省应积极探索建立符合省情的农村养老保险制度，推进农村最低生活保障和农民工基本养老保险、失业保险、工伤保险的全覆盖，进一步完善新型农村合作医疗制度，健全社会救助制度。特别应积极探索被征地农民的社会保障体系，确保他们失地不失业，生活有保障。

2. 管理体制改革

推进政府管理体制改革，促进政府职能转变，真正实现政府市场监管、经济调节、社会管理、公共服务的职能。

3. 资金保障机制的完善

当前农村社会保障的需求规模较大，改革农村社会服务供给的资金筹集制

度，积极利用市场力量、农村社区力量和非政府组织来共同参与农村公共服务的供给。可采用政府与市场混合提供的方式，增加供给。

资源稀缺的情况下，如果大量的财政投入资金使用效率低下，损失将是惨重的，所以加强预算资金的核算管理，提高财政资金尤其是支农资金的使用效率，在当前尤为迫切。除了预算制度之外，为了改善农村公共服务供给，各级政府之间必须进行明确有效的分工。

（四）对策措施

加强云南省农村社会保障服务体系的建设，应以制度建设为核心，服务网络建设为基础，建立符合云南省实际的社会保障法规政策体系、管理服务体系、基金支撑体系和社会监督体系。从而推动云南省农村社会保障服务体系的健全和完善，促进云南省民生问题的解决和社会主义新农村建设。

1. 加强农村社会保障制度建设，使农村社会保障制度法制化

在农村社会保障服务的提供方式方面，应进一步加强制度创新方面的探索，完善农村社会保障制度体系。此外，应加强农村社会保障法制建设，克服随意性、杂乱性。建立健全社会保障的组织体系，对保障工作进行统一规范的管理，使农村社会保障服务有法可依，管理有序。

2. 增加公共财政对农村社会保障服务的投入，平等发展城乡社会保障服务体系

当前，云南省城镇已初步建立了以社会保险为主和其他保障方式为辅的相对完整的社会保障体系，但广大农村的社会保障服务体系却有待进一步完善。因此在注重城市社会保障的同时，必须加强农村社会保障服务体系的建设，尽快缩小城乡社会保障服务的差距。

3. 加强农村社会保障资金管理，提高资金的使用效率

由于县乡财政经费经常不足，导致农村社保服务专项资金被挤占、挪用的现象屡见不鲜，因此，在农村社会保障服务资金管理方面，需要强化审计和预算管理制度，增加农村社会保障资金使用的透明度，提高资金的使用效率。

4. 加强农村社会保障组织结构和服务网络建设

应加强乡镇一级农村社会保障服务机构的建设，建立健全社会保障的组织体系，对保障工作进行统一规范的管理，保证各项社会保障政策、法规落到实处。此外，还应加强农村社会保障服务人员在岗培训，加大医务人员等农村社保服务人员支援农村的力度，提高农村社会保障服务人员的服务能力和服务水平。

五、云南农村文化体育服务体系

把建设社会主义新农村与加强农村文化建设结合起来，努力用先进文化占领农村文化阵地，不断满足农民多层次、多方面的精神文化需求。激发和调动广大农民的积极性、主动性和创造性，引导农民自觉地投入到新农村建设中，使农民

群众真正成为新农村建设的主力军。在新农村建设中要着力提高农民的综合素质。要加强农村文化建设，大力繁荣发展丰富多彩、健康向上、生动活泼、喜闻乐见、简单易行的群众文化，丰富农民的文化生活，提高农民的文化素质，为新农村建设提供强大的精神动力和智力支持。

（一）云南农村文化体育现状

1. 云南省文化基础设施建设

从"八五"到"十五"的十多年时间，是我省文化基础设施建设的重要发展时期。其中，"九五"期间又是全省文化事业基本建设发展最快的时期。"九五"前四年，我省文化事业基本建设投资就达 3.24 亿元，比"八五"增加 1.49 亿元，增幅为 85.3%，年增长率达 38.3%，高于全国平均 18 个百分点。其中，千里边疆文化长廊工程投资 2.07 亿元。全省共建成公益性文化设施 134 项，239000 平方米，新建图书馆 27 个，群艺馆 6 个，文化馆 26 个，博物馆 4 个，文工团业务用房 15 项，其他文化设施 4 项。在建项目 38 项，其中图书馆 13 个，文化馆 13 个，博物馆 2 个，文工团业务用房 6 项，其他 4 项。这些还不包括省图书馆、艺术剧院、省博物馆、省级 3 个剧场及重点文物保护单位的维修。同时，"九五"以来，通过三次评估定级工作，进一步推动了"两馆一站"的规范化、制度化建设。全省 147 个县以上文化馆（群艺馆），有 104 个达到省级标准，占 63.8%；1603 个乡镇文化站，有 734 个达到省级标准，占总数的 45.7%；147 个县图书馆中，1989 年达到国家三级以上标准，占 60.5%。目前，全省图书馆面积平均达 1100 平方米，比 1979 年增加 897 平方米，增加 4.4 倍。县文化馆平均面积达 897 平方米，博物馆平均面积达 2850 平方米。我省文化基础设施陈旧落后的状况有了显著的改变。

2. 农村文化建设取得新进展

"村村通"工程已延伸至 50 户以上的已通电自然村，共建设"村村通"广播电视站 32198 座，成为全国拥有量最多的省份之一，全面完成转星任务，全省广播电视覆盖率从 2002 年的 89.15%、91.16% 上升到 2005 年的 92%、93.5%；基本实现"县县有图书馆、文化馆"的目标，全省共有县级宣传文化中心 24 个、乡镇文化站 1342 个、文化信息资源共享服务点 99 个。

3. 群众体育蓬勃发展

实施《全民健身计划纲要》第二期工程第一阶段各项工作取得成效，具有云南特色全民健身服务体系框架基本建立。全民健身服务组织网络覆盖全省 70% 以上地区；社会体育意识不断增强，经常参加体育锻炼的人数达 1340 万，占 7~70 岁人群的 35.23%，接近全国平均水平；各级各类社会体育指导员达到 11923 人，较"九五"末增长 198%；建成全民健身（路径、乐园）工程 274 个，较"九五"末 76 个增加 198 个，规模档次有所提升。截至 2005 年底，获得"全国体育先进县"、"云南省小康体育特色县（区、市）"命名的27个，占全省21％；建成"全国体育先进社区"14个、"全国亿万农民健身活动先进乡镇"42个、"云南省体育先进社区"105个、"云南省小康体育特色乡（镇）"121个；建成国家青少年体育俱乐部58个、国民体质监测（检测）站（点）308个、健身气功站（点）97个。全面实施《国民体质测定标准》、《国家体育锻炼标准》、《学生体质健康标准》，挖掘、整理、推广一批民族传统体育、老年人健身方法，出版发行23集民族体育音像资料，云南群众体育形成特色。2006年，云南省将把群众体育的重点放在农村，在全省启动"农民健身工程"。

4. 体育设施得到改善

"十五"期间，完成国家级"雪炭工程"项目8个，省级"雪炭工程"项目17个，省级"健康促小康"工程项目4个；建成全民健身乐园、全民健身路径274个。截至2005年底，全省建有各级各类体育场地40989个，比1996年增长78％，人均体育场地面积达0.77平方米。全省13个州市拥有体育场（馆），41％的县（市、区）拥有体育场（馆）。启动备战2008年北京奥运会昆明高原训练基地配套项目建设。随着全省体育设施不断改善，公共体育设施在为群众健身提供服务的同时，面向市场，发挥多元化功能，创造了良好的社会和经济效益。

（二）云南农村文化体育服务存在的主要问题

1. 对农村文化建设认识滞后

上层和基层某些个别领导及建设规划部门对文化设施缺乏高度认识。有一种"轻文化、重经济"的主观片面想法，总认为文化工作上去了挣不了票子，吹吹打打保不住位子，唱唱跳跳饱不了肚子，看不到文化工作对推动经济发展、提高人民素质、促进社会稳定的潜在有利因素，忽略了文化事业在精神文明建设中的重要作用。正是由于各级领导对文化工作在经济社会发展中的地位认识不足，特别是在以经济建设为中心的口号下，导致相当多的人在潜意识里认为文化工作可搞可不搞，不愿意花专钱投入，致使农村文化阵地建设滞后，从事文化事业的同志心灰意冷，缺乏积极性，大多放弃主业改做乡镇中心工作。

2. 文化基础设施薄弱，发展不平衡

云南省文化基础设施的建设经过十多年的努力，虽然有了很大的改观，但总的来看，还存在较大的差距，存在的问题较多。主要表现在：

（1）农村文化建设投入不足，活动经费严重短缺。目前由于国家财政投入少，地方财政又有困难，未能落实每年地方财政收入1％～2％用于文化建设的政策。除了人头经费外，区、乡用于农村文化建设的专项资金几乎没有，导致文化设施建设滞后。乡镇文化站不能依靠自身发展，产业化、市场化运作能力低下，生存困难。据了解，目前乡镇只能勉强发放人员工资，文化建设项目少，添置文化活动器材难，图书室的图书不能正常更新。

（2）各地发展不平衡。表现在以下几方面：一是各级党和政府比较重视州（市）县党政机关所在地的标志性文化设施建设和重要旅游线路沿线的文化设施建设，将其作为当地政府的形象工程来抓，一般投资规模都较大，不仅硬件建设能达到一定档次，配套设施也较完善。而对农村，特别是边远贫困地区的文化基础设施建设重视不够。二是即使在同一州（市）内，各县之间甚至乡与乡之间，由于认识、经济、地缘、交通等因素的制约，各地文化基础设施的建设差别也很大。

（3）基层文化站名不符实或有名无实者不少。从数量上看，基层文化站在全省已有1600多个，而且不少已通过评估达到三级以上标准。但经过几年的变化，实际上已有不少不达标。而且即使现在仍然在达标范围的文化站也只是硬件（建筑面积）达标，而无配套设施，功能不全。而相当一部分文化站仍处于"一块牌子，一张桌子，一条汉子"的状况。

3. 文化管理体制不畅

一方面，乡镇文化站专职干部以块管（乡镇管）为主，人员大多被乡镇抽去从事中心工作，专干没有专用。县文化主管部门无法对他们进行调配和交流使用，基层文化站人员长期处于固定状态，缺少交流、缺乏工作活力。而且乡镇财政对文化站投入极少，管理不力，导致相当多文化站形同虚设，没能发挥农村新文化主阵地的作用。另一方面，广电局与文体局分属两个职能部门，对农村的传媒文化建设缺乏统一的规划和协调。而且农村地域广、人口分散、广电基础设施建设投入大、收益小，广大山区农村看电影难、看戏难、看书难、收听收看广播电视难的"四难"问题依然突出。尤其是在电视网络广泛普及、网络文化盛行的今天，由于国家将卫星电视节目由模拟转为数字接收后，广大农村原电视"村村通"设备未及时更新，绝大多数乡村群众只能收看1~3套外地节目，许多偏远山区基本无法接收电视节目。群众长期看不到中央、省、市（区）的电视节目，而民族众多、地形复杂难以布设网络光缆，更使得村民们得不到发展生产的信息技术的指导和服务。

4. 公共体育设施远远不能满足群众健身需求

2003年全国第五次体育场地普查显示：我省农村体育设施匮乏，城镇体育设施严重不足，人均体育场地面积0.77平方米，低于人均1.03平方米的全国平均水平，且质量低，规模小，非标准比重大，管理经营粗放，开放服务和维护保养与群众健身需求有很大差距。

5. 体育资源开发不足，培育云南特色体育产业还需做极大努力

云南的高原训练、体育旅游、民族民间体育资源和体育无形资产尚未得到充分有效开发，法规政策体系不健全，体育产业人才缺乏，资源整合不足，体育经

营企业数量少、规模小、水平低，市场竞争力弱。

（三）促进云南农村文化体育发展的对策

1. 进一步提高文化在现代化进程中地位和作用的认识，强化加强文化基础设施建设的阵地意识

21 世纪是文化的世纪。经济全球化，文化经济一体化和世界文化多元化是当今世界的主潮流。当今世界，文化与经济、政治相互交融，在综合国力竞争中的地位和作用越来越突出。文化已不仅成为综合国力的重要标志，而且它作为一种牵引力和内驱力，决定着一个国家或一个地区经济和社会发展的方向，不仅为经济的发展提供智力支持，而且在经济结构调整，资源配置等方面起着重要的基础性作用。正因为如此，党的十七大报告强调指出："当今时代，文化越来越成为民族凝聚力和创造力的重要源泉，越来越成为综合国力竞争的重要因素。"我们要加快现代化进程，实现全面建设小康社会和振兴中华的伟大战略目标，就必须用"三个代表"重要思想统领社会主义文化建设，大力发展先进文化，抵制文化霸权主义，维护文化安全，弘扬民族优秀文化，为我国的现代化建设创造良好的环境。

云南是一个多民族边疆省份，国境线绵长，贫困落后地区人口多，基础差，改革开放起步晚。要缩小与东部沿海发达地区的差距，早日实现省委、省政府确定的三大战略目标，就必须抓住西部大开发的机遇，发挥"后发优势"：一是综合开发利用自然资源，二是综合开发利用丰富多彩的民族文化资源，繁荣文化事业，发展文化产业，将二者有机结合起来，打造自己的文化品牌，参与国际竞争，使文化产业迅速成为云南经济的新的增长点。同时，我们还必须清醒地认识到，云南文化资源的宝库在农村，云南文化发展的根基在农村。农村不仅是云南文化工作的重点，也是云南文化工作的难点，抓好以农村为主体的基层文化工作，是建设民族文化大省的基础。

2. 建立公共文化服务体系建设基金，加大对文化基础设施建设的投入

"十五"以来，从中央到地方财政都逐步加大了对文化建设的投入，并逐步建立了一些文化建设与发展专项基金，对我省文化建设与发展起到了至关重要的作用。但由于文化战线基础差、底子薄，欠债多，从文化建设与社会发展的要求来看，总量仍然偏低，文化建设与发展经费增长的比例与经济增长的比例仍不协调，与经济发达地区相比，差距更大。因此，云南文化基础设施的建设虽然从纵向比，有了较大改观，但横向比较，就显得十分寒碜，离建设民族文化大省的要求相差太远。

建立公共文化服务体系建设资金，应以政府投入为主，同时动员社会力量，共同完成。建议省委、省政府建立公共文化服务体系建设基金，纳入省财政年度支出预算，并根据经济增长情况按比例逐年增加，各州（市）也应建立相应的

基金。现在已经有的专项资金，如"千里边疆文化长廊"资金，"百县千乡宣传文化工程"建设资金，贫困地区贫困县"两馆一站"建设补助资金，"星光工程"等建设资金可一并纳入基金之内统一安排使用。采取多元投入，统一管理，合力共建，各记其功的办法，这样既可以分清责任，又便于集中资金加强重点扶持，提高资金的有效利用率。在资金的使用上，要改变过去那种撒胡椒面的做法，加强对重点和贫困地区"两馆一站"建设的扶持力度。要在调研的基础上，对贫困地区、贫困县和那些既不能纳入长廊建设规划，又不属于贫困县的"两馆一站"建设实行政策倾斜，加大扶植力度。

3. 加强云南农村文化遗产保护

在全面建设云南社会主义新农村的生产实践中，广大农村基层组织应高度重视农村文化遗产的保护，充分发挥文化部门的主渠道作用，加大投入，进一步加大保护农村文化遗产的宣传力度，全面提高广大农民群众的保护意识，采取各种有效措施保护好农村文化遗产，守护好农村精神文化生活的家园，努力为农村文化遗产创造一个良好的文化生存环境。

（1）提高认识，广泛宣传和动员。要在广大乡村干部和群众中深入开展"保护文化遗产、守护精神家园"的学习、宣传和教育活动，全面提高广大干部群众保护农村文化遗产的重要性和紧迫性的认识，充分调动广大农民保护农村文化遗产的积极性、主动性和自觉性，努力为农村文化遗产创造一个良好的农村文化生存环境。

（2）政府引导、政策支持。农村文化遗产要得到有效保护，有关部门应尽快出台保护农村文化遗产的相关政策以及法律法规，充分发挥文化部门的主渠道作用，加大投入，提高农村文化遗产的法律保护地位，确保人、财、物等方面的投入，为保护农村文化遗产提供重要的政策支持和法律保障。

（3）建立和完善保护机制，依法保护好农村文化遗产。基层文化部门要积极组织协调，建立和完善农村文化遗产保护机制，完善工作措施，积极探索新形势下保护农村文化遗产的形式、方式，进一步加大依法保护力度，采取各种有效措施积极引导广大农民群众保护好农村文化遗产，大力支持和鼓励民间文化艺人传授和发展农村民间工艺，大力弘扬农村民族民间传统文化。

（4）搭建平台，鼓励自主创新，保护民间艺人。要组织和吸引更多的人关心和参与农村文化遗产的保护和传承，让民族民间传统文化绽放异彩，不断丰富广大农民群众精神文化生活，守护好农村精神文化生活的家园，扎实稳步地推进新农村建设，全面构建农村和谐社会。

4. 大力发展少数民族地区文化产业

文化产业是指从事文化产品生产和提供文化服务的经营性行业。文化产业一般是与公共文化事业相对应的概念。文化事业单位主要靠政府扶持、社会赞助，为公众提供公共文化服务；文化产业单位则主要面向市场，依法经营，自我积累，自我发展。发展文化产业是目前文化建设的中心工作，也是扶持公共文化事业的有效途径。它是满足农民群众日益增长的精神文化需求和提高农民文化素质、农村文明程度的重要措施，也是协调贫困农村地区文化事业建设和规模经济发展的有效途径，还是符合中央强调全面建设"和谐社会"、"小康社会"、"社会主义新农村"等科学发展观要求的发展方向。用文化事业的成果打造文化产业，用文化产业的效益反哺文化事业，着重利用文化事业与文化产业的多面互补的特点树立城市或地区的品牌形象。生机勃勃的文化能够促进文化产业的发展，文化产业发展又可以大大提升文化生产力水平，这需要创造性地把文化因子融入各个传统产业领域，发挥催化剂的作用，提升产业附加值。总之，文化产业能够全面促进了当地经济、政治、文化、社会事业的健康发展。

5. 培育新型文化人才队伍

有大量能歌善舞的优秀少数民族干部、村民，可以通过择优招聘，将其中思想素质好、专业水平高、业务能力强的人才充实到乡镇文化干部队伍中。配齐配好乡镇专职文化站长和村级文化协管员。加强对乡村文化工作人员的教育和培训，定期举办培训班，提高文化工作人员的政治和业务素质。鼓励乡村文化工作人员自学、进修，有目的选送部分人员到上级机关学习，进入相关院校深造。同时进行业余文化人才资源普查，大力培植业余文化队伍，对文艺骨干免费进行培训。各地院校应该组织文化专业大学生通过下乡、驻点等形式加入发展农村文化产业的行列。

6. 加快发展群众体育

（1）实施《云南省贯彻实施〈全民健身计划纲要〉第二期工程第二阶段（2006～2010 年）实施计划》，抓好"群众身边的体育场地、体育组织和体育活动"三个环节。通过"两康工程"，创建"小康体育特色县、乡镇、社区"、"社区健身俱乐部"、"青少年体育俱乐部"、"传统项目试点学校"等鼓励性政策的引导，争取政府支持，调动社会各方面积极性，筹措资金加速建设城乡公共体育设施，使各级各类场地设施尽快达到《云南省全民健身条例》规定的标准，满足人民群众基本健身需求。进一步健全全民健身组织网络，使全民健身组织、各类社会体育团体、城市社区居委会或农村村民委员会体育指导站基本覆盖城乡，开展群众喜闻乐见的体育活动。

（2）结合老年人、妇女、青少年儿童、职工、农民、残疾人等特定人群特点，加强学校体育、农村体育、城市体育和民族体育工作。科学指导，组织开展形式多样、方便群众参与的各类健身活动，推动全民健身活动广泛开展。体教结合，实施《学生体质健康标准》。参与建设社会主义新农村，加强农村体育工作，为农民群众提供方便实效的健身服务，争取到 2010 年，建成全省体育特色先进乡（镇）420

个，体育特色先进社区 280 个。开发推广具有民族特色的健身方法。

（3）落实好国家体育锻炼标准、国民体质监测、社会体育指导员三项制度。

7. 深化改革，促进云南体育事业快速健康发展

（1）解放思想，创新思路，推动体育社会化。政策引导、利益调节，创造各种社会力量竞相参与、充满活力的体育兴办体制和运行机制，形成多元推动体育事业发展的局面。提高体育系统科学行政、民主行政、依法行政能力。

（2）改革创新，建设优良的人才成长环境。加强各级各类体育人才的教育、培训，提高体育工作者的业务能力和综合素质；深化交流与合作，促进体育人才资源高效整合。

（3）加快全省体育系统信息化建设。启动"体育人才资源信息化管理系统"建设项目，完善科学选材、公文处理和信息流转等体育电子政务系统的功能，实现科学高效的体育管理。

（4）加强体育宣传工作，树立云南体育良好形象。

总之，建立一个健全、完善、惠及全民的农村公共服务体系，有利于全面落实科学发展观，统筹城乡经济社会发展，缩小地区和城乡间发展的差距；有利于促进现代农业的发展，提升农村经济发展水平，增加农民收入；有利于促进社会公平正义，维护农村社会的和谐稳定；也有利于深化农村综合改革，转变政府职能，不断提高政府社会管理和公共服务的水平。近年来，云南省农村公共服务体系建设在取得明显成绩的同时，也存在着一些亟待解决的问题，要进一步加快新农村建设步伐，实现社会主义新农村"生产发展、生活宽裕、村容整洁、乡风文明、管理民主"的目标，就应该进一步加强农村公共服务体系建设，不断提高农村公共服务水平。

（执笔：李宏、陈蕊、张毅）

专题八　云南省农村能源与生态环境建设

一、新农村建设对农村能源与生态环境的需求

(一) 农村能源和生态环境建设与农民生产生活的关系

随着农村经济的快速发展，传统粗放的农村经济发展模式并没有得到根本转变，许多环境、能源问题日益凸现。农村环境污染和生态破坏以及缺能现象日趋严重，正在逐步地瓦解着我国农业的基础条件，极大地冲击着作为弱势产业的农业和弱势群体的农民。能否妥善处理农村环境、能源问题，关系到农村经济能否持续增长，关系到广大农民能否安居乐业，关系到农村乃至整个社会能否健康发展。因此，农村能源和生态环境问题成为"三农"问题的题中之意，加强农村地区生态环境建设是解决"三农"问题的重要手段。

以太阳能、沼气、生物质能为主的农村可再生能源利用技术，一方面可以增加农村缺能地区的能源供应量，缓解农村生产、生活用能紧张的实际问题；另一方面可以降低由于农村生产、生活用能造成的环境污染，在改善农村用能结构和卫生条件，提高农民生活质量的同时，保护植被、改善农业生态环境，促进农业可持续发展和农村经济良性循环；此外在农村地区推广可再生能源利用技术可以减少资源浪费、实现综合利用，在提高农业生产力的同时促进农民增收、增加就业机会，是社会主义新农村建设和全面建设小康社会的重要内容之一。

就农村的能源问题而言，开发利用可再生能源是一件利国利民的好事。利用农业、林业废弃物生产建材，是发展循环经济的重要内容，既可以变废为宝，化害为利，也可以保证农民有一个好的生活环境。相反，如果我们不开发利用可再生能源，我国的能源资源难以永续利用，环境质量难以改善，农民的生存环境和生活质量难以提高，企业竞争力难以提升，最终国家能源安全和经济安全也难以保障。

第一，发展农村能源有利于促进农民生活方式的改变，提高生活质量，建设文明和谐的新农村。能源问题已成为制约经济社会发展的严重问题。农村的能源问题更为严重，农村的用电一遇到供电紧张就拉闸断电，农民买了电器也不能用。因此，必须大力发展适合新时期要求的新型农村能源。近几年，结合国家国债沼气项目的实施，已有不少农户用上了沼气，一户农民建一口 8 立方米的沼气池，年产沼气 500 立方米左右，一般可解决 10 个月的做饭、烧水、照明用能。

第二，发展农村能源有利于促进农业增长方式转变，实现农业增效、农民增

收，建设经济繁荣的新农村。发展农村能源与农业生产有机结合，就会带动农业结构调整，促进农业增长方式转变和农民增收。如近年来推广的"猪—沼—果（粮、菜）"能源生态经济模式，就是把种植业与养殖业有机结合起来，把养殖业所产生的废弃物转换生成可再生能源沼气和有机肥料，既解决了农村燃料问题，又减少了化肥、农药的使用量，改善了农产品品质，提高了农产品的市场竞争力，既促进了农业结构调整，又增加了农民收入。户有一口沼气池，不仅可解决生活用能问题，每年还可提供有机肥料约 20 吨，节柴 2 吨以上，户均节支增收 1000 ~ 2000 元。

第三，发展农村能源有利于促进农村卫生状况和生态环境的改善，建设村容整洁、环境优美的新农村。随着养殖业的迅速发展，大量的畜禽粪便得不到及时有效的处理，已严重污染了农村居住环境和生产环境，成为农村的一大公害。通过加快农村能源发展，实施秸秆综合利用、沼气项目建设等，短期内低成本地改变农村的环境卫生状况，解决养殖业带来的环境污染问题，改善人居环境，阻断疫病传染源，使农村村容村貌在潜移默化中发生根本变化，促进了农村社会文明进步。

第四，发展农村能源有利于促进资源循环利用，建设资源节约型、环境友好型的新农村。发展农村沼气、太阳能和生物质能源，不仅使农村的资源得到有效利用，而且通过改厕、改厨、改圈、改院等建设，把农村的"三废"（秸秆、粪便、垃圾）变成"三料"（燃料、饲料、肥料），实现了社会要生态，农民要致富的目标，促进了生产、生活、生态的协调发展。可以说，发展以沼气为重点的农村能源，走科技质量高、经济效益好、资源消耗低、环境污染少、人力资源优势得到充分发挥的必然要求，是建设资源节约型、环境友好型社会主义新农村的重要举措。

总之，在新农村建设中，开发利用可再生能源是一件利国利民的好事。利用农业、林业废弃物生产建材，是发展循环经济的重要内容，既可以变废为宝，化害为利，也可以保证农民有一个好的生活环境。相反，如果我们不开发利用可再生能源，我国的能源资源难以永续利用，环境质量难以改善，农民的生存环境和生活质量难以提高，企业竞争力难以提升，最终国家能源安全和经济安全也难以保障。

就生态环境而言，当前，我国发展中的突出矛盾之一，是经济增长的资源环境代价过大。环境问题，在农村越来越突出。农村盲目引进污染项目，因为环境破坏所造成的损失往往是经济发展所不能弥补的；农村破坏性地开荒种植，不仅没有富起来，反而吃尽了苦头。相对于基础设施比较完备的城市，农村建设生态文明的任务更加艰巨；同时，农村一部分地区还保持着良好的生态环境，保护好环境、维持人与自然和谐相处的空间也非常广阔。

农村进行生态环境改善的投入，会给农民带来丰厚的回报，促进农村经济社会的发展。农民从过去对土地的过度开发，粗放式利用土地资源，转变为保持水土、涵养生态，通过生态旅游、高效农业、循环农业，追求更高的附加值来提高收入。实践证明，农村的经济建设和生态保护是完全可以统一起来的。

农村的基础环境是生态的，保持住生态的特色，保持人与自然的和谐统一，农村才会有可持续发展的生命力。对于正在向城镇化发展的村镇，在转型过程中，也一定要注意对生态环境的保护，利用农村原有的生态资源，形成与其他城镇竞争的后发优势。

建设生态文明写进十七大报告，体现了党和政府尊重自然、利用自然、保护自然，与自然和谐相处的决心，是科学发展观和建设和谐社会目标的又一体现。加强生态文明建设，实现人与自然和谐相处的可持续发展，是经过实践检验的经济社会发展的必由之路。广大农村在经济建设中，一定要坚决遵循建设生态文明的要求，把社会主义新农村建设成为富饶的、美丽的、健康的、和谐的农村。长治久安。

（二）新农村建设对农村能源与生态环境的要求

当前，我国农村能源不足、能源消耗结构不合理的情形普遍存在，砍伐林木作为烧柴，利用农作物秸秆作为燃料，不仅能量利用率低下，更为严重的是对生态系统造成较大的危害。许多偏远地区农村缺电少电，点不上电灯，看不上电视，无法使用电动机械，生产、生活水平的提高受到极大限制。建设新农村，实现"生产发展、生活宽裕、村容整洁、管理民主"的目标要求，发展农村能源、加强农村生态环境建设是自然的题中之意。

1. 农村电力建设

要加快农村电源、电网建设，实现电网对农村地区的全面覆盖，实现城乡电网同网同价，让广大农村居民特别是偏远地区农民用得上电，用得起电，逐步提高生活质量，逐步推进农业现代化进程。目前农村电网标准低、覆盖率低、供电保证率低而电价高，导致农村电气化程度低。需要通过农村电网改造、农村电源点建设、农村供用电管理体制改革来逐步解决。

2. 新能源开发利用

除煤、电、油等商品能源外，农村能源资源十分丰富，开发利用潜力很大，既可以减少对商品能源的需求，缓解我国能源短缺的压力，又可降低农村生产、生活用能成本，同时对保护农村生态环境也有极为重要的意义。如太阳能、生物质能、农村沼气等都是可再生能源，来源非常广泛，目前开发利用程度极低，传统能源的使用还占据着主导地位。

3. 农村生态环境建设

农村生态环境是农村生产、生活体系的重要组成部分。有良好的生态环境，才会风调雨顺，促进农业增产增收，使农民安居乐业。农村生态环境建设包括森林生态系统维护、农田生态系统建设和农村人居系统的改善等多方面内容。森林生态系统维护涉及天然林保护、植树造林、生物多样性保护等。农田生态系统建设又涉及生态农业建设、农业耕作制度改良、农田水利建设等。农村人居系统改善更涉及村容村貌整治、废弃物无害化处理和资源化利用、农村生活方式的转变。

4. 相应的技术及产品

开发利用农村能源，保护农村生态环境是新农村建设的迫切需要，而能源开发和生态保护需要相应的技术和相关产品的支持。就目前农村对能源建设和生态保护所需要的技术和产品来讲，包括：先进适用的农村户用沼气池建设技术和相关产品；农村住宅太阳能利用技术及相关产品；太阳能光伏发电技术设备；农村废弃物集中处理技术和设备；节煤省柴灶改良技术；速生丰产林造林技术及优良树种；水土流失综合治理配套技术；农作物无公害种植技术；测土配方施肥技术；缓释控释长效复合肥料生产及使用技术；水土环境监测及残留物快速检测技术；节地节能又保持地域民族特色的农村住宅设计及建造技术；新型农村建材生产技术等。

5. 农村能源与生态环境建设的政策支持需求

能源和环境事关国家可持续发展的大计，涉及能源建设及环境保护的相关政策法规也较多，但大多就专业领域及社会整体而制定，专门针对农村的相关规定或涉及农村的相关条款尚不多见，许多规定和制度设计还是一刀切，各地农村差异较大，需要进行相应调整。

二、云南省农村能源发展情况

（一）云南省农村能源的特点和分类

云南省地处低纬高原地带，地势变化复杂，立体气候明显，生物多样性程度高，农村能源资源十分丰富。但由于经济社会整体发育程度低，特别是农村经济社会发展滞后，传统能源消费仍占据极大比重。

1. 农村能源资源丰富

云南能源十分丰富，种类齐全，组合良好，既有大量常规能源，又有一定数量的新能源和可再生能源。全省地跨6大水系，有600多条大小河流，正常年水资源总量2222亿立方米，水能资源理论蕴藏量为10364万千瓦，可开发的装机容量为9000多万千瓦，年发电量为3944.5亿度，水资源可开发量居全国第二位；煤炭资源探明储量居全国第八位；现有发电装机容量759.43千瓦，年总发电量3174567千瓦（截至2000年）；太阳能资源丰富，年总辐射量强度在3615.7~6667.1千卡/平方米；生物质能十分丰富，年目前森林覆盖率达近50%，全省耕地面积419.88万公顷，可产作物秸秆3222万吨，人畜粪便1657万吨，薪炭林蓄积量 3585.35 万立方米，年产薪柴 99.76 万吨。

2. 新型农村能源利用

云南省比较有特色的新型农村能源利用主要有以下几种：

沼气。据抽样调查，建一户沼气池，每户年可节柴 2～3 吨，同时还可以提供优质有机肥；农村改灶，每户年可节柴 1 吨。以此测算，全省建成的 192 万口沼气池，年可节约 576 万吨薪柴；农村改灶节约的薪柴，按每亩中幼林地薪柴量 4 吨计，仅农村沼气池的效益，就相当于保护了 144 万亩林地。按每户沼气年平均产气 500 立方米计，则全省农村每年相当于增加了 70 万吨标煤的优质能源。目前发展沼气主要有农村户用沼气池、养殖场大中小型沼气工程和村镇生活污水沼气净化工程。养殖场大中小型沼气工程和村镇生活污水沼气净化工程，主要是用来处理养殖场畜禽粪便、村镇生活污水，所产生的沼气，可以通过管道向居民集中供应，也可以直接发电，作为动力、照明之用。要大力推广普及。

太阳能。太阳能的利用，一是太阳能日光温室。利用玻璃、薄膜等材料，建设太阳能日光温室，主要用于反季节种、养业生产。二是太阳能热水器。利用光热转换技术，把水加热供用户使用。三是太阳能光伏发电。利用光伏转换技术，将太阳能转换为独立的电源，主要用于城乡居民生产和生活方面。如太阳能路灯、草坪灯等。应加大推广力度。

秸秆的利用。秸秆作为新型生物能源利用主要有以下几个方面：一是秸秆气化。将农作物秸秆在缺氧状态下燃烧并发生化学反应，生成气体燃料，可直接用于生产生活用能。二是秸秆固化成型。将秸秆粉碎，通过机械热压成型，作为燃料直接燃烧，可替代煤、油等用于小型锅炉、居民燃料。三是秸秆液化。秸秆经过热解液化可产生生物油，可直接用于锅炉等热力设备燃料，经再加工处理可替代柴油、汽油。秸秆经过生物工程发酵处理可生产燃料乙醇，是新型生物能源。

（二）农村能源建设的成效

"九五"以来，我省农村能源建设围绕减少森林资源低价值消耗，改善生态环境这个中心，突出以发展沼气为重点，逐步合理调整农村生活用能结构，已取得显著成绩。"八五"、"九五"十年间我省承担的全国农村能源综合建设县项目顺利通过国家验收，农村能源开发利用的广度得到扩展。迄今为止，全省发展沼气累计已达 192 万户，农村改灶约 724 万户，推广太阳热水器面积超过 60 万平方米，推广微水电、秸秆气化等项工作均取得新的成绩。云南农村能源建设在开发和节约两方面已形成相当于年节约薪柴 800 万吨（按每户沼气年节柴 2～3 吨，每户节柴灶年节柴 1 吨计），相当于年节能约 400 万吨标煤的能力，可获经济效益 11 亿元。

1. 农网改造

农网建设的方式有四种：（1）通常采用电网延伸方式，即新建输变电设施供应无电户，常规的电网延伸方式可获取最大供电能力和提升通电率的速度，然而，对偏僻、边远的村寨成本非常高；（2）孤立微型电网方式，利用当地的发电机组如小水电、柴油发电机等微型电网对附近用户进行供电；（3）光伏发电方式。云南地处云贵高原，空气稀薄，大气层密度小，阳光透过率高，终年日照时数长，适合发展光伏发电，然而太阳能——光伏发电的缺点是成本过高；应进一步完善和优化无电地区通电规划，根据通电的目标，分析无电人口的分布，结合通电的途径，充分考虑新能源的利用，对县级供电企业新增的运行维护费用，应建立普遍服务补偿机制。

云南电网公司负责农网建设与改造的95个县约有总人口3055万人，总农业人口约2436万人，总农户约652万户，其中尚未通电总户数约351万户，占总户数的5.14%，主要集中在昭通、思茅、红河、临沧地区。

然而，云南农网建设中也存在着问题。由于云南地形地貌复杂，山区面积高达94%，农户居住分散，加大了电力企业的运营成本。农村地区的用电低需求和农户的支付能力，导致售电量少和无投资回报，运行维护费高，缺乏投资来源和补偿机制，工程建设条件和环境恶劣。

2. 节柴省煤灶成效显著

长期以来，云南广大农村所用燃料主要靠薪柴，群众生活用的炉灶，多是结构简单，耗柴量大，热效率低的"老虎灶"、"地火塘"，随着人口增长，农村生活消耗大量薪柴。节柴省煤灶有效地抑制了薪柴的惊人浪费。到2000年底，全省累计完成节柴省煤改灶724万户，占总农户806万户的90%，极大地降低了薪柴消耗量，保护了森林资源。

3. 沼气建设快速健康发展

我省农村能源以沼气应用最为普遍因而也最为重要。1993年以来，省林业厅先后在73个县（市）分年度安排了"沼气建设重点县"项目，明确建设任务、时间、资金投入、质量要求等各项指标，促进当地沼气池成倍增长，产生了规模效益。据统计，"九五"期间我省新增沼气池数34.4万户，其中80%以上是各"沼气建设重点县"完成的。到2007年底，全省累计建成农村户用沼气池192万口，跃居全国第二位。沼气发展逐步实现了"三结合"——沼气池与畜厩、厕所相结合；"五配套"——沼气池与畜厩、厕所、太阳热水器、洗澡间相配套；"八个一"——为农户配套建一个沼气池、一个节能灶、一个卫生厩、一个卫生厕所、一个太阳热水器、一个小水池、一亩防护林、一亩经济林。每户每年节约薪柴2~3吨，对森林资源的保护，生态环境建设和农村经济的可持续发展起了促进作用。

4. 微水电和太阳能等新能源开发利用有较大发展

随着社会经济的发展和人民生活水平的提高，农村能源建设的思路进一步开拓，各县（市）因地制宜，在未通电而又具备水资源的山区开发利用微水电，在经济条件好的城镇郊区和坝区广大农村积极推广应用太阳能、石油液化气等新能源。到目前为止，已建成 8.5 千瓦、9.2 千瓦等数 10 座太阳能光伏电站；累计推广户用风力发电机和风—光互补系统 30 套，农村推广热水器 61 万平方米，山村微水电 12801 台，装机 13742 千瓦。用清洁的太阳能、石油液化气等新能源代替和补充传统能源，有效地缓解了农村能源紧张状况。

5. 农村能源产业初具规模

我省现有太阳热水器生产企业近 200 家，年产销太阳热水器 50 万平方米，产值 3 亿元；拥有国内最大的光伏电池生产企业，生产、销售太阳电池和光伏电源系统，年生产能力达 1.5 兆瓦，建立了全国的销售服务维修网络，光伏电池的科研、生产及商业化水平居国内领先地位。

（三）农村能源开发利用中存在的问题

1. 人均用能水平低，用能方式落后

农村人均用能水平显著低于城镇，平均只有城镇水平的三分之一，且其中 70% 以上是生活用能。生活用能中以薪柴、秸秆等自产性能源为主，电力、煤炭等商品性能源使用比例较低，薪柴、秸秆仍以直接燃烧为主要利用方式。

2. 农村能源消耗结构不合理

云南农村 80%～90% 的人口程度不同的使用薪柴，60% 的人口主要依靠薪柴做饭取暖，41.01% 的人口完全使用薪柴为生。从 20 世纪 70 年代开始，云南省就采取了小水电代柴解决农村能源问题，因其资金、体制、经营管理的问题，收效甚微，据 2000 年的统计数字只占农村能源结构的 0.542%，沼气经过二十多年的推广应用也只占到 1.79%。

3. 能源利用不合理导致生态环境退化

由于农村能源供应不足，燃料短缺，造成森林过度樵采，加上毁林开荒等，使 20 世纪 50 年代约 50% 的森林覆盖率下降到 1996 年的 24.58%，水土流失面积达 14.6 万平方公里，占全省面积的 37%。

4. 投入不足，发展难度较大

农村建"三结合"户用沼气池平均投资为 3000 元/个，省级财政补助平均为 100 元/个，相当多的县级财政难以配套投入；而农村经济基础还比较薄弱，农民收入增长缓慢，经济承受能力较差，自筹资金比较困难，严重制约了农村能源建设的发展，发展难度较大。

5. 技术力量不足，农户缺乏经验，管理使用不佳

随着以沼气为主的农村能源建设的加速发展，一些地方农村能源技术力量不足，建后服务跟不上，建池农户缺乏管理使用知识和经验，管理使用不佳。有的沼气池进出料不及时，产气不足，气质不纯；有的管理使用不当，不能正常

使用。

6. 教育和科技落后

一些地方对以沼气为主的农村能源工作的重要性、紧迫性认识不足，没有把农村能源建设列入议事日程，没有采取切实可行的措施，发展缓慢。由于宣传力度不够，缺少群众基础。所以各县（市）农村能源工作差异很大，发展不平衡。省级有省农村能源重点实验室和云南师范大学太阳能研究所开展技术研究工作。各地州市县只有技术推广机构，没有专门从事技术研究开发的单位。

三、云南省农村生态环境建设情况

（一）主要领域

1. 天然林保护工程

云南省依托工程的实施，累计开展了科技支撑项目 22 项，新建省、州（市）、县级中心苗圃 86 个，良种生产基地 31 个；新建森林管护站（所）1609 处、永久性标志碑、牌 8155 块，新建和维修瞭望台 598 座、林区公路 4553.4 公里、防火线 9901.4 公里、生物防火林带 678.6 公里；购置防火运兵车、指挥车 162 辆；为国家级重点火险区专业扑火队建设了营房；完成了县、市、区的防火通讯网改造工程，购置了扑火机具；基础设施建设的加强，确保了工程任务的顺利完成，改善了工程管理人员和森林管护人员的工作和生活条件，提高了工程管理水平和工作效率。自 1998 年实施天然林保护工程以来，国家和省对天然林保护工程的公益林建设总投资达 12.89696 亿元，其中中央投资 10.07679 亿元，地方配套 2.82017 亿元。六年来，全省累计完成公益林建设任务 2243.6 万亩。其中：人工造林 171.8 万亩，飞播造林 427.0 万亩，封山育林 1005.8 万亩，森林抚育 238.5 万亩，人工促进天然更新 400.5 万亩，出色地完成了各项公益林建设任务。在近期接受国家林业局天保中心领导率队进行的检查活动中，受到了充分地肯定。

2. 退耕还林

云南是澜沧江、金沙江、怒江、红河、珠江、伊洛瓦底江六大国际国内河流的源头、上中游及主要汇水区。山区面积占全省总面积的 94%，水土流失面积占全省土地总面积的 36.9%，是全国水土流失较为严重的省份之一。长期以来，一些地方刀耕火种的落后生产方式，导致过量采伐木材，生态环境十分脆弱。全省水土流失面积达 14.6 万平方公里，占国土面积的 37%。根据国务院统一部署，云南省早在 2000 年 4 月就在中甸、丽江、会泽、东川等 9 个县（区）开展退耕还林试点工作，还专门出台了三条优惠政策：一是对退耕地免征农业税和定购粮；二是对新造林地在有经济效益后免征 1~3 年农林特产税；三是让异地搬迁扶贫的农户享受退耕还林的补助政策，确保"退得下，稳得住，能致富，不反弹"。截至 2006 年，云南的退耕还林工程涉及 130 万户退耕农户，544.6 万人，共完成退耕还林 1417.1 万亩。全省增加林草面积 1247.74 万亩，覆盖率增加 2.3%。其中，各地 25 度以上和 15 度～25 度陡坡耕地分别退耕还林 332.5 万亩 和 132.9 万亩，有效减少了全省陡坡耕作面积，使工程区水土流失面积大幅度下 降。据退耕还林生态效益监测站监测：退耕还林后全省 25 度以上陡坡耕地营造 乔木树种的地块，其径流量下降 82%，泥沙含量下降 98%，土壤肥力也有所增 加。退耕还林工程的实施，局部遏制了水土流失，有效控制了泥沙流量，使全省 自然生态环境得到明显改善。同时，退耕还林农户还享受到了退耕还林的各种政 策，全省 2000 年度粮食兑现到户 3000 万公斤，到位率 100%；现金补助兑现 400 万元，到位率 100%；还解决了部分群众的生活困难，为 8.6 万户退耕农户、 39.9 万人增收致富创造了条件。

3. 水土流失治理

"十五"期间全省治理水土流失面积 1.22 万平方公里，减少人为水土流失 1 亿吨左右。2004 年云南省土壤侵蚀面积比 1999 年减少 7072 平方公里，全省水土 流失治理取得成绩。

水土流失是云南省突出环境问题之一。"十五"期间，全省相继开展了 30 个 长江中上游水土流失治理项目县、123 个国债项目县、7 个珠江上游水土流失治 理试点项目县和 12 个省级重点县的水土保持治理工作。工作中坚持以小流域为 单元，以乡村为基础，采取生物、工程、农艺措施相结合，综合、集中、规模、 连续治理山、水、林、田、路。在中央投入水土保持专项资金 3.5 亿元、省级财 政投入 1.24 亿元的基础上，拓宽融资渠道，积极引进外资，坚持"谁治理，谁 受益"的原则，制定各项优惠政策，积极鼓励支持水土保持大户治理。各地采取 股份合作、租赁、承包、拍卖等形式治理开发"四荒"资源的力度不断加大。 元谋县承包治理荒山 50 亩以上的水保大户达 203 户，投入治理资金达 5256 万 元，开发治理了 9.26 万多亩荒山。5 年间，全省治理水土流失面积 1.22 万平方 公里，比"九五"增加 16%。

在土壤侵蚀现状遥感调查结果的基础上，云南省首次划定了水土流失重点防 治区，其中包括重点预防保护区、重点监督区、重点治理区。其重点预防保护区 为：云南省红河流域、澜沧江流域、怒江流域和伊洛瓦底江流域等西南诸河流域 范围内，涉及红河哈尼族彝族自治州、文山壮族苗族自治州等 9 个州市 30 个县、 市、区。水土流失重点监督区分布在云南省 6 大流域和 16 个州市，共涉及 66 个 县、市、区。水土流失重点治理区为：分布在云南省金沙江流域、珠江流域、红 河流域、澜沧江流域和怒江流域范围内，共涉及云南省 13 个州市和 99 个县、 市、区。这些地区水土流失较为严重，对当地和下游造成严重水土流失危害。

水土流失加剧，生态安全受到威胁。西南喀斯特地区主要分布于珠江流域和 长江流域的分水岭地区，具有十分重要的生态环境地位。水土流失的影响已大大超出石漠化区自身范围，对下游区域经济可持续发展能力和生态安全构成直接威胁。如红水河流域水土流失面积占广西壮族自治区土地总面积的25%以上，泥沙淤积已成为沿河水电工程发挥综合效能的严重障碍，直接威胁着珠三角地区和港澳地区的生态安全。

各地围绕水土流失案件查处、水土保持方案编报审批、水土保持"两费"征收使用等，出台了相关管理规范性文件，加强了水土保持监督管理规范性建设，确保各项水土保持措施落到实处，"十五"期间共开展水土保持监督执法检查9269次，督促生产建设单位投入水土保持资金33.68亿元，查处人为造成水土流失案件1547件，防治水土流失面积2317平方公里，减少人为水土流失1亿吨左右。

为及时、准确地反映水土流失的动态变化，云南省加强了以监测预报为基础的水土保持科研工作，全省成立了省水保监测总站和8个国家级监测分站、2个省级分站，建成云南省水土保持信息管理系统和本底数据库，对水土保持重点工程小流域治理项目进行监测。同时引导一批重点县和建设项目单位与云南大学、昆明理工大学等高校联合，对生态修复试点工程和部分开发建设项目进行了水土流失动态和水土保持效应监测，推动大朝山水电站、昆石公路、曲靖电厂等59个开发建设项目开展了水土保持监测工作，对施工期水土流失进行有效的动态监控，为有针对性地采取治理措施奠定坚实的基础。

以金沙江流域为重点，云南省加大投入高起点、大规模开展水土保持工作，收到明显成效。"九五"期间，共投入6.7亿元，治理小流域578条，治理水土流失面积1万多平方千米，与1987年相比全省水土流失面积减少5097平方千米，局部地区的生态环境有了明显好转，并有一批昔日山河破碎的小流域成为集生态、经济、社会效益为一体的精品小流域。以建设秀美山川为目标，我省各地因地制宜，采取生物、工程等综合措施大规模开展水土流失防治工作，除政府大幅度增加水土流失防治投入外，各地还积极探索改革投入机制，出台政策，鼓励企业、个体等社会力量通过拍卖、承包、租赁、股份合作等形式，参与水土流失治理与开发，使水土流失防治工作从政府的事逐步变为全社会的事，形成了多层次多渠道增加投入治理水土流失的局面，连续三年，全省防治水土流失的投入超过亿元。在加快治理速度的同时，各地还加大执法力度，预防水土流失，"九五"期间，共审批水土保持方案6146个，收缴水土保持设施补偿费1227万元，查处在资源开发及生产建设中人为造成水土流失的案件2549件。

在水土流失治理中，各地按"有规划、高起点、大规模、综合型、产业化、好效益"的要求，以小流域为单元，以水利为重点，进行山、水、林、田、路综合治理，将往日的流失区建成花果山、生态示范园。特别是对金沙江流域的500多条小流域进行重点治理，初步治理面积达9000多平方千米，项目区生态环境得到较大改善。据卫星遥感调查，金沙江流域水土流失面积减少 4000 多平方千米，年均土壤侵蚀量减少 1500 万吨。

4. 农业面源污染治理

农业面源污染是指在农业生产活动中，氮素和磷素等营养物质、农药以及其他有机或无机污染物质，通过农田的地表径流和农田渗漏，形成的水环境的污染，主要包括化肥污染、农药污染、集约化养殖场污染。

农药、化肥等的不合理使用加速了农村环境的污染。农业生产对农村环境的污染。一是不合理使用化肥、农药、农用薄膜等化学品造成的环境污染。同时，随着农作物害虫抗药性的增强，农民农药施用量也随之上升，而喷洒的农药大约只有 1% 左右接触到目标害虫，绝大部分农药残留在土壤、水体、作物和大气中，造成了对粮食、蔬菜以及大气、水体、土壤等环境要素的污染。此外农业生产中使用塑料薄膜，由于不注意回收清理而给农村带来了"白色污染"。近几年来，由于畜禽养殖业从分散的农户养殖转向集约化、工厂化养殖，禽畜粪便污染大幅度增加，成为一个重要的污染源，严重污染了环境并影响了农村居民的生产生活。

云南省自开展农业面源污染治理工作以来，我省农业环保系统克服资金不足的困难，积极参与九大高原湖泊的治理。

"十五"以来，我省坚持生产与生态协调发展的原则，启动生态农业试点，逐步走上"增产不增污"、"增产减污"，经济社会效益同步增长的路子：高原湖泊面源污染不断减少，水质恶化趋势得到遏制。"十五"初期，生态试点县（区）农民人均纯收入比全省农民人均纯收入高 389 元，五年后，这一差距拉大到 532 元。

为切实减少农业面源污染，我省坚持"建设生态农业，发展无公害农产品，防治面源污染"的思路，在华宁县、思茅市翠云区和禄丰县设置的项目中，按照生态规划进行分区、分片试点，有重点、有步骤地对山、水、田、林、路、村庄开展综合治理和系统建设，明显改善农业生态环境、生产条件，积极发展生态农业，实现生态效益、经济效益和社会效益协同发展。大理白族自治州在洱海面源污染控制工作中，通过控磷、减氮和施用有机肥，开展滨湖区蚕豆、麦类、蔬菜、大蒜和水稻无公害生产试验取得了重大科技突破，其中水稻无公害试验示范获省级 2002 年度农业科技推广二等奖。

农村户用沼气建设是从根本上改变农村脏、乱、差的重要举措，也是减少农业面源污染和九湖水污染综合防治的重要工程。到 2007 年 6 月 30 日，全省累计建成农村户用沼气 192 万口。其中在九湖区域的滇池、抚仙湖、洱海等沿湖区域共安排 14 个县次的农村沼气国债项目，总计投入 2819 万元国债资金，有效保护了沿湖的生态环境。

通过加强对测土配方施肥的宣传和技术指导，很多地方建立耕地养分数据库和耕地质量动态管理系统。据不完全统计，九湖流域测土配方施肥完成351万亩，投入资金448万元，节约化肥投入8900万元，有效减少了化肥对水体、土壤的污染。

大理州农业环境保护监测站在洱海面源污染控制工作中成绩显著。通过控磷、减氮，施用有机肥，开展滨湖区蚕豆、麦类、蔬菜、大蒜和水稻无公害生产试验示范取得了重大科技突破，其中水稻的无公害生产试验示范获省农业厅2002年度科技推广二等奖。另外《洱海湖滨地区农村面源污染综合控制技术试验示范》进展顺利，通过年度考核验收和主管部门的认可，该项"控磷减氮技术措施"已被大理州人民政府列入2004年农田面源污染控制的主要技术措施在流域内推广20万亩，2006年将在全流域内稳定推广30万亩。

玉溪市在日本协力银行贷款的抚仙湖治理工程项目中，农村面源污染治理项目已作为重要治理工程经国家发改委立项，项目总投资为30923.6万元人民币。除此以外，《抚仙湖径流区澄江代头村环境综合整治工程可行性研究报告》、《星云湖径流区双桥营村环境综合整治工程可行性研究报告》已经市计委批复立项，进入初设阶段，每个村市级投资200万元；《东风水库径流区大矣资村委会环境综合整治工程可行性研究报告》已通过评审，与《2003～2005年玉溪市"三湖一海"水污染防治农村面源治理实施方案》一起被列入市计委2004年建设计划。

农业面源污染问题涉及整个农业生产和农村千家万户，具有广泛性、分散性和隐蔽性，治理难度较大。各地州市农业环保部门要把治理面源污染提到议事日程，树立"建设生态农业，发展无公害农产品，防治面源污染"的长期思想。要摸清农业面源污染在整个流域污染中的份额，查明主要原因，研究提出防治面源污染的政策、措施和管理机制，并因地制宜地搞好防治规划，开展试点示范。同时，要结合无公害食品行动计划，针对部分农产品农药、亚硝酸盐、重金属等超标问题，切实加强农药、化肥、植物激素等污染源的综合治理。积极与有关部门配合，从严格农药登记管理入手，调整农药产品结构，逐步淘汰高毒、高残留农药产品；大力推广普及配方施肥技术，提高化肥利用率，减轻化肥超量施用对水体、土壤和农产品的污染。相信通过各级农环部门的努力，将为我们自己和子孙后代营造一个更加美好的生活环境。

5. 废弃物无害化处理与资源化利用

农村废弃物包括生产性废弃物和生活垃圾。从形态看，包括固体废弃物、液体废弃物和气体废弃物三类。

农村的固体废弃物包括乡镇企业产生的边角废料和废渣、农民的生活垃圾，以及从工厂和城镇运输而来的垃圾。从某种程度上可以说，固体废弃物是多种污染物的聚集，如不加以处理，长期经受风吹雨淋，其中很多有害成分进入周围的环境中，如渗入土壤，溢入大气，流入水体等。有害物质渗入土壤后破坏土壤的生态环境，能使微生物死亡，土壤盐碱化以致不能耕种。受污染的土壤天然自净能力较差，也很难通过稀释扩散的方法减轻其危害。目前，除城市周边农村、小城镇和水源保护区由政府投资建立了垃圾收集和处理设施外，一般农村少有垃圾集中和处理设施，生产、生活废弃物随意倾倒和堆放的现象较为普遍。这与新农村建设"村容整洁"的要求格格不入。

农村液体废弃物主要是生活污水和畜禽粪便。一般村寨人口密度不大，少量的生活污水可被环境自然净化，而人口聚集的中心村可能造成局部性污染。由于化肥的大量使用，畜禽粪便的农业利用在不断减少。而畜禽业的集约化、规模化养殖，加重了养殖业与种植业的脱节。畜禽粪便的还田率只有30%多，大部分未被利用。畜禽粪便的随意堆积和排放，一方面造成蚊蝇孳生，传播疾病；另一方面经雨水淋溶流入河流水库，导致水体富营养化，形成难以治理的水域污染。对规模化养殖场提出废弃物处理要求，建立中型沼气工程是必然要求。

为了更符合以节约资源、减少能耗为核心的循环经济理念，建立"二次资源利用"项目受到重视。昆明市提出建设"二次资源利用"生态园就是基于仿生态群体的思路，使来自废品回收市场和环卫清运系统的废弃物，根据其自身的特性，重新进入"资源——产品——二次资源——产品"这样一个"生态链"中，得到最大限度的综合利用，使其获得最高的附加值。这与国家发改委意在云南创建我国"二次资源利用"样板的国债项目的目标相一致，与云南省政府把昆明建设成为园林化城市的目标相吻合。

为研究符合循环经济理念的废旧废弃物处理模式，专业人员建议，对已建成的、正在实施的或准备立项的废弃物填埋和焚烧项目，进行一次详细的复查，重点审查二次资源的回收和二次污染的防治问题并根据实际情况进行必要的调整和补充。

集中建立废旧物资集散交易市场。这种新型的废旧物资集散交易市场，既不同于过去的国营废品收购站，又不同于目前无人管理的拾荒大军，而是在适应市场经济的前提下，采用合作社或联营形式规范从业人员。该市场应具有储存、集散和初级加工功能，向拾荒者提供场地、房屋、设施等条件，并对其进行培训和管理。这样，既可防止二次资源的流失，又可保证二次资源产生最高附加值；既可控制二次污染发生源，又可创造大量就业机会，使过去处于社会边缘的拾荒者产生一种社会归属感。

集中建立城市废弃物处理产业群。各种生活废弃物经过人工和机械的分选及预处理后，其中废塑料、废橡胶、废金属、废玻璃、废纸等可回收利用的二次资源，将被送往各类初加工厂制成各种半成品，基本上实现城市废弃物全部资源化。

集中建立二次资源深加工产业群。将各种废弃物进行优化组合，采用不同的工艺制成各种再生材料或复合材料系列产品，从而实现使材料性能扬长避短、废弃物增值的最佳效益。

集中建立废弃物资源化产品应用示范区。在示范区内，用二次资源制成的各类产品建造房屋、庭院、道路等应用样板；用沼渣、沼液制成各类肥料，种植花卉、树木、蔬菜、水果等。分选后实在无法资源化再生的燃烧值高的废弃物，可焚烧供热；极少部分必须填埋的废弃物，进行安全填埋或卫生填埋。

6. 人居环境整治

改善农村人居环境是建设社会主义新农村的重要内容。近年来，中央和地方政府高度重视"三农"问题，在改善人居环境方面做了大量工作，取得了明显成效。一是农民主要依靠自己力量改善住房条件的能力得到增强。二是村庄的综合防灾能力明显增强。在加强对农民建房指导的同时，一些地区通过实施移民建镇、工程移民、扶贫移民、牧民定居等，使村庄和农房防御自然灾害的能力得到提高。三是农村基础设施和公共设施建设得到较快发展。中央和地方政府不断加大农村公共投入，部分地区积极推进污水、垃圾处理设施共建共享，城市供水、公交等基础设施和公共服务向郊区农村延伸，农村基础设施和公共设施有所改善，城乡联系更为紧密。四是通过实施村庄整治，农村人居环境明显改善。部分地区分期、分批、集中对规模较大的村庄进行治理，建立了村庄公共设施与服务管理的新机制，明显改善了农民的生产生活条件，促进了农民思想观念的更新和精神面貌的改变。

我省农村人居环境仍然普遍较差，与城市相比总体上仍然十分落后。一是建设乱，大多数农民建房和村庄建设缺乏规划引导。沿公路建房，居住点分布散乱，建新屋不拆旧宅，形成"空心村"，有的盲目模仿城市建小区，村庄建设用地浪费较大。许多村镇基础设施不配套，污染加重，生态环境恶化。二是饮水难，村庄集中供水设施缺乏，许多农村人口喝不上符合标准的饮用水。三是环境差，农民住宅与畜禽圈舍混杂，生产与生活设施混杂，直接影响农村居民生活质量。

为此，我省把实施村容村貌整治工程作为新农村建设的重要突破口，从治理农村"脏、乱、差、散"等农民要求最急迫、受益最直接的实际问题入手，以"改路、改水、改电、改房、改厨、改厕、改厩"为主要内容，推进村容村貌整治工程。2006 年，省级财政投入 5000 万元资金，在 500 个自然村启动实施村容村貌整治工程。在省级试点工程的带动下，各地多渠道筹集资金共在 1697 个自然村开展了包括村容村貌整治在内的新农村建设综合试点。各地在村容村貌整治工作中从乡情村情出发，因地制宜，突出特色，科学规划，分步实施，同时把发展经济与村容村貌整治相结合，通过整治促进产业发展，增加农民收入，调动了广大农民群众参与村容村貌整治的积极性，村容村貌整治收到成效。全省 500 个省级试点村共新建村庄道路 220.77 公里，道路修缮硬化 494.67 公里，新建完善人畜饮水管道 348.36 公里，修建垃圾收集点 556 个，修建公厕 515 座，修建沼气池 4475 个，危房改造 3789 幢，村庄绿化植树 15.8 万株和种植花草 104.93 平方公里，安装村庄公共照明灯具 1738 盏。农村基础设施建设得到加强，人居环境逐步改善。

但我们也要看到，我国农村人居环境落后是多种因素长期积累的结果。一是随着人口的增加和生产强度的加剧，生产生活污水和废弃物大量增加，超出农村生态环境自我平衡能力。二是村庄基础设施和公共设施投入不足。中国农村的传统是农民自建房屋，村庄公共设施因陋就简，村路等设施建设一般来源于募集捐助。由于缺少公共积累，村集体没有能力投入；因村庄公共设施服务面小，难以获得较好的经济效益，社会资金不愿投入；与农村发展的需要相比，政府的公共财政投入也显得不足。这就使得村庄道路、供水、垃圾、污水处理等设施欠账严重。三是村庄规划和管理缺位。长期以来，我国对村庄人居环境建设缺乏规划引导和政策支持，加上管理缺位，使新老问题不断叠加。

（二）政策法规与监管体系

就云南省农村污染现状而言，点源污染与面源污染共存、生活污染和工业污染叠加、各种新旧污染与二次污染相互交织，工业及城市污染向农村转移，危及群众健康和社会稳定，已成为我省农村经济社会可持续发展的制约因素。

近几年来，在国家环保总局及相关部门积极采取措施的同时，我省环保及相关部门采取多种措施以减缓农村污染问题的加剧。环保部门的监管工作已从严格控制工业污染和城市污染向农村区域延伸，农业、水利等部门也逐步强化了防治农业污染的职能。农村新建项目一律实施严格的环境准入制度，对于不符合国家产业政策的农村企业，实行淘汰制度。为控制农村的面源污染，加强了《农药安全使用标准》、《土壤环境质量标准》等一系列控制农村面源污染的标准、规范的执行力度。从 2002 年开始实施可持续农业示范项目，加强畜禽养殖污染防治，组织开展了畜禽养殖污染现状调查，推进《畜禽养殖污染防治管理办法》、《畜禽养殖废弃物排放标准》和《畜禽养殖污染防治技术规范》等相关法律法规的实施。

从 20 世纪 70 年代开始治理螳螂川河以来，云南的环保工作在 30 年的时间内历经了 5 个阶段：（1）1972 至 1979 年 5 月，环保工作的起步阶段，环保工作的重心是昆明、个旧等主要城市的工业污染治理。（2）1979 年 5 月至 1982 年 9 月，实施"三同时"项目，即出台污染排放指标，收取排污费，成立污染控制体系。（3）1982 年 9 月至 1989 年 8 月，在治理工业污染的同时，农村环境保护被提上日程，更多的自然保护区在此阶段成立了，生态农业亦成为农业发展的主导；环境影响评价制度于 1987 年 6 月 1 日开始实行，这是一个预防型的制度。（4）1989 年 8 月至 1996 年 6 月，确立环保工作的两大重心，一是控制工业和城市污染；二是生态环境的保护。污染收费于 1993 年 1 月 4 日开始实行，主要用于公共污染治理项目。云南的环境项目国际合作在这一阶段开始启动（如世行云南环境项目）。（5）1996 年 6 月至今，环保已成为云南省的中心工作之一，由于政府财力的提高，政府逐步增加了对环保的投入，省政府拨出 3 千万元作为环保的专项资金，明令不达标的企业（多为农业加工型和小型企业）停产关闭，并加强环保机构的建议。而且 20 世纪 90 年代末，由于世博会在云南的召开、长江流域的洪水等，云南的环境问题成了全国的环境问题。在湄公河流域次区域合作的框架内，与流域内诸国的环境合作逐步开展。

《云南省环境保护"十一五"规划》中，将实施"农村小康环境保护行动计划"放在突出位置。根据规划，预计到 2010 年初步解决坝区农村环境"脏、乱、差"、山区和半山区农村饮用水安全、高原湖泊区农村面源污染、畜禽养殖废弃物综合利用、农村环境管理薄弱等问题。按照规划要求，云南近期将在重要生态功能区、农业发展重点区和九大高原湖泊区农村开展示范和工程建设，推进 10 万个生态户、150 个生态文明村、1000 个生态村、300 个生态乡镇、20 个全国环境优美乡镇、30 个生态示范区的建设。同时，将开展农村饮用水源和水源涵养地的生态保护；改进化肥、农药施用方法，治理畜禽养殖和因地制宜处理村镇的污水；"改水、改厨、改厕"和建立生活垃圾收运系统；开展云南省土壤污染现状调查，建立土壤污染防治与监测制度等工作。资源综合利用方面，规划还要求，各州市要结合各地资源、环境的特点，探索适合各地生态农业发展的模式，推广秸秆过腹还田、秸秆制气等应用技术，建立一批大中小沼气示范工程，实现农村废弃物的资源化利用。

环保监管工作体系在逐步加强，除了省、州、县环保部门外，其他一些政府职能部门也介入生态环境的管理中，包括林业厅、农业厅、国土管理局、水资源管理局、矿务局等。20 世纪 90 年代以来，资源保护成为这些部门的中心任务，如林业厅的功能从单一的木材管理经营转为生态环境建设；土地和水资源的管理部门增添了退化地恢复、流域管理和水土流失治理等职能；农业厅在湖泊治理和农业化学污染的控制方面也加大投入，省人大专门制定了《云南省农业生态环境保护条例》；建设厅也添设了国家森林公园的管理职能；根据《云南省边境地区环境保护条例》，国家卫生检疫部门对跨边境的环境问题有管理上的职责。

特别值得提出的是，2007 年初，云南省启动了七彩云南保护行动。以科学发展观为指导，按照"民主法治、公平正义、诚信友爱、充满活力、安定有序、人与自然和谐相处的社会"的总要求，坚持生态立省、环境优先，坚持正确处理发展与保护的关系，坚持以最小的环境代价实现最大的经济社会效益，坚持应用综合措施保护和改善环境，保障人民群众的健康和环境安全，保持我省经济社会可持续发展，努力建设富裕、民主、文明、开放、和谐云南。七彩云南保护行动以"七彩云南，我的家园"为主题，实施"七大行动"，着力解决影响我省经济社会发展和人民群众生产生活的突出环境问题，使全社会的环境意识明显增强，公众的环境权益切实得到维护，生态环境进一步优化，政府的环境监管能力明显提高，人与自然和谐相处，经济社会与环境协调发展，树立"云南是生态环境状况最好的地方，是生态环境保护得最好的地方，是开发与保护的关系处理得最好的地方"的崭新形象。经过 15～20 年的艰苦努力，实现生态省建设的目标。本行动特别强调，要开展农村环境整治，推进社会主义新农村建设。大力推广生态农业生产模式和环保农业生产新技术，科学合理施用化肥、农药，切实降低农业源污染，因地制宜治理分散的生产生活污染源。实施"四改"工程（改池管好垃圾、改厕管好粪便、改养解决畜粪、改种减少农业面源污染），引导农村居民改变落后的生产生活习俗，倡导绿色文明的生活方式，加强畜禽养殖污染防治。推进农村环境综合整治和村容村貌整治，营造健康、舒适、优美、洁净的生产生活环境。《七彩云南保护行动任务分解方案》中，由省发展改革委、省农业厅牵头，省交通厅、省林业厅、省水利厅、省环保局协助，开展"千村示范、万村整治"活动。整合生态公益林、清洁河道、绿色通道、农村饮水安全、生态家园富民等行动，共同推进社会主义新农村建设。

（三）农村生态环境建设中存在的主要问题

1. 局部区域生态环境退化的趋势尚未得到有效控制

森林质量不高，土地退化和水土流失依然严重。我省是全国水土流失严重的省份之一，全省土壤侵蚀面积占土地总面积的近 1/3，岩溶面积占全省国土面积的 28.14%，遍及全省 16 个州市 115 个县市区。虽然森林面积和木材蓄积量持续增长，但森林生态系统趋于单一化和片断化，林地流失问题依然突出。草地建设速度跟不上草地退化速度，部分天然草地因过度放牧和有害生物的侵入而严重退化。许多具有重要保护价值的天然栖息地面积下降趋势明显，生物多样性减少，自然保护区建设与经济发展的矛盾严峻。许多地区还存在生态环境边治理、边破坏现象。

农村面源污染问题日益突出，畜禽养殖特别是规模化养殖场已成为农村面源污染的重要污染源，并成为危害农村居民生活环境的重要因素。矿山尾矿、城乡垃圾、工业污染等对农业生态环境和耕作土壤的危害日益严重，农产品有害成分的超标问题十分突出。

2. 农村水环境问题仍然十分突出

主要湖泊水质没有根本转变，一半以上的湖泊还处于不同程度的富营养化状态，滇池、星云湖、杞麓湖、异龙湖等湖泊主要入湖河流水质劣 V 类，改善难度很大；六大水系主要河流监测断面中，已遭受污染（Ⅳ～Ⅴ类标准）的断面占23.3%，污染严重（劣于Ⅴ类标准）的断面占23.4%。城市河流有机污染非常普遍，18个城市的29个饮用水水源地中，有24.1%不能满足集中式饮用水源地水质要求。最近开展的农村饮水安全调查显示，全省有1300万左右的农村人口受到饮水安全的影响。

3. 监管体系对农村经济社会发展的不适应性

现阶段农村现代化进程有两个明显的特点：一是农村产业在地域空间上的集中，二是农村人口在居住空间上的集中。现代产业园区的建立和现代农业设施的使用使大量生产活动聚集在一个相对狭小的空间内，这使农村的产业结构和布局从自然和谐型转变成自然危害型，农村原有的具有强大环境自净能力的自然循环被破坏，原本可以自然消纳的生活污染物因超出环境自净能力成害。不仅如此，农村的各类环境污染也呈现出与城市污染迥异的特点。农业生产导致的面源污染具有排放主体分散、隐蔽，排污随机、不确定、不易监测。这使得对面源污染的管理存在成本过高，因此存在着只能对受害地监测，很难监控排污源的现状。

现有的环境管理体系是建立在城市和重要点源污染防治上的，对农村污染及其特点重视不够，加之农村环境治理体系的发展滞后于农村现代化进程，导致其在解决农村环境问题上不仅力量薄弱而且适用性不强。现行农村环境管理体系呈现以下特点：环境立法缺位、农村环境管理机构匮乏、环境保护职责权限分割并与污染的性质不匹配、基本没有形成环境监测和统计工作体系。目前的诸多环境法规，如《环境保护法》、《水污染防治法》等，对农村环境管理和污染治理的具体困难考虑不够。例如，目前对污染物排放实行的总量控制制度只对点源污染的控制有效，对解决面源污染问题的意义不大；对诸多小型企业的污染监控，也由于成本过高而难以实现。而未建立农业和农村自然资源核算制度。资源家底不清，对自然这样的利用动态缺乏真实的了解，不能不是农村生态环境趋于恶化的一个基本原因。

4. 农业技术体系与生态环境管理的要求不相吻合

在短缺经济时代建立起来的农业技术体系首先考虑的是农产品产量的迅速增长，进入供求平衡阶段以后又把着眼点放到农民增收上，直到最近几年食品安全问题日益突出时，环境问题才被纳入农业科技的视野。因而从总体上来说，现行农业技术的选择缺乏环境政策制约机制，农业技术推广体系在维护农村生态环境方面基本上是无效的。20世纪80年代中期开始的农业技术服务体系改革是以减少农技推广经费和鼓励自我创收为特点的。由于得不到足够的财政拨款，农技推广系统不得不从事与业务无关的经营活动以获取收入，包括卖化肥和农药等。由于激励不相容，导致一些推广人员对指导农民提高农药和化肥使用效率缺乏积极性，以致化肥、农药不合理施用情况一直在加剧。

5. 政府对环境保护的管制方式和效果不佳

在经济发展的不同阶段，政府的政策目标的轻重缓急和管理手段会发生相应的变化，对环境保护的重视程度也会变化。目前由于有关部门的重视力度不够，再加上执法难度大，使得农村成了环境保护的"死角"。首先，我省现在正处于经济发展时期，广大农村的基层领导和基层组织为加快发展农村经济，解决农民温饱奔小康问题，往往忽视环境保护和生态保护。其次，农村环境治理的范围广，牵涉的部门多，需要社会各界的配合，而按照现行的监管体系，有关职能部门各自为政，没有形成相互衔接的执法管理网络。再者，农村的环境保障体系仍比较薄弱，广阔的天地成了各类垃圾的天然排放场，"垃圾到处堆，蚊蝇满天飞"的场景在农村并不罕见。有关职能部门在监管或执法时往往力不从心，农村的环境保护难以落实。

6. 农业比较利益偏低导致农业环保支出严重不足

传统的城乡分治战略使城市和农村间存在着严重的不公平现象。具体到环保领域，主要指城乡地区在获取资源、利益与承担环保责任上严重不协调。长期以来，中国污染防治投资几乎全部投到工业和城市。城市环境污染向农村扩散，而农村从财政渠道却几乎得不到污染治理和环境管理能力建设资金，也难以申请到用于专项治理的排污费。由于农村土地等资源产权关系不明晰，致使农村的环境资源具有一定的"公共属性"，造成几乎没有有效的经济手段，对农业生产中社会收益大于私人收益的部分给予一定补偿，对社会成本大于私人成本的部分收取一定费用，实际上鼓励了农村居民采用掠夺式生产方式。2003 年后执行的新的排污费制度在集中使用上仍然没有考虑农村污染的治理。

由于环境保护尤其农村环境保护本身是一项公共事业，属于责任主体难以判别或责任主体太多、公益性很强、没有投资回报或投资回报率较小的领域，对社会资金缺乏吸引力，政府必须发挥主导投资作用。尽管国际上各种市场化的实践很活跃，但没有哪个国家的政府不发挥主导投资责任和作用。

另外，在实施农业和农村环境保护建设项目上，还存在着资金分散、重复建设和"自上而下"的决策等现象。例如，面源污染的治理资金分散到农业、水利、环保等部门，导致一个需要环环相扣才可能行之有效的治理方案变成各部门步调不一致的局部行动，自然效果不佳；由于采用"自上而下"的决策机制，在政治目标最大化的激励下，对于能增加政绩的公共服务，呈现出一种较高的供给热情。而人居环境基础设施这样没有进入地方官员政绩考核体系的公共服务，即便农民已经有了需求，也很难提到地方政府的操作层面上来。

7. 治理模式不适当

农村的环境污染，套用解决城市污染和规模以上工业企业污染的主要手段——末端治理——都存在技术、经济障碍。除了面源污染难以收集污染物外，其他类污染用末端治理常会出现既治不起，也治不净的情况：规模以上工业企业的污染治理由于其污染排放的集中性、污染物相对的单一性和企业经营相对的大规模等特点，末端治理方法在多数情况下是适用的甚至唯一的。而农村的生活污染、乡镇企业污染以及集约化畜禽养殖场污染，采用末端治理则会因为污染治理设施建设和运行的最小经济规模限制以及高折旧率限制而不可行。

8. 农业经营制度的制约

目前的农户家庭经营形式，由于小规模经营收益较低，对于农田生态系统维护既没有投入的积极性，也没有投入的能力。而土地产权的难以流动，致使规模经营迟迟难以发生。虽然部分农户加入了由龙头企业带动的产业化经营体系或专业合作组织，但由于利益机制不健全，这些新型的经营组织并不稳固，龙头企业或合作组织的领导者缺乏足够的号召力及相应的筹资机制，农业污染的防治仍然面临很大的问题。

四、加强农村能源与生态环境建设的建议

（一）农村生态环境建设制度化

1. 将农村生态环境建设纳入政府的相关规划中

各地、各部门要树立高度的历史责任感和紧迫感，把农村生态环境建设作为一项基本战略、作为新农村建设的一项重要内容，纳入地区的经济社会发展规划、环境保护规划和新农村建设规划，并切实加强领导，按照规划建设内容，采取有效措施，确保规划目标的实现。

能源建设与生态环境保护综合性强、周期长，对国民经济发展的影响极大，规划的内容亦多而广，为使各项措施顺利而有效地得到实施，领导作用十分重要。应将规划纳入国民经济和社会发展计划，并调动整个社会，特别是各部门和行业主管单位切实负责，在行业发展中加强生态环境保护。州、县、乡镇政府的领导作用尤为突出，也成立生态环境建设领导小组，做好组织协调、责任落实、检查督促、具体实施等工作。各有关部门和单位则要积极合作，以领导、监督生态环境建设各项目的有效开展和实施，同时负责协调解决建设中的重大问题。成立专家组，制订工作制度，搞好技术指导，强化财务管理，监督项目建设质量和进度。州政府要组织有关局、部门根据总体规划要求，编制落实本部门、本系统的生态环境保护规划和年度实施计划，并把任务指标落实到各基层单位，组织力量协作，分期分批指导基层单位把建设工作做好。各部门在规划的指导下，分解指标，明确任务，各司其职，协同运作，使全省形成强劲合力，搞好生态环境保护工作。

2. 建立健全生态一票否决和环境保护行政听证会制度

引进的重大项目和对环境有影响的项目先要进行环境影响评价，在评价的过程中，各级政府应继续完善、发展、创新项目建设，严格执行环保部门第一审批

权和一票否决权。

为了拓宽环保公众参与民主决策的渠道，规范行政许可活动，保护公民、法人和其他组织的合法环境权益，在进行审批的过程中，环保部门可以征求有关单位、专家和公众对环境影响评价草案的意见，举行公众听证会。在确定一个项目要举行听证会以后，环保部门都要在报纸和网站上发布公告，愿意参加听证的公众可以向环保部门报名。听证会上，参与者提出的各种意见将会形成笔录，成为环保部门的决策依据。如果项目不能达到环保要求，或者由于环境破坏带来的损失大于其经济效益时，环保部门有权否决该项目。

3. 建立信息公开制度

目前我省的环境信息公开制度还存在着很多问题，包括向公众公开的环境信息量少，信息公开手段偏少，缺乏科学的、系统的企业环境行为信息公开制度，以及环境形象还没有真正发挥作用。

各地要在地方政府、环保局等网站上公布环境信息，在当地办的报纸上定时发布环境信息，以及通过广播及时通告当地的环境状况，保障公民能多渠道地获取环境信息。环保部门定期公布的信息至少应该包括每年的环境质量公报、重大污染源的排污状况等，还可以包括每天的大气质量日报、河流水质月报以及噪声、土壤、放射性指数等环境要素信息，构成一个全面综合的环境信息系统。同时环保部门还可以通过开办热线电话等方式，接受对环境违法现象的举报，并使居民及时了解他们关心的信息。

要尽量使环境信息通俗化。不但要把各项数值公布于众，还要做到通俗易懂，比如用一些颜色条块或漫画等形象化的手段来帮助公众看懂信息，让老百姓知道如何理解这些数字，即什么样的污染程度会对生活造成什么样的影响以及为什么会造成影响。其次，环境信息公开还要做好相关配套工作，即在信息发布后要让政府、企业和民众知道该采取怎样的措施来应对严重的污染。

4. 建立目标责任制，理顺管理体制

环境保护建设涉及计划、国土、城建、市政、经贸、农业、林业、水利、环保等多个部门，政府必须加强指挥协调和决策，保证有关部门认识一致，主动配合，各负其责。按照"党委领导、政府负责、人大监督、环保部门统一监管、有关部门分工合作、企业治理、群众参与"的运行管理机制，建立和完善生态环境建设与保护责任制，把各级政府对本辖区生态环境质量负责、各有关部门对本行业和本系统生态环境建设与保护负责的责任制度落实到实处；把生态环境建设与保护纳入对各级政府和行业主管部门的政绩考核内容，实行严格的考核制度。

5. 完善落实绿色考核体系

探索新的干部政绩考核体系是对激励制度的根本改革。我国实施党政领导干部环保实绩考核制度已有十年时间，尽快制定党政领导干部环保绩效考核办法。

党政领导环保责任考核将考核的对象确定为县党政领导班子和党政正职、分管环保工作的副职。环境保护责任考核根据评分结果，将党政领导班子的环保工作分为优秀、合格和不合格三类。考核结果报省委组织部，纳入干部档案并作为组织部门考核和任用干部的重要依据。对于考核成绩优秀的进行表彰和奖励，对考核成绩不合格的进行通报批评；对于连续三年考核不合格的，地方党政负责人五年内不得提拔使用。同时，考核结果还通过新闻媒体向社会公布。

（二）加强环境监管体系建设

1. 法制建设

生态环境建设工作首先应搞好法制建设，除要认真学习和贯彻《中华人民共和国环境保护法》、《中华人民共和国土地管理法》、《中华人民共和国森林法》、《中华人民共和国水法》、《中华人民共和国水土保持法》、《中华人民共和国草原法》、《中华人民共和国野生动物保护法》、《中华人民共和国商标法》等外，还要针对云南省实际，制定适合本省的有关生态环境建设保护条例，切实做到有法可依、有法必依、执法必严、违法必究。只有坚持依法建设，才能使生态环境建设朝着健康的方向发展。同时，严格控制生态环境脆弱区、严重退化区的开垦以及毁林等活动，限制全省的人类经济活动，对脆弱区和退化区建立保护监督机制，依法治理一片、保护一片。

2. 完善和健全污染源档案库

以省环保局为核心，各监测站和企业环境保护部门积极配合，对全省的污染状况特别是企业污染状况进行全面调查统计，突出重点，动态跟踪，逐步建立和健全环境污染源档案，并在此基础上，建立以计算机和地理信息系统为平台的信息中心，使决策者和公众能够很方便地获取有关信息。

3. 加强政府和企业的环境监测能力

各环境监测站必须严格按照国家环境监测的标准，对本省大气、水体、土壤、生物、噪声、放射性等各种环境要素的质量状况进行常规监测，加强自动在线监测网络建设，及时了解跟踪主要污染物排放情况，并将监测的数据整理归档，定期向上级主管部门汇报环境质量状况和污染动态的技术报告。

加强重点污染源的监控能力建设，加强重点污染源在线监测系统建设，逐渐提高现有在线监测能力，严格控制和监督重点污染源的达标排放情况。尽量提高在线监测结果的公开范围，力争让全省人民可以任意查看主要污染源的在线监测数据。

各企业都必须设立环境安全部门或指定专人负责企业环境保护和污染治理工作，投入资金与人力，配备相应的环境监测设备，对监测和管理人员进行培训，学习研究环境监测的新技术、新方法。

各级政府、各有关部门在制定经济发展规划时，要把生态环境建设作为重要内容统筹考虑，在经济开发和项目建设时，要严格执行有关生态环境方面的法律法规，项目设计要充分考虑对周围水体、土地、大气等环境因素的影响，并提出相应的评估报告，安排相应的环境建设内容。工程验收时，要同时检查保护生态环境措施的落实情况。

4. 强化法制宣传和政府执法能力

在建设社会主义和谐新农村中，保护和治理生态环境要加强法制宣传教育，这是促进农村生态环境改善的重要保障，是推进农村改革的客观要求，是加强社会主义新农村精神文明建设的有力举措，是强化社会主义新农村法制建设的基础性工作，对于增强农民和乡镇企业的法律意识，对于构建农村良好的法制环境，对于促进新农村的和谐稳定有着重要作用。我们必须深刻认识法制宣传教育在社会主义和谐新农村建设过程中的重要意义，不断探索，深入扎实地做好法制宣传教育工作，为建设社会主义和谐新农村提供有力的法制保障。农村的环境保护工作是一项十分复杂的系统工作，涉及农村的方方面面，做好这项工作，我们必须充分利用宣传、教育阵地、应用广播、电视、报纸、杂志、学校、文艺、广告牌等一切可以利用的形式，大力宣传农村环境与资源保护的方针、政策和法规。不仅要在农村基层干部中宣传，而且还要强化广大群众生态和环保意识。同时，还要加大农村中小学生的文化素质教育和环保教育，加深学生的环境意识。通过宣传教育，使每个人都能自觉地从自己做起，从小事做起，提倡文明生活方式，逐步营造一种以节约资源、减少污染为荣，浪费资源、污染环境为耻的社会氛围，为防治农村环境污染奠定坚实广泛的群众基础。

政府对环境行政执法部门要予以一定的资金投入，配备相应的执法设备和工具，对执法人员进行专业培训，提高其执法水平。在环境执法体系中应用科技化的管理体制，保证执法的客观准确。将环境监督执法的各项费用纳入财政预算，严格实行"收支两条线"，避免在环境执法中出现滥用职权的现象，并建立执法部门内部监督制约机制，对执法工作予以有效地监管，防止出现执法不当和滥用执法权现象。坚决制止在金沙江、澜沧江流域人为造成水土流失和乱占耕地、乱砍滥伐、毁坏植被等不合理的经济活动。要尽快研究、建立生态效益补偿制度，坚持资源有价、环境有价，谁使用、谁补偿、谁破坏、谁赔偿的原则，按照市场经济规律，治理和改善生态环境。

（三）拓宽生态环境建设的融资渠道

项目的规划和实施，必须要有足够的资金投入方能实现，是实施规划的重要保障。一些项目款项应尽力安排到位，如在投资上存在困难，可通过群众投劳解决。要制订和完善生态环境建设的优惠政策，鼓励集体、外商、民营企业和农民以多种经营方式投资经营，积极推行户包、联包、租赁、股份制等多种形式综合治理小流域，保护和开发利用水土资源等；多渠道加大生态保护的资金投入，农村生态建设以农户自筹为主，国家投入为辅的原则，不断增加用于生态农业建设的财政投入，并列入年初资金预算；同时建议从林木、矿产、水电销售中全面征收生态保护补偿费，全部用于生态农业建设；各级金融机构、各部门、各单位加大扶持力度，并动员全社会的广大群众投工、投劳和投资。同时，在农业综合开发、农田水利建设中，从开发资金、国债资金等项目中切块安排用于生态农业等保护项目建设。资金要重点做好对三大效益的保障，发挥各方优势，调节行业收支，以工业补生态、以旅游补生态。

为了确保规划的顺利实施，保障资金按期到位，可以采用以下融资手段筹措资金：

1. 多渠道筹措资金，建立稳定的投入保障机制

坚持国家、地方、集体、个人一起上的思路，多渠道、多层次、多方位筹集建设资金。对国家纳入计划重点支持的大型工程项目，地方要积极按比例安排配套资金，确保工程顺利进行；地方性的建设项目，由地方负责投资；小型建设项目主要依靠广大群众劳务投入。

要按照"谁投资，谁经营，谁受益"的原则，广泛吸引和鼓励社会上各类投资主体，积极向生态环境建设投资。要逐步建立林业、牧区育草、改善生存条件等生态公益基金，并切实用于生态环境建设上。要扩大改革开放，积极争取利用外资，开展国际合作。同时，选择一批生态、社会、经济效益俱佳的工程项目上市，募集社会资金。

各地、各有关部门要按照事权划分，对生态环境建设的投入作出长期安排。各级财政部门要将生态环境建设资金列入预算，与基本建设投资、财政支农资金、农业综合开发资金、扶贫资金等统筹安排，并逐年有所增长。金融部门要增加用生态环境建设的贷款，并适当延长贷款偿还年限。要完善劳动积累工制度，利用剩余劳动力和农闲时间组织群众开展生态环境建设。

2. 生态补偿政策

可以借鉴发达国家在引导和协调区域发展中的成功经验，通过制定区域协调发展的法律法规，建立协调发展基金、财政转移支付和税收杠杆等手段，引导基础设施建设和区域开发，鼓励对生态环境、自然和人文资源的保护。

对矿山开发已实施生态恢复补偿政策，对实行城镇生活污水和垃圾处理逐步收费政策。积极探索建立农村生态补偿机制，按照"谁开发谁保护、谁破坏谁恢复、谁受益谁补偿"的原则，研究农村区域间的生态补偿方式。要尽快研究、建立生态效益补偿制度，坚持资源有价、环境有价，谁使用、谁补偿，谁破坏、谁赔偿的原则，按照市场经济规律，治理和改善生态环境。

3. 召开融资洽谈会

召开能源、生态产业企业与金融企业之间的银企融资洽谈会，创造金融界与

企业界面对面洽谈合作的机会。其目的是为企业向银行推介好的项目、为银行向企业推介金融产品提供平台，通过"政府搭台、企业唱戏"，进一步加强企业与银行间的联系，扩大省内投资，促进经济正常、健康、稳定发展，实现政府、银行、企业多赢。

4. 扩大直接融资比重

支持环保产业领域中小型科技企业在二板市场或境外股市上融资。中小企业板块可以为中小企业提供直接的融资平台，而且带动中小企业服务支持体系的建设。还要积极推动针对环保产业领域中小企业创新基金、信用担保、银行信贷、创业投资、政策性贷款等多层次融资体系的建立。

5. 深化引进外资政策改革

鼓励在环境基础设施建设和运营过程中利用 BOT、BOO、TOT 等融资形式和其他特许权经营形式吸引投资；降低业主利用外资建设环保项目的自有资本金比例；允许效益高、资信好的企业借用部分银行贷款作为引进外资的配套资金；对投资于先进环保设备制造、技术开发、环保信息服务、重大生态环境工程的外商予以减免税优惠；鼓励外商应用股权投资形式参与环保企业所有权或股权的转让和并购等。

（四）加强宣传教育，群策群力，持续有效建设

环境保护规划建设周期长、项目多，尤其是其中的水土流失、造林种树、生态农业、生态旅游等项目更是一项系统而复杂的工程。在一些产业的带动下，全省农村经济正在持续不断地增长，经济发展和生态环境保护与建设之间存在不可避免的矛盾，给生态环境的保护与建设增添不少难度。因此，对于生态环境保护与建设这一系统工程，不光政府部门要真抓实干，还离不开广大农民群众的支持。为此，应加强生态环境保护与建设的广泛宣传，包括法制教育、技术推广更新以及生态建设必要性、有效性等，组织农民参加生态基础知识的学习、生态建设的实验、示范与推广，使广大农民提高认识，积极参与，既培养人才，又可使生态环境保护与建设走向广大群众支持和自觉参与的行动中来，以保护生态环境建设的系统性、长期性和有效性，促进生态建设的良性发展。

1. 环境教育

强化领导干部环境教育。提高领导干部对生态环境保护意义和作用的认识是最关键的一环。要把提高领导干部认识和思想作为宣传教育的重点，提高各级领导干部的环境意识和环境与发展综合决策能力。通过各种方式，使领导干部特别是主要领导充分认识到生态环境保护的重要意义，各级领导干部必须把环境保护意识贯穿于领导决策的全过程，在制定经济和社会发展决策时，充分应用自然科学、人文社会科学的综合知识和条件，准确估量其对环境可能产生的影响，合理、有效地保护环境，确保可持续发展战略的顺利实施。

将普及各级领导干部的环境科学知识、法律知识、实施可持续发展战略、提高环境与发展综合决策能力的内容，纳入省干部培训计划。每年组织环保、林业、水利、国土资源、农业、发改委等部门的领导参加各种有关生态环境保护的培训班、研讨会和实地考察，以增强各级领导干部的环境意识，提高综合决策能力。

搞好学校环境教育。围绕提高学生环境意识和增强学生保护环境责任感的目标，根据各类学校不同特点，抓好课堂教育和社会实践活动，使环境教育成为素质教育的一部分。并在全省深入地开展创建"绿色学校"活动。"绿色学校"的主要标志为，学生切实掌握各科教材中有关环境保护的内容，师生有较高的环境意识，积极参与面向社会的环境监督和宣传教育活动，校园清洁优美。

抓好企事业干部、职工环境教育。环保部门会同企业主管部门，举办切合实际的讲座和学习班，对企业干部职工进行环保法律法规、清洁生产、ISO14000系列环境管理体系、污染物总量控制等方面的培训，提高其环境意识、可持续发展观念和治污的自觉性。

2. 环境宣传

在环保宣教方面要做好引导、指导及有关组织协调工作，认真探索新形势下环境宣传市场化的机制和途径。要树立创新意识，努力探索促进环保宣教工作发展的新思路、新途径、新方法，通过宣传教育市场运作，搭建企业和社会各界参与宣传教育的平台，吸引企业和公众对环保的关注，扩大环保的影响面。

要继续推广青年志愿者的活动热情，不仅在固定的节日而且将环保活动推广到日常生活中，可以根据实际情况开展宣传绿色生产、绿色生活和绿色消费方式的活动，可以组织环保专场文艺演出，开展环保讲座，举办环保科普知识竞赛等活动，扩大教育范围。

环保局在协助团委组织各项宣教活动的同时，可以与建设局和教育局联系，可以通过设立绿色社区，创造全省环境保护生活的典范，将环保教育深入居民生活之中，改变过去单一的教育和管制形式，把环保活动从政府部门延伸到社区、学校和家庭，建立立体的全社会环保宣教体系。

加大新闻媒体对环境宣传和舆论监督力度，充分发挥报刊、电视、广播等新闻媒体的舆论导向和监督作用。各新闻媒体应把环境保护作为宣传报道的重要内容，广泛宣传党和国家的环保方针政策、法律法规，普及环保知识，及时报道和表彰保护环境的先进典型，公开揭露和批评破坏环境的违法行为。

提高和增强全体公众参与、监督规划实施的意识和积极性。要定期在新闻媒体上发布环保规划及其相关工程的进展信息，保障公众的知情权，接受社会公众的监督，对于规划实施不力的可以采取有奖举报制度，建立舆论监督和公众监督机制。开展环境普法教育和环境警示教育，增强公众环境法制观念和维权意识。

环境宣传教育要向农村扩展，逐步提高农民的环境意识。在全省范围内普遍开展"环保下乡"活动，将环保下乡与扶贫结合起来，做好"环保标语上墙"工作，逐步推动面向农民的环境教育。制作农民环境教育读本，教育农民爱护和保护生态环境，保护国家稀有濒危动植物，开展环境明理和环境危害教育，教育农民合理使用化肥和农药，鼓励推广生态农业和有机农业，扩大有机食品、绿色食品和无公害食品的种植。

加强环境保护宣传教育的理论研究。要将循环经济、生态文明的发展思想作为环境宣传教育的重要内容，积极开展如何将企业文化与环境文化相融合的专题研究。要注意总结少数民族中的环境文化，树立"生态立省"观念，加以发掘和整理，更好地发挥其教育和示范作用。

充分利用"六五"世界环境日、地球日等重要环保纪念日，结合每年的宣传主题举办各类大型宣传活动，对公众进行社会化宣传教育，动员公众参与活动，在活动中受到教育。逐步树立起生态道德，把建设生态文明变成广大群众的自觉行为。

（五）科技应用更新及推广

环境规划建设系统性强，所涉及的项目范围广，农、工、商、林、土、草、水利等行业均有涉及。为使项目建设充分、有效地实施，必须组织技术人员进行相关专业的学习，充分利用吸收国内外先进成果经验，聘请各行各业的有关专家学者进行指导，在工程中必须严格实行监理制度，对工程的实施进行技术监督与工程监理。组织从业人员进行国家、行业规范规程的学习和应用，各单位工程必须按规范规程施工。不断增加生态建设的科技投入，充分利用现有的科研和推广机构，建立生态保护与建设指标评价体系，搞好生态环境信息系统和有关预报工作；鼓励科技人员到生态建设第一线承包、创业，加速科技成果的推广应用；不断引进、研究和开发新技术、新成果，培养生态农业等科技示范户、示范村，组织农户参观学习，聘请专家传授生态农业模式与技术等专业技能；同时，不断扩大农民和科技人员的培训力度，普及生态保护与建设的科技知识，提高全民的生态意识。

科学技术进步可以提供生产力，减低单位产值的污染物产生量和资源利用效率，从而有利于环境保护的建设。从地区、城镇资源环境条件出发，因地制宜，合理确定云南省的行业标准、技术标准、环境标准和城镇规划建设标准（还应根据环境保护建设指标的目标具体考虑）。引进推广先进适宜的技术，通过新技术、新工艺，促进生态环境保护、资源综合利用与废弃物资源化，从而实现清洁生产。与国内外科研机构、大专院校开展环境科技合作与交流，针对我省的环境特点开展研究，提高环境科技水平。

（六）激励措施

环境保护规划与建设是一项利国利民的大事，持久而深入的开展，对地区经济发展、社会及自然环境的改善都有非常巨大的利益，为使规划中的项目得以顺利开展和有效实施，且实施后能得以保护、保持以及农、林等周期长的项目能持续开展，政府的激励措施十分重要。对涉及农民切身利益的项目，政府可采取承包制，贯彻"谁治理、谁管护、谁受益"，同时可在受用年限、减免税收方面采取一定的优惠政策。对公益性强的项目，政府可制定相关政策，由政府各部门、各镇等分片管理，年终作为干部考核的一项指标。通过上述政策措施，以激励广大群众积极参与到生态环境建设的热潮中去。

（七）引入市场机制，建立生态环保公司

生态环境建设是一项庞大的系统工程，应引入市场竞争机制，放开环境资源经营权，改革投融资体制，创新生态建设机制，具体办法是：（1）建立专业化的生态环境保护公司从事生态环境保护和治理工作。这主要以国家投资为主体，鼓励私营部门参股投资，工作重点是大型生态环境工程。（2）以小流域为单位或县乡为单位成立环保公司，吸纳农村剩余劳动力组建专业队伍，从事水源地、沙地、草地的保护和治理工作。（3）加强污水处理工程建设。每个企业内部建立一个污水净化车间可能成本太高，理想的解决办法是集中建立污水净化企业，生产企业排放的污水先流经污水净化处理厂方可排向公共环境。按照"谁污染、谁付费；谁使用、谁补偿"的原则，要实行环境与发展同步，避免重蹈东部地区"先发展后治理"的覆辙。

（执笔：许玉贵、普雁翔、王凤辉、沈子寅）

专题九 云南省农村剩余劳动力转移

　　农村剩余劳动力转移，既是经济发展理论的一个核心主题，又是云南当前急需大力推进的一个重大课题。美国经济学家刘易斯（Lewis，W. A，1954）在其著名的《无限劳动供给下的经济发展》一文中，通过理论模型论证了农村剩余劳动力转移是具有二元经济结构的发展中国家实现现代经济增长的基本途径。他指出，发展中国家一般存在着以农业部门为代表的传统部门和以现代工商业为代表的现代部门构成的二元经济结构。由于劳动者的收入水平是由他们的边际收益率决定的，在传统部门存在大量剩余劳动力的情况下，农民收入只可能保持在极低的水平上。而现代部门的劳动生产率和职工工资收入大大高于传统部门。将传统部门的剩余劳动力转移到现代工业部门，一方面会提高这部分转移劳动者的收入水平和生活水平；另一方面会增加现代部门的产出和积累。随着积累的增加，现代部门就有能力吸收更多的农村劳动力。由这种互动关系形成的良性循环，会促使整个经济加速实现工业化和城市化，过渡到刘易斯所言及的"现代经济增长"。理论和实践都表明，农村剩余劳动力转移是提高全社会生产率，实现工业化、城市化和农业现代化的重要前提。

　　经过三十年的改革开放，中国取得了举世瞩目的经济发展成就，但也有一些亟待解决的问题，其中最迫切也是最具有挑战性的是农民贫困、农业停滞和农村偏枯的"三农"问题。十余年来，党中央和国务院为解决"三农"问题先后采取了增加农业投入，大幅度提高粮棉合同收购价，推进农业和农村经济结构调整，稳定土地承包合同，进行农村税费改革，推进城镇化建设，建设社会主义新农村等措施。这些措施对于促进农业发展，缓解农民经济困难和改善农村生产生活条件起到了一定的作用，但不容忽视的是"三农"问题在很多地区并没有得到根本性的解决。原因是我国农村人口和农村剩余劳动力过多，人均占有资源量少，土地资源的数量过少，因而土地报酬递减的趋势十分明显，生产率提高缓慢而成本却迅速增高。如果继续保持这种基本态势不改变，不转移农村剩余劳动力，其他措施都很难收到提高农业生产效率和增加农民收入的显著成效。2003年，在党的十六届三中全会《中共中央关于完善社会主义市场经济体制若干问题的决定》中，明确指出"改善农村富余劳动力转移就业的环境，农村富余劳动力在城乡之间双向流动就业，是增加农民收入和推进城镇化的重要途径。建立健全农村劳动力的培训机制，推进乡镇企业改革，大力发展县域经济，积极拓展农村就业空间，取消对农民进城就业的限制性规定，为农民创造更多的就业机会。逐步统一城乡劳动力市场，加强引导和管理，形成城乡劳动者平等就业的制度。深化户籍制度改革，完善流动人口管理，引导农村富余劳动力平稳有序转移。加快城镇化进程，在城市，有稳定职业和住所的农业人口，可按当地规定在就业地或居住地登记户籍，并依法享有当地居民应有的权利，承担应尽的义务。"党的十七大为农村富余劳动力转移就业工作也提出了新要求，提出要"以促进农民增收为核心，发展乡镇企业，壮大县域经济，多渠道转移农民就业"，同时也指明了工作方向，指出要着力丰富进城务工人员的精神文化生活；要坚持教育公益性质，保障进城务工人员子女平等接受义务教育；要"健全面向全体劳动者的职业教育培训制度，加强农村富余劳动力转移就业培训……规范和协调劳动力关系，完善和落实国家对农民工的政策，依法维护劳动者权益"。为深入贯彻落实中央精神，全面推进云南社会主义新农村建设和构建富裕民主开放文明和谐云南，中共云南省委八届四次会议提出"发展壮大农村劳务经济，使农民输出有组织，求职有服务，就业有技能，权益有保障，千方百计为农民开辟增收渠道"的农村剩余劳动力转移工作总体要求，2007 年云南省十届人大五次会议《政府工作报告》对全省农村富余劳动力的培训、转移就业工作，给予了高度重视，提出了具体要求。报告提出"要加大农村劳动力技能培训力度，培训农村劳动力 100 万人，新增转移 50 万人"。全省上下齐心协力，增加投入，扎实工作，创新机制，推进农村剩余劳动力转移就业步伐，全省农村劳务经济呈现出又好又快发展的势头。

一、转移农村剩余劳动力是社会主义新农村建设的重要工作

（一）转移农村剩余劳动力是"发展生产"的客观要求

我国的农业发展与其他国家相比存在很大差距：从农业劳动生产率看，我国每个农村劳动力仅负担耕地 0.32 公顷，年生产粮食只能供养 3~4 人，发达国家每个农村劳动力负担耕地可达 100~200 公顷，年生产粮食可供养 80~90 人；从农业机械化水平看，现在各发达国家在农业生产上，从播种、中耕、施肥、灌排、治虫、收获到加工等各个环节配套完善，全部实现机械化，我国农民至今仍是零星分散，单家独户的小型经营，土地零星分散造成不能使用系列化农业机械，也难以推广高新技术，难以抗御自然灾害，农业产品的商品率和农业劳动生产率都很低。而且目前云南的农业正处在传统生产方式向现代生产方式转变的关键时期，在这一时期，既面临工业化、城市化进程加快对农业产品提出的巨大的需求，同时，云南资源环境对农业发展又提出了双重约束，在这种条件下，如何满足社会对农业的需要，显然利用现有的生产方式是不行的，只有加快农业生产手段、生产方式、经营理念的现代化，才能突破资源环境的瓶颈，满足工业化和城市化对农业发展提出的需要。

改造传统农业，实现农业现代化首先需要将广大沉淀在农村的剩余劳动力转

向城镇、转向非农产业。传统农业不仅对低素质劳动力有超强的吸纳能力，通过在单位耕地面积上增加劳动投入来增加农业产出，而且传统农业也会由于大量劳动力与有限土地的紧密结合而产生对现代农业技术的强烈抵触和排斥，使农业转变更加困难。根据 2007 年年末人口变动情况抽样调查推算，全省农村人口3087.4 万人，占全省人口总数 4514 万人的 68.4%，农村劳动适龄人口 2031.5 万人，占农村人口的 65.8%，2006 年，农村从业人员占全省就业人员总数的82.8%。很难设想这么多人挤在农村将如何实现农业的现代化。所以，只有不断加快农村劳动力的转移，不断提高农村劳动力的非农就业比例，才能不断提高农村劳动力生产率和农业生产水平，不断提高农村经济的综合实力和农村现代化水平；如果农村剩余劳动力不能顺利转移，过大的人口压力必然阻碍着现代农业生产要素对传统农业生产要素的替代，制约着农业现代化的进程。因此，只有农村剩余劳动力得以充分转移，也才能有真正的农业和农村现代化。此外，经济理论和国际经验也已表明，农村剩余劳动力将随经济发展逐步向非农产业转移，只有非传统农业经济部门逐步吸收完这些剩余劳动力，整个国民经济才能最后过渡到现代经济增长模式。所以，农村劳动力大量向外转移，是一个历史趋势，也是一个历史潮流。据云南省农村劳动力转移及劳务输出工作领导小组办公室测算，2007 年，全省农村剩余劳动力为 790 万人，虽然，截至 2007 年 9 月，云南全省共向外转移农村劳动力就业 626 万人，但当前农村劳动力向外转移规模相比沉淀在农村中的广大剩余劳动力和社会经济发展对劳动力转移的要求还有一定的差距。因此，今后在推进农业现代化建设的同时，尤其要加快农村劳动力的向外转移步伐。

（二）转移农村剩余劳动力是实现农民"生活宽裕"的重要途径

建设社会主义新农村的关键在于解决农民的增收问题，从而实现农民"生活宽裕"的目标。当前云南大量人口滞留在农村，就业空间非常有限，人地矛盾恶化，大量的农民处于失业或半失业的状态，导致农业生产的规模经营难以实现，农民收入偏低。同时，农村人口比重偏高，造成大量人口享受不到更好的教育、医疗卫生条件、方便的交通和广泛的信息等现代文明的成果。因此，要想农民增收，就必须积极开拓农民增收新渠道，并形成农民增收的长效机制。一方面，进一步挖掘农业内部增收潜力，继续推进农业结构调整，不断提高农产品附加值，帮助农民增加来自农业内部的收入；另一方面，广辟农村剩余劳动力就近转移就业的途径和拓展其进城务工经商的渠道，着力促进农村剩余劳动力转移就业。据云南省农村劳动力转移及劳务输出工作领导小组办公室测算，2006 年，全省农民外出劳务创收 142 亿元，农民人均工资性收入 442 元，占人均纯收入的19.6%；2007 年上半年，农民外出劳务创收 99 亿元，预计农民人均纯收入可达2600 元，是增长最快，增幅最大的一年，农民人均工资性收入可望首次净增 100

多元，农民工资性收入增幅第一次突破百元大关，农村劳动力转移就业对农民增收的贡献率达30%。其中曲靖市马龙县农民人均工资性收入增收164元，昭通市农村劳动力转移就业人员的年人均工资收入由过去的2000元左右增加到近万元，农民人均工资性收入占农民年人均纯收入的比重达到40%，超过全国2006年平均水平两个百分点。

（三）转移农村剩余劳动力是新农村"乡风文明"的重要保障

"乡风文明"是建设社会主义新农村的灵魂，是社会主义精神文明赋予新农村建设的全新内涵。深入开展农村劳动力转移培训本身对普及农民科学文化知识，传播科学思想有着重要作用，并有利于农村劳动力应用法律手段维护自身合法权益的主动性和自觉性。通过开展法律法规、社会公德、务工常识、权益维护等引导性培训，农民的道德观念有所提升，歪风恶习有所遏制，农村劳动力的素质有了较大提高；农民进城务工后，通过企业文化、外界环境感染，接受现代科技和文化的熏陶，在行为、观念和思维方式等方面逐步被现代城市文明所洗礼，并慢慢发生着改变，逐步融入现代城市生活，养成新的生活习惯，个人素质在实践中也不断提高。转移农村剩余劳动力不仅带回了打工的收入，提供了大量的物质基础，推动了农村社会经济的发展，而且带回了先进的思想观念和文化理念，文明的生活方式和生活习惯，使个体综合素质和文明程度得到了极大提高，由家庭和睦到邻里友好，由邻里友好到村社和谐，这为构建社会主义新农村奠定了良好的基础。昭通市农村人力资源开发促进会和农村人力资源开发办公室经过深入调研发现，昭通市凡有劳动力转移外出务工的家庭和人员相对出去较多的村社，脏乱差、打架斗殴、偷盗赌博等都已销声匿迹。昭通市鲁甸县茨院回族乡，以前大批富余劳动力滞留农村，因无业所派生出的各种社会矛盾突出，社会治安案件频发。近几年来大力培育劳务经济，就近就地转移和向外输出转移剩余劳动力，2006年共转移输出劳动力4296人，占全乡劳动力9213人的近一半，实现劳务工资性收入2449万元。收入增加了，脏乱差现象明显好转，社会治安也发生了可喜变化，民族之间、村民之间和睦友好，团结互助，全乡连续两年实现治安"七无"，被云南省委授予"民族团结进步先进集体"。目前全省转移农村剩余劳动力工作做得比较好的地方，不仅为城镇经济的发展注入了活力，同时还有效地抑制了打架斗殴、聚众赌博、吸食毒品等社会不良现象，缓解了人地矛盾，促进了乡风文明，维护了农村社会稳定。

（四）转移农村剩余劳动力也是实现"村容整洁"的重要措施

"村容整洁"是建设社会主义新农村的前提条件和重要内容，农民工作为一个源源不断的新群体，一部分将随着社会的发展和改革的深入，实现农民到市民的转变，缓解社会主义新农村建设的资源压力；另一部分将回到农村参与社会主义新农村的建设。无论是留在城市的农民工还是回到农村的农民工，他们都将为建设社会主义新农村带来城市整洁的理念、改变村庄面貌的资金和技术，进行村容村貌的综合整治，实现和谐相处。昭通市农村人力资源开发促进会和农村人力资源开发办公室通过对全市 17 个新农村建设示范点调查，转移农村剩余劳动力外出务工收入在新农村建设中的贡献率达 60% 以上。昭通市彝良县小草坝乡金竹村付家湾社共有 64 户 273 人，劳动力 162 人。退耕还林 294 亩土地后，转移剩余劳动力外出务工，64 户都有人在外务工，2006 年人数达 120 人，务工纯收入人均 1800 元以上。通过多人多年外出务工，积累了资金，64 户全部修建了水泥平房，修房资金 70% 以上源于务工。列为新农村示范点后，政府投入资金 20 万元，群众投工投劳及筹资 35 万元，用于道路硬化和房屋亮化等基础设施建设。今天，一走进付家湾社，一条条干净的户间硬化路，一排排绿化树，一幢幢白色的水泥平房，一个个规范干净的院子让人目不暇接。玉溪市峨山塔甸七溪村委会位于峨山县西南面，是峨山县典型的山区村委会。几年来，为摆脱困境，村"两委"班子认真分析村情，采取就近就地转移为主，向县外输出为辅的原则，大力发展劳务经济。2006 年，全村总人口 1576 人，劳动力有 921 人，向非农产业转移 323 人，实现劳务收入 230 万元，占全村经济总收入的 70%，劳务经济成为七溪村委会经济社会发展的主要途径。村民有了钱，有的盖起了小楼房，有的主动建盖"四位一体"沼气，有的整治房前屋后环境、道路，农民的生产生活条件有了较大改善，村容村貌也有极大的改观，有力地促进了山区新农村建设。

（五）转移农村剩余劳动力是实现新农村"管理民主"的有效途径

"管理民主"是建设社会主义新农村的有力保障，农民工进入城市后，城市体验，特别是城市高度发达的报纸、广播、电视、杂志、书籍等大众传媒，极大地提升了农民的现代性，促使农民广泛参与社会事务，拓展了参与社会管理的空间和深度，积累了农村民主管理的社会资本。进入工厂后，工作和生活在与农业生产组织形式迥然不同的现代组织中，学习和接受工厂交给的种种技术操作规程，遵守和适应工厂的各项制度，内心深处有意无意地积淀和形成的规则意识、协作意识和法律意识等现代意识，成为新农村建设中"管理民主"的行动先导。在回乡创业的农村劳动力中，至少经历了一次劳动力市场的挑选。市场经济天生孕育的自由、平等、竞争和法治等民主意识，催生了他们开放、效率、民主的理念，构筑了新农村民主管理的思想基础。

（六）转移农村剩余劳动力是培养现代新型农民的基本措施之一

提高农民的综合素质，是建设社会主义新农村的重要保证。推进社会主义新农村建设，必须把提高农民素质、造就新一代农民作为重要的内容。因为建设社会主义新农村总目标"生产发展，生活宽裕，乡风文明，村容整洁，管理民主"中的任何一项的实现都离不开新农村建设的主体——农民，都必须依靠现代化的新型农民来建设。因此，在建设新农村的过程中，不但要重视抓好硬件建设，做好"通路"、"通电"、"通水"、"通气"、"通邮"等工作，而且要更加重视抓好精神文明建设，培养造就新型农民。云南农村人口数量众多，潜在人力资源丰富，而且每年还以递增的速度增长。到 2006 年底，云南农村就业人员 2072.6 万人，但是第一产业增加值为 751.15 亿元，仅占全省生产总值（GDP）4001.87 亿元的 18.8%，其重要原因就在于劳动力素质低下，全省文盲半文盲中 80% 以上为农村人口，农业劳动技能低，科技意识差，思想观念狭隘落后，安于现状，缺乏开拓、创新、积极进取的意识，市场经济观念非常淡薄，经营管理素质较差，适应和参与市场竞争的能力弱，这一切都严重制约着农村经济的发展。农村劳动力通过在转移过程中的工作和学习，适应现代化大生产环境，学习先进的管理经验，掌握新专业知识和技能，开阔了视野，培养了新的意识和观念，如市场意识、竞争意识、价值观念、法律观念等，进而全面促进农村劳动力素质的提高，成为真正的新农村建设的主力军。农村劳动力转移的过程，也是培养"有文化、懂技术、会经营"的新型农民的过程。昭通市水富县太平乡太平村农民徐小明，针对当地蔬菜供应紧缺的市场需求，把在外务工积累的资金、学到的技术带回家乡，承包 1216 亩土地种植大棚、地膜蔬菜，年纯收入 30 余万元，还带动了周边的几十家农户搞集约经营。这样回乡创业的新型农民在各地都不胜枚举。

二、云南农村剩余劳动力转移的现状分析

（一）农村剩余劳动力的界定

对于农村剩余劳动力的界定，经济学中意见并不一致，刘易斯最早用边际产出为零来界定剩余劳动力，后遭到了经济学的广泛批评和责难。虽然刘易斯随后对零值边际产出作了解释和修订，但仍遭到质疑。后来，拉尼斯和费景汉对刘易斯模式作了进一步发展和修订，把边际产出大于零小于不变制度工资的劳动力也归入到需转移到现代部门的农村剩余劳动力的范畴，但仍未克服刘易斯模式的缺陷。目前，经济学中一般把农村剩余劳动力只做原则性的界定，表述各异，但核心内容可归纳为沉淀在农村和农业生产上的劳动者超出了某一限度而形成的多余部分。界定农村剩余劳动力是否存在的主要标准有两条：一是在既定的生产经营水平下，经营现有土地资源所需的劳动力是否少于劳动存量；二是在现有生产经营水平下，是否存在超过生产出目前市场正常需求农产品的劳动力。因此对于农村剩余劳动力的测算方法，我国的不少专家学者也有不同的看法和估算方法。[1]

（二）云南农村剩余劳动力规模和结构分析

《云南省 2006 年国民经济和社会发展统计公报》显示，2006 年年末，云南省总人口为 4483 万人，其中，乡村人口 3115.7 万人，占人口总数的 69.5%，比 2003 年全国 60% 的平均水平高出近 10 个百分点；全省就业人员 2503 万人，比

---

〔1〕　赵萍.云南农业剩余劳动力转移的实证研究.云南财经大学学报，2006 年 10 月，第 22 卷第 5 期，第 74 页。

上年末增加41.7万人，其中，农村就业人员2072.6万人，增加21.7万人，全省农村就业人员占全省就业人员总数的82.8%。而据2007年人口变动情况抽样调查推算，2007年年末，全省人口为4514万人，其中，农村人口3087.4万人，占全省总人口数的68.4%，虽比2006年下降1个百分点，但农村人口比重仍远高于全国平均水平。2007年，农村劳动适龄人口（男16~64岁，女16~64岁，下同）为2031.5万人，占农村人口的65.8%，农村劳动力资源比较丰富。而且与国内其他地区比较，云南集"边疆、贫困、民族、山区"四位于一体，特殊的省情决定了我们在农村剩余劳动力转移问题上面临着巨大的压力。

在云南农村劳动适龄人口中，20~39岁年龄段的比例最高，占全省农村劳动力总数的55%。表明年轻劳动力仍然占主要部分，16~20岁的数量也高于50~64岁的数量，云南全省人力资源总体呈年轻化，并且在今后的一段时间也能保持上升趋势，属于潜力型人力资源结构。在农村劳动适龄人口中，虽然目前仍然是男性多于女性，但女性增长的速度快于男性。全省农村人力资源性别比为106.3∶100，男性人力资源数比女性多，这部分人口中，男性青年大多外出务工经商，而女性到了婚育年龄，外出的多数返回原籍结婚生育，性别比明显下降。

有学者利用生产函数先测算出云南省农村剩余劳动力析出的速度，从而测算出云南农村剩余劳动力的数量（赵萍，2006）[1] 显示：云南省平均每年有4.38%的农村劳动力剩余。按这个速度计算，可以测算出云南省从1981年到2002年各年间农村剩余劳动力数额，如果剔除已转移到第二、三产业的农村劳动力，从1981年到2002年的20多年中，云南省农村剩余劳动力的数额为894.10万人（根据云南省农调队2003年的初步统计，云南省约有750万农村剩余劳动力）。如果加上每年已转移到第二、三产业的农村劳动力人数，那么，云南省农村剩余劳动力的数额将会更大。据有关资料显示，截至2005年6月，全省已累计转移农村劳动力471万人，仍有约423万人滞留在农村。[2] 而据云南省农村劳动力转移及劳务输出工作领导小组办公室测算，2007年，全省农村剩余劳动力为790万人，预计2007年全省转移农村劳动力就业将达635万人，但仍有农村剩余劳动力155万余人滞留于农村，急需转移。

（三）云南农村剩余劳动力转移的历史进程

我国农村大量剩余劳动力的出现有其深刻的历史原因。新中国成立初期，农民进入城市的限制较少。但在此期间仅有为数不多的农民流入城市。大跃进期间，中国人为地加速城市化进程，城市人口猛增，从1957年的15.4%上涨到1969年的19.7%，远远超出了当时城市的承载能力。于是政府只有用行政手段

---

〔1〕 赵萍. 云南农业剩余劳动力转移的实证研究. 云南财经大学学报，2006年10月，第22卷第5期，第77页。

〔2〕 同上文，第77页。

严格控制农民进城。随后城乡分割以及城乡之间的各种差别政策也逐渐形成。二元社会经济结构导致农民的比重过大，人力资源浪费，隐蔽性失业现象严重。改革开放以后，农村普遍推行联产承包责任制，人力资源的作用得到充分发挥，农业生产效率获得大发展，但人多地少的矛盾亦进一步突现出来。而且生产力水平愈高，农村剩余劳动力积累就愈快。如果从劳动力供给的角度看，一方面随着人口的自然增长，劳动力供给增加是不可逆转的趋势；另一方面随着农业投入的增加和技术含量的进一步提高，以及人力资本素质的逐步攀升，由传统农业本身排斥出的劳动力将会越来越多。

云南农村剩余劳动力问题的凸显跟全国如出一辙，只是由于云南工业化、城镇化严重滞后，就地非农转移规模较小，农村剩余劳动力转移压力就显得格外严峻。按照钱纳里等人归纳的不同收入水平城市化的标准化结构，当一国的人均GNP达到1000美元时，城市化率为63.4%。从当前实际看，世界城市化平均水平为47%，发达国家为75%，发展中国家也已达到37%，而我国城镇化水平大约为38%。而2006年云南人均GDP为8961元，第一次跃上人均1000美元新台阶，但城镇人口仅占人口总数的30.5%（即城镇化率），2007年云南城镇化率也仅为31.63%，城镇化水平严重滞后。2006年，云南省第二产业和第三产业增加值占全省国内生产总值的比重分别为42.7%和38.5%。造成云南农村剩余劳动力规模较大，而且转移更加困难。

（四）云南农村剩余劳动力转移的现状分析

近年来，云南省委省政府高度重视农村劳动力转移就业工作，全省上下认真贯彻落实科学发展观，大力发展农村劳务经济，加强领导，增加投入，扎实工作，创新机制，推进农村劳动力转移就业步伐。2004年累计转移农村剩余劳动力415万人，2005年累计转移492万人，新增转移人数77万人，2006年新增转移78万人。2007年，云南省委省政府在《政府工作报告》中明确提出："加大农村劳动力技能培训力度，培训农村劳动力100万人，新增转移50万人"的工作要求。由于全省上下高度重视农村劳动力转移就业工作，加大了资金投入，切实加强了管理，2007年9月，全省新增农村劳动力转移就业56万人，提前一个季度完成确定的目标任务。据云南省农村劳动力转移及劳务输出工作领导小组办公室预计，2007年全省转移农村劳动力就业将达635万人，但全省农村剩余劳动力为790万人，仍有农村剩余劳动力155万余人滞留于农村，剩余劳动力规模巨大。

当前，云南农村剩余劳动力转移呈现以下四个方面的特征：一是剩余劳动力转移仍以异地转移为主，东部地区仍是转移重点。在2006年向省外转移的农村劳动力中，转向东部沿海省区市的为72%，转向中部地区的为12%，转向西部地区的为16%。其中转移到制造业的占24%，转移到建筑业的占14.2%，转移到第三产业的占 55.4%，转移到外地仍然从事农业的仅占 6.4%。二是近年来，通过政府有关部门组织转移人数有了较大增长，但还有相当一部分农村剩余劳动力的转移仍存在着相当程度的盲目性。近年来，各地坚持统筹城乡经济社会发展的原则，按照"政府引导，中介搭桥，市场运作，企业承传"的思路，以市场需求为导向，采取综合措施，优化就业环境，多渠道、有规模转移，政府成立相关机构或责成有关部门统抓农村劳动力培训组织和管理及负责转移就业工作，并筹措专项资金，抽调工作人员，初步建立了基本完备的农村剩余劳动力培训转移工作体系，形成相关部门齐抓共管的局面。但目前农民外出就业依托传统血缘、地缘、人际关系网络的情况还有不小的比重。2006 年，云南农村剩余劳动力通过有关部门有组织进行转移的占 57.6%，其余人员的转移仍然属于自发进行。三是兼业性、季节性转移对农村剩余劳动力转移的障碍还明显存在。云南绝大多数的农村劳动力在转入非农产业的过程中并没有完全脱离农业，脱离土地，他们仍保留着对土地的承包使用权，有相当一部分劳动力只是季节性转移，忙时务农，闲时务工或经商。外出打工具有兼业性，属亦工亦农性转移。目前，云南农村剩余劳动力兼业转移人员在外工作时间 1~5 个月的比率为 34%，而在本乡从事非农行业 1~5 月的比率为 18.3%。这种兼业性、季节性的转移使劳动力供需双方都抱着一种临时心态，大都不愿在技能、素质方面增加投入，极大地限制了劳动力素质的提高，对劳动力转移市场的发展也极为不利。四是地区间转移工作发展不平衡，地区间转移速度有明显差别。昭通市从 2004 年开始，从实际出发，提出全面开发农村人力资源，实施"百万劳务输出工程"，采取多层次、宽领域、全方位开发农村人力资源。从 2004 年到 2007 年 11 月，全市已累计转移输出农村劳动力 100.86 万人，提前实现了"百万劳务输出工程"任务，累计实现劳务净收入 95 亿元以上。2007 年 1~11 月，全市实现务工工资性收入近 70 亿元，劳务净收入突破 30 亿元，农民人均务工纯收入 600 元。并且在全市转移输出的100.86 万人的农村劳动力中，有序转移的达 71.3 万人，占 72.6%，自发转移的不到 30%。楚雄州 2007 年 1~11 月组织农村劳动力转移就业 10.8 万人，取得经济收入 5.25 亿元。玉溪市 2006 年农村劳动力转移到非农产业人口 27.95 万人，新增转移 2.54 万人，实现劳务产业收入 13.73 亿元。地区差距可见一斑。

　　总的来看，云南农村剩余劳动力绝对规模大，转移任务依然艰巨。一方面，云南虽然不是农业强省，但农业人口众多，农村劳动力总量很大，而且又是一个多民族省份，少数民族人口比例较大，早婚、多生的习俗使人口的增长更快。仅每年新增的农村劳动力就有几十万人，农村劳动力资源的增长远远超过了农业生产的需求，劳动力明显过剩。另一方面，虽然从 2008 年开始，我省取消了农业户、非农业户及其他类型户的登记划分模式，实行"一元制"的户籍登记管理制度。但长期以来实行的城乡户籍隔离政策，城市吸收农村劳动力数量很少，这也限制了农村劳动力的转移。而且由于云南省农村剩余劳动力劳动技能及文化素质低下，不具备就业竞争优势，一些岗位被更具有竞争优势的外省民工所占有。有学者作过研究[1]从外省进入云南的民工中四川占 38.41%、重庆占 15.89%、湖北占 14.57%、贵州占 13.91%、浙江占 4.64%，而云南省输出到四川仅占 5.54%、重庆占 3.33%、贵州占 4.09%、湖北占 2.23%、浙江占 3.72%。长期以来云南农村劳动力转移输出率明显低于输入率，阻碍了农村剩余劳动力的省外转移。

三、云南农村剩余劳动力转移面临的新形势和制约因素

（一）云南农村剩余劳动力转移面临的新形势

当前我国正处于社会主义新农村、和谐社会的建设过程中，要真正建成社会主义新农村，实现社会的和谐，就必须首先解决"三农"问题，尤其是农村剩余劳动力的就业问题。纵观世界各发达国家的经济发展历程，解决农民问题的进程，都是非农产业发展的进程，是农村城市化的过程，是农村劳动力转移和农村人口减少的过程。我国也不例外，要从根本上解决农村剩余劳动力问题，必须大力发展非农产业、走城镇化道路，依靠城乡统筹发展。城乡统筹解决劳动力转移，是一项具有历史意义的决策创新。它要求将农村就业纳入全国统一的就业政策范畴，取消各种就业准入制度，逐步建立和完善统一开放、竞争有序、城乡一体化的劳动力市场，让农民和市民享有平等就业的机会，实现城乡劳动力平等竞争。

近年来，云南省各级党委和政府高度重视农村劳动力转移就业工作，并在工作中狠抓落实，扎实工作。2007 年省委省政府把"转移农村劳动力、增加农民收入"作为二十项重点督办的事项之一，省政府在《政府工作报告》中明确提出农村劳动力技能培训和新增转移的任务。十六个州市长的政府工作报告中也都把农村劳动力转移就业作为农民增收的重要渠道。昆明市已经第二次把农村劳动力转移就业确定为市政府为民办好的"十件实事"之一，连续三年与各县市区签订《昆明市农村劳动力转移培训及劳务输出考核责任书》。当前，云南农村劳动力转移就业已开始步入"政府主导、市场运作"的新阶段。

（二）云南农村剩余劳动力转移的制约因素

1. 农村劳动力整体素质低下

农村劳动力素质低是制约云南农村剩余劳动力转移数量特别是转移层次提高的重要因素。1997 年，在我国第一次农村普查时，云南农村劳动力中具有初中及其以下程度劳动力比重高达 88.3%，其中文盲或半文盲占劳动力总数的 8.2%，小学文化程度的占 33.9%，初中文化程度占 46.2%，高中以上文化程度

---

〔1〕何庆明，庞华，戴丽萍．云南省农村剩余劳动力转移模式研究．农村经济，2004 年第 7 期，第 81 页。

的仅占 11.7%。在农村劳动力中受过职业教育和专业培训的仅占农村劳动力总数的 12%。经过十年的发展变化，九年义务教育得到进一步普及，成人教育得到广泛开展，有效地提高了全省农村人口的文化素质。调查资料显示，2007 年，在农村劳动适龄人口中，接受过大学教育的占 1.23%，接受过高中教育的占 12.06%，高中以上文化程度的上升了 1.59 个百分点，相应地，接受过初中教育的占 52.06%，上升了 5.86 个百分点，接受过小学及以下教育的占 34.65%，下降 7.45 个百分点。但总体水平依然较低，一半以上的人口只接受了基础教育，三分之一强的未完成基础教育，大量的人口未接受高中及以上的教育，劳动适龄人口平均受教育年限 6.76 年，还未达到初中毕业的水平。在 2072.6 万农村从业人员中，具有初中及初中以下文化程度劳动力的比重高达 87.8%，小学以下文化程度的就占了 53.8%，未接受过专业培训的占到了 85.7%，在农村从业人员中，只有 14.3% 接受过专业技能培训。据"五普"资料显示，云南农村专业技术人员总量为 39395 人，仅占农村人力资源总量的 0.18%。农村劳动力素质的低下，影响了农民的创业冲动和风险承受能力，既制约了农村劳动力转移的规模和速度，也制约了农村劳动力转移层次的提高。2004 年全省培训农村劳动力 53 万人，2005 年和 2006 年各培训 100 万人，2007 年上半年培训 63 万人，相比转移人数而言，经过培训的劳动力还占不到 20%。大规模低素质的人员市场竞争能力弱，就业门路窄，大多只能从事体力型的工作，难以进入从事专业、技术、技能型工作的较高层次的产业。而且从长远看，随着经济发展水平的提高和高新技术产业的兴起，低素质劳动力的转移领域会越来越窄。一方面，低素质的"民工"难以在劳动力市场上和"下岗职工"相抗衡，必然失去在城市"拾遗补阙"的机会；另一方面，低素质使农村劳动力转移和经济周期的相关程度增大，这一点在 2000 年和 2001 年中国农村剩余劳动力转移变动中表现得非常明显。据国家农调总队的统计，2000 年农村转移劳动力占农村劳动力总数的比重由 1999 年的 6.4% 猛增到 8.3%（未扣除当年回流数）。到 2001 年，因国债项目陆续竣工，农村净转移劳动力占农村劳动力总数的比重一下子跌到了 3.14%（扣除了当年回流数），比 2000 年下降 4.6 个百分点，农村劳动力转移与经济周期的联系不可避免地表现出来了。

2. 工业化发展滞后，非农产业对劳动力的需求不足

工业化水平低，从总量上决定了非农产业对劳动力的需求不足。从劳动力转移的外部环境看，全国工业化水平还很低，处于工业化初期阶段。全国 2005 年人均 GDP 为 1700 美元，告别了低收入国家的行列。但是，与世界发达国家相比，相差甚远，2003 年，美国人均国内生产总值达到了 37000 多美元。从国内生产总值结构来看，2003 年，我国农业的比重占 GDP 的 14.6%，非农产业的比重占 85.4%；与世界发达国家非农产业的比重达到 95% 以上的水平相比，我国非

农产业的发展还明显滞后。从劳动力转移的内部环境看，云南省工业化水平不仅远远低于东部发达地区，还低于全国平均水平。2006年，云南人均GDP为8961元，第一次跃上人均1000美元新台阶，而2006年云南第一产业增加值占到GDP总量的18.8%，第二、第三产业增加值仅占GDP总量的81.2%。

3. 目前严峻的就业形势制约着农村剩余劳动力的转移

劳动和社会保障部预测："十一五"期间，城乡新成长劳动力年均达2000万人。全国城镇每年新增劳动力1000万人，加上需要就业的下岗失业人员和其他富余和剩余转移人员，每年需要安排就业的达2400万人。从劳动力的需求看，按照经济增长保持8%至9%的速度，每年可新增800万~900万个就业岗位，加上补充自然减员，可安排就业1200万人左右，年度劳动力供求缺口仍在1200万人左右。因此，从总体上看，在未来相当长的一个时期内，农村劳动力转移将进入一个平稳渗出的状态，城乡劳动力供大于求的基本态势还将存在相当长一个时期。

4. 市场服务体系不完善，中介组织发育程度低

近年来，全省各级党委、政府高度重视农村人力资源开发工作，积极利用"阳光工程"搞好培训带动输出，并加强农村劳动力有序转移工作。2007年云南省还大力实施"走出去"战略，主动走出红土地，主动与企业洽谈，帮助农民解决实际问题，提升了农村劳动力转移的组织化、规模化水平。曲靖市、红河州还分别举行了"千人农民工"欢送仪式。昭通市3个月内连续举行三场"万人农民工招聘会"。但目前云南农村劳动力跨地区流动还有近一半是自发的，由政府职业介绍部门组织安排外出的覆盖面还有待进一步扩大。大量劳动力流动的同时，必然形成初级劳动力市场，目前政府还缺乏对农村劳动力的总需求、总供给的调节，缺乏对农村劳动力就业的组织与指导。近年来，农村劳动力流动问题在不同程度上引起了全国各地各级政府的重视，并采取了一定的措施以期解决这一问题。但至今农村劳动力流动问题仍未真正得到有效解决，政府部门对当地农村劳动力资源和就业状况及劳动力流动有关的具体问题尚未进行详细调查，对何地需要劳动力、需要多少、需要什么专业工种的劳动力等问题也无法准确掌握，难以对农村劳动力进行系统的规划，难以制定劳动力流动问题的有关措施和决定，因而农村劳动力流动只好是"八仙过海，各显神通"。此外，劳动力流动的服务体系及中介组织建设也严重滞后，因缺乏有关信息，或信息不准导致农村劳动力盲目流动，使大批劳动力徒劳往返，蒙受损失。可以说，当前云南农村剩余劳动力流动很大程度上还处于无组织和无序状态。

5. 工作稳定性差，外出就业成本高

农民进城务工有组织的少，接受培训的少，工作稳定性差，就业竞争力弱。绝大多数农民工是通过血缘、地缘、人缘关系自发、结伴外出打工。有明确目

的、固定岗位的很少，大部分农民工在不同城市、不同企业间频繁流动。农民自发输出、短暂输出带来的无序性、盲目性、不稳定性、不连续性，造成外出打工成本高、收益小、风险大、规模小。其主要原因：一是尚未形成健全的劳务输出信息网络和完善的劳务输出服务体系；二是劳务输出组织数量少、实力弱。

6. 现行的户籍制度、社会保障制度和土地制度等制度因素的制约

首先，我国现行的城乡分割的二元户籍制度，虽然有所改革，但并未从根本上彻底改变。农民与市民在地位、身份、就业、住房、补贴、劳保、福利等方面仍存在着明显的不平等。农村劳动力流入城镇，在现行户籍制度的约束下，他们无法取得与当地市民平等竞争的权利和平等待遇，同时给他们在吃、住、就业、加薪、小孩上学等方面造成许多困难。这一方面使农村劳动力在城镇就业的成本加大；另一方面农村劳动力在城镇不能长期稳定的就业，致使相当部分的劳动力在城镇干几年后又回流到农村。其次，在切实保护外出劳动者的合法权益方面缺乏社会保障制度。外出就业的农民脱离了原有的社会组织关系，分散到外地不同的行业，原地政府不过问，当地政府又疏于管理。他们就像生活在真空中，既没有社会约束，也没有社会保护，既有极少数外出人员发生违法行为的问题，也有农民正当权益受到损害而得不到有效保护的问题。最后是农村土地制度的制约。在目前农业比较效益下降的情况下，土地对进城务工经商的农民来说是一个负担，如果把土地租给别人种，没人愿意接受；如果自己种，则影响务工经商；如果让土地抛荒，又会受到有关部门的追究，这势必影响农村劳动力的转移。

四、云南农村剩余劳动力转移的基本思路及对策探讨

（一）云南农村剩余劳动力转移的基本思路

全面深入贯彻落实科学发展观，以促进农民增收为核心，落实省委八届四次全会提出的"发展壮大农村劳务经济，使农民输出有组织、求职有服务、就业有技能、权益有保障，千方百计为农民开辟增收渠道"的要求和任务，转变农村劳务经济的发展方式，大力提升农村劳动力转移就业的增收成效，以提升增收成效来促进农村劳动力转移就业的稳步发展。按照"主抓一个工程、突出两大重点、采取三项措施、抓好四项工作"的工作思路，在提高省外就业规模和提高就业档次的同时，努力念好云南"山"字经，充分利用云南山地资源，把发展山地优势农业和积极推进城镇化建设作为转移农村剩余劳动力的主渠道。

（二）加快云南农村剩余劳动力转移的对策探讨

1. 扩张山区农业内部就业容量是解决云南农村剩余劳动力转移的现实选择

（1）以农业结构调整为契机，减少土地密集型产品的种植面积，大力发展山区特色农业

云南国土面积中的94%是山地，而且呈典型的山地立体气候，以农业为基础的产业占了全省经济比重中的60%以上，全省成规模的产业，都与农业提供

的原材料脱不开关系。目前,云南省90%以上的县,都是围绕农业来发展经济的。由于河谷、盆地大多已经得到很好开发,但山地还有很大的开发潜力。所以,从因地制宜、结合实际来看,转移云南农村剩余劳动力,解决云南的经济发展问题,还得从山地农业入手。以农业结构调整为契机,大力发展山地农业经济,打时间差,赚气候钱;打资源牌,赚山地钱;打特色牌,赚生态钱。

(2)以农业产业化为纽带,开辟农业内部就业的新领域

在传统农业生产中,农业并非完全意义的产业,而仅仅是一个生产部门,农业再生产的各环节——产前、产中、产后的内在联系被截断,农业的生产、加工、流通各环节相脱节。这种模式,不仅造成农业比较利益低,而且也使农村劳动力在农业内部就业的渠道局限于农业生产,大大降低了农业吸收劳动力的能力。而农业产业化经营打破了这种格局,通过"龙头"组织把市场和农户联结起来,应用市场机制实现农业生产、加工、销售等环节的一体化经营。农业产业化经营通过延长农业产业链,把农产品的产、供、销联结起来,把农业生产的产前、产中、产后等环节联结为一个完整的产业系统,从而改变农村劳动力在农业内部就业渠道局限于农业生产部门的局面,形成农村劳动力在农产品生产、加工、销售等多部门就业的新局面。因此,推进农业产业化,既能促进农村经济发展,又能为劳动力转移广开门路,这是一条减轻农村剩余劳动力就业压力的有效途径。

(3)加强农业基础设施建设,努力为农村剩余劳动力创造就业机会

目前云南农业基础设施薄弱,抵御自然灾害能力较弱,靠天吃饭的农业生产状况仍大量存在。因此农业基础设施亟待加强建设和完善。同时当前农业基础设施建设又面临难得的机遇:一方面国家大力扶持农村基本建设,大幅度增加对基础设施的投资,其中有相当一部分可用在农业水利、生态和农村道路等方面;另一方面中央实施西部大开发战略的重点之一,就是加强基础设施和生态环境的建设与改善。利用这一契机,加强农业基础设施建设,也可吸纳大量的农村剩余劳动力。

(4)大力发展开发性农业,开垦宜农荒地及其资源,努力提高土地复种指数

云南耕地面积只占国土面积的7%,还有大面积的宜林、宜果、宜牧荒山尚未开发利用。开发荒山、荒坡,发展用材林、水果、干果、经济林和草食牲畜有巨大的潜力。目前,云南开发性农业仍具有吸收农村剩余劳动力的潜力,可以通过以下途径吸纳更多的劳动力对这些资源进行综合性开发建设,来吸收大量农村劳动力:一是开垦宜农荒地资源。目前云南尚有近 1200×104 公顷的草山草坡,水热条件好,牧草生长期长,产量高,一般可常年放牧和刈草,蕴藏着巨大的生产潜力,同时还有大量宜林、宜果荒山,对这些资源进行综合性开发建设,可吸收一部分农村剩余劳动力。二是加快对中低产田的改造。在云南的耕地面积中,

有70%以上属于中低产田，如果对其进行治理改造，不仅可以增加农业的收入，也可以增加大量劳动力就业，三是提高土地复种指数。目前云南的耕地复种指数还比较低，提高复种指数，也可以增加就业。

2. 加速城镇化建设步伐，促进大中城市和小城镇协调发展是解决云南农村剩余劳动力问题的根本出路

（1）积极寻找和启动小城镇发展经济的增长点

加快农村剩余劳动力向小城镇转移的关键是发展经济。首先要鼓励富裕起来的农民进城兴办各种企业，特别是发展那些劳动密集程度高，同农业联系紧密的农产品加工业和为农业提供装备服务的农业机械制造业，以及为城乡居民提供各种服务的第三产业。其次要大力发展小城镇的房地产业。目前云南小城镇房地产业基本未启动，其潜力很大。

（2）加快发展城镇民营经济、中小企业和劳动密集型企业，关键是对产业结构进行战略性调整

个体经济、私营经济多为中小企业及劳动密集型企业，是中国近些年创造就业岗位、吸收农村剩余劳动力的主力军。改革开放以来，云南个体经济、私营经济发展速度和水平一直滞后。2006年，云南非公有制经济增加值1460.68亿元，仅占全省生产总值比重的36.5%。因此，要努力为个体经济、私营经济的发展提供资金支持，建立专门面向个体经济、私营经济和中小企业的融资体系和风险担保基金体系。金融机构要消除对个体经济、私营经济"身份"上的歧视，积极为个体经济、私营企业在融资、结算、外汇、资本运营等方面提供服务。要放宽民族私人资本在西部经济中的一些重要行业，如银行、保险、外贸、邮电、通讯、重要的交通运输业市场准入的限制，扩大私营经济的经营领域。鼓励高层人才及企业家到个体经济、私营经济和中小企业工作，积极为个体经济、私营经济提供科技、信息咨询服务，帮助它们正确决策。要完善法律法规，切实保障个体经济、私营经济的合法权益，严格规范政府行为，严禁对个体企业、私营企业乱收税、乱收费、乱罚款、乱摊派，严厉打击一些社会上的不法分子对个体业主、私营业主的敲诈勒索，为个体企业、私营企业的发展创造良好的市场环境和社会环境。

（3）搞好小城镇的基础设施建设，吸引更多的农民落户城镇

为了实现农村剩余劳动力的彻底转移，除了要降低农民进城的"门槛"，给进城农民一定的优惠政策外，更重要的是搞好小城镇的基础设施建设，这不仅可以改善小城镇生活环境，增加吸引力，而且通过道路交通、供电网络、水利工程等基础设施的建设，直接创造大量就业岗位，也有利于启动农村市场。

3. 强化教育公平，加大农村人力资本投资

（1）巩固和提高农村九年义务教育质量

实施《义务教育法》二十余年来，云南省在普及九年义务教育方面尽了很

大努力，义务教育事业取得了长足的发展，但义务教育的普及整体滞后，目前尚有 13 个县未普及九年义务教育。而且与云南农村义务教育从"量"上（如小学入学率，小学毕业生升学率，初中入学率、巩固率等）取得的成绩相比，在提高义务教育质量上仍面临很多困难和问题：师资队伍严重不足，整体素质偏低，队伍不稳定以及学校点分散，办学规模小，效益低等问题还长期困扰着教育质量的提升。当前全面建设小康社会的关键在农村，重点在农村，难点也在农村。农村义务教育具有基础性、先导性、全局性的重要作用。发展农村义务教育，使广大农村适龄儿童享有接受良好教育的机会，既是实现教育公平和体现社会公正的一个重要方面，也是提高农民素质，实现全面小康的重要保证。因此，一方面要努力改革城乡义务教育投入的"二元机制"，做到"统筹兼顾"。同时要加大国家对义务教育的投入力度，增加政府对欠发达县（市、区）义务教育的责任和"两免一补"力度，大力支持全社会办教育，对贫困家庭的学生实行免费教育，建立及完善少数民族地区贫困学生救助体系和机制。另一方面，要加强贫困地区农村义务教育师资队伍建设，调整义务教育内容，加强教育与地方社会经济发展需求的适应性。

（2）抓好农村职业技术教育

面对农村文化教育落后，农村人力资源质量较低，过量的劳动力无法满足农业的深度发展和农村经济结构调整需要问题，开展农村职业教育和成人教育，是有效提高农民科技文化素质和致富技能，使农民成为掌握现代化农业科技的现代农业劳动者的重要举措。因此，对具有初中文化程度的青年劳动力要让他们通过成人教育等方式继续接受高中或中专的学习，使他们掌握更高的知识和技能；对具有高中以上文化程度的劳动力，要多开展职业中等或高等教育，使他们在具有一定文化知识的基础上，再掌握较高水平的专业技术知识和技能，增强职业的适应能力和劳动力的流动性。

（3）开展好职业技术培训和就业培训

劳动者的收入与其综合素质、专业技能是成正比例的。而云南的农村职业教育落后，农村大部分没能升学的初中或高中生，由于未接受过职业教育，自身素质不高，缺少技能，就业竞争力不强，因此要关注农村劳动力的培训，根据劳动力市场的需求，多开办一些短期实用技术培训班。当前除争取中央"阳光工程"资金投入外，各级政府和有关部门也要加大专门经费投入用于培训，建立比较完善的农村剩余劳动力就业培训体系。同时动员社会力量参与农村劳动力职业技能培训，如动员农业广播电视学校、职业高中、技工学校以及社会投资设立的培训机构，对农村剩余劳动力进行职业技能培训，并在政策上加以扶持，形成省、市、县、乡四级培训网络。还要积极探索把培训与办证相结合，对于培训合格者，发给相应的技术等级证书。积极与用工地区和单位联系，大力开展委托培训、定向培训，促进劳动力供求衔接。对农村剩余劳动力除了进行技能培训外，还要进行文明修养、劳动保护、法律知识等方面的培训。

4. 加强劳动力市场体系和宏观调控体系建设，引导农村剩余劳动力合理有序地流动

（1）加强和完善政府的宏观调控，建立相应的宏观调控体系，有组织地向外输送劳动力

农民增收事关全局，必须切实加强对转移农村剩余劳动力和发展劳务经济工作的领导，加快建立农民增收考核指标体系，把转移农村剩余劳动力、实现农民工资性收入增长作为各级党政班子任期内的主要任务之一；把抓劳务经济、抓农民工资性收入增加的实际成效作为州（市）、县（市、区）、乡（镇）和有关部门干部考核的重要内容。同时强化对各地劳务经济工作的组织引导，层层落实工资性收入增加任务，明确责任，推动农民大规模培训转移。

（2）建立和完善劳动力市场体系，构建农村剩余劳动力转移平台

要将农村剩余劳动力转移就业纳入统一的劳动力市场体系和就业服务体系。构建政府和社会多方位的农村剩余劳动力转移就业网络。大力发展和规范各种职业介绍机构，加强农民工就业中介和咨询工作，严厉打击假借职业介绍坑害农民工的行为。建立一批农村剩余劳动力输出试点基地，鼓励用工单位与基地直接签订用工合同，减少中间环节，加快农村剩余劳动力的流动。要按照"政策引导、有序流动，加强管理、改善服务"的方针。坚持市场配置劳动力资源的方向，逐步形成城乡统一开放、竞争有序的劳动力市场，实现农村剩余劳动力的有序流动。

（3）建立健全社会化的就业服务体系

发展培育多种形式的劳动就业中介服务组织，逐步建立健全农村剩余劳动力转移的管理和服务体系。可以在各级农业部门设立专门的农村剩余劳动力转移就业工作管理机构，彻底改变农村剩余劳动力转移就业工作多头管理、分散负责的局面。建立城乡统筹的就业信息体系，积极搭建农村剩余劳动力转移就业信息服务平台，加强信息网络建设。建立农村剩余劳动力流动监测体系，对农村剩余劳动力转移的流向、职业、工资等情况进行跟踪监测，为有计划、有针对性地开展农村剩余劳动力转移工作奠定基础。建立维护农民工合法权益的法律服务体系，及时出台维护农民工合法权益的法律法规，建立专门的法律援助部门，为农民工提供无偿的法律法规服务，切实保障农民工合法权益。

5. 加强制度建设，为农村劳动力转移创造良好的政策环境

（1）建立合理的土地流转制度

土地流转不仅涉及农村土地承包关系的稳定和广大农民的切身利益，还涉及土地资源的合理配置和现代农业的建设，需要从完善生产关系和发展生产力去统

筹考虑，既要公平，又要兼顾效率。土地流转应在保障农村土地承包关系稳定的前提下，按照市场经济的要求建立合理的土地流转机制，发挥市场配置农村土地资源的基础性作用。要确保农户的土地流转主体地位。农民既是农村土地承包的主体，也是农村土地流转的主体。土地流转由农民自主决定，不应强迫，也不能阻碍农民依法流转承包地。要坚持多样化的土地流转形式，因地制宜，形式多样。要通过竞争机制形成土地流转价格。

（2）消除现行制度对劳动力转移的限制，疏通农民进城的渠道

农民工为城市建设和发展作出了重大贡献，却因为没有城镇户籍而成为城市"二等公民"，这是与建设社会主义和谐社会的目标不相适应的。要加快户籍制度改革步伐，逐步建立以职业和居住地作为划分人口类型的新型户籍管理制度。以户籍制度改革为突破口，实现在劳动福利、子女教育、社会生活等方面，对农民工与城市居民一视同仁。要取消对农民工的各种就业限制，从平等竞争的市场规则出发，原则上不应限制农村来城市求职者的行业、工种进入，停止目前一些地方和城市招用工人必须"先城镇后农村，先省内后省外"，甚至清退已就业的农民工的不合理做法。要给农民工"减负"，取消针对进城农民工的各种不合理收费，为农民进城打工创造好的社会环境。

（3）加强管理，切实保护外出劳动者的合法权益

外出就业的农民脱离了原有的社会组织关系，分散到外地不同的行业，必须加强对外出就业农民工的管理。作为转出地，应该对转出人员进行登记，包括去向、从事职业，并要求外出者定期反馈有关信息。作为转入地，也应对转入当地就业的人员进行登记、建档，并搞好他们的社会生活、组织安排，包括户口、居住、饮食、党团关系、计划生育、子女上学等方面，使他们能正常参与有组织的社会生活，接受教育和监督。此外，还要保护外出农民的合法权益。第一，政府应制定完善相应的法律条例，对外出就业劳动力在劳动时间、劳动条件、工资制度、合同关系和保护人身安全等方面作出基本的规定，坚决制止和纠正侵犯劳动者权益的行为。第二，要建立健全相应的执法、仲裁机构，现有的执行部门应增加或强化这方面的职能。

6. 大力开拓国际劳务市场，积极做好国际劳务输出工作

目前，我国劳务输出不仅落后于发达国家，而且落后于许多发展中国家。我国劳动力资源是世界劳动力资源的 1/5，而劳务输出仅占世界劳务输出总量的 3% 左右，两者极不相称。云南地处中国西南边陲，与东南亚国家相邻，其中我省与缅甸、老挝、越南接壤，是中国通往东南亚各国的陆路桥梁，便利的地缘优势和传统的人文渊源，加上澜沧江—湄公河流域国家次区域经济合作的大好形势，云南向国际市场输出劳动力的潜力是相当大的。楚雄州自 2003 年起尝试开展国际劳务输出工作，几年来已取得阶段性成果。2006 年，全州共向日本、毛

里求斯、阿联酋及云南周边国家输出农村剩余劳动力 2199 人，其中向云南周边国家输出劳动力达 1779 人，分别从事海产品加工、服装缝纫、建筑、电焊、伐木等 10 个工种，为农民增加经济收益 1.14 亿元。2007 年组织国际劳务输出 814 人，完成计划任务的 101.75%，取得经济收入 0.26 亿元。及时总结推广经验，进一步做好国际劳务输出，对云南农村剩余劳动力转移和农村劳务开发还会作出更大的贡献。

（执笔：彭德远、李明辉、王润伟）

专题十 云南省农村基层组织建设与村民自治

  农村基层组织建设，包括乡（镇）、村两级组织建设，重点是村级组织建设。为了促进农村的改革、发展、稳定和全面进步，1994年，党中央发出了关于加强农村基层组织建设的通知，对在改革开放和进行社会主义现代化建设新时期如何加强农村基层组织建设，提出了"五个好"的目标要求。2007年，党的十七大报告指出："要坚持中国特色社会主义政治发展道路，坚持党的领导、人民当家作主、依法治国有机统一，坚持和完善人民代表大会制度、中国共产党领导的多党合作和政治协商制度、民族区域自治制度以及基层群众自治制度。"[1]"基层群众自治制度"首次纳入了中国特色政治制度范畴。这是我们党不断推进社会主义政治制度自我完善和发展的生动体现，是我们党尊重人民群众民主权利的具体体现，是我们党全面落实依法治国基本方略，加快建设社会主义法治国家的有力措施。

  农村基层群众自治制度，是农村基层组织建设的一项重要内容，也称村民自治制度，是指在中国共产党的领导下，按农村居住区组织起来的、由广大人民群众当家做主、管理自身事务的新型基层社会政治制度。在我国，村民自治制度是由农村社区的居民自己组织起来，实行以民主选举、民主决策、民主管理、民主监督为核心内容的进行自我管理、自我教育、自我服务的一种政治参与形式，它是实行直接民主的一种基本形式。中国乡村社会历史上就有着自治的传统，如唐代有"乡遂制"，官吏由乡人充任，由乡人选举，担任地方公共事务的管理；元代有"社制"，在乡村中选择年龄较大、通晓农事者为社长，由他们负责处理全村事务。但历史上的这种乡村自治，更多是以乡村游离于国家政权之外为代价的。广大村民除了履行交税纳粮和服役（含兵役与劳役）的义务之外，并没有多少影响与制约国家公共政策的合法权利和途径。新中国成立后，1950年政务院颁布了《乡（行政村）人民政府组织通则》，规定行政村为一级地方政府机关。国家通过政权组织和中国共产党组织在基层社会的延伸，克服了原先政治国家与村庄社会的分立与隔膜，建立起以国家为中心的国家——村庄一体化（即所谓"政社合一"）的社会政治格局。随着国家政权和执政党地位的日益巩固，国

---

[1] 胡锦涛. 高举中国特色社会主义伟大旗帜为夺取全面建设小康社会新胜利而努力奋斗. 2007年10月15日在中国共产党第十七次全国代表大会上的报告. 人民出版社，2007年版，第28页。

家力量逐渐主导甚至左右了乡村社会政治、经济和文化的发展。党的十一届三中全会以后，人民公社体制下的高度集权的行政干预体制宣告终结，广大农村普遍实行联产承包责任制，改变了农民在集体经济组织中缺乏经营自主权和管理自主权的状况。

一、农村基层组织的产生和发展

(一) 创始阶段 (1980～1986 年)

村民自治的组织形式——村民委员会，是在 20 世纪 80 年代初一些地方基层组织体系处于瘫痪状态、农村社会面临公共产品供给的短缺问题时，由农民自发成立的一种组织形式。当时，人民公社的部分权力开始从农村退出，社会治安、公共设施、社会福利、土地管理、水利管理等社会职能无人问津。人民公社旧的管理体制的解体造成乡村社会的"权力真空"，它呼唤新的群众性基层自治组织的出现。村委会产生后，逐渐扩大社会职能，成为农民对基层政治经济文化等诸方面进行自我管理的自治性组织。到 1982 年底，全国不少地区都出现了类似村民委员会的组织。1982 年 12 月通过的新宪法，正式确立了村民委员会作为农村基层群众性自治组织的法律地位。1983 年，中共中央和国务院发出《关于实行政社分开建立乡政府的通知》，正式宣告了人民公社体制的终结，从而为在全国范围内建立村民委员会铺平了道路。到 1985 年初，全国已建立起 948628 个村民委员会。1986 年 9 月，中共中央和国务院发布了《关于加强农村基层政权建设工作的通知》，强调要进一步发挥群众自治组织自我教育、自我管理、自我服务的作用，由民政部负责村委会建设的日常工作。这表明国家开始将注意力转向乡以下的村级组织，由此加速了村民自治的发展。

(二) 发展创新和完备阶段 (1987～1997 年)

1987 年 11 月，全国人大常委会通过了《中华人民共和国村民委员会组织法(试行)》(以下简称《试行法》)，村民自治被以法律形式确定下来。1988 年 6 月，民政部开始在全国范围内组织乡村选举，村民自治开始进入制度化运作阶段。根据《试行法》，村民会议是村民自治组织系统中的权力机构，村民会议由 18 岁以上村民参加，也可由每户派代表参加，必要时可邀请本村的企事业单位和群众团体派代表参加，村民通过村民会议行使自治权；村民委员会是村民自我管理、自我教育、自我服务的基层群众自治性组织，其成员由村民直接选举产生，任期三年；村民委员会的权力是负责管理本村集体所有制的土地及财产，组织村民发展经济，处理本村公共事务，兴办公益事业，调节民间纠纷，协助维护公共秩序和社会治安，以及代表本村村民向政府提出意见、建议和要求，维护村民的合法权益；村民委员会应向村民会议负责并报告工作，涉及全体村民利益的问题，村民委员会必须提请村民会议讨论决定，村民会议有权监督村委会的收支账目和其他工作情况，并有权撤销和补选村民委员会；乡政府应对村委会的工作进行指导、支持和帮助，村委会也应协助乡政府开展工作，完成国家任务。1990年以来，全国广泛开展了村级选举的示范活动，1992年底，各省都实行了农村基层选举，到1997年底，全国绝大多数省份都已进行了两届选举。

（三）成熟化阶段（1998～2010年）

1998年，是中国村民自治走向成熟化的转折年。已经试行了十年的《试行法》宣布废止，经九届人大常委会第五次会议通过的新的《中华人民共和国村民委员会组织法》（以下简称《村组法》）于同年11月4日正式颁布实施。在选举的制度选择方面，《村组法》较之《试行法》有了突破性的进展。

1. 村民直接提名候选人。《村组法》第十四条规定："选举村民委员会，由本村有选举权的村民直接提名候选人。"这实际上是肯定了农民创造的"海选"模式，它在法律制度上确认了"指派"和"派选"等人为操纵或干预的不合法性，便于选民意志的表达。

2. 实行差额选举，给选民提供充分选择的机会，增强了选举的公正性，是选举程序上的一大突破。

3. 设立秘密写票处，保证选民不受干扰，自由地按照自己的意志填写选票。这是实现选举公正、公平的重要环节，在中国的选举实践中具有开创意义。

4. 增加了对"破坏选举"的处理，避免破坏选举者逍遥法外情况的发生，维护和提高了《村组法》的权威性和严肃性，增强了可操作性。

5. 设定了罢免程序，罢免权与选举权是一个问题的两个方面。《村组法》第十六条规定："本村五分之一以上有选举权的村民联名，可以要求罢免村民委员会成员。罢免要求应当提出罢免理由，被提出罢免的村民委员会成员有权提出申辩意见。村民委员会应当及时召开村民会议，投票表决罢免要求。罢免村民委员会成员须经有选举权的村民过半数通过。"这使罢免要求变得可以操作。

这些突破性进展，是对村委会选举制度的完善，它标志着我国的村民自治正逐步走向以法制化、制度化、规范化、程序化为特征的成熟化发展阶段。这与党和国家对基层民主政治建设的高度重视是密切相关的。

2005年与2000年相比，全国乡镇由43735个减少到35509个，其中乡由24043个减少到16621个、镇由19692个减少到18888个，村民委员会由734715个减少到640139个，乡村户数24748.7万户减少到24148.7万户，乡村人口由92819.7万人增加到94907.5万人[1]；到2006年初，全国农村有乡党委3.75万个，村党组织64.5万个，乡（镇）、村党组织数约占全国基层党组织总数的

---

〔1〕 国家统计局农村社会经济调查司编．2007年中国农村统计年鉴．中国统计出版社，第28～29页。

19.7%；有农村党员 3029 万名，约占全国党员的 43%[1]。经过多年的不懈努力和扎实工作，农村基层组织建设取得了历史性成就，有力地推动了农村经济发展和社会进步。

二、云南农村基层组织建设的重要作用

农村基层组织处在农村工作的最前沿，是党在农村工作各项任务和要求的重要载体。加强农村基层组织建设，对于发挥党的基层组织战斗堡垒作用，增强党的凝聚力、吸引力和战斗力，密切党群关系，加快社会主义新农村建设步伐，具有十分重要的作用。

云南是一个农业大省，解决"三农"问题是全省工作的重中之重。2007 年，全省共有农村基层党组织总数 5.4 万个，占基层党组织总数的 50.1%；有农村党员 84 万名，占党员总数的 44%。进一步加强农村党的基层组织建设，对于增强农村党的基层组织的创造力、凝聚力和战斗力，巩固党在农村的执政地位，开创我省农村工作新局面具有重要意义。在《中共云南省委办公厅关于在社会主义新农村建设中进一步加强农村党的基层组织建设的意见》中指出，充分认识新形势下农村党的基层组织建设具有重大的意义。

（一）加强农村党的基层组织建设，是推进社会主义新农村建设的根本保证

建设社会主义新农村，是党中央从贯彻落实科学发展观、构建社会主义和谐社会的全局出发作出的重大战略部署，是我国现代化进程中的重大历史任务。农村党的基层组织是党在农村全部工作和战斗力的基础，是农村各种组织和各项工作的领导核心，承担着贯彻落实中央和云南省委重大部署、团结和带领广大群众建设社会主义新农村的重要职责，是新农村建设的直接领导者、具体实践者和有力推动者。全面加强农村基层党建工作，充分发挥农村基层组织的领导核心和战斗堡垒作用，对于推进新农村建设至关重要。

（二）加强农村党的基层组织建设，是建设富裕民主文明开放和谐云南的客观要求

实现云南省第八次党代会提出的各项目标和任务，工作重心在基层，难点在农村。农村党的基层组织是联系广大群众的桥梁和纽带，应该成为贯彻"三个代表"重要思想的组织者、推动者和实践者，使党的基层组织真正成为农村先进生产力发展要求，农村先进文化的前进方向，广大人民群众根本利益的忠实代表[2]，在富裕、民主、文明、开放、和谐云南建设进程中承担着团结、动员、组织、带领和服务农民群众的职责，起着凝聚人心、推动发展、促进和谐的作

---

〔1〕 贺国强. 推进农村基层组织建设为建设新农村提供坚强组织保证，2006 年 2 月在省部级主要领导干部建设社会主义新农村专题研讨班上的讲话。

〔2〕 刘姝. 对农村基层组织建设的思考. 云南社会科学. 2003 年理论专辑，第 88 页。

用。进一步加强农村基层组织建设，提高农村基层党组织领导社会主义新农村建设的能力，对于实现第八次党代会提出的目标任务具有十分重要的作用。

（三）加强农村党的基层组织建设，是解决当前农村基层党组织和党员队伍中存在问题的现实需要

云南省历来高度重视农村基层党组织建设，近年来，通过开展保持共产党员先进性教育活动和"三级联创"活动、实施"云岭先锋"工程、建设"边疆党建长廊"等工作，全省农村党的基层组织建设取得明显成效。随着形势和任务的发展变化，改革开放的不断深入和社会主义市场经济的不断发展，使农村基层组织建设置于一种崭新的环境中，许多新情况、新问题摆在了农村基层党组织建设面前。如少数农村基层党组织的党员干部领导经济发展、处理复杂问题和依法办事的能力不强；一些农村党的基层组织设置方式不够合理；部分农村党员年龄老化、素质不高，带头致富、带领群众致富的本领不够强；一些农村基层干部不能自觉利用党纪、国法约束规范自己及村民的行为，没有很好地利用行政、法制的手段对群众的利益和行为进行调整，遇到难度较大的工作，要么放任自流，要么装看不见，甚至对群众的无理要求也随意迁就，结果造成基层党组织工作出现不良循环，影响党在人民群众中的威信，使得农村工作越来越不好做；农村党员干部激励保障机制不够完善，等等。这些问题在一定程度上影响和制约了农村基层党组织整体功能和作用的发挥。因此，必须以改革创新的精神扎实推进农村党的基层组织建设，切实解决存在的问题，把全省农村基层党建工作提高到一个新的水平。

三、云南省农村基层组织建设的基本状况

云南地处我国西南边疆，与越南、老挝、缅甸三国接壤，边境线长达4061公里，是一个欠发达的农业省，农民占全省人口的绝大多数。云南还是一个多民族的省份，少数民族占全省总人口的33.41%。十一届三中全会后，改革开放给边远落后地区的农民生活带来了深刻的变化。农民成为了市场经济的主体；农民的眼界开阔了，受教育程度提高了，民主意识增强了。1988年，我国部分农村地区开始了村民自治的实践。云南农村基层民主建设起步晚，到1999年才在部分条件成熟的地方开始第一届村委会的选举工作。1998年，全国人大通过了《中华人民共和国村民委员会组织法》。在这种大背景下，1999年12月，云南省第九届人大常委会通过了《云南省实施〈中华人民共和国村民委员会组织法〉办法》、《云南省村民委员会选举办法》，开始了村庄政治体制的重构，并以村民自治作为农村基层民主建设的突破口，保证广大农民当家做主的权利，从而调动广大农民的积极性、主动性，推动农村政治、经济和文化各项事业的发展，巩固边远民族地区的稳定。全省选民参选热情高，参选率绝大多数都在90%以上。

云南省农村村级体制改革工作，在省委、省政府的直接领导下，根据《村组法》的要求，自1999年5月在昆明、玉溪、曲靖、临沧等地开展试点以来，到2001年5月31日止，全省共撤销13214个村公所（办事处），占全省村公所（办事处）总数的98.15%；建立了13214个村委会，除怒江州的独龙乡因气候原因需要推迟外，全省基本完成了撤销村公所（办事处）的任务，建立了第一届村民委员会。村民自治在云南农村受到了广大村民的关注，在村民自治实践中，群众热情高，参与人数多。依法治村成为共识，第一届村委会产生后，各村村委会都制定了村规民约。从内容来看，大多涉及社会治安、村风民俗、相邻关系和婚姻家庭。村规民约的制定给村民提供了基本的行为规范，这对于推进依法治村，改善农村社会治安，提高村民道德素质起到了很大作用。

为推进云南省村民自治工作，使村务公开民主管理制度化、规范化和程序化，根据全国村务公开电视电话会议要求，经云南省委、省政府同意，云南省于2004年1月成立了由省民政厅、省委组织部、省农业厅、省纪委、省财政厅、省司法厅、省计生委组成的"云南省村务公开协调小组"。1月，省民政厅下发了《云南省第二届村民委员会换届选举工作实施方案》，这标志着云南省第二届村委会换届选举工作正式启动。换届选举工作分为选举准备、选举实施、建章立制、验收总结四个阶段，整个过程于2004年6月结束。

2004年7月9日，云南省委依法治省领导小组办公室、省委组织部、省民政厅、省司法厅联合印发了《村民自治章程》和《村规民约》两个示范文本，要求各地参照示范文本，结合实际，按照有关程序，组织、指导换届后的村委会做好《村民自治章程》和《村规民约》的修订、完善工作，积极开展民主法治示范村创建工作。村民自治章程和村规民约是《村组法》中明确规定必须建立的两项制度，是实施村民自治的基础和制度保障。为进一步做好民主法治示范村创建工作，针对一些地方存在的村民自治章程和村规民约不够规范等问题，省委依法治省领导小组办公室、省委组织部、省民政厅、省司法厅在深入调研，反复论证的基础上，出台了《村民自治章程》和《村规民约》两个示范文本。《村民自治章程》示范文本共六章60条，分为总则，村民组织，村民、村务管理，民主管理和监督，附则六个部分。内容涉及村民会议、村民代表会议、村民委员会、村民小组的设立、产生、职责、任务，以及村民的权利、义务，农业生产管理、企业管理、土地管理、山林管理、财务管理、社会治安管理、公益事业管理等方面。《村规民约》示范文本共43条，对农村社会治安、村风民俗、邻里关系、婚姻家庭、文化教育、土地山林、执行规定等七个方面的内容进行了规范。两个示范性文本的印发，为各地制定合法、规范、完整的《村民自治章程》、《村规民约》提供了依据。对进一步完善村民自治，推动农村民主法治建设，促进农村物质文明、政治文明、精神文明的协调发展发挥了积极的作用。

2005 年与 2000 年相比，全省乡镇由 1564 个减少到 1296 个，其中镇由 462 个减少到 459 个、乡由 1102 个减少到 837 个，村民委员会由 13433 个减少到 12940 个，乡村户数由 829.8 万户增加到 877.4 万户，乡村人口由 3449.6 万人增加到 3568.1 万人。[1]

四、云南农村基层组织建设中存在的主要问题

由于云南特殊的历史、文化背景和社会发育程度，使得广大农村基层组织建设与全国相比有一定差距，尤其是随着市场经济的发展，社会关系和社会格局发生了重大变化，农村基层组织建设面临的许多新情况、新问题，主要表现在以下几个方面：

（一）选民民主意识、法制观念淡薄，政治参与能力有限

村民法律意识和民主意识与《村组法》实施中民主选举的要求有差距。表现在：选举村民委员会领导班子时，存在村民小组人数多的选进村委会班子的人数多，村民小组人数少的选进村委会班子的人数少或者没有；经济发达的村民委员会、村民小组竞争激烈，有拉选票行为；有的村民没有大局意识，凭自己的利益和本位主义来投票，让一些讲大话、空话，乱开口子，有老好人思想的村民，没有工作实际能力、没有任职条件、素质较低的人当选；有的村民小组凭借家族势力影响选举；有的村民视选举为儿戏，选举中故意乱填写选票。虽然法规赋予了选民充分的民主权利，保障了选民的选举权，但由于受文化素质和认识水平的限制，选民民主意识、法制观念淡薄，普遍缺乏主人翁意识，政治无力感强，不能充分行使自己的权利和很好地体现自己的意愿，从而难以维护自身的利益。

选举是一种政治行为，是政治心理的外在表现。政治心理具有一定的稳定性且形成是一个极其缓慢的过程。在我国农村缺乏民主传统，向来都是上面说了算，长官意志第一，选民的意志愿望长期以来得不到体现，选民做不了主，进而对政治就产生了无力感。在中国历史上，农村经过了漫长的封建专制时期，在那时期，农民根本无民主权利可言，更不用说选举与选举权了，新中国成立后又经历了人民公社这种行政权力支配农村一切的环境。现在虽然村干部已从上级任命过渡到村民直选，但也存在一定程度的指选、派选，使村民选举流于形式，用选民的话来说，那只是走走过场，搞搞形式而已。这种长期的选举实践在选民中所形成的观念，直接影响到了选民对村委会选举的看法。同时农村教育文化事业的落后，村民文化水平低，参与能力有限，即使他们有强烈的政治愿望，也无法有效地表达，另外，因外出打工人员增多，在投票时，妇女、年老的比较多，有的

---

[1] 国家统计局农村社会经济调查司编.2007 年中国农村统计年鉴. 中国统计出版社，第 28～29 页。

村民不识字，代笔现象比较普遍，这也会影响村民民主意愿的表达。加之农村宗族势力、家族势力较为强大，选民的传统思想观念还很深厚，面对选举他们就不能积极有效地参与。因此选民在投票时选谁不选谁的判断标准往往还是那人与我关系如何，有亲戚关系与否，人情、宗族因素还是决定因素，带有很大的盲目性、随意性。

（二）村民自治气氛不够浓

村民只重视选举，不重视管理和监督，部分村、组村务、账务公开不扎实，问题不清，上届的问题没有得到解决，新一届的问题又产生。在一些农村，村民缺乏民主素养，不知道如何行使权利，或者"习惯于"不行使自己的民主权利。乡镇一级政府，甚至是县一级政府，多年来习惯于指定村级干部，认为只有选择自己"信得过"的干部，农村工作才好开展。即使是在近几年，村委会直选已经全面推开的今天，仍习惯于以前的旧式做法，对村委会直选不以为然，甚至架空村委会直选，使其流于形式，阻碍了村民自治的发展。对一些已选出的村民委员会班子成员、推选出的村民小组组长、副组长，他们不履行职责或不能履行职责，村民却没有进行监督，提出罢免，并另行选举；一些村民委员会民主决策、议事、管理、监督的程序不够规范，村民委员会、党支部委员会、村民小组组长研究工作，都是共同开会；地处山区、经济不发达地区的村民委员会几年来未召开过村民代表大会，未向村民代表大会报告过工作，没有集体讨论决定本村重大事项，管理、监督本村的工作，全部工作都由村干部个人说了算。

（三）部分村民委员会工作运行绩效有待提高

党的路线、方针、政策和国家法律、法规没有得到正确贯彻执行；没有实行民主决策、民主管理、民主监督，没有开过村民代表大会，没有报告工作；村民委员会与上级人民政府、村党支部、村民小组之间的关系不顺，村民委员会主任与村党支部书记不团结；村、组班子结构不合理，村民小组组长法律意识淡薄；村、组遗留问题多，老的问题没有解决，又产生了新的问题；村、组干部没有事业心和责任心，都不愿意担任村民委员会主任、村民小组组长；本村经济和社会事业没有大的发展。运行差的原因一方面是村民委员会与上级人民政府、村党支部、村民代表大会、村民小组的关系没有理顺，另一方面是村民委员会干部、村民小组组长、副组长报酬偏低，难以调动抓工作的积极性；部分村、组干部任职有短期行为思想，责任心不强，不思进取，不负责任，抱着三年一换的想法，主动性差，不敢大胆履职，怕得罪人，在工作中有依赖思想，特别是面临着换届的村、组干部这一问题更为突出。

（四）村民自治面临多重的复杂关系

1. 村民自治委员会与党支部的关系

《中华人民共和国宪法》规定：中国共产党的基层组织在社会中负有政治领导责任；《村组法》规定：农村基层党支部在村民自治中发挥领导核心作用。《宪法》和《村组法》两者都同时规定了村民委员会是村民自我管理、自我教育、自我服务的基层群众性组织。村党支部与村委会是两个不同的组织，在性质上，党支部是党在农村基层的战斗堡垒，具有先进性、政治性、组织纪律严明等特点，村委会是村民自治组织，具有群众性、广泛性、事务性等特点。在组织功能上，党支部是农村各项工作的领导核心，要负责监督和保证党在农村各项方针政策的全面落实和《村组法》的贯彻实施等项工作。村委会是村民自治组织，具体负责村务工作。在运行机制上，党支部是具有严格纪律性的政治组织，工作实行民主集中制原则。村委会是群众性组织，运行时以直接民主制为原则。

作为村庄公共事务的管理机构，村党支部与村委会的主要目标都是为村民服务。但是，现有的法律制度并没有明确划分两者的职权范围和相互间关系，甚至有些还有冲突，不太协调，或者是村委会和村支部互不买账，互相扯皮，甚至矛盾达到水火不相容。按照《中国共产党农村基层组织工作条例》（以下简称《条例》）的规定：村党支部的主要职责是"讨论决定本村经济建设和社会发展中的重要问题"。而《村组法》则规定：村中大事由村民通过村委会、村民代表会议和村民大会等自治组织来决定。但是"本村重要问题"和村中"大事"如何界定却模糊不清。

在相互关系上，《条例》一方面规定党组织在村级组织中居核心地位，拥有对社区公共事务的决定权；另一方面，又规定需由村委会、村民会议或集体经济组织决定的事情，由村委会、村民会议或集体经济组织依照法律和有关规定作出决定。《村组法》第三条规定：中国共产党在农村的基层组织，按照中国共产党章程进行工作，发挥领导核心作用，依照宪法和法律，支持和保障村民开展自治活动、直接行使民主权利。但什么是"重要问题"，什么又是"需由村民委员会等决定的事情"，则缺乏明确具体的规定。这种正式的法律授权，党支部的"领导核心"地位和村委会的"自治组织"性质的并存，必然给村民自治的进程带来一大难题，即党组织与村委会各自的权力如何运作、协调的问题。这是村民自治过程中的第一大阻力，如果不对党支部与村委会的权力职能做出清晰的法律界定，势必会引起自治权力向党支部一方位移的不良结果。

2. 村委会与基层政府的关系

村委会不同于人民公社，也不同于政府的派出机构，它不能再像政权机关那样包揽农村基层的行政事务，基层政府只能通过委托代理的方式来完成其中一些行政事务，在这一层关系中，委托方是基层政府，受托方是村委会。村委会同全体村民之间还存在着一层委托代理关系，其委托方是全体村民，受托方是村委会，这种双重的委托代理关系必然使得村委会夹在村民与政府之间，扮演着一个两难的角色。从云南的实践来看，乡政府大量的行政事务，如计划生育、义务教育、征兵、统筹以及国家政策法规的贯彻实施都要由村委会来完成。村委会虽不是一级权力机构却要接受和完成一级权力机构所要承担的行政事务。这种代理关系必然引出两个实际问题：一是村委会完成了行政事务之后，还有多少时间来办理村里的公益事业；二是评价村委会工作的标准，是以完成乡政府行政事务的多少来决定，还是以为村民做实事的多少来决定。在另外一层代理关系中，问题的焦点主要集中在政府的利益与村民的利益难以兼顾上。

村委会如何处理好与基层政府的关系，如何保证自身的中介性、自治性、群众性不变，是村民自治过程中的一大难点。

3. 村委会与经济组织的关系

《村组法》第五条规定："村委会应当尊重集体经济组织依法独立进行经济活动的自主权。"在当前农村，集体经济还无法独立地在市场竞争中发展下去，它与村委会之间存在着千丝万缕的联系，新一届村委会产生后，两者之间仍然存在并发展着两种关系：一是伴随着集体经济力量的发展壮大，村民将向村委会提出权利要求；二是伴随着集体经济力量的发展，村委会干部可能利用自治权利介入经济组织，染指集体经济的既得利益。这不仅仅是村委会该不该介入到经济组织中去的问题，而且还是一个有没有能力介入的问题，以及村委会如何服务、扶持村办集体企业的问题。村委会如何协调同经济组织的关系，是村民自治工作的又一大难点。

4. 村委会与家族宗教势力的关系

乡村社会是血缘、地缘关系的复合体。尽管中国社会发生了重大的变化，但是传统的家族文化并未完全消亡。家庭私营经济的存在是其经济基础，农村社会化的欠缺和市场经济的发育不良是其重要条件。它还适应了农村中维护农民经济利益和其他合法利益的要求，因此其存在和发展具有客观必然性。

对于当前农村社会存在的家族宗教势力，从正面效应看，如果基层政府不顾民意任命委派村干部或者基层部门乱收费，乱摊派，任意加重农民的负担，以及村委会不考虑农民的利益，农民都可能利用家族宗教势力加以对抗。从负面效应看，家族宗教势力对乡村政治的影响，主要体现在：一方面家族宗教势力与村委会结合起来，形成党政族三位一体，家族宗教利益得到基层政府和组织的保护；另一方面，家族宗教势力的复萌意味着家族宗教文化的复萌，这同民主法制精神是背道而驰的。

因此，家族宗教势力作为一股社会的整合力量，将对村民自治的整体推进产生强大的阻力。

（五）基层干部整体素质有待进一步提高

与全国相比，云南省农村部分"两委"干部思想政治素质偏低，科学文化水平普遍不高，法纪观念比较淡薄，思想观念陈旧，僵化保守不思进取，缺乏开拓创新精神，工作方式、方法与新形势新任务的要求不相适应的问题还比较突出，难以适应新时代农村发展的要求。有的干部仍然用计划经济模式领导群众，指挥生产；有的不能正确处理和化解农村各种矛盾，特别是没能及时处理突发事件，治安不好，风气不正，人心不稳，群众很不满意；有的干部腐败使干群关系从紧张到恶化；有的工作方法简单粗暴，使群众非常反感。

五、云南农村基层组织建设的建议

加强农村基层组织建设，既是建设社会主义新农村的需要，也是进一步提高农村基层组织建设整体水平的需要。结合中央关于"全面贯彻落实科学发展观，紧紧围绕建设社会主义新农村，以乡、村领导班子建设和基层干部队伍为重点，以农村党的建设'三级联创'活动为载体，以改革创新为动力，更新观念、强化功能、改进方法、提高能力，不断增强农村基层组织的生机和活力，切实为建设社会主义新农村提供坚强的组织保证"[1] 的总体思路，云南省围绕农村基层党组织先进性建设和执政能力建设这条主线，强化农村党的基层组织的领导核心地位，按照"五好五带头"的要求，提出通过五年的努力，实现"五好"村党组织、乡镇党委达到 60% 以上，基层党组织建设先进县达到 60% 以上，农村"五带头"党员达到 60% 以上的目标。[2] 坚持与时俱进，改革创新，积极探索新思路和新办法，进一步增强农村基层组织建设的针对性和实效性。

（一）大力发展农村集体经济，增强村民自治的吸引力和凝聚力

中国农村村民自治的一大特点就是村民与集体的联系十分紧密。因此，集体经济与村民自治的运作有密切的相关性。胡锦涛同志指出，农村基层组织建设各项工作的成效，都要体现有利于更好地贯彻党的基本路线和党在农村的各项方针政策，有利于更好地促进农村经济的发展和社会的全面进步。脱离经济建设这个中心，离开改革、发展、稳定的实践，孤立地抓基层组织建设，不会收到好的效果；而忽视基层组织建设，缺乏强有力的组织保证，经济建设也不可能搞上去，暂时上去也不可能持久。只有坚持围绕经济建设抓基层组织建设，农村基层组织建设工作才能坚持正确的方向，也才能从根本上得到加强和改进。[3] 集体经济作为农村经济的主要形式，为村民自治的正常运作提供重要的物质支撑；同时集

---

〔1〕　贺国强. 推进农村基层组织建设为建设新农村提供坚强的组织保证，2006 年 2 月 18 日在省部级主要领导干部建设社会主义新农村专题研讨班上的讲话。

〔2〕　中共云南省委办公厅关于在社会主义新农村建设中进一步加强农村基层党的组织建设的意见〔云办发 200714 号〕，2007 年 8 月 20 日，第 4 页。

〔3〕　胡锦涛. 在全国农村基层组织建设工作会议上的讲话，1994 年 10 月 26 日。

体经济愈发达，愈需要通过村民自治，扩大村民群众的政治参与，保证集体经济规范运作，利益得到合理分配，为群众提供良好的社会服务。从实践中看，在缺乏集体经济实力的地方，由于村民自治组织难以为村民提供良好的社会服务，缺乏凝聚群众的物质基础，村委会办理公共事务和公益事业，只能完全依靠村民出资出力。因此，村民自治运作效果不理想，村民参与自治的积极性不高。农村基层组织处于瘫痪、半瘫痪状态的"失控村"，大多是集体经济的"空壳村"。相反，在一些集体经济实力较强的村，村干部的报酬、村集体和乡政府要求农户提供的资金和劳务，主要由集体组织承担，农民因集体经济和自治组织为自己带来的利益而减轻负担。因此，村民自治组织享有较高威信，具有较强的凝聚力和吸引力。可见，搞好村民自治，必须大力发展农村集体经济，增强村委会服务功能和村民自治的吸引力、凝聚力。

（二）大力发展农村文化教育，培养和强化村民的民主意识

村民自治是中国农村的民主政治实践，它的运作与村民主体的思想文化状况密切相关。思想文化主要包括文化知识和价值观念。文化知识是从事政治活动的必要条件。正如列宁所指出的："只要在我国存在文盲现象，那就很难谈得上政治教育。……文盲是站在政治之外的，必须先教他们识字。不识字就不能有政治，不识字只能有流言蜚语、传闻偏见，而没有政治。"[1] 在现实生活中我们可以看到这样一种现象：凡是在文化比较贫乏的地方，民主制度、民主观念、民主作风就很难树立，而偏执、独断、愚昧、盲从的现象容易流行。由于云南地处西部边疆，农村人口和少数民族人口多，农村人口的整体文化素质尚不高。农村改革后大量文化程度相对较高的农村劳动力流向城市和其他发达地区务工经商。这种状况必然影响农村一般村民参与日常村务管理活动。与文化知识水平较低的状况相比，农民的思想价值观念对村民自治运作的影响更大。从目前农村村民自治的运作情况看，农民的民主参与目标、民主参与形式、民主参与程序与程度都与预期理想的直接民主有距离，农民的民主意识和民主观念还很不健全，他们的参与目标在很大程度上仍然是为了解决经济利益，缺乏现代民主"政治人"所应具备的权利主体意识以及由此决定的权利实现的主动性，他们的参与形式不是通过现代意义上的组织团体，而多数是停留于历史上的个体性参与。因此必须大力发展农村文化教育，提高农民（包括村组干部）的文化素质和政治参与意识，解决农民文化水平低、民主素养差的问题，为发展农村基层民主培养合格的主体。如文山州富宁县委及各乡镇党委在基层党员干部培训方面做了大量工作。2002 年，基层党委举办各类培训班共 686 期，28589 人次。其中，理论培训 405 期，培训党员干部 13247 人次；开展科技培训 281 期，培训党员干部 15342 人

---

[1] 列宁. 列宁论国民教育. 人民教育出版社，1959 年版，第 459 页。

次。通过培训，广大党员干部进一步加深了对党的路线方针政策的理解和掌握，对全县的经济发展思路和农村产业结构战略性调整、扶贫攻坚、科技兴农、农业和农村工作有了新的认识；拓宽了视野，提高了应用科学理论指导实践的能力；增强了党性修养，树立了正确的人生观、价值观和政治意识、大局意识、责任意识、创新意识，与时俱进，开拓创新的精神。[2]

（三）努力协调好村民委员会与各方面关系

1. 处理好村民委员会与基层政府的关系。政府主动推进是我国村民自治由自发兴起到规范发展的重要动力，也是农村基层民主发展的一个重要特点。因此，在乡村关系中，乡（镇）政府是主导方面。解决"乡政"与"村治"的矛盾，从乡（镇）政府方面说，主要是提高认识和改进方法。提高认识，就是充分认识乡（镇）政府与村委会之间是指导与被指导的关系，这是由村委会的性质决定的。村委会是村民自治组织，依法享有自治权利。因此，乡（镇）政府对村委会的关系不应为直接领导关系。乡（镇）政府除采用必要的行政管理方式外，应更多地应用法律、经济和教育等管理手段，在尊重村民自主权和村委会相对独立性的基础上实现有效管理。乡（镇）政府在指导村委会工作时特别要注意以下几点：一是指导村委会换届选举工作，尊重群众的民主意愿，不要委派村干部，也不要事先划框子、定调子，要真正实行村民直接民主选举，保证把那些政治素质好、组织能力强、威信高、群众信得过的人选到村委会领导岗位上来。当然，也要引导群众反对宗族主义、家族观念，坚决打击"黑社会"势力的操纵。二是指导村委会独立负责地开展群众自治工作，尊重村委会自治权利，改进领导方法和工作作风，严禁把村委会当成乡（镇）政府的下级机关，更不能用行政命令的方式干涉村委会自治权利的行使，要坚持村民的事情由全体村民民主讨论决定的原则，采取民主讨论的方法、疏导的方法、说服教育的方法，而不是行政命令的方法、强制压服的方法。三是乡（镇）政府的各工作部门不要把村委会当做下属机构，对某些需要村委会协助完成的工作任务，应当在法律规定它所承担的范围之内，并通过乡（镇）政府统一向村委会布置，再由村委会组织群众协助完成，各部门不要直接向村委会布置任务。四是乡（镇）政府及所属部门要帮助、指导村委会自身建设，包括健全完善村委会自治组织、建立健全村委会工作制度、培训村委会干部、开展竞赛评比活动、帮助村委会协调与村党支部的关系、解决工作中遇到的各种实际困难。村委会应加强村民自治组织自身建设，教育农民提高民主意识，增强自治能力，引导农民学会使用民主权利，自觉协助乡（镇）政府做好各项工作。

---

〔2〕 李蔬君. 云南贫困山区农村基层组织建设的调查及思考. 中共云南省委党校学报，第5卷第6期（2004.11），第68页。

2. 正确处理村党支部与村民自治组织的关系。在加强和改善党对农村工作的领导这一原则下，从制度上合理划分村党组织与村民自治组织的职权范围，尤其要明确村党支部对村民自治所承担的"支持和保障"的责任及履行责任的方式，在制度化和操作性上保证二者关系的规范运作，理顺关系。如果说乡村关系中乡是主导方面的话，那么村党支部与村委会之间关系则是村党支部为主导方面，村级党组织要领导和支持村民依法参与村级事务管理。所以，在当前，尤其需要规范村党组织的职责范围和工作方式。就职责范围而言，村党组织要使自己真正成为村级组织的核心，应尽力避免行政化倾向，摆脱具体事务。党组织要围绕新农村建设和和谐社会建设，深化农村党建"三级联创"活动，扎实推进乡村党组织建设，重点解决增强乡村党组织在新农村建设中的领导力和凝聚力的问题，重点改进乡村干部做好群众工作、领导新农村建设的方式方法，重点加强对村级活动场地的建设与管理。党员尤其是党员干部要自觉遵守《云南省农村工作守则》，带头尊重村民的民主权利，带头执行民主管理制度，充分发挥党员干部的先锋模范作用。由村民自己能够处理好的事情，应尽可能让村民群众根据法律制度自主处理，以支持和帮助村民自治组织独立负责地开展活动。总之，村级组织包括村党组织都要在法律制度范围内活动。村党支部书记可以兼任村委会主任，但必须经过依法直接选举才能当选；村党组织可以在村委会选举前对选举加以组织影响，但对合法选举结果必须予以承认；党组织拥有重大决策权，但应以党内民主充分听取群众意见和不侵犯村民自治权为前提；对村党组织及其成员的失当行为，村民和村民自治组织有权向上级党组织反映，促其改正。

3. 认真处理好村民委员会与村民代表大会的关系。村民委员会必须按规定每年组织召开村民会议或村民代表大会，实行民主决策，讨论决定本村重大事项；实行民主管理，村民委员会每年至少向村民会议或村民代表大会报告一次工作；村民会议每年审议村民委员会的工作报告，实行民主监督，村民、村民代表评议村民委员会的工作。

4. 认真处理好村民委员会与村民小组的关系。村民小组是村民开展群众自治活动的基层组织。工作运行良好和正常的村民委员会，应积极发挥村民小组联系村民的桥梁和纽带作用，指导、帮助、支持村民小组带领村民发展经济、办公益事业和社会事业，协调解决村民小组存在的一些问题和困难，为农业生产和村民的致富创造必要条件。

（四）进一步完善村民自治制度

从理论上讲，村民自治制度应是一个较好的制度安排，然而，这一制度要真正发挥其功效，实现更多的受益群体和产生规模报酬效应，还需要作进一步的制度落实与完善，具体而言，要在如下几个方面进行完善：

1. 要完善村委会民主选举制度。扩大农村基层民主，搞好村民自治，民主选举是基础。为保证村民民主选举的参选率和规范化，要广泛深入地开展《村组法》的学习、宣传，尤其要搞好选举动员，使村民充分认识《村组法》规定的直接民主选举的作用和意义，熟悉民主选举的规则和程序。逐步规范选举程序和标准。根据新的《村组法》的有关规定，充分体现村民自治的原则精神，村委会民主选举的标准应是：民主、平等、公开、竞争、合法。总之，规范化的民主选举不仅可以使村干部产生荣誉感、责任感和危机感，也能充分调动村民参与的积极性和政治热情，充分体现农民当家做主的主人翁地位和自豪感。

2. 要完善村民议事制度。村民议事制度是实现民主决策的有效途径和重要方式。根据《村组法》的规定，村民议事的组织形式就是村民会议或村民代表会议；村民议事的基本功能就是民主讨论、民主商议和共同决定。

3. 要完善村民民主监督程序，实行民主监督制度。要全面推行《农村党员和村民代表民主议事听证制度》和乡村两级党务公开、政务公开、村务公开、财务公开制度，从事前、事中、事后等环节强化对村务活动的监督，切实增强村务决策、管理、监督的民主性和科学性，严格按照《云南省村务公开和民主管理暂行办法》的规定，认真落实农民群众的知情权、参与权、决策权和监督权，推进农村基层民主政治建设，实现"管理民主"的目标。修订后的《村组法》规定实行村务公开制度，尤其强调了财务公开的内容及公开的时间，但《村组法》只规定了村务公开的原则要求、内容范围以及不及时实行村务公开或公开内容不真实的法律责任，而关于村务公开的程序、方式及怎样保证公开的真实性等问题，规定不详。当然，这些具体问题是不能苛求于法律的，应在实践中加以具体化。

4. 加强农村法制建设，为实行村民自治，营造良好的社会法制环境。民主必须与法制化、制度化相匹配。村民自治是广大农民行使民主权利的广泛实践，作为国家法律制度的安排，在缺乏法制传统的农村社区推行，更需要营造良好的社会法制环境。由于受长期的专制历史影响，中国农民非常缺乏民主经验和民主习惯，不善于行使自治的民主权利。如果不强化基层干部和广大农民的法律意识和法制观念，将村民自治纳入法制化、制度化的轨道，就有可能出现"过度自治化"和"附属行政化"倾向，使农村社会出现不稳定因素，影响农村基层民主乃至整个社会主义民主的健康发展。加强农村社会主义法制建设，为农村基层民主特别是村民自治的平稳推进营造良好的社会法制环境，除了需要加快农村民主建设，打好法制建设基础，主要是认真贯彻执行《村组法》，实行农村基层直接民主选举和村务公开制度。此外，下面两项工作必不可少：一要加强农村法制建设的规划和指导。在推进实现依法治国方略的进程中，应有推进农村法制建设的规划，对农村法制建设分阶段目标，制定明确的规划和年度计划，并稳步实施。对农村法制建设状况应有明确的评价指标，并进行经常性的检查督促。二要切实提高农村干部、群众的法制观念。对农村干部，包括吃"皇粮"或受聘的乡镇干部、企业老板等负有管理职能的人来说，由于他们手上已经有了一定权力，主要还是要树立依法办事、恪守职责，接受监督的观念。要突出"义务本位，责任至上"，使他们认识到干部的行政权力和企业老板的管理权力是有限的，必须依法行使，并要接受人民监督。而对广大农民群众来说，也包括农村的中小企业，固然要了解若干基本法律知识作为生活准则，但最根本的是要树立权利本位观念，充分了解作为公民享有的法定的权利，要敢于和善于依法保护自己的合法权利，既要克服由于不知法而不会依法保护自己权利，又要防止一旦走投无路，就气急败坏地使用违法手段抗争而陷入违法。

5. 总结推广实施《村民委员会组织法》效果较好的经验。进行基层民主实践的交流与学习，不断地总结经验与教训，有效地规避实践过程中的误区。云南省基层民主建设起步相对较晚，加之长期以来形成的农村人保守、安于现状等性格特征和贫困的现实，农村基层民主缺乏内生的政治文化条件。要实现真正的"村民自治"，除了需要全省上下的共同努力，还要依赖长时间的基层民主实践，不断地相互交流与促进。

（五）加强农村基层党组织建设，充分发挥其领导核心作用

一是进一步加大对乡镇领导班子"公推"力度，把年纪轻、素质高、懂经营、善管理、政治素质强、带领群众致富能力强、热爱农村、熟悉农业、了解农民的优秀干部选拔进入乡镇领导班子。如大理、红河、德宏、昆明、曲靖、昭通等州（市）采取有效措施，把思想政治素质好、热心为群众办事、能够带领群众脱贫致富的经济能人、乡土拔尖人才、有志于农村工作的优秀大中专毕业生和复员退伍军人选进村级班子，配强村级班子，落实责任目标，增强村干部为民服务的责任意识和使命感，村级党组织的凝聚力、战斗力和号召力明显增强，党支部的表率作用明显增强。二是加大"两委"班子成员的培训力度。抓好对"两委"班子成员的集中培训，努力提高他们的履职能力。例如，2007 年，安宁市在加强农村基层组织村组干部培训中，采取培训系统化和长期化，抓好村组干部的理论、实用技术、综合素质培训及学历教育，建立培训档案；同时由安宁市委党校每年对全市 1028 名村组干部培训一次。通过培训，使农村基层党组织的创造力、凝聚力和战斗力不断增强，有力地推进了社会主义新农村建设。三是进一步扩大选人视野，拓宽选人渠道。采取面向社会公开选聘、委托培训、挂任助理、选派机关优秀年轻党员干部到村任职等办法，选拔和储备村级班子人选，解决后继乏人的问题。四是进一步建立和完善具体的配套政策和激励措施，切实增

强农村基层岗位的吸引力。要鼓励和引导高校毕业生到农村基层干事创业，使其下得去、留得住、干得好、有出息。凡是新录用的公务员，都要去乡镇或村锻炼。例如，玉溪市从 2003 年开始，先后挑选了 800 多名有农村基层工作经验、有解决突出矛盾和问题能力的机关干部下基层，积极引导和鼓励大学毕业生到农村建功立业，选聘三批 54 名大学生任"村官"，2007 年又下派了第一批 644 名新农村建设工作指导员，提高了农村基层党组织领导发展的能力。

（执笔：田东林、杨永建、李皎）

专题十一　云南省农民收入增长分析

　　2004 年以来，中央连续五年出台了五个中央一号文件，着眼点不仅在于解决农民的生计，更是统筹城乡经济社会发展的重大方略。2006 年提出的建设社会主义新农村将"新"定义为：生产发展、生活宽裕、乡风文明、村容整洁、管理民主。2006 年的中央一号文件，把促进农民持续增收作为夯实社会主义新农村建设的经济基础。只有农民收入增长，生活富裕，才有能力加大投入，促进生产，才能投入更多的精力搞精神文明建设，才能充分发扬民主，改善乡风。

　　农民收入及其增长事关国民经济发展全局，是反映"三农"和评价全面建设小康社会的重要指标，对正确认识现阶段农民收入现状和变化趋势，具有十分重要的意义：

　　第一，有利于大力推进农村经济发展，尤其是农业经济发展。云南是一个农业大省，国民经济发展离不开农村经济的发展，而农村经济发展的快慢又与农民收入的高低密切相关。因此，对农民收入现状分析，提出增加农民收入的各种对策，对切实增加农民收入，促进我省农村经济发展有着重大意义。

　　第二，有利于"三农"问题的解决。"三农"问题不仅是农业、农村、农民自身的问题，还是关系到国民经济持续和健康发展的问题。当前，"三农"问题十分突出，但其关键还是如何提高农民收入，因此对农民收入现状分析，挖掘提高农民收入的对策是解决"三农"问题的有效途径。

　　第三，有利于农村社会的稳定。我省的农业人口占 70% 以上，农民的收入问题是个关系社会稳定和能否健康发展的大问题，通过分析找出制约农民收入的因素，提出针对性的解决办法，不但可以促进农村经济发展，还可以弱化农村社会的不稳定因素。

　　第四，有利于推进农村全面小康社会的建设。全面小康社会的前提和基础是增加农民收入，提高农民物质和文化生活水平，这也是农村工作的基本出发点。因此统筹城乡经济发展，提高农民生活水平，是缩小城乡差距，全面建设小康社会的重要任务。从这个层面上讲，分析农民收入现状，加快农村经济发展是全面建设小康社会的重要途径。

一、云南省农民收入现状

　　2005 年，云南省农民人均纯收入首次突破 2000 元大关，2006 年，是"十一五"规划的起步之年，也是社会主义新农村建设的开局之年，这一年粮食总产量 1542.2 万吨，同比增加 27.3 万吨，农业总产值和增加值分别达到 1211 亿元、751.15 亿元，同比分别增长 8.5% 和 6.8%，农业增加值增速比全国平均 5% 高出 1.8 个百分点，排全国第五位，农民人均纯收入 2250.5 元。2007 年，云南省农业发展速度仍然承接了 2006 年快速发展的格局，全年粮食产量达 1546.68 万吨，创历史新高。农业总产值和增加值分别达到 1400 亿元、868 亿元。农、林、牧、渔、农业服务业总产值分别比 2006 年增长 7.3%、13.4%、7.4%、21.6%、10.7%。农、林、牧、渔、农业服务业增加值分别比 2006 年增长 6%、6%、5.8%、12%、8.1%。农业总产值和农业增加值增速排全国第三位，比 2006 年向前提升了两位。在此强劲的发展势头下，2007 年我省农民人均纯收入达 2600 元，比上年净增 349.5 元，增量首次突破 300 元，增长 15.5%，扣除物价上涨因素，实际增长 10%，高于城镇居民人均可支配收入增幅 2.2 个百分点。

（一）农民收入增长原因分析

农民收入连续三年的快速增长，我们认为与下面几个因素密切相关：

1. 农业生产结构逐步优化

2006 年，我省优质粮食种植面积迅速扩大到 2160 万亩，增长 23%；特色优势作物发展势头强劲，种植面积达到 3298 万亩，比上年增加 190 万亩，增长 5.9%；以茶叶、核桃、板栗为主的特色经济林果面积由 1200 万亩发展到 1500 多万亩，全省农民人均从茶叶、甘蔗、蔬菜、花卉、橡胶、核桃、板栗、园林水果等为主的特色经济中得到的收入为 690.5 元；林业综合产值由 220 亿元增加到 250 亿元，增长 13.6%；猪牛羊等大牲畜出栏 3805 万头，增长 7.5%，肉类总产量由 300 万吨增加到 321 万吨，增长 7%，畜牧综合产值由 520 亿元增加到 560 亿元，增长 7.7%。2007 年，全年农作物总播面积为 9553 万亩，比上年减少 12 万亩，减 0.1%。粮、经、其他种植结构比，由上年的 68:25:7，调整为 67:26:7，其中，粮食作物调减 1 个百分点，经济作物调增 1 个百分点，其他作物持平。农业生产结构战略性调整步伐加快，全省经济作物种植面积达到 3650 万亩，重点抓了蔬菜、瓜果、花卉、薯类、甘蔗、蚕桑、茶叶、小杂豆、麻类、药材等经济作物的进一步优化布局，优化品种品质，推进了种植结构调整。农业生产结构较之往年有了明显的优化，有力地拓宽了农民收入渠道，并丰富了农民收入增长点。

2. 农业产业化迅速发展

2006 年，全省各类农业产业化龙头企业达 3331 个，年销售收入亿元以上的龙头企业达 52 个，销售收入 500 万以上的企业有 610 个；中介组织 117 个，占产业化组织总数的 3.5%；专业市场型 226 个，占产业化组织总数的 6.8%，交易额 5000 万元以上的专业市场达 33 个。产业化组织从业人数达 34.71 万人，其中龙头企业从业人数 26.32 万人，占全部产业化组织从业人数的 75.83%。2006 年，全省龙头企业实现销售收入 297.6 亿元，净利润 45.7 亿元，上缴税金 12.6 亿元，分别比上年增长 31.7%、38.3% 和 2.7%；中介组织销售收入达 4.7 亿元，比上年增长 4.7%；专业市场实现交易额 110 亿元，净利润 7.7 亿元，上缴税金 1.1 亿元，分别比上年增长 38.8%、236% 和 32.8%。截至 2006 年底，各类产业化组织中，种植业 1654 个，带动种植面积 1852 万亩；畜牧业 447 个，带动牲畜饲养量 989 万头，禽类饲养量 7300 万只；水产业 25 个，带动养殖水面 88 万亩。各类产业化组织共带动农户 1100 万户（次）比上年增长 57%。农户从产业化经营中增加收入总数达到 93 亿元。2006 年，龙头企业实现出口创汇 4.51 亿美元，比上年增长 156%；占全省农产品出口创汇总额的 82%，比上年增长 30 个百分点。2006 年，外商投资龙头企业数达 50 个，利用外资额达到 2232 万美元。截至 2007 年，全省共引进和扶持各个层次的龙头企业 3500 户，销售收入 450 亿元，带动了 530 万户农户，直接带动农民增收 100 亿元，农业产业化的迅速发展，成为带动农民收入增长的重要力量。

3. 工资性收入成为农民新的经济增长点

全省 2006 年共培训农村劳动力 100 万人，新增转移 78 万人，增长 15%，完成年初计划任务的 156%，累计外出务工 3 个月以上的农民达到 570 万人，实现农村劳动力转移就业收入 142 亿元，农民人均工资性收入达到 442 元，同比增加 94 元。2007 年全省培训农村劳动力 105 万人，转移就业 137 万人，工资性收入达 521.63 元，比上年增加 79.81 元，增长 18.1%，增长对农村居民增收的贡献率高达 20.8%，创下历史最高水平，工资性收入成为农民新的经济增长点。

4. 农业基础设施进一步夯实

2006 年全年完成水利水电建设投资 73.5 亿元，同比增加 6.9 亿元，增长 10.4%，全面完成高稳农田建设 100 万亩，基本农田建设 100 万亩，新增有效灌溉面积 40 万亩、节水灌溉面积 50 万亩，水土流失治理面积 2400 平方公里，新增解决人畜饮水 100 万人，新增及治理各类堤防长度 50 公里。"润滇工程"开工建设的 21 个大中型水库，已有 14 件水库大坝封顶，部分工程已开始蓄水并产生效益；同时建成山区"五小水利"工程 23 万件，同比增加 10%；全省改建农村公路 4000 公里，建成 117 个农村客运站，乡镇公路、行政村公路通达率分别达到 92.7% 和 55.5%，农村通达条件得到改善，有效地缓解了农产品运输难、运费高的问题，间接地节约了农民生产成本，提高了农民收入。

5. 扶贫工作进展顺利

全省累计完成特困农户茅草房改造 40.25 万户，在人口较少民族地区实施了 370 个整村推进项目和 3936 户茅草房改造；完成异地扶贫搬迁安置 3.7 万人；贫困地区经济作物面积 32 万亩，经济林果 55 万亩，出栏大牲畜 60 余万头，转移贫困地区农村劳动力 23.5 万人。

（二）农民收入增长制约因素分析

虽然前述的诸项因素在一定程度上提高了农民收入，但是我省的农民收入仍然处于相对较低的水平。从长期来看，下列因素仍然制约着我省农业农村的发展，限制了农民收入水平的提高。主要表现在：

1. 全省农民收入水平依然较低。2007 年全省农民无论是收入水平，还是收入的增加额，抑或是收入增长速度均创 10 年来最高纪录。但与全国农民人均纯收入的 4140 元比，我省农民人均纯收入还低了 1540 元，仅为全国平均水平的 62.8%，位居全国第 29 位。城乡居民的收入水平、生活质量、环境条件的差距更为悬殊。同时，我省内部各地区的农民收入差距依然显著。

2. 农业基础设施依然薄弱。一是耕地面积减少，全省"十五"时期耕地面积年平均净减少 30 万亩。二是水利设施不足。目前，我省人均库容 232 立方米，仅相当于全国平均水平的一半，人均供水能力和用水量分别比全国平均水平低 121 立方米和 130 立方米，致使全省农田有效灌溉面积仅占耕地总面积的 35.8%，低于全国平均水平 8 个百分点，2/3 的耕地因缺水处于中低产状态，旱涝保收面积仅占耕地总面积的 21%，低于全国平均水平 10 个百分点。三是局部地区生态环境恶化。

3. 社会主义新农村建设步履维艰。新农村建设的核心是农民生活富裕，而围绕农民增收的外在环境就是新农村的建设，是否建立起和谐的新农村，不仅关系到农民的生活环境，而且对农民增收起到很好的外部推动作用。

4. 农业产业结构仍不合理。农业产业结构是和农民收入密切相关的，我省农民的主要收入来源目前仍为家庭经营，所以产业结构的合理与否直接决定了我省农民的收入水平。改革开放以来，我省农民收入有了很大提高，人均纯收入从 1978 年的 130.6 元上升到了 2007 年的 2600 元，增长了 19.9 倍。虽然从总量和增速上都是令人瞩目的，但是由于我省的农业产业结构不合理，限制了农业生产力的发展，从而制约农业的发展，导致我省农民的收入增长力不高。

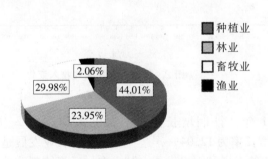

图1　2007 年云南省农业产业结构

如图 1 所示，2007 年我省农业产业结构中，种植业的比重过大，而渔业的比重过小。一是由于我省农业生产力相对较低，不能充分利用资源和技术，造成了农业结构分工的相对滞后，从而出现结构比例失调，产生"单一化"、"小而全"的现象。二是由我省特殊的地理条件决定的。由于山地面积广大，地处高原，不可能具备发展渔业的自然条件，同时由于光照、水热等资源丰富，为农业的发展提供了充足的条件，因此才会出现生产结构的比例失调。三是我省人均 GDP 处于全国下游水平，人口消费更多集中在粮食或经济作物上，而对肉蛋奶等副食的消费相对不足，由需求决定供给的理论得出农民的生产主要集中在农业上，也就是种植业。由于影响农业生产结构的因素是不断变化的，因而其比例关系也在不断变化。从世界上已经实现农业现代化的国家来看，现代农业生产结构的基本特征是：种植业的比重有下降趋势，但种植业尤其是粮食具有较高的生产水平；畜牧业的比重逐渐提高，一般约占农业总产值的二分之一；林业日益成为农业的重要部门、森林覆盖率一般约占土地面积的三分之一以上；渔业越来越受到重视，成为食品的重要来源。因此，提高我省农民的收入还要从优化农业产业结构上着手。

（三）我省农民收入变动的阶段性特征

改革开放以来，我省农民收入的增长按增长台阶大致可分为五个阶段，如图2所示。

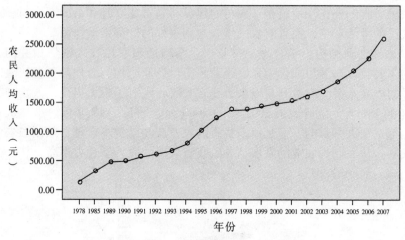

图2 云南省农民人均收入变化

资料来源：云南省统计年鉴

1. 1978～1991 年，徘徊增长阶段。农民人均纯收入从 130.6 元增长到 572.58 元，年均增长率为 12.04%，这一时期我省农业发展是在探索中发展，在此期间经历了高速的发展和缓慢发展，其中农村经济体制改革，极大地调动了广大农民的生产积极性，使农业生产超速发展，农业总产值年均增长 15.5%，除此之外非农产业也迅速发展，加之国家提高农产品价格，从而使农民收入大幅度提高。当然在探索中还经历了农民收入的低速增长，这主要是由于改革的方向发生倾斜，从农村转向了城市，虽然提高农副产品价格，但是农业生产资料价格的增长高于前者，致使农民收入增长缓慢，甚至个别地区还出现负增长。

2. 1991～1995 年，稳步增长阶段。这一时期我省农民人均纯收入从 572.58 元增长到 1011 元，年均增长率为 15.27%。在经历了 20 世纪 80 年代在探索中发展农业的过程后，对农业发展有了较成熟的经验，这一时期农业总产值年均增长率为 15.6%，农业产量有了较大的增长，加之各级政府加大对农业的重视程度，加强对农业的投入，农民收入确实较以往有了明显的增加。在此期间农民收入随着粮食的稳步增加而增加，并一度解决了农民增产不增收的问题。

3. 1995～2001 年，缓慢增长阶段。这一时期我省农民人均纯收入从 1011 元增长到 1533.7 元，年均增长率为 7.19%。虽然 1995 年我省农民人均纯收入首次突破 1000 元大关，达 1011 元，但这一时期是我国改革的关键转型期，各级政府放松了对农业的重视，使得农民收入增长的势头受阻。

4. 2001～2005 年，回升增长阶段。农民人均纯收入由 1533.7 元增长到 2041.8 元，平均年增长率为 7.42%。这一时期政府采取了一系列支农惠农政策，加大农业投入力度，同时减轻农民负担，减免农业税，优化了农民增收环境，农民收入逐步回升。

5. 2005～2007 年，加速增长阶段。这一时期我省农民人均纯收入从 2041.8 元增长到 2600 元，年均增长率为 12.84%。2005 年我省农民人均纯收入首次突破 2000 元大关，两年间农民人均纯收入从 2041.8 元增长到 2600 元。我省农民人均纯收入从 1978 年的 130.6 元到 1995 年突破 1000 元大关整整用了 17 年时间，到 2005 年突破 2000 元大关，用了十年的时间，而只用了两年时间就达到 2600 元，表明以明显的速度在加速增长。

（四）农民收入的变动特点

1. 阶段性特征明显。从 1978 年以来，我省农民纯收入增长大体经历了恢复、徘徊、缓慢、回升、加速等阶段，并且其时间跨度与全国基本一致。

2. 与农业生产的关联度比较大。我省农民收入结构决定了其收入渠道比较单一，基本来自于生产经营性农业，所以农民的收入风险较之全国比较大，易波动。

3. 其他收入来源的比例在不断加重。各级政府注意到收入渠道单一的问题后，加大了对农业产业化和现代化的发展，并且增加农民就业面，多渠道增加农民收入，尤其是乡镇企业的发展和劳动力转移就业，对农村非农产业的发展起到了重要作用，间接地拓宽了农民收入渠道。

4. 农民收入增长位列全国中下游。虽然从绝对量上看，我省农民收入在不断增长，但是增速低于全国平均水平，并且收入差距有不断拉大的趋势。

二、我省农民收入结构分析

（一）我省农民收入来源的结构特点

农民收入按结构划分，可分为工资性收入、家庭经营收入、财产性收入、转移性收入四个部分。表 1 是十几年来我省农民收入来源分布。由图 3 可以看到家庭经营收入占我省农民人均纯收入的 70% 以上。从 20 世纪 90 年代以来，农民家庭经营收入虽然在总量上不断上升，但其所占纯收入的比重逐步降低，从 1985 年的 78.3% 逐步降低到 2007 年的 72.2%。而工资性收入所占的比重逐步上升，从 1995 年的 12% 增加到 2007 年的 20.1%。但同时家庭经营收入所占纯收入比例还远高于全国 53.8% 的平均水平，而工资性收入所占纯收入比例远低于全国 36.1% 的平均水平。

表1 云南省农民收入按结构划分（绝对量）

单位：元

年份	工资性收入	家庭经营收入	财产性收入	转移性收入
1995	120.84	792.04	57.00	41.09
1996	139.22	957.51	64.93	67.63
1997	177.97	1091.27	22.51	83.74
1998	194.79	1054.67	36.34	101.46
1999	215.26	1119.16	26.03	77.17
2000	263.58	1115.68	47.94	51.40
2001	283.36	1137.63	59.35	53.4
2002	286.17	1193.26	60.43	68.79
2003	318.22	1242.65	67.21	69.04
2004	325.86	1386.61	71.761	79.96
2005	348.31	1530.13	75.52	87.84
2006	441.80	1631.63	81.88	95.22
2007	521.63	1876.08	93.56	108.73

1. 家庭经营收入占据主要地位

家庭联产承包制度的展开，使得农民家庭经营规模不断扩大，家庭经营收入从31.8元到1876.08元，比重从23.3%上升到72.2%。随着改革的深入进行，农民收入渠道逐步拓展，乡镇企业的发展使得农民对传统生产经营的生活方式的依赖性逐步降低。但约72.2%的比重仍然说明家庭经营对我省农民收入的重要性。

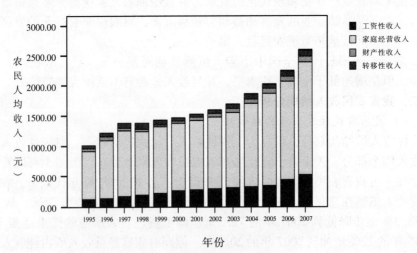

图3 云南省农民收入结构

资料来源：云南省统计年鉴

2. 种植业收入是家庭经营收入的主要方式

在家庭经营收入中，又可分为种植、林、牧、渔，其中种植业无疑是我省农民收入中的重中之重，图4显示了我省农民家庭经营性收入的结构变化。种植业收入占家庭经营收入的50%以上，并且一直较为稳定的徘徊在55%左右，但与全国的平均水平不同的是我省种植业收入的比重虽然较大，但是，绝对量并不高，而非农产业的比重低，绝对量也低，这就决定了我省农民收入的水平低。这不仅反映我省农业产业结构的不合理，而且突出农民就业渠道狭窄。2007年云南农村居民人均粮食收入增加51元，增长7.5%；人均油料收入增加16.9元，增长40.49%；人均糖料收入增加22.53元，增长44.94%；人均蔬菜收入增加63.45元，增长24.54%，人均园林瓜果收入增加7.3元，增长21.8%；人均茶叶增收118.09元，增长142.01%；人均药材增收3.6元，增长121%，农村居民从18大类种植业产品中获得的收入总计达到1876.08元，比上年增加244.48元，增长14.98%。

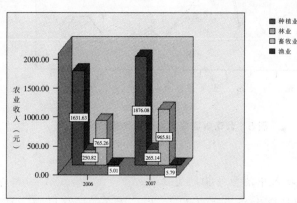

图4　2006~2007年云南省农民农业收入结构

资料来源：云南省统计局

3. 工资性收入是新的收入增长点，但增长后劲不足

改革开放初期，农民的劳动报酬性收入主要是从集体生产队的生产经营中获得，是农民收入的主要来源。随着体制改革的深化，从1995年起，劳动报酬性收入所占纯收入比重开始增大，从12%增长到20.1%，到2007年人均达到521.63元。工资性收入的增长主要得益于乡镇企业的发展和城市化进程的逐级深入。因此，要使我省农民收入结构优化，不仅要继续大力发展乡镇企业，推动产业化进程，而且要在城市化的进程中抓住机遇，拓宽农民的收入渠道。

4. 农民收入增量构成的变化

农民人均纯收入增长相对量是由农业和非农产业的贡献率来衡量的（图5反

映了我省农民生产经营性收入的增量的变动指标）。在 1999 年之前农业生产性收入的增长率变动幅度明显大于农民收入增长的变动幅度，非农收入的增长波动更是大于农业收入的波动，说明农业生产收入对生产性收入实际增长带动作用大于非农业生产收入，而在 1999 年以后农业生产性收入增长的波动基本小于或与生产性增长率的波动持平，此时的非农业生产收入增长率波动虽然大于农民收入增长变动，但其变化幅度明显小于 1999 年前，所以农业生产性收入对农民收入的实际带动作用大的同时，非农产业收入对农民生产性收入的作用也在逐步提高。非农产业对生产性收入增长贡献越大，越有利于农民收入的提高。

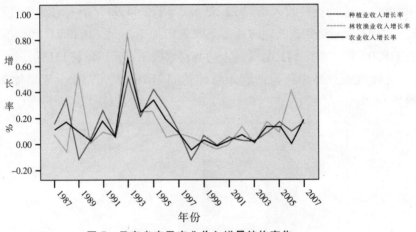

图5 云南省农民农业收入增量结构变化

资料来源：云南省统计年鉴

（二）农民收入中消费结构的变化

消费是农民从事生产劳动的动力，也是生产的最终目的。消费不但反作用于生产，而且消费水平的高低直接取决于收入水平的高低。

1. 我省农民消费水平的变化

我省农民生活消费支出从 1985 年的 267 元增长到 2007 年的 2637.2 元（国家统计局云南调查总队 2400 户农村住户抽样调查资料），年均增长率为 11%，高于同时期纯收入的年均增长率 10%。近五年来，云南农民生活消费呈现全面增长趋势，2007 年与 2002 年相比，农民人均消费支出增长较快的有：交通和通讯消费216.7 元，年均增长 36.6%；居住消费586.1 元，年均增长21.3%；医疗保健消费167.9 元，年均增长 19.5%；家庭设备和用品消费107.2 元，年均增长15.8%；衣着消费112.5 元，年均增长 14.4%。2007 年云南农民人均消费支出首次超出人均收入，虽然人均消费总量上有了大幅度提高，这是由于一方面农村人口过快增长的势头得到遏制，另一方面是收入的绝对量有了比较大的提高，同时还要注意我国的物价上涨，通货膨胀等因素的影响。因此盲目的对人均消费总量上涨的乐观态度是不正确的。

2. 我省农民消费结构

消费结构是指在农民的总的消费支出中，各种不同性质的支出所占总支出的比重及其相互关系。消费结构受消费水平制约，反过来又促进消费水平的提高，因此消费结构是反映农民消费水平、消费状况和生活状况的重要指标。2007年云南农民消费结构呈"五增三降"态势。其中，五类消费支出比重呈现不断上升势头，成为新的消费增长点，生活消费上升的五类消费分别为：居住占22.2%、交通和通讯占8.2%、医疗保健占6.4%、衣着占4.3%、家庭设备和用品占4.1%；2007年比2002年五类消费比重上升幅度顺序依次为：居住比重上升6.1个百分点、交通和通讯上升4.9个百分点、医疗保健上升1.4个百分点、家庭设备和用品上升0.3个百分点、衣着上升0.1个百分点。而食品支出、文化教育和娱乐支出、其他商品和服务等比重有所下降，2007年分别为46.5%、6.9%、1.5%，比2002年分别下降了9.4、1.4和2个百分点。

3. 农村居民恩格尔系数

农民消费支出按现行统计口径划分为食品类支出、文教娱乐和服务支出等八大类。食品类支出是我省农民支出的主项，多年来一直占农民消费支出的50%以上。五年来，云南农村居民恩格尔系数由2002年的55.9%下降到2007年的46.5%，五年共下降9.4个百分点，恩格尔系数下降幅度是1985年以来最快的五年。五年来，农民非食品类商品和服务的消费能力不断增强，成为云南省农民生活质量不断提高的明显标志。云南农村居民恩格尔系数的下降，不仅反映出农民总体生活水平的提高，同时也反映了农民各项消费支出结构进一步得到优化。2007年农民人均食品支出1226.7元，比2002年增加454.1元，年平均增长9.7%，其中食品消费品支出年平均增长12%，食品服务性支出年平均增长25.8%。在食品消费方面，主食消费量减少，副食消费量增加。据国家统计局云南调查总队2400户农村住户抽样调查数据显示，2007年农民人均主食消费占食品支出的比重为25.6%，比2002年下降7.4个百分点；副食消费占食品支出的比重为74.4%，比2002年上升7.4个百分点。2007年农民副食人均消费量分别为：水产品1.6公斤、蛋类及蛋制品1.9公斤、奶和奶制品0.3公斤、肉禽及其制品33公斤，分别比2002年增加0.3公斤、0.2公斤、0.1公斤、6.3公斤；人均粮食消费量为183.1公斤，比2002年减少37.5公斤。

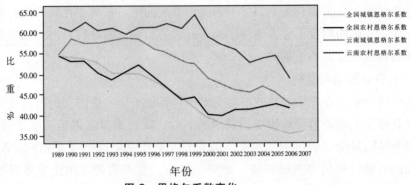

图 6　恩格尔系数变化

图 6 中可以清楚地将全国城镇、农村与云南城镇、农村居民的恩格尔系数作比较。2007 年，我省农村、城镇和全国农村、城镇恩格尔系数分别为 46.50%、45%、43.10% 和 36.30%，虽然我省农村居民恩格尔系数从 1989 年的 61.72% 下降到 2007 年的 46.50%，但与我省城镇、全国农村、全国城镇恩格尔系数相比，仍然存在一定差距。

恩格尔系数是衡量居民收入状况和生活水平的重要指标，恩格尔定律说明，随着收入水平的提高，用于非食品的消费支出比重随之增大，国外的专家提出恩格尔系数界限：

恩格尔系数 ≥ 0.59　　　　　　为绝对贫困

0.5 < 恩格尔系数 ≤ 0.59　　　　为勉强度日

0.2 < 恩格尔系数 ≤ 0.5　　　　为富裕阶段

0 < 恩格尔系数 ≤ 0.2　　　　　为最富裕阶段

因此，用这个标准来衡量我省农民生活水平，处于勉强度日阶段。

而针对文化教育的支出，从我省历年数据可看出，虽然总量增长不大，但是比重却在逐步增加，人均支出从 1990 年的 22.85 元增长到 2007 年的 181.7 元，年均增长率约为 12.97%，其所占消费总支出的比重也从 1990 年的 5.04% 增长到 2005 年的 10.2%。但是，值得注意的是，2007 年文化教育和娱乐支出的额度和幅度上有下降趋势。文化教育的消费支出，不仅对社会主义新农村建设提供了教育基础，而且对提高农民素质，拓宽农民收入渠道，加快城市化进程等都有重大作用。

三、云南农民收入差异分析

虽然在提高农民收入的过程中要保持合理的收入差距，防止出现平均主义，但是要控制好差异的量，防止差异过大。我省农民收入差距主要有与全国农民人均水平的差距、与我省城镇居民收入差距、与其他省份农民收入的差距、我省农民收入地区间的差异等几项指标。

（一）我省农民收入与全国农民收入的差异

我省是一个经济欠发达的地区，农民收入也低于全国平均水平。表2反映了我省农民纯收入与国家平均水平相比的差距。我省农民纯收入的绝对量与国家平均水平越拉越大，由1995年的566.77元拉大到2007年的1540元，差距增长了近3倍。收入比例基本维持在1.5∶1左右。相对差距总体上看基本稳定，也有进一步拉大的趋势，2007年达到59.23%，所以我省农民收入形势十分严峻。

表2 云南省农民人均纯收入与全国平均水平对比

单位：元

年 份	全国农民人均纯收入	云南农民人均纯收入	绝对差额	收入比例（云南为1）	相对差额（%）
1995	1577.77	1011.00	566.77	1.56	56.06
1996	1926.10	1229.30	696.80	1.57	56.68
1997	2090.10	1375.50	714.60	1.52	51.95
1998	2162.00	1387.30	774.70	1.56	55.85
1999	2210.00	1437.60	772.40	1.54	53.73
2000	2253.40	1478.60	774.80	1.52	52.40
2001	2366.40	1533.70	832.70	1.54	54.29
2002	2475.60	1608.60	867.00	1.54	53.90
2003	2622.20	1697.10	925.10	1.55	54.51
2004	2936.40	1864.20	1072.20	1.58	57.52
2005	3254.90	2041.80	1213.10	1.59	59.42
2006	3587.00	2250.50	1336.50	1.59	59.39
2007	4140.00	2600.00	1540.00	1.59	59.23

（二）我省农民收入与城镇居民的收入差异

我省农民纯收入与城镇居民的可支配收入的差距在最近十多年中逐渐拉大（如表3所示），绝对差距由1995年的3074.1元拉大到2007年的8896元，拉大了两倍多，差距的年均增长率为9.26%，比同时期农民纯收入的年均增长率

8.19%高了1个多百分点，收入差异比基本维持在4：1左右，2004年为最大4.76：1，虽然近三年有了一点回落，但比起1995年来说，仍然是很高的，形势不容乐观。总之，在城乡居民的收入总量不断增长的同时，收入差距呈明显的扩大趋势。

表3　云南省城乡居民收入对比

单位：元

年　　份	城镇人均可支配收入	农民人均纯收入	绝对差距	收入比（农民为1）	相对差额（%）
1995	4085.10	1011.00	3074.10	4.04	304.10
1996	4978.00	1229.30	3748.70	4.05	304.95
1997	5558.30	1375.50	4182.80	4.04	304.10
1998	6042.80	1387.30	4655.50	4.36	335.60
1999	6178.70	1437.60	4741.10	4.30	329.80
2000	6324.60	1478.60	4846.00	4.28	327.70
2001	6797.70	1533.70	5264.00	4.43	343.20
2002	7240.60	1608.60	5632.00	4.50	350.10
2003	7643.60	1697.10	5946.50	4.50	350.40
2004	8870.88	1864.20	7006.68	4.76	375.85
2005	9265.90	2041.80	7224.10	4.54	353.80
2006	10070.00	2250.50	7819.50	4.47	347.46
2007	11496.00	2600.00	8896.00	4.42	342.15

（三）我省与其他省份农民收入差距

十多年来，我国东、中、西部地区农民纯收入呈阶梯状分布：东部最高，中部次之，西部地区最低。我省农民纯收入与上海的差距在不断拉大，从1995年的3234.6元，拉大到2007年的7622元，从图7上可以看到，上海地区农民收入增长的势头（曲线斜率）明显大于我省。与中部地区湖北省的差距也在不断拉大，由1995年的500.3元扩大到2007年的1024.6元，并且差距有进一步拉大的趋势。与我省相邻的四川相比，差距由1995年的147.3元拉大到2007年的946.7元，同样差距还在进一步拉大（由曲线斜率可以看出）。

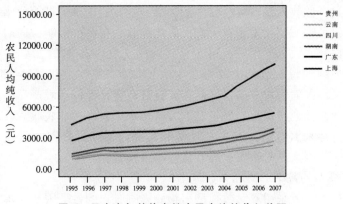

图7　云南省与其他省份农民人均纯收入差距

（四）我省农民收入地区间差异

由于地理区位、自然条件和社会经济条件的不同，省内各地区之间农民收入存在显著差异。2006 年全省农民人均纯收入为 2250.5 元，地区间收入最高的为玉溪市，农民人均纯收入为 3534 元，最低的是怒江州，农民人均纯收入 1094元，玉溪市农民人均纯收入为怒江州的 2.2 倍。昆明市官渡区农民人均纯收入达到 5376 元，为贡山县 779 元的 5.9 倍。在 16 个州市中，农民人均纯收入高于全省平均水平的有玉溪、昆明、大理、西双版纳、楚雄、曲靖等 6 个州市，低于全省平均水平的有红河、保山、普洱、德宏、迪庆、丽江、临沧、文山、昭通、怒江等 10 个州市，明显呈现出由滇中地区向周边地区递减的趋势。2007 年农村居民人均纯收入增加额在 400 元以上的有玉溪、临沧 2 个市；增收额在 300 ~ 400元的有普洱、昆明、曲靖 3 个市；在 200 ~ 300 元的有文山、保山、版纳、德宏；增收额在 200 元以下的有迪庆、红河、楚雄、大理、昭通、怒江、丽江。

四、影响云南农民收入增长因素的实证分析

从 1978 年以来，云南省农民的收入一直处于增长趋势，但是 2000 年以来，农民收入增长率却徘徊不前，甚至出现下降状态。因此，研究影响云南农民收入的因素对于破解目前全省农民收入增长缓慢的状态具有重要的现实和政策意义。

（一）选择变量和模型的关系形式

1. 确定模型所包含的变量

在本模型中，被解释变量显然是云南省农民人均纯收入。而解释变量的选择却相对复杂，因为影响全省农民收入的因素很多。长期以来，全省农民收入主要由农民的农业收入和非农收入两部分构成，因此，本书选择的基本思想是从三个方面考虑：第一是影响农民的农业收入，即统计口径上的家庭经营收入。我们选择了农产品产量和农产品价格指数两个变量，其中农产品产量既包括粮食作物的产量，又包括经济作物的产量。第二是影响农民的非农业收入，包括了农民的工资性收入、财产性收入和转移性收入三个部分。我们选择了城镇化水平指数。该指数不仅可以反映城镇化发展对于农民人均纯收入提高的影响，同时可以从侧面反映其对农民非农收入的影响。第三是政府的支农惠农政策。从 2003 年以来政府实施了一系列如税费改革、减免农业税、农业补贴和农机补贴等支农惠农政策，这些政策一方面为农业的发展营造了良好环境，促进了农产品产量提高和品质提升，另一方面通过减免农民税费的方式增加了农民的非农收入。在文中，主要是考查这些年来出台的支农惠农政策的实施效果和对全省农民收入的影响程度。当然，这些因素是否重要，还有待模型来检验。

2. 确定模型的数学形式和参数范围

目前，很多学者采用双对数模型来检验影响收入的各个因素。本文亦采用这种公认模型，其一般表现形式如下：

$$\ln Y_1 = \beta_0 + \beta_1 \ln X_{2i} + \beta_2 \ln X_{2i} + \beta_3 \ln X_{3i} + \cdots + \beta_n \ln X_{ni} + \alpha D + U_i$$

其中：n 为解释变量的数目，β_j 偏回归系数。在本模型中，由于各解释变量对于被解释变量在经济学意义上都是正相关的，因此，$\beta_j \geq 0$（$j = 1$，2，3，4，5）；D 是政策虚拟变量，实施政策的年份取 1，未实施政策的年份取 0；U_i 是随机误差项，描述变量外的因素对模型的干扰。

（二）数据的选取

本模型采用云南省 1987～2005 年的时间序列数据，数据均来源于《云南统计年鉴》1988～2006 年期。其中，城镇化水平 X_1 用全省非农人口占总人口的比重表示；农产品价格指数 X_2 采用云南省全社会食品类零售商品价格指数，并以 1987 年为基期（1987 年 = 100）；农产品总产量 X_3 由全省各年份主要农产品（粮食、油料、甘蔗、烤烟、水果、茶叶、猪牛羊肉和水产品）的产量加总而得。

（三）计量模型与参数估计

根据上文分析，建立如下的双对数多元回归计量经济学模型：

$$\ln Y = \beta_0 + \beta_1 \ln X_1 + \beta_2 \ln X_2 + \beta_3 \ln X_3 + \alpha D + u$$

其中，Y 表示云南省农民人均纯收入；X_1 表示城镇化水平；X_2 表明农产品价格指数；X_3 表示农产品总产量；D 为政策虚拟变量，由于我国从 2003 年开始施行农业税费改革、减免农业税等支农惠农政策，因此，2003 年以后取 1，2003 年以前取 0；U 是随机干扰项，表示除上述因素以外的因素对云南农民收入增长的影响。

我们利用观测数据，对上述模型利用 Eviews 5.0 软件进行最小二乘法回归，所得结果如下：

$$\ln Y = 1.89 + 1.28 \ln X_1 + 0.51 \ln X_2 + 0.59 \ln X_3 + 0.08D$$
$$(0.93)(3.47)\quad(8.48)\qquad(3.03)\quad(2.25)$$

$R^2 = 0.996$ D. W. = 2.13

Variable	Coefficient	Std. Error	t – Statistic	Prob.
C	1.885540	2.035347	0.926397	0.3711
LNCITI	1.276154	0.367924	3.468526	0.0042
LNPRIC	0.512667	0.060484	8.476137	0.0000
LNQUAN	0.592783	0.195938	3.025358	0.0098
POLICY（–1）	0.078756	0.035063	2.246157	0.0427
R – squared	0.995770	Mean dependent var		6.931817
Adjusted R – squared	0.994469	S. D. dependent var		0.522078
S. E. of regression	0.038827	Akaike info criterion		– 3.429253
Sum squared ressid	0.019598	Schwarz criterion		– 3.181927
Log likelihood	35.86327	F – statistic		765.1454
Durbin – Watson stat	2.128820	Prob（F – statistic）		0.000000

从上表可以看出，方程的拟合优度很高，方程总体的显著性程度也很高，所有解释变量的系数均通过的经济意义的检验。解释变量 $X_1 X_2 X_3$ 和政策虚拟变量均在95%的置信水平下显著。

（四）对模型的解释

从上述的检验来看，全省的城镇化水平、农产品价格、农民的农产品产量及国家和省政府的支农惠农政策对于全省农民收入具有正的影响。

对农村实施城镇化可以提高农民收入。由模型可知，云南农民人均纯收入对城镇化水平的弹性为1.28，即城镇化水平提高1%，云南农民纯收入就可以提高1.28%。当前，虽然全省农民的主要收入来源仍旧是农业收入，但是农业收入对于农民增收的贡献在日益减弱，而非农收入在农民人均纯收入中的比例在日益提高，对农民增收的贡献日益增强。因此，对农村地区实施城镇化发展战略，可以大幅度减少全省农业人口，大面积转移农村剩余劳动力，从而通过增加农民非农业的收入达到农民广泛增收。

农产品价格和产量依然是全省农民收入的主要影响因素。农产品价格指数对云南农民人均纯收入的弹性为0.51，而农产品产量对全省农民人均纯收入的弹性是0.59。当前，在云南农民纯收入中，家庭经营收入依然占主要部分，因此，农产品的价格和产量对农民收入的影响是不言而喻的。但是，当前农产品价格对农民收入的影响和产量对其的影响差不多，但还是要略低一些，可以看出很长一段时期全省农民收入的提高还是停留在以产量提高的阶段。因此，在新的产业调整时期，全省农民应该在保持农产品产量稳定和提高的基础上，积极在提升农产品品质上下功夫，提高农产品单位价格。

政府的支农惠农政策促进了农民收入的提高。支农惠农政策对农民人均纯收入的弹性为0.08。当然，政策的实施到真正影响农民人均纯收入还需要一定的时间，从模型来看，政策的时滞为一年。长期以来，全省农民都要通过农业税、农村"三提五统"等形式支援全省工业化、现代化建设和维持农村各项社会事业的发展，但从2003年以后，政府逐步减免农村的各种税费，并且积极对广大农村地区实施农业和农产品补贴。政府的各项支农惠农政策不仅大大减轻了广大农民的负担，而且在精神上给予了广大农民极大的鼓励，提高了农民发展农业的积极性，从而达到增产增收的目的。虽然目前的支农惠农政策在收入上并没有给广大农民带来明显大幅度的提高，但是政策的效果为下一步新的支农惠农政策的出台和完善奠定了坚实基础。

（五）关于政府财政支农支出

除了上面论述的直接影响全省农民人均纯收入提高的因素外，还有很多间接因素，其中主要就是政府的财政支农支出。政府财政支农支出不仅是支农惠农政策的一部分，而且它的作用主要是通过提高农产品产量和品质等途径表现出来，因此，放入上述计量模型中会造成共线性或弱化这种间接因素的影响。鉴于样本数据的有限性，本专题把政府财政支农支出对农民人均纯收入的影响单独考虑。

作者应用格兰杰因果检验，首先检验财政支农支出是不是影响农民收入变化的原因。如下图所示，可以看出财政支农支出通过了检验，说明财政支农支出是农民收入变化的格兰杰原因。

NullHypothesis：	Obs	F – Statistic	Probability
LNEXPE does not Granger Cause LNINCOME	17	4. 30250	0. 03902
LNINCOME does not Granger Cause LNEXPE		0. 69387	0. 51861

采用双对数MA（1）模型，通过1987~2005年19年的数据，用财政支农支出对农民人均纯收入进行回归得到：

$$\ln Y = -1.86 + 0.69 * \ln X + [MA（1）= 0.56，BACKCAST = 1987]$$
$$(-3.45)(16.26) \qquad\qquad (2.66)$$
$$R^2 = 0.976 \qquad\qquad D.W. = 1.64$$

上述各系数均在95%的置信水平下通过了检验，而且方程是不存在自相关，是显著的。由此可知，政府财政支农支出对农民收入存在正的影响。云南农民纯收入对财政支农支出的弹性为0.69。也就是说，财政支农资金每增加1%，农户纯收入就提高0.69%。实际上，由于农业有公共产品的性质，因此政府应该对农业，对农民进行财政支持。一般情况下，政府财政支农支出通过三个方面——农林水利气象等部门事业费、农业基本建设支出和科技三项费用间接地推动了农民收入的提高。

五、目前存在的问题和困难

（一）农民收入水平低，城乡差距大

改革开放以来，我省农民名义收入有了较大提高，但农民收入增长缓慢，而城镇居民可支配收入增长却迅速提高。1995~2007年的12年间，我省农民人均纯收入增长了 1030.82 元，年均增长 10.2%，与此同时，我省城镇居民人均可支配收入在十年间增长了 5582.12 元，年均增长 15.2%。

据统计，2007 年全省农民人均纯收入为 2600 元，而城镇居民人均可支配收入为 11496 元，前者仅为后者的 22.6%，城乡名义收入差距为 4.42∶1（以农民为 1），比改革初期 1985 年的水平（1985 年二者收入差距为 2.16∶1）翻了一倍还多。虽然近几年国家和省政府出台了各项政策让发展的成果惠及全体人民，以缩小城乡差距，但在近期内，我们依然看不到城乡居民收入差距有缩小的趋势。

（二）农业产业化发育程度低

云南省是一个多山的省份，盆地、河谷、丘陵、高原等地貌之间条件差异很大，类型多样复杂。全省土地面积，其中山地占 84%，高原、丘陵约占 10%，坝子（盆地、河谷）仅占 6%，先天的自然条件为土地相对集中或规模化经营带来了许多困难。其次，全省农业社会化服务体系发展滞后，尤其缺乏加快农业产业化发展的信息、技术和人才。此外，全省农民组织化程度低。截至 2006 年，全省各类农业合作经济组织如专业合作社和专业协会仅 7070 个，会员仅占全省总农户的 2.12%。

改革开放以来，全省不同行业以提高经济效益为中心，按照"龙头企业＋农户"、"公司＋农户"、"公司＋合作经济组织＋农户"等模式，对农业支柱产业和主导产品，实施区域化布局、专业化生产、一体化经营、社会化服务、企业管理，逐步建立了产供销、贸工农、科教研一体化的生产经营体系，不同程度不同水平积极发展了农业产业化，但是从总体上看，全省农业产业化发展还不平衡，仍处于萌芽起步阶段。

（三）城镇化发展水平滞后

据 2005 年全国和云南省 1% 人口抽样调查数据，云南省在人口增长率超过全国平均水平 1.67 个百分点的情况下，市镇人口占全省总人口的比重比全国平均水平还低 6.59 个百分点。"十五"末期，云南省城镇化水平比全国平均水平的 42.99% 低 13.49 个百分点，还不及全国 2000 年 36.9% 的平均水平，在全国 31 个省、市、自治区城镇化水平高低排序中，仅高于贵州（26.87%）和西藏（26.65%）。截至 2006 年底，云南省城镇化水平才提高到 30.5%，远远落后于全国发展水平。此外，由于全省城镇发展主要以粗放型经济增长为主要方式，因此，全省城镇数量少、规模小、功能弱，大、中等城镇数量偏少，城镇体系很不完善。

（四）政府财政支农乏力，结构不合理

由于农业的弱质性和公共产品性，政府应该对农业加大投入力度。从 1985 年以来，全省财政对农业支出方面虽然在数量上是逐年增长的，但从财政支农支出占财政总支出的比例来看，总的趋势却是在下降。1985～2000 年全省农业支出占财政总支出的比重年均为12.97％，其中最高年份为1992年高达15.24％，在这16年间有15年都在12％以上，仅有一年低于12％，为11.87％。而从进入21世纪以来，到2006年为止，全省财政支农支出占财政总支出的比重年均为11.77％，比1985～2000年的平均水平下降了1.2个百分点，其中最低年份为2003年，仅有10.54％，为历史最低。（如图8所示）

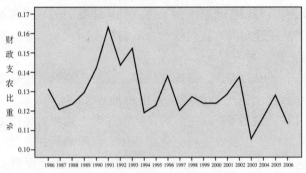

图8　云南省历年财政支农资金比重

除了财政支农支出在数量上投入不足外，支农资金在结构上也不合理，导致支农支出效益不高。目前，国内许多学者研究表明，政府支农支出对于提高农民收入起着一定作用，其中农业科教三项费用对农民增收的贡献率最高，农业基本建设支出次之，农林水利气象等部门事业费的效果最差。然而，全省历年的实际支农支出分配恰好相反，比重由高到低依次为农林水利气象等部门事业费、农业基本建设支出和农业科教三项费用。可见，云南省财政支农支出结构明显不合理。其中，对农民收入提高贡献率最低的农林水利气象等部门事业费始终占70％以上的份额，1998年高达85.13％，2005年也保持在84.7％的水平。相反，农业科技三项的费用从1997年开始呈直线下降趋势，2004年更是跌落到0.51％。

（五）农村社会事业发展滞后，农民综合素质整体偏低

由于云南省城乡教育资源分配不公平，农村教育投入严重匮乏，全省农民整体文化素质偏低。2006年，全省人均平均受教育年限仅为6.3年，比全国平均水平还低18.5个百分点，还不到小学毕业的水平。根据2005年全国和云南省1％人口抽样调查结果，全省农村15岁以上文盲人口占总人口的比例为23.96％，比全国农村平均水平高出8.79个百分点，比全省城镇平均水平更是高出了11.9个百分点。截至目前，全省尚有24个县尚未普及九年义务教育，农村初中辍学率偏高，农村文盲、半文盲和小学文化程度的劳动力甚至占农村总劳动力的54％，高中文化程度的劳动力仅有8.2％。

农村卫生事业发展滞后。截至2006年底，全省农村人口占总人口比重为70％，而农村卫生机构床位数为32482个，仅占全省卫生机构床位总数的30％，

农村平均每千人拥有医院床位数为 1.04，仅是城镇平均每千人拥有床位数的 18%。此外，全省农村卫生机构基础设施差，设备简陋，全省有 700 多个乡镇卫生院尚未实现房屋、设备、人员三配套。

农村基础设施建设不足。截至 2006 年底，全省还有 2091 个行政村未完成通达工程，800 多座隔河桥梁待建，245 个行政村未通电话。全省有近三分之二的耕地靠天收成，农田有效灌溉面积仅占全省耕地总面积的 36%，低于全国平均水平 8 个百分点，农业减灾抗灾能力弱。此外，全省农村还存在 1500 万多饮水不安全人口。

农村能源建设落后。目前，全省农村宜建池的地区沼气普及率还不足 25%，而且能源工程建设质量差，能源利用效率低，各项能源服务体系建设严重不足。

六、对策和建议

（一）加快农业产业化进程，推动农民收入持续增长

农业产业化是现代农业的特点之一。积极推进农业产业化是实现传统农业向现代农业转变的要求，也是提高农户收入的重要途径。根据全省的情况，要推动农业产业化发展就要从以下方面进行：一是要建立和完善合理的农地使用权流转机制，促进农户之间自愿地进行土地自由转让，为农业规模经营创造条件；二是要在保护农业主导产业和优势农产品生产能力的基础上，积极扩大示范基地的影响，大力发展高产、优质、高效农业和特色农业；三是要提高农民的组织化程度，鼓励和扶持各类农民合作经济组织（包括专业合作社、农村经纪人、农产品促销组织、专业协会等）的发展，重点培育和扶持一批龙头企业，依靠"龙头企业＋农户"、"农民合作组织＋农户"、"公司＋基地＋农户"等模式，通过龙头企业和各类农民合作经济组织对农户的生产扶持、资金技术服务、经营管理指导，将农产品的生产、加工、销售诸环节紧密结合起来，延长农业的产业链，实行一体化经营，提高农产品的附加值，促进农民增收。

（二）坚持科教兴农战略，提高农民整体素质

"科学技术是第一生产力"不仅对工业适用，而且对于农业同样适用。现代农业科学技术对农业发展起着重要的支撑和推动作用。农民增收从根本上说必须依靠农业科学技术，关键是现代高新农业技术的推广应用。同时，农民要掌握和及时应用这些农业科技就必须坚定不移地通过教育来提高整体文化素质。因此，实施"科教兴农"战略，一是要切实加强全省农民的科技文化教育。一方面进一步加大对农村基础教育的投入力度，严格贯彻落实农村免费九年义务教育，切实改善全省农村教育条件和水平；另一方面积极建立和完善全省农村职业教育、成人教育、远程教育和实用技能培训，不断提高全省农民整体文化素质。二是要在全省广泛实施农产品优良品种建设，加快全省支柱产业和支柱农产品新、优、特产品的培育、引进和推广工作。三是要认真抓好农业科技示范园区建设，为全

省农产品升级换代和农业产业化发展提供试验、示范、引导、推广等服务。四是要建立健全农业科技推广服务体系，加强农业科技和推广服务体系建设是加快发展现代农业的客观需要，是实现农业素质、效益和竞争力综合提高的需要。五是积极推进农村信息化建设。按照求实效、重服务、广覆盖、多模式的要求，整合资源，共建平台，健全农村信息服务体系。推进"金农"、"三电合一"、农村信息化示范和农村商务信息服务等工程建设，积极探索信息服务进村入户的途径和办法，为农民和企业提供及时有效的信息服务。

（三）加强城镇化建设，拓展农民增收渠道

要实现全省农民增收有实质性突破，根本出路是加快农村城镇化进程，大力转移农村剩余劳动力。一方面深化城镇改革，尽快取消对农民外出就业的各种限制性政策，让农民能够自由平等地向城镇进行流动，逐步实现城乡户口一体化管理，提高农民市民化水平；另一方面大力促进乡镇企业和非公有制经济的发展，通过完善乡镇企业和非公有制经济的产权制度改革，制度创新和产业结构调整，切实增强其对农业过剩劳动力的吸纳能力，提高其在增加农民收入中的影响与作用。此外，要积极实施小城镇发展战略。依据自然地理、历史条件和现有的发展基础，以及区域经济发展的布局，采用工矿依托型、特色农业型、商贸流通型、交通依托型、旅游观光型、延边口岸型、城郊结合型等模式，大力推进特色小城镇建设，并逐步完善城镇交通、通讯、水电、卫生、能源等基础设施，扩大其经济聚集和辐射影响，促进农村剩余劳动力有序转移，增加农民非农收入。

（四）大力发展农村社会事业，促进农民增收

一是进一步加强农村基础设施建设，显著改善农村居民生产生活条件。一方面大规模开展农业综合开发和农村"五小"水利建设，提高农业水利化程度，增强农业抵抗自然灾害和自我发展的能力；另一方面加大乡村公路改造，提升乡村公路等级和通路率，基本实现县际公路油路化、县乡公路路面硬化、自然村内主要路面硬化。此外，继续加快全省农网改造及县城电网改造，基本实现城乡同网同价，大幅度提高农户用电率，基本解决农户照明用电问题。总之，全省通过基本实现农村地区各村委会"四通"，即通路、通电、通水、通广播电视，缓解制约全省广大农村地区人民增收的"瓶颈"。

二是积极发展农村卫生事业，构筑农民健康保障。切实加强全省农村公共卫生工作，加快农村新型合作医疗制度和医疗救助制度建设，完善突发公共卫生事件应急体系；健全县、乡、村三级医疗卫生服务体系，进一步加强乡镇卫生院和村卫生室建设，改善医疗条件，提高农村医疗卫生人员的业务水平和整体素质，逐步实现房屋、设备、人员、技术四配套，解决好农民看病难和因病致贫、因病返贫的问题。另外，要完善农村计划生育管理服务体系，控制农村人口增长，提高农村人口素质。

三是大力发展农村文化事业，提高农民精神文明水平。一方面加快农村地区文化馆站建设，完善文化服务设施，广泛开展群众文化活动；另一方面继续实施完成广播电视"村村通"工程的建设。

（五）加大支农惠农政策力度，优化农民增收环境

按照"多予、少取、放活"的方针，全面贯彻落实中央关于减免农业税、实行粮食直补和农机补贴，积极促进农民增收的有关政策，切实减轻农民各项负担。认真总结各地开展政策性农业保险试点的经验和做法，稳步扩大试点范围，科学确定补贴品种。全面落实对粮食、油料、生猪和奶牛生产的各项扶持政策，加大对生产大县的奖励补助，逐步形成稳定规范的制度。根据保障农产品供给和调动农民积极性的需要，统筹研究重要农产品的补贴政策。继续对重点地区、重点粮食品种实行最低收购价政策。同时，根据省内的特殊环境，制定和出台有关农地保护和自由流转的政策措施，积极实施促进农业产业化发展的支持和优惠政策。此外，按照"生产发展、生活宽裕、乡风文明、村容整洁、管理民主"的新农村建设要求，通过建立和完善以工促农、以城带乡的长效机制，广泛提高农民的参与程度，着力建设一批广大农民最关心、最直接、最现实的民生工程，继续稳定、完善和强化对农业农民的扶持政策。

（六）加大财政支农资金投入力度，增强农业发展后劲

稳步增加财政支农资金投入比例，合理配置资金流向，切实提高财政支农资金效益。各级财政每年对农业总投入增长幅度高于其财政经常性收入增长幅度，固定资产投资用于农村的增量要明显增加，政府土地出让收入用于农村建设的增量要明显增加。耕地占用税新增收入主要用于"三农"，重点加强农田水利、农业综合开发和农村基础设施建设。各地预算安排的城市维护建设支出要确定部分资金用于乡村规划、基础设施建设和维护。从2008年起，国家在国家扶贫开发工作重点县新安排的病险水库除险加固、生态建设等公益性强的基本建设项目，根据不同情况，逐步减少或取消县及县以下配套。

（七）加强农业基础设施建设，提高农业综合生产能力

加强以农田水利为重点的农业基础设施建设是强化农业基础的紧迫任务。必须切实加大投入力度，加快建设步伐，努力提高农业综合生产能力，尽快改变农业基础设施长期薄弱的局面。一是狠抓小型农田水利建设；二是大力发展节水灌溉；三是抓紧实施病险水库除险加固；四是加强耕地保护和土壤改良；五是加快推进农业机械化；六是继续加强生态建设。

（八）加大扶贫攻坚力度

继续做好扶贫开发工作，着力解决农村贫困人口的温饱问题和受灾群众的生产生活困难问题，各级党委和政府要进一步加大扶贫开发力度，强化扶贫工作责任制，提高扶贫成效。要在认真总结经验、切实摸清底数的基础上，对尚未解决

温饱的贫困人口，进一步采取更有针对性的扶贫措施，切实做到扶贫到村到户。对丧失劳动能力的特困人口，要实行社会救济，适当提高救济标准。对缺乏基本生存条件地区的贫困人口，要积极稳妥地进行生态移民和易地安置扶贫。对低收入贫困人口，要着力帮助改善生产生活条件，发展特色产业，开辟增收渠道，减少和防止返贫。同时，要做好农村劳动力的转移培训工作，以提高农民工资性收入水平。

（执笔人：李业荣、赵亮、颜晓飞、高志兵）

专题十二 云南省新农村建设相关数据汇编

社会主义新农村建设涉及全省经济社会发展的各个方面，需要研究的领域较多，但核心仍然是"三农"问题。为方便研究人员、政府干部了解和研究云南的农业、农村经济发展现状和新农村建设情况，我们选择了与新农村建设相关的一些数据进行汇编，其中大多数来自各年的《云南统计年鉴》。一些数据因为采集渠道不同，不一定完全准确，但我们尽量以政府有关部门发布的数据为准，同时不同的数据类型可能最新数据的年份不一致。为进行对比分析，我们对一些类型的数据给出了过去重要时期的数据。

表1 云南省2006年人口与自然资源

指　　标	单　位	2006年	指　　标	单　位	2006年
全省年底人口总数	万人	4483.0	主要湖泊湖面面积		
人口密度	人/平方公里	113	滇池	平方公里	306.3
全省土地面积	万平方公里	39.4	洱海	平方公里	250.0
其中：山地高原	万平方公里	37	抚仙湖	平方公里	212.0
民族自治地区土地面积	万平方公里	27.67	阳宗海	平方公里	31.0
全省荒山荒地面积	万公顷	1290.4	星云湖	平方公里	39.0
其中：宜农荒地	万公顷	286.7	程海	平方公里	78.8
全省森林面积	万公顷	1287.32	泸沽湖	平方公里	51.8
全省水面面积	万公顷	27.9	主要河流境内河长		
主要山峰高程			大盈江	公里	186
高黎贡山	米	3374	陇川江	公里	332
碧罗雪山	米	4141	怒江	公里	547
梅里雪山（卡瓦格博峰）	米	6740	澜沧江	公里	1170
玉龙雪山（扇子陡峰）	米	5596	金沙江	公里	1560
点苍山（马龙峰）	米	4122	元江	公里	692
大雪山	米	3504	南盘江	公里	677
无量山	米	3291	全省水力资源蕴藏量	亿千瓦	1.04
哀牢山	米	2940	全省铁矿保有资源储量	亿吨	35.67
拱王山	米	3677	全省煤矿保有资源储量	亿吨	263.41
			全省磷矿石保有资源储量	亿吨	38.38

表2 云南省主要年度国民经济主要指标

指 标	单 位	1952年	1978年	1990年	1995年	2000年	2004年	2005年	2006年
年末总人口	万人	1695.1	3091.5	3730.6	3989.6	4240.8	4415.2	4450.4	4483.0
年末从业人员数	万人	761	1313	1923	2149	2295.4	2401.39	2461.3	—
生产总值（当年价）	亿元	11.78	69.05	451.67	1206.68	1955.09	3081.90	3472.89	—
农林牧渔业总产值（当年价）	亿元	9.60	40.02	211.72	474.46	680.86	965.22	1068.58	1209.76
工业总产值（当年价）	亿元	3.81	55.43	345.26	1079.46	1589.36	2479.07	3249.84	—
轻工业产值	亿元	2.30	23.84	181.14	584.60	802.70	917.21	1120.47	—
重工业产值	亿元	1.51	31.60	164.12	494.86	786.66	1561.86	2129.37	—
主要工农业产品产量									
粮食	万吨	451	864	1061	1188.91	1467.8	1509.5	1514.93	1542.21
油料	万吨	3.37	5.51	13.31	19.58	26.98	33.41	36.22	39.01
甘蔗	万吨	30.13	160.01	661.88	1055.92	1420.29	1688.49	1415.50	1678.73
烤烟	万吨	0.57	12.26	43.60	76.07	64.61	69.24	77.22	75.78
水果	万吨		11.62	31.97	55.71	76.95	115.52	136.63	162.56
茶叶	万吨	0.36	1.78	4.48	6.40	7.94	9.51	11.59	13.82
猪牛羊肉	万吨	8.36	29.23	74.74	120.45	191.51	257.10	277.32	—
水产品	万吨	0.14	1.12	4.60	8.44	16.62	22.05	23.85	29.24
布	万米	3641	10507	17974	13964	5855	2111	1385	—
机制纸及纸板	万吨	0.08	5.12	15.43	30.41	22.32	26.03	28.88	—
糖	万吨	2.39	13.49	51.01	94.21	152.25	195.26	153.57	—
卷烟	万箱	2.4	63.3	448.25	680.45	612.77	621.38	631.47	—
钢	万吨	0.25	35.12	80.15	140.50	189.41	349.31	513.41	—
成品钢材	万吨	0.13	25.59	68.97	144.34	183.71	350.55	486.93	—
原煤	万吨	28	1483	2227	2803	2216	5317	6462	—
发电量	亿千瓦小时	0.52	52.51	125.78	228.42	317.46	543.78	624.20	—
农用化肥	万吨		42.05	90.32	121.46	197.22	262.67	265.84	—
水泥	万吨	0.77	131.23	470.73	996.93	1642.80	2312.63	2832.62	—
木材	万立方米	5.3	211.7	244.86	390.88	127.16	—	—	—

注：1. 进出口数字包括边境贸易，1998年以前为外贸业务数，1999年以后为海关进出口统计数。

2. 农林牧渔业总产值从2003年开始按新口径统计。

表3　云南省各年生产总值

单位：亿元

年份	生产总值	第一产业	第二产业	工业	建筑业	第三产业	#运输邮电业	#商业	人均生产总值（元）
1978	69.05	29.46	27.58	20.91	6.67	12.01	2.34	4.49	226
1979	76.83	32.38	30.50	23.56	6.94	13.95	2.72	5.21	247
1980	84.27	35.89	33.98	25.86	8.12	14.40	2.80	5.16	267
1981	94.13	41.23	35.80	28.62	7.18	17.10	3.33	6.09	294
1982	110.12	47.04	42.39	34.21	8.18	20.69	4.01	7.41	339
1983	120.07	49.33	47.28	39.08	8.20	23.46	4.56	8.37	363
1984	139.58	57.33	54.38	44.14	10.24	27.87	5.42	9.94	417
1985	164.96	66.07	65.41	52.51	12.90	33.48	6.51	11.94	486
1986	182.28	71.32	70.83	61.09	9.74	40.13	7.84	14.20	529
1987	229.03	84.06	84.30	73.30	11.00	60.67	11.80	21.66	653
1988	301.09	103.47	112.40	99.19	13.21	85.22	14.57	33.01	845
1989	363.05	119.01	138.06	124.73	13.33	105.98	18.47	39.48	1003
1990	451.67	168.13	157.80	142.77	15.03	125.74	19.82	40.44	1224
1991	517.41	169.48	179.56	162.32	17.24	168.37	23.64	52.76	1377
1992	618.69	186.80	219.03	193.90	25.13	212.86	25.19	78.89	1625
1993	779.21	191.71	327.06	283.64	43.42	260.44	30.41	93.55	2020
1994	973.97	237.51	429.66	381.88	47.78	306.80	38.72	110.58	2490
1995	1206.68	305.27	536.63	477.84	58.79	364.78	49.33	128.41	3044
1996	1491.62	364.27	672.82	595.26	77.56	454.53	66.87	151.75	3715
1997	1644.23	391.48	750.01	651.72	98.29	502.74	76.02	158.29	4042
1998	1793.90	408.43	828.37	699.46	128.91	557.10	88.90	170.15	4355
1999	1855.74	412.17	825.12	680.01	145.11	618.45	107.95	179.57	4452
2000	1955.09	436.26	843.24	697.69	145.55	675.59	119.77	199.63	4637
2001	2074.71	450.54	881.49	723.98	157.51	742.68	139.01	202.22	4866
2002	2232.32	470.50	951.48	780.33	171.15	810.34	150.56	216.63	5179
2003	2465.29	502.84	1069.29	872.14	197.15	893.16	172.52	221.42	5662
2004	3081.90	593.60	1281.60	1066.40	215.20	1206.70	219.90	278.70	7012
2005	3472.89	669.81	1432.76	1180.83	251.93	1370.32	250.46	345.58	7835
2006	4001.87	751.15	1710.19	1540.53	303.24	—	—	—	8961
2007	4721.77	868.00	2050.00	—	—	1782.00	—	—	10460

注：本表按当年价格计算。

表4　云南省各年生产总值指数

（上年＝100）

年份	生产总值	第一产业	第二产业	工　业	建筑业	第三产业	#运输邮电业	#商业	人均生产总值（元）
1978	121.7	113.7	131.4	122.5	137.1	119.2	93.9	134.4	118.9
1979	103.1	93.0	107.6	108.1	103.1	114.8	115.7	102.9	101.3
1980	108.5	109.8	110.1	108.7	114.0	102.5	103.1	119.2	107.1
1981	107.8	109.3	102.3	104.2	91.4	117.2	119.2	120.1	106.3
1982	115.5	112.8	116.1	117.1	111.9	120.5	120.6	114.4	113.6
1983	108.4	104.2	110.5	111.0	100.2	113.3	113.5	100.1	106.6
1984	114.5	113.7	113.1	110.7	118.1	118.9	119.3	118.8	113.0
1985	113.0	106.8	115.8	113.7	121.2	119.6	119.5	119.0	111.5
1986	104.3	97.7	108.7	110.6	106.7	107.6	108.5	109.4	102.7
1987	112.3	107.7	111.9	112.4	111.0	120.1	120.3	119.8	110.4
1988	116.0	107.8	120.9	118.8	120.7	119.0	105.5	130.3	114.1
1989	105.8	103.2	104.5	107.9	100.4	111.3	113.2	106.5	104.1
1990	108.7	108.5	109.8	109.9	107.9	107.1	107.0	102.7	106.7
1991	106.6	101.1	108.9	109.3	103.3	111.4	111.9	112.2	104.7
1992	110.9	103.0	116.8	115.2	123.3	113.5	102.2	136.5	109.5
1993	110.6	102.6	114.2	113.0	125.4	115.2	114.9	120.0	109.1
1994	111.6	103.0	117.2	117.5	114.7	113.0	138.6	112.9	110.1
1995	111.2	105.1	113.6	114.0	109.6	113.4	116.4	108.5	109.7
1996	110.4	105.3	111.6	111.9	109.3	113.0	121.1	110.4	109.0
1997	109.4	104.7	110.8	109.5	121.8	111.3	118.8	104.3	108.0
1998	108.0	103.0	109.5	107.1	127.8	109.6	108.7	108.7	106.7
1999	107.2	104.6	107.1	106.4	111.8	109.0	116.4	107.4	105.9
2000	107.1	105.7	105.7	107.0	98.1	109.7	107.4	113.9	105.9
2001	106.5	103.9	104.3	103.9	106.2	110.9	119.1	102.9	105.3
2002	108.2	103.9	109.4	109.8	107.7	109.4	107.4	109.2	107.0
2003	108.6	105.5	110.5	110.2	111.7	108.3	111.3	102.3	107.5
2004	111.8	105.6	114.6	114.0	117.8	112.0	118.6	107.4	110.8
2005	109.0	106.1	108.1	107.5	111.1	111.4	111.4	115.9	108.1
2006	111.9	106.8	116.9	109.1	118.9	—	—	—	111.1
2007	112.0	106.0	115.5	—	—	112.4			116.1

注：本表指数按可比价格计算。

表5 云南省各年人口与就业人员

指 标	1995年	2000年	2004年	2005年	2006年
一、年末总人口（万人）	3989.6	4240.8	4415.2	4450.4	4483
按性别分：					
男性人口（万人）	2055.2	2192.0	2284.1	2302.2	–
女性人口（万人）	1934.4	2048.8	2131.1	2148.2	–
按城乡分：					
城镇人口（万人）	1821.3	990.6	1240.7	1312.9	1367.3
乡村人口（万人）	2168.3	3250.2	3174.5	3137.5	3115.7
按农业非农业分：					
农业人口（万人）	3445.5	3584.3	3691.1	3720.5	–
非农业人口（万人）	544.1	656.5	724.1	729.9	–
出生率（‰）	20.75	19.05	15.60	14.72	13.2
死亡率（‰）	8.03	7.57	6.60	6.75	6.3
自然增长率（‰）	12.73	11.48	9.00	7.97	6.9
二、就业人员数（万人）	2148.5	2268.50	2401.39	2461.3	2503
1. 全部职工（万人）	311.5	273.40	235.43	235.71	–
国有经济单位（万人）	262.9	220.60	171.45	168.39	–
城镇集体经济单位（万人）	43.3	23.70	12.24	10.65	–
其他各种经济单位（万人）	5.3	29.10	51.74	56.67	–
#联营经济（万人）	0.6	0.29	0.23	0.19	–
股份制经济（万人）	2.2	25.50	42.76	45.69	–
外商投资经济（万人）	1.0	1.23	1.43	1.58	–
港、澳、台投资经济（万人）	1.3	1.61	1.94	1.53	–
其他经济（万人）	0.2	0.47	5.38	7.68	–
2. 城镇私营企业就业人员（万人）	3.9	22.90	47.36	76.09	–
3. 城镇个体就业人员（万人）	27.9	43.50	78.09	87.25	–
4. 乡村就业人员（万人）	1798.0	1921.90	2029.99	2050.93	2072.6
5. 城镇其他就业人员（万人）	7.2	6.80	10.52	11.32	–

表6 云南省各种物价总指数

（以上年价格为100）

指标	1990年	1995年	2000年	2004年	2005年	2006年
居民消费价格指数	102.8	121.3	97.9	106.0	101.4	101.9
#城市	101.6	120.3	97.6	106.1	101.7	101.9
农村	103.4	121.8	98.4	105.9	101.0	101.8
服务项目价格指数	111.6	120.3	103.8	104.3	106.3	—
商品零售价格指数	102.1	118.1	97.6	104.7	100.1	100.8
#城市	100.2	116.3	97.0	104.5	100.4	—
农村	102.9	120.1	98.4	105.0	99.8	—
农业生产资料价格指数	103.5	125.5	98.9	106.3	105.9	102.8
工业品出厂价格指数	—	110.2	101.2	108.8	104.5	104.6
主要原材料、燃料、动力购进价格指数	—	113.2	101.5	109.6	106.5	107.6
固定资产投资价格指数	106.8	104.0	101.6	106.0	104.6	107.2

表7 云南省城镇居民家庭生活基本情况

年份	平均每户家庭人口（人）	平均每户就业人口（人）	平均每户就业面（%）	平均每一就业者负担人数（人）	人均年可支配收入（元）	人均年可支配收入指数（上年=100）	人均年消费性支出（元）	食品
1978	4.45	2.15	48.3	2.07	327.70	110.6	303.12	190.94
1979	4.39	2.16	49.3	2.03	362.40	109.6	342.60	214.56
1980	4.34	2.14	49.4	2.03	4201.45	107.4	380.64	236.66
1981	4.28	2.20	51.4	1.95	446.41	105.4	411.57	247.19
1982	4.24	2.27	53.5	1.87	492.51	108.5	455.92	273.26
1983	4.21	2.29	54.4	1.83	532.54	107.5	480.13	285.94
1984	4.13	2.27	55.0	1.82	608.23	111.3	527.27	311.02
1985	3.85	2.03	52.7	1.89	752.29	110.5	703.56	360.39
1986	3.80	2.03	53.4	1.88	871.75	110.6	813.92	423.93
1987	3.77	2.01	53.3	1.88	989.37	105.6	883.52	481.85
1988	3.69	1.92	52.0	1.93	1156.49	96.6	1143.29	553.70
1989	3.67	1.92	52.3	1.91	1305.15	95.7	1140.71	621.33
1990	3.57	1.93	54.1	1.85	1514.81	114.3	1272.09	679.18
1991	3.48	1.91	54.9	1.82	1703.16	108.3	1428.28	763.42
1992	3.37	1.91	56.7	1.76	2061.74	109.6	1704.15	861.60
1993	3.30	1.87	56.7	1.76	2639.07	107.7	2186.29	1066.99
1994	3.20	1.83	57.1	1.75	3433.97	110.9	2843.69	1441.93
1995	3.17	1.84	57.8	1.73	4064.93	98.4	3448.27	1808.71
1996	3.13	1.86	59.4	1.68	4977.95	113.2	4007.48	1971.54
1997	3.12	1.88	60.3	1.66	5558.29	106.7	4537.08	2109.53
1998	3.05	1.83	60.0	1.67	6042.78	106.2	5032.67	2222.58
1999	3.05	1.80	59.0	1.69	6178.68	103.5	4941.26	2194.25
2000	3.12	1.77	56.7	1.76	6324.64	104.9	5185.31	2091.70
2001	3.04	1.60	52.6	1.90	6797.71	109.6	5252.60	2105.66
2002	3.00	1.56	52.0	1.92	7628.34 (7240.65)	113.0	5828.06	2423.43
2003	2.99	1.55	51.2	1.93	7643.57	104.2	6023.56	2506.62
2004	2.96	1.41	47.6	2.10	8870.88	109.4	6837.01	2895.60
2005	2.96	1.33	44.9	2.22	9265.90	102.7	6996.90	2997.06
2006	2.94	1.32	45	2.23	11496.00	116.1	—	—
2007	2.97	1.34	45.1	2.20	—	—	—	—

注：1. 人均年可支配收入指数已扣除价格因素。

2. 从2003年起，人均年可支配收入按国家统计局规定的新口径统计，2002年括号内的数据系按新口径统计。

表 8　云南省农民家庭生活基本情况

年份	平均每户常住人口（人）	平均每户拥有劳动力（人）	平均每个劳动力负担人口（人）	平均每人全年纯收入（元）	平均每人全年纯收入指数（上年=100）	年生活消费支出（元）	食品	平均每人年末居住面积（平方米）
1978	6.28	3.03	2.10	130.60	110.9	113.40	84.00	7.69
1979	6.01	2.83	2.12	125.21	95.9	111.50	81.00	8.37
1980	5.98	2.90	2.06	147.70	116.2	122.63	86.21	8.96
1981	5.93	2.92	2.03	178.08	115.9	137.75	91.83	9.10
1982	5.95	2.99	1.99	231.83	128.1	185.80	124.30	9.50
1983	6.04	3.37	1.79	266.66	112.8	223.81	144.63	11.68
1984	5.93	3.38	1.75	310.43	114.8	260.62	160.25	14.08
1985	5.83	3.31	1.76	325.74	96.7	267.01	177.91	14.92
1986	5.76	3.22	1.79	338.14	99.9	304.99	205.19	15.45
1987	5.68	3.20	1.77	364.57	104.1	325.65	217.26	15.86
1988	5.58	3.19	1.75	427.72	105.9	389.20	240.49	16.31
1989	5.50	3.20	1.72	477.89	100.6	436.18	269.18	16.56
1990	5.42	3.16	1.72	489.75	100.6	453.03	274.73	16.96
1991	5.20	3.02	1.72	572.58	103.4	501.36	315.10	18.02
1992	5.18	3.05	1.70	617.98	103.0	536.06	324.96	18.07
1993	5.10	3.11	1.64	674.79	101.3	625.19	382.60	20.12
1994	5.01	3.07	1.62	802.95	104.6	764.91	458.43	18.68
1995	4.94	3.12	1.59	1010.97	105.9	981.10	602.92	19.78
1996	4.90	3.15	1.56	1229.28	107.5	1209.16	743.33	19.80
1997	4.82	3.10	1.55	1375.5Q	104.9	1318.07	818.51	20.42
1998	4.68	3.05	1.53	1387.25	102.8	1312.31	801.99	20.64
1999	4.59	2.96	1.55	1437.63	104.3	1269.33	815.67	21.37
2000	4.56	2.85	1.60	1478.60	104.0	1270.83	749.22	22.18
2001	4.49	2.83	1.59	1533.76	104.3	1422.85	811.71	22.42
2002	4.48	2.87	1.57	1608.77	104.7	1381.54	772.61	23.72
2003	4.45	2.85	1.56	1697.12	105.0	1405.70	744.58	23.45
2004	4.41	2.88	1.53	1864.19	106.0	1569.98	847.24	23.53
2005	4.33	2.79	1.56	2041.79	106.5	1789.00	975.72	25.24
2006	4.21	2.77	1.54	2251.5	107.5	2195.6	–	–
2007	4.20	2.75	1.56	2634.1	110.1	–	–	–

注：平均每人全年纯收入指数已扣除价格因素。

表9 云南省农林牧渔业总产值及指数

年份	农林牧渔业总产值（亿元）	农业	林业	牧业	渔业	农林牧渔业总产值指数（上年=100）	农业	林业	牧业	渔业
1978	40.02	30.34	2.48	7.12	0.08	112.4	112.9	127.0	105.9	113.8
1979	44.71	33.15	3.17	8.30	0.09	94.4	92.2	108.9	98.6	124.9
1980	48.20	35.29	2.94	9.78	0.19	106.8	107.8	104.5	103.3	108.6
1981	55.20	40.46	3.77	10.77	0.20	108.9	109.9	107.9	105.1	107.3
1982	61.84	44.94	3.86	12.83	0.21	110.7	109.1	104.8	119.3	103.2
1983	65.68	46.84	4.73	13.87	0.24	105.5	103.5	116.2	108.2	114.3
1984	77.36	55.30	5.97	15.82	0.27	115.2	113.9	130.0	113.6	112.4
1985	88.88	60.24	7.89	20.35	0.40	106.4	104.5	114.7	108.4	122.3
1986	96.01	61.74	7.40	26.15	0.72	97.7	97.6	87.0	102.5	117.7
1987	111.25	72.02	8.85	29.44	0.94	106.1	108.4	96.0	103.0	122.4
1988	135.39	86.75	10.05	37.03	1.56	106.6	106.9	106.2	105.8	108.4
1989	152.68	96.08	12.97	41.70	1.93	102.9	101.8	105.5	105.1	106.7
1990	211.72	138.04	18.26	54.03	1.39	106.5	105.9	109.6	107.5	104.5
1991	222.93	147.17	18.69	55.70	1.37	105.6	106.1	102.5	105.3	107.2
1992	250.35	163.93	22.84	61.56	2.02	104.4	103.7	110.2	104.2	108.4
1993	281.21	179.39	25.39	72.89	3.54	103.0	101.7	118.8	106.0	120.7
1994	356.78	228.99	30.41	92.13	5.25	103.1	101.0	106.7	105.9	124.0
1995	474.46	299.48	40.53	127.19	7.26	106.5	107.2	102.3	106.0	120.8
1996	567.51	369.36	43.21	146.03	8.91	107.4	107.4	106.3	107.4	118.3
1997	612.01	397.09	40.40	163.93	10.59	108.2	108.0	106.9	109.1	111.4
1998	620.02	381.26	41.77	184.83	12.16	104.5	100.6	105.1	112.6	124.1
1999	642.48	394.96	45.60	188.82	13.10	105.0	104.2	102.7	109.0	110.9
2000	680.86	416.36	49.75	201.49	13.26	106.5	106.0	104.1	108.5	103.8
2001	703.53	431.31	47.21	210.63	14.38	103.6	103.8	96.4	105.6	106.9
2002	737.55 (743.75)	445.35 (414.89)	53.52 (59.27)	223.49	15.26	104.2	103.5	109.0	105.1	109.3
2003	799.33	433.91	73.17	242.53	16.56	106.6	104.7	114.4	107.2	113.6
2004	965.22	516.92	86.40	305.42	19.14	106.6	106.1	103.7	108.7	109.5
2005	1068.58	559.32	105.53	339.68	22.97	106.9	104.3	108.8	110.3	111.4
2006	1211	630.19	–	362.9	26.3	113.3	112.7	–	106.8	112.7

注：1. 本表绝对数按当年价格计算，指数按可比价格计算。

2. 农林牧渔业总产值从2003年开始按新口径统计，2002年括号内的数据系按新口径统计的。

表 10　2005 年西部十二省区主要经济指标（一）

指　　标	单位	云南	四川	贵州	广西	西藏	重庆
年末总人口	万人	4450. 4	8750	3931. 1	4925	277	2798
地区生产总值（当年价）	亿元	3472. 89	7385. 1	1942. 0	4063. 3	250. 6	3069. 1
农林牧渔业总产值（当年价）	亿元	1068. 58	2457. 3	571. 8	1448. 4	67. 74	662. 19
工业增加值（当年价）	亿元	1200. 07	2512. 6	711. 86	1263. 0		1023. 4
# 规模以上工业增加值	亿元	998. 83	2034. 4	561. 59	833. 12	17. 44	716. 4
# 轻工业增加值	亿元	537. 16	648. 1	173. 25	272. 09		245. 3
重工业增加值	亿元	461. 67	1386. 3	388. 34	561. 03		471. 1
主要工农业产品产量							
粮食	万吨	1514. 93	3409. 2	1152. 1	1516. 3	93. 4	1168. 2
油料	万吨	36. 22	232. 3	84. . 9	63. 2	6. 1	43. 1
甘蔗	万吨	1415. 5	132. 9		5154. 7		
烤烟	万吨	77. 22	13. 2	34. 45			
水果	万吨	136. 63	540. 6	95. 96	766. 8	0. 9	154. 6
茶叶	万吨	11. 59	10. 3	2. 29			
肉类	万吨	300. 04	949. 2	187. 01	418. 6	21. 5	178. 39
水产品	万吨	23. 85	98. 2	9. 46	284. 2		25. 07
布	亿米	0. 14	7. 07	0. 44	0. 47		2. 74
机制纸及纸板	万吨	28. 88			125. 37		
糖	万吨	153. 57			504. 3		
卷烟	亿支	3157. 35	685. 1	1041. 1	534. 5		396. 1
钢	万吨	531. 41	1094. 5	237. 8	496. 3		272. 1
成品钢材	万吨	486. 93	1172. 7	214. 9	519. 9		294. 7
原煤	万吨	6462. 14	5219. 1	10795. 5	700. 3	3. 4	1957. 8
发电量	亿千瓦小时	624. 2	958. 0	786. 8	446. 0	13. 34	234. 0
水泥	万吨	2832. 62	4194. 7	1558. 0	3306. 1	137. 0	2100. 7
汽车	万辆	6. 29	4. 76		37. 72		42. 15
城镇居民人均可支配收入	元	9265. 9	8386	8151. 1	9286. 7	9431. 2	10244
农民人均纯收入	元	2041. 79	2802. 8	1877. 0	2494. 7	2078. 0	2809

注：相关数据国家公布至 2005 年。

表11 2005 年西部十二省区主要经济指标（二）

指　　标	单位	内蒙古	陕西	甘肃	青海	宁夏	新疆
年末总人口	万人	2386.4	3720	2594.4	543	596.2	2010.4
地区生产总值（当年价）	亿元	3822.8	3674.8	1928.1	543.2	599.4	2639.6
农林牧渔业总产值（当年价）	亿元	980.2	730.7	521.5	94.0	138.0	831.1
工业增加值（当年价）	亿元	1390.9		685.8	203.94	228.3	992.0
＃规模以上工业增加值	亿元	1135.5	1267.2	601.8	179.54	202.4	933.3
＃轻工业增加值	亿元	306.7	210.8	83.3	9.47	33.3	66.5
重工业增加值	亿元	828.8	1056.4	518.5	170.07	169.1	866.8
主要工农业产品产量							
粮食	万吨	1662.2	1139.5	836.9	93.26	299.8	876.6
油料	万吨	122.2	45.4	50.3	31.85	12.2	38.9
甘蔗	万吨						
烤烟	万吨		5.88	3.14			
水果	万吨	178.6	906.1	280.7	2.6	69.6	510.9
茶叶	万吨		1.14	0.05			
肉类	万吨	247.5	134.1	85.95	25.75	25.9	141.0
水产品	万吨	8.26	7.36	1.57	0.1	5.83	7.91
布	亿米	0.83	7.93	0.43			1.04
机制纸及纸板	万吨						21.6
糖	万吨	14.75					42.3
卷烟	亿支	172.5	631.3	355.0		11.5	70.0
钢	万吨	805.5	307.3	458.4	50.5	0.6	306.3
成品钢材	万吨	747.8	337.1	452.3	48.5	9.2	322.3
原煤	万吨	25607.7	10810.7	3619.8	554.9	2589.8	2435.1
发电量	亿千瓦小时	1070.0	504.9	501.8	213.2	312.9	290.5
水泥	万吨	1632.3	1972.1	1553.3	370.6	567.6	1201.6
汽车	万辆	0.71	4.26				0.11
城镇居民人均可支配收入	元	9137	8272	8086.8	8057.9	8093.6	7990.2
农民人均纯收入	元	2989	2052.6	1980	2165.1	2509	2482

注：相关数据国家公布至 2005 年。

表 12   2005 年云南主要经济指标占全国的比重及在全国的位次

指　　标	单　位	指标值		云南占全国的比重（%）	云南在全国的位次
		云南	全国		
年末总人口	万人	4450.4	130756	3.4	12
生产总值（当年价）	亿元	3472.89	182321	1.9	23
第一产业	亿元	669.81	22718	2.9	16
第二产业	亿元	1432.76	86208	1.7	23
第三产业	亿元	1370.32	73395	1.9	23
农林牧渔业总产值（当年价）	亿元	1068.58	39451	2.7	16
工业增加值（当年价）	亿元	998.83	66425	1.5	21
轻工业增加值	亿元	537.16	20585	2.6	
重工业增加值	亿元	461.67	45841	1.0	
全社会固定资产投资	亿元	1755.30	88604	2.0	22
房地产开发投资	亿元	246.91	15759	1.6	21
国有单位投资	亿元	815.27	40047	2.0	
社会消费品零售总额	亿元	1034.40	67177	1.5	24
进出口总额	亿美元	47.38	14221	0.3	22
出口额	亿美元	26.41	7620	0.3	21
进口额	亿美元	20.97	6601	0.3	21
财政收入	亿元	312.65	31628		18
财政支出	亿元	766.31	33708		13
城镇居民人均可支配收入	元	9265.90	10493		13
农民人均纯收入	元	2041.79	3254.9		29
主要农产品产量					
粮食	万吨	1514.93	48402.2	3.1	14
油料	万吨	36.22	3077.1	1.2	22
甘蔗	万吨	1415.50	8663.8	16.3	
烤烟	万吨	77.22	243.5	31.7	
水果	万吨	136.63	16120	0.8	23
茶叶	万吨	11.59	93.5	12.4	
肉类	万吨	300.04	7743.1	3.9	11
水产品	万吨	23.85	5106.1	0.5	20
主要工业产品产量					
布	亿米	0.14	470	0.03	27
机制纸及纸板	万吨	28.88	5404	0.5	
糖	万吨	153.57	903	17.0	
卷烟	亿支	3157.40	19560	16.1	1
钢	万吨	513.41	25239	2.0	17
成品钢材	万吨	486.93	39692	1.2	20
原煤	万吨	6462.14	219000	3.0	18
发电量	亿千瓦小时	624.20	24747	2.5	18
水泥	万吨	2832.62	106400	2.7	14
汽车	万辆	6.29	570.5	1.1	19

注：1. 工业增加值统计范围为国有工业及年销售收入 500 万元以上的非国有工业企业。

2. 上表相关数据国家公布至 2005 年。

表13 云南省农村经济及农民收入

指　　标	单位	指标值		比上年增长（%）		说　　明
		2005 年	2006 年	2005 年	2006 年	
农牧渔业总产值 其中：	亿元	1068.58	1209.76	6.9	8.4	–
种植业产值	亿元	559.32	630.19	4.3	7.8	–
畜牧业产值	亿元	339.68	362.90	10.3	7.4	–
渔业产值	亿元	22.97	26.30	11.4	17.1	–
农业增加值	亿元	656.18	751.15	6.3	6.8	–
农民人均纯收入	元	2041.79	2250.5	6.5	7.5	增幅高于全国平均水平1.1个百分点
农民人均生活消费支出	元	1789	2195.6	13.9	22.7	增幅高于全国平均水平0.3个百分点
农村居民家庭恩格尔系数	%	54.5	49	–	–	–

表 14　云南省粮食及农产品产量

指　　标	单位	指标值		比上年增长（%）	
		2005 年	2006 年	2005 年	2006 年
粮食生产总面积	万公顷	425.39	426.97	2.3	0.4
粮食生产总产量	万吨	1514.93	1542.21	0.4	1.8
其中：	－	－	－	－	－
稻谷产量	万吨	646.3	651.2	1.1	0.8
玉米产量	万吨	449.3	452.1	5.6	0.6
马铃薯产量	万吨	789.5	－	2	－
烤烟产量	万吨	77.2	75.78	11.5	－2.0
油料产量	万吨	36.22	39.01	8.4	7.7
蔬菜（含瓜果）	万吨	1003.95	1033.78	9.8	6.5
水果产量	万吨	136.63	162.56	18.3	19.0
茶叶产量	万吨	11.59	13.82	21.9	19.2
鲜切花产量	亿枝	36	39.9	7.1	18.6
甘蔗	万吨	－	1678.73	－	9.9
橡胶	万吨	－	26.42	－	－

表 15　云南省畜牧业和水产业

指　　标	单位	指标值		比上年增长（%）	
		2005 年	2006 年	2005 年	2006 年
肉类总产量	万吨	300.04	322.05	8.0	7.3
禽蛋产量	万吨	19.00	20.5	15.2	8.2
牛奶产量	万吨	30.91	36.4	15.1	17.8
大牲畜年末存栏	万头	937.58	962.05	－3.0	2.6
猪年末存栏	万头	2585.07	7618.20	6.8	0.9
羊年末存栏	万头	912.15	937.5	6.9	2.8
肉猪出栏	万头	2761.42	2902.51	6.8	5.1
肉牛出栏	万头	207.46	226.3	9.1	9.1
家禽出栏	万只	12548.9	13860.1	9.6	10.5
饲料工业产量	万吨	210	225.05	15.8	7.9
水产品产量	万吨	23.85	29.24	8.2	22.6

表 16 2005 年云南省农业基础设施建设

指　　标	单　位	指标值		说　　明	
		2005	2006	2005	2006
水利水电建设投资：	亿元	66.6	73.5		
解决：					比上年
新增蓄水库容	亿立方米	1.87	5	－	增 长
有效灌溉面积	万公顷	3.07	2.67		10.4%
解决农村饮水困难和饮水安全问题	万人	109	102		
治理水土流失面积	平方千米	2491			
有效灌溉面积	万公顷	148.54	153.33	－	
农村户用沼气	万户	24.5	22.47	完成计	完成计
其中：				划任务	划任务
省级完成	万户	14.9	－	的	的
国债项目	万户	5.7	－	121%	112.5%
扶贫项目完成	万户	1.6			
农村改灶完成	万户	8.9	11.6	完成计划任务的 178%	完成计划任务的 232%
培训进城务工人员	万人	100	100	比上年增长 16.9%	0%
累计转移农村富余劳动力	万人	492	－	－	
其中：					
省外	万人	120		－	
省内	万人	371		－	
转移农村富余劳动力的转移收入	亿元	108		－	

表 17　云南省农产品质量安全

	二级指标	单位	2005 年	2006 年	
绿色食品发展中心		个	11 州市	11 州市	
省级无公害农产品产地认证	认证家数	家企业	78	55	认证家数和面积在西部 12 个省区位居第二，仅次于四川
	认证面积	万公顷	7.11	4.83	
无公害产品的认证	认证家数	家企业	49	55	
	认证面积	万公顷	82	5.22	
绿色食品认证	认证家数	家企业	32	82	
	认证面积	万公顷	.74	1.53	
有机食品认证	认证家数	家企业	11	13	
	认证面积	万公顷	23	13.5	

表 18　云南省农产品出口

指　　标	单　位	指标值		比上年增长（％）	
		2005	2006	2005	2006
全省农产品累计出口	亿美元	4.8	5.49	13.6	14.3
其中：					
烟草出口	亿美元	1.85	2	6.6	7.7
蔬菜	亿美元	1.42	1.4	14.8	−0.1
茶叶	万美元	1739	1948	32.1	12
咖啡	万美元	1597	3228	9.87	102
马铃薯出口	万美元	535	−	−	−
水果出口	万美元	1184	−	−	−

表19　云南省农业机械化

指　　标	单　位	指标值		比上年增长（%）	
		2005	2006	2005	2006
全省农业机械总动力	万千瓦	1666.05	1755.38	3.6	5.4
其中：				–	
拖拉机	万台	39	32.74	–	2.4
联合收割机	台	1102	1570	–	42.5
大中型拖拉机配套农具	万部	1	1.23	–	23
小型拖拉机配套农具	万部	18	20.06	–	11.4
收获机械动力	万千瓦	2.86	3	38.8	4.9
农用排灌机械动力	万千瓦	117.01	116.81	18.6	– 0.17
农副产品加工动力机械	万千瓦	260	299		
农用运输车	万辆	4.7	–	4.1	–
全省机械化耕作播收面积	万公顷	61.03	58	–	– 5.0
其中：					
机耕	万公顷	54.23	58	–	7.0
机播	万公顷	1.6	1.9	–	18.8
机收	万公顷	5.2	7.5	–	44.2
机械植保	万公顷	24	25.1	–	4.6
全省跨区作业					
农业机械	台次	2872	3752	–	30.6
农机手	人	2656	4291	–	61.6
完成作业面积	万公顷	6.67	6.02	–	– 9.7

表 20　2006 年云南省农村卫生状况

指　　　标	单　位	指标值	比上年增长（％）
乡村医生和卫生员	万人	3.55	－
农村疾病预防控制点	个	147	－
农村卫生服务体系项目	个	455	－
新型农村合作医疗试点县	个	52	160
参合农民	万人	1400	140
农村有医疗点的村占总村数	％	98.5	

表 21　云南省农村教育状况

指　　　标	单　位	指标值		比上年增长（％）	
		2006	2007	2006	2007
农村学龄儿童入学率	％	97.33	97.9	－	0.59
农村女学龄儿童入学率	％	96.44	97.5	－	1.1
农村少数民族学龄儿童入学率	％	95.84	96.75	－	0.95
农村小学毕业生升学率	％	96.34	96.18	－	－0.17

表 22　云南省小城镇建设

指　标	单　位	指标值
		2006
全省小城镇（不含城关镇）	个	1197
其中：		
建制镇	个	468
集镇	个	729
全省小城镇人口	万人	479.09
其中：		
建制镇人口	人	307.13
集镇人口	人	171.96
全省小城镇人口密度	人/平方千米	4896
其中：		
建制镇人口密度	人/平方千米	4786
集镇人口密度	人/平方千米	5006
全省小城镇人均建筑面积	平方米	30.26
其中：		
建制镇人均建筑面积	平方米	29.8
集镇人均建筑面积	平方米	29.62
全省小城镇用水普及率	%	88.22
其中：		
建制镇用水普及率	%	90.56
集镇用水普及率	%	85.87
全省小城镇生活垃圾处理率	%	76.05
其中：		
建制镇生活垃圾处理率	%	79.33
集镇生活垃圾处理率	%	72.77

（执笔：李学坤、孙鹤）

参考文献

[1] 柯炳生. 对新农村建设的若干思考与认识. 山东农业大学学报，2005（4）

[2] 中共中央国务院. 关于推进社会主义新农村建设的若干意见. 新华网北京，2006 年 2 月 21 日

[3] 陈群光. 立足现实谋发展 努力建设社会主义新农村. 潍坊教育学院学报，2005（4）

[4] 江文胜. 社会主义新农村建设有哪些内容. 科学决策月刊，2006（1）

[5] 陈锡文. 陈锡文解读社会主义新农村建设内容. 百度网

[6] 吴贵君，陈晓波，陈睿，付佩. 解析新农村建设的内容 把握未来商品市场格局. 国际期货，新浪网

[7] 潘逸阳. 以"五新一好"为主要内容的建设社会主义新农村. 百度网

[8] 贵州省"三个代表"重要思想研究中心."社会主义新农村"新义所在. 贵州论坛，2005（23）

[9] 林毅夫. 新农村建设真正着眼点在公共基础设施. 三农中国，2006（9）

[10] 韩俊. 我国现代化进程中的重大历史任务——论扎实推进社会主义新农村建设. 人民日报，2006 - 11 - 9

[11] 张凤全. 发展壮大县域经济 大力推进新农村建设. 思想论坛，2006（5）

[12] 李彦玲，李延华. 加快小城镇、乡镇企业、农业产业化三者互动发展大力推进新农村建设. 商场现代化，2006（11）（下旬刊）

[13] 刘和良. 建设社会主义新农村应突出"四新". 湘潮·理论社会透视，2007（1）

[14] 朱新峰. 农村信息化建设势在必行. 计算机与农业，2003（8）

[15] 牛盾. 大力推进新农村建设信息服务. 农产品市场周刊，2006（31）

[16] 蒋远胜，常鸣，雷俊忠. 浅谈四川省社会主义新农村的建设内容与标准. 农村经济，2007（1）

[17] 石运玲. 对建设社会主义新农村的思考. 延边党校学报，2005（4）

[18] 人民日报评论员. 扎实推进社会主义新农村建设. 人民日报，2005 - 12 - 09（1）

[19] 邓道坤．从实际出发建设新农村．人民日报，2006－06－16（9）

[20] 潘云．关于山西省新农村建设思路的思考．山西农经，2005（5）

[21] 张学忠．努力构建新型的工农城乡关系．求是，2006（11）

[22] 王伟光．建设新农村是中国特色社会主义现代化的必然要求．今日中国论坛，2006（2－3）

[23] 张育林．研究新情况建设新农村．群众，2005（12）

[24] 曹立群，高峰．社会主义新农村：从奋斗目标到行动纲领．探索，2005（6）

[25] 徐光春．实施五个一工程，推进新农村建设——对河南20多个村镇的调查和思考．求是，2006，（5）．

[26] 洛惠宁．关于青海省社会主义新农村建设的初步思考．攀登，2006（1）

[27] 金人庆．扩大公共财政覆盖农村范围，建立支农资金稳定增长机制．求是，2006（8）

[28] 汪光焘．搞好村庄规划和治理，改善农村人居环境．求是，2006（9）

[29] 温铁军．南街村模式、制度有效性与新农村建设．"2006中国博士后新农村建设论坛"上的发言讲话．新华网

[30] 张红成．加强农村公共服务能力，建设社会主义新农村．西部开发·建设新农村与小康社会·生态环保与产业化·市场，2007（3）

[31] 王秀梅，王恒进．缩小城乡收入差距　建设社会主义和谐新农村．科技创业月刊，2005（9）

[32] 李秀兰．情系"三农"大力推进新农村建设．山东人大工作，2006（8）

[33] 梁济昌．县域金融应大力推进新农村建设．现代金融，2006（5）

[34] 吴中苏，吴波．以科学发展观为指导，大力推进新农村建设．湖北宣传，2006（10）

[35] 杨继瑞．关于建设社会主义新农村的思考．高校理论战线．2005（12）

[36] 温铁军．怎样建设社会主义新农村．发展，2005（12）．

[37] 王菁华．建设社会主义新农村研究观点综述．经济纵横，2006（5）

[38] 徐小青．对社会主义新农村建设的几点认识．中国党政干部论坛，2006（4）

[39] 建设社会主义新农村的几个问题——访著名经济学家张晓山教授．新视野，2006（3）．

[40] 赵国珍．基于人力资本理论的新农村建设．学术交流，2007（6）

[41] 左家哺，等．建设社会主义新农村与高等职业教育改革研究．高等农业教育，2007（5）

[42] 仇文利．对构建社会主义新农村的社会保障体系的思考和建议．改革与探讨，2007

[43] 刘蓴，等．建设新农村与城镇化的关系初探．云南地理环境研究，2007（5）

[44] 叶敬忠，等．新农村建设九大问题．http：//www.caein.com

[45] 温铁军．如何建设新农村．新农村建设政策理论文集．中国建筑工业出版社，2006 年 3 月版

[46] 李炳坤．新农村建设有深刻的经济社会发展意义．农民日报，2005 - 10 - 30

[47] 韩长赋．关于社会主义新农村建设的几点思考．农业经济问题，2006（10）

[48] 郑新立．建设新农村具有重大深远意义．中国经济时报，2005 - 11 - 28

[49] 蔡永飞．新农村建设的政治意义．中国经济网经济第四期，2006 - 04 - 14

[50] 谷家荣．论中国少数民族传统文化的现状及其前景．西北第二民族学院学报（哲学社会科学版），2006（3）

[51] 郑杭生．农村文化建设．中国农业出版社，2000 年

[52] 徐宝明．云南农业科技创新与发展报告．中国农业科学技术出版社，2006（6）

[53] 民进云南省委调研组．云南省农村富余劳动力转移培训对策研究．2005（2）

[54] 云南教育概况．云南教育通讯，2006（2）

[55] 总结经验坚定信心，推进教育改革发展再上新台阶．云南省教育厅副厅长罗嘉福在 2006 年云南省中小学幼儿教师夏令营上的讲话

[56] 国务院关于进一步加强农村教育工作的决定（国发〔2003〕19 号）

[57] 昆明市教育局．关于认真做好我市农村中小学现代远程教育工作的通知

[58] 新华网．中共中央国务院关于进一步加强人才工作的决定，2003 - 12 - 31

[59] 农业厅劳动和社会保障厅教育厅科技厅财政厅建设厅．2005—2010 年云南省农民工培训规划

[60] 云南推进新型农村合作医疗工作纪实：让全省农民受益．http：//

www.yndaily.com 云南日报网

［61］左停，宋媛．关于云南农村社会保障制度的初步研究．云南省劳动科学论文选（第二集）．云南劳动学会编，2000年1月

［62］云南省2006年国民经济和社会发展统计公报

［63］2006年云南省劳动和社会保障事业发展统计公报

［64］云南省改革村级体制实行村民自治经验汇编．中共云南省委村级体制改革领导小组办公室，1–12

［65］韩俊．关于当前农业和农村经济有关政策问题的若干建议．农村经济，2004（1）：2–6

［66］林毅夫．"三农"问题与我国农村的未来发展．农业经济问题，2003（1）

［67］中华人民共和国村民委员会组织法

［68］云南省农业普查领导小组办公室．云南经济社会经济再认识．云南科技出版社，1999年12月

［69］云南省发展计划委员会．云南省"十五"农业和农村经济发展研究．云南科技出版社，2001年

［70］牛若峰，李成贵，郑有贵，等．中国的"三农"问题回顾与展望．中国社会科学出版社，2004年12月

［71］林郁，李茂萱，等．对云南农民收入的认识与思考．云南农业科技，2005年5月：5–8页

［72］中华人民共和国统计年鉴1988–2006，云南省统计年鉴1988–2006

［73］孔垂柱．在中共云南省委农村工作会议上的讲话，2007年3月2日

［74］耿明．略论构建云南和谐社会存在问题与主要对策．经济问题探索，2007年第6期：157～160页

［75］韩国新村运动〔韩〕朴振焕，潘伟光等译．中国农业出版社，2005年9月

［76］中央2006、2007、2008年1号文件

［77］云南省十一五规划战略研究

［78］2008年云南省政府工作报告

［79］回良玉．确保用3年时间完成病险水库除险加固任务．回良玉副总理在全国农田水利基本建设电视电话会议上的讲话．回良玉在全国水利厅局长会议上的书面讲话

［80］云南省水利厅十一五规划

［81］云南省交通厅十一五规划

［82］云南省2007、2008年农业工作会议资料

［83］云南省交通厅 2008 年工作会议资料

［84］云南省林业厅网站

［85］孔垂柱副省长在全省病险水库除险加固工作电视电话会议上的讲话

［86］林毅夫. 新农村建设真正着眼点在公共基础设施. http：//finance. si-na. com. cn，2006 年 03 月 16 日

［87］国家发展改革委. 关于加强农村基础设施建设 扎实推进社会主义新农村建设的意见

［88］国家发展改革委，财政部，水利部，农业部，国土资源部. 关于建立农田水利建设新机制的意见

［89］周法兴. 社会主义新农村基础设施建设策略研究. 财政研究，2007 年 4 月

［90］谢扬. 新农村建设中的基础设施建设问题

［91］新时期农村公路建设重点与发展对策研究. 公路，2007（12）

［92］云南电网的农电建设. 云南电力技术，2007（10）

［93］浅论我省农村公路建设中应重视的几个问题. 湖南交通科技，2004（9）

［94］彭珂珊. 农村基础设施建设的管理与新农村建设. 2007 - 03 - 22 网上文章

后　记

　　值此春意盎然之际，《云南新农村建设研究报告》一书终于脱稿。掩卷深思，本书的写作源于在中共中央关于社会主义新农村建设战略指引下，全国各地轰轰烈烈开展新农村建设工作之时，综观目前以"三农"题材为背景的可谓汗牛充栋的书籍中，竟很难寻找到与云南省情相契合的有关新农村建设的论著。因此，云南农业大学经济贸易学院的一批学者们集群体之智慧，精诚合作去弥补这个遗憾，所以有了本书的问世。

　　《云南新农村建设研究报告》全书分为十二个专题，内容体系从理论综述到政策措施以及各项专题研究，最后加入数据汇编专题，既希望结合云南省情构建一个相对完整的新农村建设研究架构，为新农村建设的理论工作者和各级政府提供一个可供研究和实践参考的视野；又力求对云南农业大学经济贸易学院多年的科研成果做些积淀和总结。书中所采用的数据以《云南统计年鉴》中 2005～2007 年的数据为主，由于时间仓促、资料有限，未能统一数据的来源与渠道，此种遗憾只能在以后研究工作中继续完善。当然由于编者的学识、能力有限，本书的写作初衷与现实不免存在差距，难免存在杂芜和疏漏，也敬请各位专家、同行、读者批评指正。

　　最后，本书的完成得到了中共云南省委组织部、宣传部、省政府办公厅、省教育厅、科技厅、农业厅、发改委、统计局、交通厅、扶贫办、水利厅、卫生厅等部门相关处室领导和同志们的支持与帮助；同时，云南农业大学党委书记杜玉银同志对本书的编写高度重视，并作序予以鼓励；校纪委书记和绍禹教授、校科技处谢世清处长、研究生处萧凤迴处长也给予了大力支持和帮助；云南大学出版社的编辑张丽华女士精心设计和校阅，才使本书得以早日问世，以飨读者；值得一提的是本书编写中引用了国内外一些在新农村建设研究中作出卓越贡献的专家、领导们的研究成果和文献，由于篇幅有限，未能一一列举，在此一并致谢。

编　者
2008 年 3 月